Ulrike Staub / Frank Staub

Entdeckertouren mit dem Wohnmobil

Zentralspanien

Der Osten

mit Mittelmeerküste

Die Anleitung für
einen Erlebnisurlaub

womo®
Der Wohnmobil-Verlag

Die Deutsche Bibliothek – CIP-Einheitsaufnahme

Bibliografische Information der Deutschen Bibliothek

Die Deutsche Bibliothek verzeichnet diese Publikation in der Deutschen Nationalbibliografie.
Detaillierte bibliografische Daten sind im Internet über <http://dnb.ddb.de> abrufbar.

Titelbild: Windmühlen bei Campo de Criptano (Tour 11)
Bild in vorderer Klappe: Costa Blanca Santa Pola (Tour 9)

Karten: Frank Staub
Fotos: Bildnachweise Seite 376
Ganz herzlich bedanken wir uns bei Ulrich und Ralf für die unermüdliche Fehlersuche und technische Unterstützung mit Rat und Tat.

1. Auflage – 2023

Reihen- und Umschlaggestaltung:
www.martinveicht.de

Druck:
Beltz Grafische Betriebe GmbH, 99947 Bad Langensalza

Vertrieb:
GeoCenter GmbH, 70794 Filderstadt

Herausgeber:
WOMO-Verlag, OT Mittelsdorf, 36452 Kaltennordheim
GPS: N 50°36‘38.2“ E 10°07‘55.6“

0049 (0) 36946-20691
verlag@womo.de
www.womo.de

MIX
Papier aus verantwortungsvollen Quellen
FSC® C089473

Autoren-E-Mail: Staub@womo.de

ISBN 978-3-96059-011-8

EINLADUNG

Spanien ist seit vielen Jahren eines der beliebtesten Urlaubsziele nicht nur der Deutschen. Viele verbinden damit Sommer, Sonne, Sonnenschein. Hierher kommen die Menschen, um eine unbeschwerte Zeit am Mittelmeer zu verbringen oder den kalten Wintermonaten im nördlichen Europa zu entfliehen. Reicht das, um einen Erlebnisführer für Wohnmobilisten zu schreiben? Ganz klar NEIN. Spanien hat weitaus mehr zu bieten als Hotelburgen, Strand und Freizeit-Spaß.

Wir möchten Sie einladen, mit uns auch die ursprünglichen, unbekannten und kulturell doch so reichen Regionen dieses riesigen Landes zu erkunden. Insgesamt 17 Autonome Regionen zählt Spanien. Vier davon werden wir auf unseren Touren in diesem Buch bereisen.

Ausgehend vom südlichen Teil Aragoniens geht es an die beliebten Küstenregionen der Costa del Ahazar und der Costa Blanca mit den quirligen Metropolen Valencia und Alicante. Aber auch das überaus reizvolle Hinterland der Region Murcia mit traditionsreichen Städten werden wir besuchen. Iberer, Kelten, Römer und Mauren hinterließen dort ihre Spuren, schufen eindrucksvolle Kathedralen und Klöster. Immer wieder kreuzen alte Pilgerpfade unseren Weg, die ganz Spanien in einem dichten Netz durchziehen. Ein Besuch der Windmühlen auf den Spuren Don Quijotes in den weiten Hochebenen der La Mancha sind natürlich ein MUSS bei einer Rundreise durch die Mitte Spaniens. Und ganz zum Schluss nehmen wir Sie noch mit in eine Halbwüste.

Bei alldem kommen auch die kulinarischen Genüsse nicht zu kurz und wir werden einen Blick in die landestypischen Kochtöpfe werfen. Bodegas, Markthallen, regionale Erzeuger und Restaurants warten auf Ihren Besuch. Auch hier hat Spanien mehr zu bieten als nur Paella und Sangria.

Genug Erlebnispotenzial? Dann kommen Sie mit und begleiten Sie uns auf unserer Entdeckungsreise durch die Mitte Spaniens.

Hasta luego!

Ulrike Staub Frank Staub

Zaragoza – Palast Aljafería

Halbmond und Kreuz – Der Palast Aljafería ist ein Traum aus 1001 Nacht. Erst herrschten hier die Araber, dann die Könige, heute die Politiker. Wechselvoller geht's kaum.

Tour 1, Seite 22

Keramikmuseum in Onda

Bunte Kacheln im Quadrat – Das Museum zeigt die Geschichte der farbenfrohen Azueljos. Eine Zeitreise durch die Geschichte der Keramikherstellung. Anschauen!

Tour 3, Seite 69

Valencia

Der Duft von Orangenblüten, eine altehrwürdige Seidenbörse, Mambo tanzen im Turia-Park, avantgardistische Architektur – Valencia ist ein Gesamtkunstwerk.

Tour 4, Seite 100

Bocairent

Ein spektakuläres Bergdorf, durchlöchert wie ein Schweizer Käse. Adrenalin pur ist der Besuch in den maurischen Wohnhöhlen Coves dels Moros.

Tour 5, Seite 130

Elche

Oasen-Feeling in Elche! Hier erwarten Sie der größte Palmenwald Europas, ein botanischer Garten, eine geheimnisvolle Priesterin und ein Mysterium. Hingehen!

Tour 8, Seite 188

Murcia

Schlafen im Zitronenhain – Das geht auf dem Wohnmobil-Stellplatz Huerta de Murcia. Liebevoll gestaltet, umgeben vom Duft der Zitrusfrüchte – Hier mag man bleiben.

Tour 9, Seite 216

Caravaca de la Cruz

Was haben Caravaca de la Cruz, Rom und Jerusalem gemeinsam? Alle sieben Jahre wird hier ein Heiliges Jahr gefeiert. Grund ist ein Splitter des Kreuzes Jesu.

Tour 10, Seite 232

Uña – Unter Geiern

Bei einer Wanderung rund um die Lagune von Uña in der Serranía de Cuenca sind Geier-Sichtungen garantiert. Ein Gänsehaut-Moment in atemberaubender Landschaft!

Tour 14, Seite 296

Monasterio de Piedra

Es plätschert, es gluckert, es rauscht, es tost. Im Park des Klosters Piedra stürzt sich das Wasser in zahllosen Kaskaden in die Tiefe. Einfach berauschend!

Tour 15, Seite 314

Ein Happen zwischendurch

Tapas oder Pintxos? Der Name ist egal. Lecker sind die kleinen Häppchen immer. Am Abend durch die Tapas-Bars ziehen, dazu ein Glas Wein – Ein MUSS in Spanien!

Touren 1 bis 16

Inhaltsverzeichnis

Gebrauchsanleitung

Damit Sie sich in den nachfolgenden Tourenbeschreibungen dieses Reiseführers gut zurechtfinden, möchten wir Ihnen zunächst den Aufbau des Buches erläutern.

Karten – Symbole – Kilometerangaben

Alle Bücher aus der WOMO-Reihe sind nach Touren untergliedert. In der hinteren Umschlagklappe ist eine **Übersichtskarte** mit allen beschriebenen Touren enthalten. Außerdem finden Sie dort eine **Zeichenerklärung** zu den verwendeten Symbolen. Jeder Tour vorangestellt ist eine **Tourenkarte**, anhand der Sie sich leicht orientieren können. Sie enthält die durchnummerierten Stell- und Campingplätze, Sehenswürdigkeiten und geographischen Besonderheiten.

Die **Kilometerangaben** neben den Tour-Überschriften sind eine erste Orientierung über die Länge der jeweiligen Tour. Ausgehend vom ersten beschriebenen Stell- oder Campingplatz bis zum letzten Platz der Tour soll Ihnen die Entfernungsangabe bei Ihrer individuellen Tages- und Etappenplanung behilflich sein.

Stellplätze – Nummern – Farben

Die Stellplatzsymbole zeigen auf den ersten Blick, ob es sich um einen **Campingplatz** (Zelt), einen übernachtungsgeeigneten **WOMO-Parkplatz** (Oval) oder um einen **Offiziellen WOMO-Stellplatz** (Camper) handelt. Offiziell ist ein Stellplatz immer dann, wenn er durch ein entsprechendes Schild als solcher für Wohnmobilisten gekennzeichnet ist. Außerdem sind alle übernachtungstauglichen Plätze fortlaufend durchnummeriert. Sie werden im Text entsprechend ihrer nachfolgend genannten Eignung farbig unterlegt und stehen meistens in einem **Stellplatzkasten** mit den wichtigsten Informationen.

Plätze, die als reine Tagesparkplätze zu verstehen sind, enthalten keine Nummer und – sofern mit einem Stellplatzkasten näher beschrieben – nur einen entsprechend farbigen Rahmen.

Alle Stellplatz-Symbole sind in den WOMO-Büchern einheitlich mit **Farben** gekennzeichnet. **Blau** steht für eine nahe Bademöglichkeit am Meer oder in natürlichen Gewässern. **Grün** kennzeichnet einen Platz, an dem typischerweise Wanderungen oder Fahrradtouren beginnen und dort meistens beschildert sind. **Hellgelb** sind alle Plätze bei Winzern oder Gaststätten, die eine Übernachtungsmöglichkeit für Wohnmobilisten anbieten. **Orangegelb** sind die Plätze ohne die vorgenannten Merkmale. Empfehlenswerte Campingplätze haben **olivgrüne** Kästchen.

Informationen in den Stellplatzkästen

Neben den **GPS-Koordinaten** befinden sich, sofern vorhanden, die **Kontaktdaten**. In dieses Buch wurden auch **Höhenangaben** aufgenommen, da sich weite Teile Zentralspaniens teilweise über 700 Metern befinden. Bei Plätzen in Meeresnähe wurde auf die Höhenangabe verzichtet.

Tipp: Im Shop des WOMO-Verlages *www.womo.de* stehen die GPS-Koordinaten passwortgeschützt zum kostenfreien Download zur Verfügung. Anschließend können Sie diese in Ihr Navigationsgerät oder eine entsprechende App kopieren. Näheres finden Sie auf Seite 384.

Die Angabe **Max. WOMOs** richtet sich entweder nach den tatsächlich vorhandenen Stellplätzen oder aber danach, wie viele Wohnmobile ein Platz verträgt, ohne dass jemand daran Anstoß nehmen könnte.

Es folgt bei allen Plätzen eine **Öffnungszeit**. Ist diese beispielsweise bei WOMO-Parkplätzen durch Wochenmärkte oder saisonale Veranstaltungen eingeschränkt, finden Sie entsprechende Angaben bei den **Hinweisen**.

Jeder Kasten enthält zudem eine kurze **Beschreibung** der jeweiligen **Ausstattung** sowie den Gegebenheiten vor Ort. Dabei geben wir den Zustand des Platzes zum Zeitpunkt unseres Besuches wieder.

Bei der **Preisangabe** haben wir eine Einstufung in drei Kategorien vorgenommen, da detaillierte Angaben immer einem Wandel unterworfen sind. Zudem sind sie abhängig von den jeweiligen Ausstattungsmerkmalen sowie der Reisesaison. Fehlen Preisangaben, sind die Plätze kostenlos. Als Anhaltspunkt für eine Übernachtung mit zwei erwachsenen Personen geben wir die Kosten in Form von Euro-Zeichen an.

€ bis 15 Euro **€€** bis 25 Euro **€€€** über 25 Euro.

Der letzte Stichpunkt in den Stellplatzkästen ist die **Zufahrt**. In Zeiten der GPS-Navigation halten wir die Beschreibung möglichst knapp. Es sei denn, die Anfahrt zu einem Platz bereitet mit dem Navi Probleme oder es gibt besondere Einschränkungen hinsichtlich Höhe und/oder Gewicht.

Sehenswürdigkeiten – Land und Leute – Öffnungszeiten

Innerhalb der Tourenbeschreibungen finden Sie Hintergrundinformationen zu den besuchten Städten, Sehenswürdigkeiten, Öffnungszeiten und Eintrittspreisen. Diese sind in etwas kleinerer Schrift mit einem **beigen Kasten** hinterlegt. Die Angaben sind als grobe Orientierung zu verstehen. Zudem unternehmen wir innerhalb der Touren immer wieder einen **Exkurs**, in dem wir uns mit Land und Leuten sowie den Besonderheiten im Reiseland befassen. Dieser Exkurs ist ebenfalls in einem beigen Kasten hinterlegt.

Wanderungen und Radtouren

Innerhalb der Touren beschreiben wir Ihnen lohnende Wander- und Fahrradtouren oder geben entsprechende Tipps dazu. Sie sind im Text **grün** hinterlegt. Entsprechende App- und Kartenempfehlungen finden Sie am Ende des Buches bei den **Tipps und Infos**. In diesem letzten Kapitel sind noch zahlreiche weitere Informationen, Adressen und Besonderheiten von **A** wie Auswärtiges Amt bis **Z** wie Zoll nachzulesen.

Reisegebiet

Spanien gliedert sich in 17 Autonome Gemeinschaften oder Regionen – sogenannten *Comunidades Autónomas*. Sie sind mit den deutschen Bundesländern vergleichbar, haben eigene Regionalparlamente und Gesetzgebungen. Manchmal sogar recht extreme Bestrebungen nach Eigenständigkeit, wie beispielsweise Katalonien oder das Baskenland.

Die Tourenbeschreibungen des vorliegenden Reiseführers umfassen den **östlichen Teil Mittelspaniens** mit den Autonomen Regionen Aragonien, Valencia, Murcia und Kastilien-La Mancha. Jede dieser Regionen hat ihre kulturellen, historischen und geographischen Besonderheiten, die wir Ihnen nun kurz vorstellen möchten.

Aragonien

Unsere Rundreise startet in der Hauptstadt der Autonomen Region Aragonien – in **Zaragoza**. Im Mittelalter war Aragonien eines der bedeutendsten Königreiche des Landes. Relikte vergangener Epochen und großer Zivilisationen sind Schätze, die es zu entdecken gilt. Frühzeitliche Felsmalereien der Keltiberer, romanische Kirchen, Burgen der Kreuzritter, königliche Residenzen und maurische Paläste – um nur einige Beispiele zu nennen. Flächenmäßig entspricht das heutige Aragonien dem des früheren Königreiches und ist so groß wie Estland oder die Slowakei. Mit den Pyrenäen im Norden und der Region Valencia im Südosten ist es eine der am dünnsten besiedelten Regionen Spaniens. Die einzige Großstadt – Sie werden es erraten – ist Zaragoza. Mit knapp 700.000 Einwohnern lebt etwa die Hälfte der Bevölkerung Aragoniens in der fünftgrößten Stadt Spaniens.

Valencia

Vom Süden Aragoniens erreichen wir die **Comunidad Valenciana,** die insbesondere für ihre Küstenregionen bekannt ist. Die Orangenblütenküste **Costa del Azahar** und die **Costa Blanca** ziehen mit ihrem gemäßigten, milden Klima und etlichen Sonnenstunden im Jahr zahlreiche Touristen an. Doch bereits in der Antike wusste man diese Vorzüge zu schätzen. Mehrere künstliche Wasserläufe und ein ausgeklügeltes Bewässerungssystem aus maurischer Zeit durchziehen die Region und machen sie zu einer der fruchtbarsten Landschaften Spaniens. Beliebte Produkte sind Zitrusfrüchte und Reis – die Grundlage des Nationalgerichts Paella. Der größte Teil der Region gehört zum Sprachgebiet des **Valencianischen**, das neben Spanisch die Amtssprache ist. Hauptstadt der Region ist **Valencia**. Neben ihrem reichen kulturellen Erbe ist die drittgrößte Stadt Spaniens berühmt für die größte und lauteste Party im Land. Am 19. März finden die **Las Fallas** statt. Dabei wird mit viel Schall und Rauch der Winter ausgetrieben und der Frühling begrüßt.

Murcia

Auf Valencia folgt weiter südlich die Region Murcia. Eine der heißesten und trockensten Gebiete Spaniens. An der Küste sind Badefreuden im Meer möglich, es gibt pinkfarbene Salzseen und Lagunen mit Flamingoschwärmen. Im Hinterland bilden grüne, bewässerte Gemüse- und Obstgärten einen bizarren Kontrast zur wüstenhaften, kargen Steppe mit erodierten Felslandschaften. Das orientalische Flair mit Palästen aus maurischer Zeit wird durch den größten Palmenhain Europas rund um die Stadt **Elche** noch verstärkt. Freunde archäologischer Stätten kommen in der Hafenstadt **Cartagena** auf ihre Kosten. Dort sind eindrucksvolle Zeugnisse aus römischer Zeit zu bestaunen. Der einstige Reichtum stammt aus den Bergbauminen, in denen bis ins 20. Jahrhundert hinein Silber, Blei und Eisenerz abgebaut wurden.

Kastilien-La Mancha

Über bis zu 1.300 Meter hohe Bergpässe geht es in die Region Kastilien-La Mancha. Wie kaum eine andere Region steht sie für Windmühlen und den legendären Ritter von der traurigen Gestalt, **Don Quijote**, der Figur des bedeutenden spanischen Schriftstellers **Miguel de Cervantes**.

Die La Mancha gehört zu der historischen zentralspanischen Landschaft Kastilien. Eine Küste hat die La Mancha nicht. Doch dafür durchfließt sie mit dem **Río Tajo** der längste Fluss Spaniens. Weite, teilweise karge Hochebenen kennzeichnen den Landstrich, der mit fast 80.000 Quadratkilometern etwa so groß ist wie Tschechien. Der Blick reicht oft bis zum Horizont und die Sommer können heiß werden. 40 Grad und mehr sind keine Seltenheit. Die Winter hingegen bringen Kälte und Schnee mit sich. Landwirtschaft spielt eine wichtige Rolle. Auf den ausgedehnten Farmen weiden Rinder und Schafe, die den Rohstoff für den charakteristischen Manchego-Käse liefern. Zudem gilt die La Mancha als größtes, zusammenhängendes Weinanbaugebiet weltweit. 170.000 Hektar Rebfläche sind ausgewiesen. Die La Mancha hat aber auch Berge und kulturelle Schätze zu bieten. Die Stadt der hängenden Häuser **Cuenca** zählt zum UNESCO-Weltkulturerbe.

Mit dem Besuch der Stadt **Soria** unternehmen wir einen kleinen Abstecher in die **Region Kastilien und León**. Sie bezaubert auf 1.000 Metern Höhe mit romanischen Kirchen, einer malerischen Altstadt und der ehemaligen Hauptstadt der Keltiberer.

So gelangen wir wieder zurück nach Aragonien, wo wir noch einen Abstecher in die Halbwüste **Bardenas Reales** unternehmen, die bereits zur **Region Navarra** gehört. Sie ist auch für Standardwohnmobile ohne Allradantrieb zugänglich und bildet den eindrucksvollen Abschluss dieses Buches.

In diesem WOMO-Führer haben wir zwar versucht, allen Regionen gerecht zu werden, doch ist es kaum möglich, jeden Winkel zu erkunden. Zumal jede Autonome Region ein Universum für sich darstellt und eine eigene Reise wert wäre. Wir denken jedoch, dass wir 16 abwechslungsreiche Touren zusammenstellen konnten, bei denen sowohl Badeurlauber als auch Kulturinteressierte und Naturfreunde auf ihre Kosten kommen.

Unsere persönliche **Top-Ten-Liste** der bereisten Gebiete finden Sie übrigens auf den Seiten 4 und 5. Die Aufzählung erfolgt nach Touren und ist nicht als Ranking zu verstehen.

Nun bleibt uns nur noch Ihnen
Buen viaje und eine
Gute Reise zu wünschen!

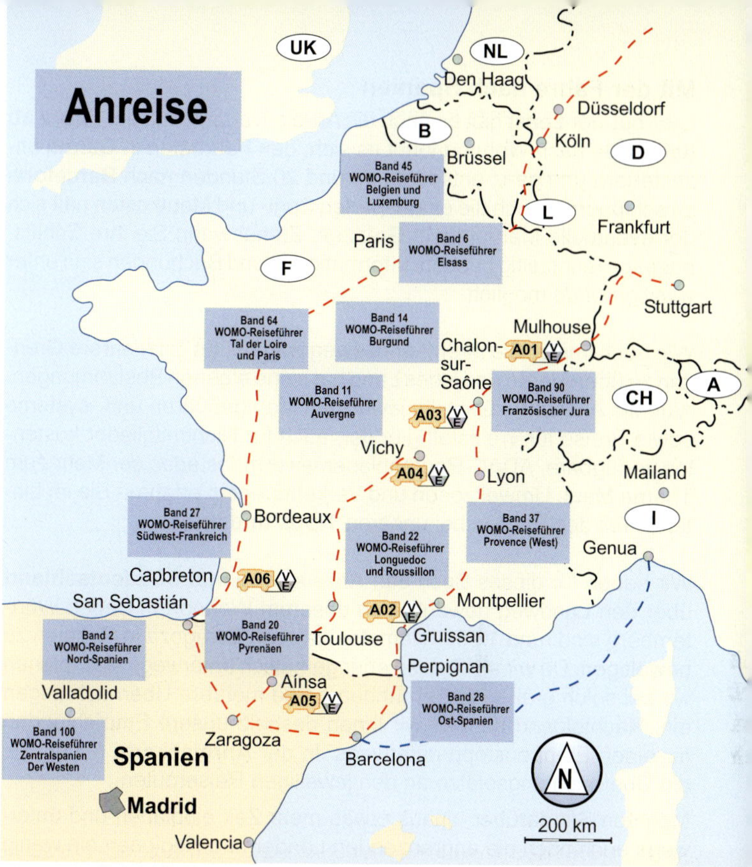

Anreise

Der Weg nach Spanien ist weit. Für die Anreise mit dem eigenen Fahrzeug gibt es gleich mehrere Möglichkeiten. Je nach Wohnort und Zeit-Budget lohnt es sich, die verschiedenen Varianten zu vergleichen.

In aller Regel wird die Anreise für die meisten über **Frankreich** erfolgen. Der Klassiker ist dabei die Route über Lyon und das Rhonetal entlang des Mittelmeeres nach Barcelona. Von dort verläuft die Autobahn AP-2 nach **Zaragoza**.

Für Reisende aus Norddeutschland bietet sich eher die westliche Route durch **Belgien** und/oder **Luxemburg** an. Über Paris, Bordeaux und die Atlantikküste geht es ab der spanischen Grenze weiter über Pamplona nach Zaragoza.

Eine weitere denkbare, aber zeitaufwändigere Alternative ist die Strecke durch **Zentralfrankreich**. Sie führt über Clermont-Ferrand, Toulouse und die Pyrenäen-Tunnel Aragnouet-Bielsa oder Somport nach Aragonien. Landschaftlich ist diese Route traumhaft schön.

Ob Sie den schnellen und bequemen Weg auf gut ausgebauten und meist mautpflichtigen Autobahnen oder stattdessen die häufig parallel verlaufenden Nationalstraßen wählen, ist letztlich eine Frage des persönlichen Zeit- und Geldbudgets.

Mit der Fähre nach Spanien

Last-but-not-Least gibt es noch die Anreisevariante mit der **Fähre ab Italien**. Je nach Wohnort lohnt es sich, den Fährhafen in **Genua** anzusteuern und ganz entspannt in rund 20 Stunden nach **Barcelona** zu schippern. Durch die eingesparten Sprit- und Mautkosten hält sich der eventuelle Mehrpreis in Grenzen. Zumal wenn Sie ihre Schiffspassage rechtzeitig buchen. Informationen und Buchungen sind unter *www.gnv.it/de* möglich.

Wie auch immer Sie Ihren Anreiseweg wählen: Es gilt mehrere Grenzen zu überqueren und jedes Land hat seine eigenen Bestimmungen. Aktuelle Auskünfte über die jeweiligen Mautgebühren und -systeme sowie Preise für Treibstoff gibt der, auch für Nichtmitglieder kostenlos verfügbare, ADAC-Routenplaner *www.maps.adac.de.* Mehr zum Thema Maut, Umweltzonen und Verkehrsregeln erfahren Sie im hinteren Teil des Buches bei unseren **Tipps und Infos**.

Wir haben für dieses Buch den **Anreiseweg aus Süddeutschland** über den Landweg gewählt. Von unserem Wohnort in Baden-Württemberg sind rund 1.600 Kilometer bis nach Zaragoza in Spanien zu bewältigen. Da wir auf Reisen eher gemütlich unterwegs sind, planen wir bei solch großen Entfernungen gerne mehrere Übernachtungen ein. Nachfolgend nennen wir Ihnen deshalb unsere Empfehlungen für einen Etappenstopp unterwegs. In der **Anreisekarte** finden Sie die Übernachtungsplätze an den jeweiligen Reiserouten.

Möchten Sie darüber hinaus etwas mehr Zeit einplanen und unterwegs auch noch die angrenzenden Länder und Regionen ein wenig näher erkunden, so leisten Ihnen die **Bände der WOMO-Reihe** gute Dienste. Sie finden die jeweils verfügbaren Bände entlang der Reiserouten ebenfalls auf der **Anreisekarte**. Das komplette Verlagsprogramm entnehmen Sie dem hinteren Teil des Buches.

Mittelmeerroute
Mulhouse – Lyon – Montpellier – Perpignan – Barcelona
Zaragoza: 1.300 Kilometer

(A01) Offizieller WOMO-Stellplatz: Baume-les-Dames

GPS: N 47°20'25" E 06°21'25", Quai du Canal. **Max. WOMOs**: 40.
Öffnungszeit: Ganzjährig.
Ausstattung: V/E, Strom, Toiletten, Dusche, Brötchenservice.
Preise: €.

(A02) Offizieller WOMO-Stellplatz: Gruissan
Aire des quatre Vents

GPS: N 43°06'12" E 3°05'57", Avenue des Quatre Vents. **Max. WOMOs**: 140.
Öffnungszeit: Ganzjährig.
Ausstattung: V/E, Toiletten, Dusche, Müllcontainer.
Preise: €. Kostenlos im Dezember und Januar.

Zentralfrankreich-Route
Mulhouse – Chalon-sur-Saône – Digoin – Vichy
Toulouse – Aínsa – Zaragoza: 1.234 Kilometer

(A03) Offizieller WOMO-Stellplatz: Givry

GPS: N 46°46'48" E 04°44'54", Rue de la Gare. **Max. WOMOs**: 10.
Öffnungszeit: Ganzjährig.
Ausstattung: Ausguss Chemietoiletten, Strom und Wasser kostenpflichtig, Müllcontainer, Picknickbänke.

(A04) Offizieller WOMO-Stellplatz: Vichy
Aire de Camping Car Bellerive

GPS: N 46°06'55" E 03°25'50", Rue Claude Decloitre. **Max. WOMOs**: 50
Öffnungszeit: Ganzjährig.
Ausstattung: V/E, Strom, Duschen, Toiletten, Müllcontainer, Picknickzone.
Preise: €. Zahlbar mit Kreditkarte am Kassenautomaten.

(A05) Offizieller WOMO-Stellplatz: Aínsa (E)

GPS: N 42°25'07" E 00°08'06". **Max. WOMOs**: 40.
Öffnungszeit: Ganzjährig.
Ausstattung: V/E, Wasser kostenpflichtig, Müllcontainer.
Preise: €.

Atlantikroute
Mulhouse – Chalon-sur-Saône – Digoin – Bordeaux
San Sebastián – Pamplona – Zaragoza: 1.331 Kilometer

Diese Route entspricht bis **Brive-la-Gaillarde** der Zentralfrankreich-Strecke. Dann geht es jedoch weiter in Richtung Westen über Bordeaux und den Grenzübergang bei **Irún** ins spanische Baskenland.

Wichtig: Auf der Route überqueren wir weder spür- noch sichtbar den Greenwich-Nullmeridian. Ab jetzt müssen Sie bei Ihrem Navigationsgerät West anstatt Ost eingeben!

(A06) Offizieller WOMO-Stellplatz: Capbreton

GPS: N 43°38'10" W 01°26'49", Allée des Ortolans. **Max. WOMOs**: 100.
Öffnungszeit: Ganzjährig.
Ausstattung: V/E, teilweise Strom, Müllcontainer, Toiletten, Stranduschen.
Preise: €.

Tour 1: Könige, Mumien und Kreuzritter
Von Zaragoza bis Morella 198 km

Zaragoza – Quinto – Azaila – Alcañiz – Calanda Mas de las Matas – Morella

Stellplätze:	In Zaragoza, Quinto, Alcañiz, am Embalse de Calanda, an der Ermita Santa Flora, am Río Bergantes, in Morella
Campingplätze:	In Zaragoza, Alcañinz, Mas de las Matas
Besichtigen:	Zaragoza, Mumienmuseum in Quinto, Ausgrabungsstätte Cabezo de Alcalá in Azaila, Alcañiz, Centro Buñuel in Calanda, Ermita Santa Flora, Felsenkloster Santuari de la Mare de Déu de la Balma, Morella
Radfahren:	Im EXPO-Gelände von Zaragoza
Wandern:	Rund um Morella
Baden:	Im Embalse de la Estanca de Alcañiz, Embalse de Calanda, Río Bergantes
Einkehrtipps:	Markthalle in Zaragoza, Parador-Restaurant in Alcañiz, Restaurant *Casa Roques* in Morella

Zaragoza am Río Ebro

Eine alte Königsstadt mit mächtiger Basilika, die wildromantischen Flusstäler des Río Guadaloupe und Río Bergantes sowie eines der schönsten Dörfer Spaniens erwarten uns zum Auftakt unserer Reise durch den östlichen Teil Zentralspaniens. Wir lernen die ersten Bauwerke im Mudéjar-Stil kennen und wandeln auf den Spuren von Keltiberern und Römern. Dabei gilt es Pässe auf Höhen von über 1.000 Metern zu überqueren und in natürlichen Swimmingpools abzutauchen. Im Frühling bildet ein Meer aus rosafarbenen Mandelblüten reizvolle Kontraste vor felsiger Kulisse. Freuen Sie sich auf eine abwechslungsreiche erste Tour.

Zaragoza – Hauptstadt der **Autonomen Region Aragonien** und einst stolze Königsstadt. Geburtsregion des berühmten spanischen Malers **Francisco de Goya**. Mit einer beeindruckenden Kulisse aus zahlreichen Türmen und den Azulejo geschmückten Kuppeln der **Basilika del Pilar**. Modern und futuristisch hingegen das EXPO-Gelände am breiten Lauf des **Río Ebro**, das anlässlich der Weltausstellung im Jahr 2008 geschaffen wurde. Gäbe es einen spannenderen Ort, um unsere Reise zu beginnen? Wohl kaum.

Bevor wir uns nun also ins Getümmel der fünftgrößten Stadt Spaniens stürzen, steht die Stellplatzsuche auf dem Programm. Folgende Möglichkeiten können wir Ihnen anbieten, um sich nach der langen Anreise ein wenig zu akklimatisieren.

(001) Offizieller WOMO-Stellplatz: Zaragoza

GPS: N 41°41'00" W 00°53'25", Calle Poeta Luciano Gracia; 196 m.
Max. WOMOs: 50.
Öffnungszeit: Ganzjährig.
Ausstattung: Ver-/Entsorgungsstation, Müllcontainer.
Beschreibung: Geräumige, schattenlose und ebene Stellflächen auf Asphalt bei einem Sportzentrum. In Rufweite gibt es eine Straßenbahn-Hal-

testelle für die Fahrt in die etwa drei Kilometer entfernte Altstadt. Auf gut ausgebauten Radwegen gelangt man ebenfalls ins Zentrum sowie in das EXPO-Viertel auf der Ebro-Halbinsel. Durch die vorbeiführende Hauptstraße und die Straßenbahn ist mit einer gewissen Geräuschkulisse zu rechnen. Nachts ist es jedoch überraschend ruhig. In der Nähe gibt es Einkaufsmöglichkeiten. Der Carrefour-Supermarkt ist allerdings mit einer Höhenbarriere von 2,10 Metern ausgestattet.
Zufahrt: Ab der Autobahn der nördlichen Umfahrung *Ronda de Boltaña* und den WOMO-Piktogrammen folgen.

Wer länger verweilen möchte, dem steht ein einfacher städtischer Campingplatz zur Verfügung. Er wurde von uns nicht besucht, doch möchten wir Ihnen die Angaben nicht vorenthalten.

(002) WOMO-Campingplatz: Zaragoza
Camping Ciudad de Zaragoza

GPS/Kontakt: N 41°38'16" W 00°56'35", Calle San Juan Bautista de la Salle, Tel. +34 876 241 495, www.campingzaragoza.com, info@campingzaragoza.com.
Öffnungszeit: Ganzjährig.

Zaragoza im Überblick

675.000 Einwohner, 243 m, Autonome Gemeinschaft Aragonien. **Tourismusbüro**: Plaza del Pilar, Tel. +34 976 201 200, turismo@zaragoza.es, www.zaragozaturismo.es. Geöffnet täglich von 9.00 bis 20.00 Uhr.

Ein Blick in die Geschichte

Es war der römische Kaiser Augustus, der unter dem Namen *Caesaraugusta* eine Siedlung für verdiente Soldaten gründete. Noch heute zeugen römische Ruinen und eine aus dieser Zeit erhalten gebliebene Stadtmauer von dieser Epoche.

Auf die Römer folgten die Westgoten, unter deren Bischöfen die Stadt im 7. Jahrhundert eine kulturelle Blütezeit erlebte. Im 8. Jahrhundert eroberten nordafrikanische Muslime Zaragoza und unterstellten es dem Emirat von Córdoba. Die Stadt wurde zum Vorposten im Kampf gegen die christlichen Königreiche Nordspaniens. Erst 1118 gelang unter König Alfonso I. von Aragón die Rückeroberung.

Unter seiner Regentschaft wurde Zaragoza zur Königsresidenz erhoben.

Während des spanischen Befreiungskrieges gegen Napoleon 1808/1809 wurden nach mehrmaliger Belagerung weite Teile der Stadt zerstört. Auch während des spanischen Bürgerkrieges 1936 bis 1939 erlebte die Stadt schwere Zeiten mit blutigen Schlachten. So wurden in einem Massengrab mehr als 3.500 ermordete Republikaner entdeckt.

Heute präsentiert sich Zaragoza als moderne, lebendige Großstadt und Industriestandort. Unter anderem sind mehrere Automobilwerke samt Zulieferer hier angesiedelt. Touristisch brachte die **Weltausstellung EXPO 2008** unter dem Motto *Wasser und nachhaltige Entwicklung* einen gewissen Durchbruch. Die meisten Sehenswürdigkeiten liegen in der überschaubaren Altstadt, dem *Casco Viejo*. Nehmen Sie sich dennoch ein bis zwei Tage Zeit, um Zaragoza kennenzulernen.

Feste und Feiern

Wenn Ihre Reise in den Herbst fällt, sollten Sie das einwöchige Stadtfest **Fiestas del Pilar** rund um den 12. Oktober nicht versäumen. Dann wird nicht nur die Entdeckung Amerikas mit dem *Día de la Hispanidad* gefeiert, sondern auch die Gottesmutter *Nueastra Señora del Pilar* gehuldigt.

Tipps für den Stadtbummel

Ganz bequem geht es mit der Straßenbahn der Linie 1, die unmittelbar beim WOMO-Stellplatz Nr. 001 an der Station *Campus Río Ebro* abfährt. Sie bringt uns in etwa zehn Minuten ins Zentrum. Die Tickets sind an den Kassenautomaten der Haltestationen erhältlich. Vom Campingplatz Nr. 002 verkehren regelmäßig Busse in die Innenstadt.

Im Tourismusbüro erhalten Sie neben Stadtplänen auch Informationen zu verschiedenen **thematischen Stadtrundgängen**.

Kulturbeflissene wandeln auf den Spuren des berühmtesten Sohnes der Stadt, des Malers **Francisco de Goya**, wie etwa mit einem Besuch im **Goya-Museum**. Der Maler wurde in der Nähe von Zaragoza geboren und begann hier seine künstlerische Ausbildung. Seine Werke sind nicht nur in Zaragoza, sondern auch in einigen Dörfern der Region zu sehen. Vom Tourismusbüro gibt es eine Broschüre zur **Ruta de Goya**, die auch in

seinen Geburtsort **Fuentetodos** rund 24 Kilometer südlich von Zaragosa führt.

Öffnungszeiten: Dienstag bis Samstag von 10.00 bis 14.00 Uhr und 16.00 bis 20.00 Uhr. Sonn- und feiertags von 10.00 bis 14.00 Uhr. Eintritt 6,00 Euro, ermäßigt 3,00 Euro, freier Eintritt am 2. Sonntag des Monats, www.museogoya.ibercaja.es.

Der römischen Vergangenheit widmet sich das sehenswerte ***Museo del Foro de Caesaraugusta***. Es befindet sich unter dem heutigen Plaza La Seo und zeigt die archäologischen Reste des antiken Forum Romanum.

Öffnungszeiten: Dienstag bis Sonntag von 10.00 bis 14.00 Uhr und von 17.00 bis 21.00 Uhr. Sonn- und feiertags von 10.00 bis 14.30. Eintritt: 7,00 Euro, ermäßigt 5,00 Euro, freier Eintritt am 1. Sonntag des Monats.

Unser Stadtspaziergang

Gut gerüstet kann es nun also losgehen. Die wichtigsten Sehenswürdigkeiten der Stadt gruppieren sich um die Plaza del Pilar. Doch wir fahren mit der Straßenbahn zunächst weiter bis zur Haltestelle *Gran Via*. Von dort führt uns die breite Prachtstraße **Paseo de la Independencia** in Richtung Norden.

Gleich an der **Plaza Paraíso** fällt das moderne Bankgebäude der Ibercaja ins Auge. Kaum zu glauben, dass sich hier nicht nur monetäre Schätze verbergen. Im Untergeschoss befindet sich ein Innenhof aus der Zeit der Renaissance, der **Patio de la Infanta**. Ausgestellt sind hier auch Werke von Goya, darunter ein Selbstportrait.

Plaza España

Öffnungszeiten: Montag bis Samstag von 11.00 bis 14.00 Uhr und von 17.00 bis 20.00 Uhr. Sonn- und feiertags von 11.00 bis 14.00 Uhr. Eintritt: 4,00 Euro, ermäßigt 2,00 Euro, www.fundacioniberica.es.

Weiter geht es über die **Plaza de Aragón** unter schattigen Bäumen in Richtung Norden. Werfen Sie immer wieder mal einen Blick nach oben, denn gesäumt wird der Boulevard von eindrucksvollen Villen und Palästen aus dem 19. Jahrhundert. Eines davon ist die Hauptpost. Gleich dahinter liegt die ehemalige **Klosterkirche *Santa Engracia***, an der vor allem das reich verzierte Kirchenportal aus Alabaster sehenswert ist.

So flanieren wir zur **Plaza España**. Nördlich davon erstreckt sich die Altstadt mit dem **Kneipen- und Tapasviertel *El Tubo***. Schon um die Mittagszeit ist dort einiges los und eine gute Gelegenheit, von Bar zu Bar zu schlendern und von den leckeren Häppchen zu kosten.

Wir halten uns an der Plaza España links und steuern auf der Calle del Coso den westlichen Teil der Altstadt an. Bereits nach wenigen Metern kommen wir am **Palacio de los Condes de Morata o de Luna** vorbei. Ein Renaissancepalast mit schöner Fassade und zwei steinernen Riesen, die das mächtige Portal bewachen. Aus gutem Grund, denn hier ist ein Gerichtsgebäude untergebracht. Zu besichtigen ist es nicht, doch der menschliche Wächter lässt uns zumindest einen Blick in den Innenhof werfen. Fotografieren ist jedoch verboten.

Wir schlendern nun durch das multikulturell geprägte **Viertel *San Pablo*** nach Westen. Angelegt wurde es ursprünglich im 13. Jahrhundert als Stadterweiterung. Im Zentrum des Viertels erhebt sich die **Kirche *San Pablo*** mit einem markanten, achteckigen Glockenturm im **Mudéjar-Stil**. Im Inneren sind vor allem der Hauptaltar und der kunstvolle Chor sehenswert, der vom Vater des berühmten Francisco de Goya gestaltet wurde.

Maurischer Palast Aljafería

Öffnungszeiten: Dienstag bis Freitag von 10.30 bis 12.30 Uhr und von 18.00 bis 19.00 Uhr. Samstag von 10.30 bis 12.30 Uhr. Eintritt: 3,00 Euro, ermäßigt 2,00 Euro.

So erreichen wir nach einem kleinen Fußmarsch durch das Viertel unser persönliches Highlight in Zaragoza – den **maurischen Palast *Aljafería***. Es ist das einzige erhaltene Bauwerk aus der maurischen Epoche und hat eine überaus wechselvolle Geschichte hinter sich.
Entstanden ist die Festung im 9. Jahrhundert und wurde im 11. Jahrhundert zur Residenz ausgebaut. Nach der Vertreibung der Mauren zogen die Könige von Aragonien hier ein. Später wurde der Palast als Kloster, Zentrale der Inquisition und Gefängnis genutzt. Die Franzosen zerstörten 1809 große Teile der Anlage, die jedoch grundlegend renoviert wurde. Heute befindet sich hier der Sitz des aragonischen Regionalparlamentes.

Der Besuch in dem Bauwerk ist wie ein Streifzug durch ein Märchen aus Tausendundeiner Nacht. Palmenbestandene Innenhöfe, plätschernde Brunnen, eine prächtige kleine Moschee sowie kunstvoll gestaltete Räume mit maurischen Verzierungen und aufwändigen Kassettendecken erwarten uns. Traumhaft schön!

Öffnungszeiten: Montag bis Sonntag von 10.00 bis 14.00 Uhr und von 16.30 bis 20.00 Uhr. Eintritt: 5,00 Euro, ermäßigt 1,00 Euro. Freier Eintritt am 1. Sonntag und 1. Montagnachmittag des Monats. Es empfiehlt sich eine vorherige Reservierung unter www.reservasonline.aljaferia.com.

Noch völlig verzaubert geht es auf den Rückweg durch das Viertel San Pablo. Es wird nun Zeit, dass wir uns der Hauptattraktion Zaragozas, der **Plaza del Pilar** zuwenden. Sie kann mit einigen Superlativen aufwarten. So gilt sie laut Tourismusbüro als größter, den Fußgängern vorbehaltener Platz der Europäischen Union. Auf dem europäischen Kontinent wird das nur noch vom Roten Platz in Moskau getoppt. Zudem ist es der einzige Platz in Spanien, der von gleich zwei Kathedralen beherrscht wird.

Auf der östlichen Seite erhebt sich der schlanke Turm der alten **Catedral San Salvador (*La Seo*)**. Sie gilt auch als Schmelztiegel der Kulturen und repräsentiert mehrere unterschiedli-

Orientalische Pracht im Palast Aljafería

Plaza del Pilar in Zaragoza

che Baustile von Gotik über Barock bis Mudéjar. Bereits im 1. Jahrhundert v. Chr. stand hier ein Tempel, der von den Westgoten als Kirche bezeichnet wurde. Auch eine Moschee gab es, bevor im 12. Jahrhundert mit dem Bau einer fünfschiffigen gotische Kathedrale begonnen wurde.
Einzigartig daran ist die Ausrichtung nach Norden, um die Kirche von der Gebetsrichtung der Moslems nach Mekka zu unterscheiden. Heute sind im Inneren unter anderem wertvolle Wandteppiche zu bewundern.

Öffnungszeiten: Montag bis Samstag von 10.00 bis 14.30 Uhr und von 16.00 bis 20.00 Uhr. Sonn- und feiertags von 10.00 bis 12.00 Uhr und von 16.00 bis 20.00 Uhr. Eintritt: 7,00 Euro, ermäßigt 5,00 Euro.

Beherrschender Platzhirsch und barockes Wahrzeichen der Stadt ist die mächtige **Basilica de Nuestra Señora del Pilar**. Einer Legende zufolge soll hier die Jungfrau Maria dem missionierenden Apostel Jakobus (*Santiago*) erschienen sein und

ihm von einer Säule (*pilar*) herab den Auftrag zum Bau eines Gotteshauses gegeben haben. Hauptattraktion in der Kirche ist deshalb auch die 1765 vollendete Kapelle hinter dem Hochaltar mit der Marienstatue auf einer Säule. Die Fresken an der Decke stammen unter anderem von Francisco de Goya. Die Kapelle gilt als Heiligtum und ist Ziel vieler Jakobspilger, deren Weg durch Zaragoza führt.

Normalerweise kann man dem eindrucksvollen Kirchenbau auch aufs Dach – besser gesagt auf den Turm – steigen. Leider war dies während unseres Besuches aufgrund von Renovierungsarbeiten nicht möglich. Doch wir können uns vorstellen, dass der Panoramablick einzigartig sein dürfte.

Öffnungszeiten: Heilige Kapelle Montag bis Sonntag von 8.00 bis 20.30 Uhr. Hochaltar Montag bis Samstag von 7.30 bis 13.30 und von 16.30 bis 20.30 Uhr. Sonn- und feiertags bis 21.30 Uhr. Eintritt frei. Turmbesteigung (Fahrstuhl) Montag bis Freitag von 10.30 Uhr bis 14.30 Uhr und von 16.00 bis 20.00 Uhr. Samstag, Sonn- und feiertags von 10.00 bis 20.00 Uhr. Eintritt: 4,00 Euro.

Weitere eindrucksvolle Gebäude, die den Platz umrahmen sind das **Rathaus *Ayuntamiento*** und die **ehemalige Börse *Lonja***. Sie stammt aus dem Jahr 1551 und beherbergt heute wechselnde Ausstellungen. Nicht zu vergessen den spektakulären Brunnen auf der Westseite des Platzes. Der **Fuente de la Hispanidad** symbolisiert die Umrisse Lateinamerikas, die man am besten vom Turm der Basilika erkennen kann.

Zur Erholung setzen wir uns jetzt in eines der Straßencafés und genießen das bunte Treiben auf dem Platz. Der schönste Blick auf die Altstadtkulisse bietet sich anschließend von der gegenüberliegenden Seite des Río Ebro. Zwischen den beiden Plätzen Del Pilar und La Seo führt die Calle Don Jaime I. zum Ebro und der Brücke **Ponte de Piedra**. Gehen Sie in die Mitte der Brücke und genießen Sie ein großartiges 360-Grad-Panorama auf das alte und neue Zaragoza.

Zum Abschluss unseres Stadtbummels nehmen wir Sie noch mit in die **Markthalle *Mercado Central de Zaragoza***. Nur wenige Schritte vom Plaza del Pilar entfernt tauchen wir ein in die kulinarischen Genüsse und runden den Tag in einer der Tapas-Bars bei einem Glas Wein und Tortilla-Häppchen ab.

Öffnungszeiten: Täglich außer Sonntag von 9.00 bis 14.00 Uhr und von 17.30 bis 20.00 Uhr. Samstags von 9.00 bis 14.30 Uhr.

Praktischerweise bringt uns die Straßenbahn direkt vor der Markthalle an der Station *Plaza del Pilar-Murallas* wieder zurück zu unserem WOMO. Wir könnten Ihnen noch viel erzählen über diese wunderschöne Stadt Zaragoza. Es gibt noch so viel zu entdecken. Museen, Kirchen, Paläste, Shoppingmeilen und Fußgängerzonen. Lassen Sie sich nun einfach treiben. Und wenn Sie jetzt noch nicht genug haben, begleiten Sie uns doch zu einer Fahrradtour ins moderne **EXPO-Viertel** und den **Wasserpark Luis Buñuel**.

Fahrradtour zum Parque del Agua Luis Buñuel

Nur einen Katzensprung von unserem WOMO-Stellplatz entfernt geht es auf eine Halbinsel des Río Ebro. Nehmen Sie dazu den Radweg, der nach der Schnellstraßenunterführung nach rechts abzweigt und direkt zum **Parque del Agua Luis Buñuel** führt.

Das ehemalige Gelände der Weltausstellung EXPO 2008 ist vor allem im Sommer ein beliebtes Ausflugsziel der Bevölkerung und bietet jede Menge Sport- und Freizeitmöglichkeiten. Es ist durchzogen von einem Rad- und Wanderwegenetz. Wasser spielt dabei die Hauptrolle. Es geht entlang von Seen, auf denen Wassersport möglich ist, Flussauen und Wassergärten. An Schlechtwettertagen lockt das größte **Süßwasseraquarium** Europas, in dem die Besucher die wichtigsten Flüsse aller fünf Kontinente entdecken können.

Öffnungszeiten: Täglich von 10.00 bis 20.00 Uhr, Eintritt: 16,00 Euro, ermäßigt 10,00 Euro, www.acuariodezaragoza.com.

Freunde moderner, futuristischer Architektur dürften beim Anblick des 73 Meter hohen **Torre del Agua**, der Milleniumsbrücke **Puente del Tercer Milenio** oder des Brückenpavillons **Pabellón Puente** nach den Plänen der Stararchitektin **Zaha Hadid** ins Schwärmen geraten.

Spielplätze und Restaurants runden das Angebot ab und hier könnte man ohne Weiteres ebenfalls noch einen Tag zubringen. Wir beschließen unseren Besuch in Zaragoza nun jedoch mit einer Einkehr in einer der Strandbars und genießen dort einen lauen Sommerabend.

Nach so viel geballter Kultur machen wir uns auf die Weiterfahrt. Wir möchten ein wenig Strecke machen und nehmen die N-232 in Richtung **Alcañiz**. Rund 100 Kilometer liegen vor uns. Zunächst geht es noch entlang des Río Ebro. Nach dem Río Tajo ist er mit 910 Kilometern der zweitlängste Fluss der Iberischen Halbinsel. Zu sehen bekommen wir ihn jedoch nur selten.

Unweit des Ortes **Fuentes del Ebro** soll sich das geographische Zentrum Aragoniens befinden und in **Quinto** macht uns der Hinweis auf ein **Mumienmuseum** neugierig.

Einen Parkplatz gibt es im Zentrum hinter dem Rathaus bei **(003)**: N 41°25'29" W 00°29'43".

Die Mumien von Quinto

Das Mumienmuseum ist nur wenige Schritte entfernt und befindet sich in einer alten Kirchenfestung namens *El Piquete*. Es wurde im Jahr 2018 eröffnet und ist einzigartig in Spanien. Bei den Restaurierungsarbeiten der im Spanischen Bürgerkrieg stark beschädigten Mudéjar-Kirche stieß man auf 15 außerordentlich gut erhaltene Mumien sowie Hunderte nicht näher gekennzeichnete Gräber.
In den 1950er bis 1970er Jahren nutzte man das Gebäude als Getreidespeicher. Durch das Gewicht senkte sich der Boden ab und zerstörte die darunterliegenden Gräber. Dennoch blieben 15 mumifizierte Leichen unbeschädigt und sind, zusammen mit Grabbeigaben und weiteren archäologischen Funden, im Museum zu sehen. Sie sind in einem bemerkenswert guten Zustand. Selbst Haare, Bärte und Kleidung sind noch erkennen. In der spanischen Forschungswelt gingen die Funde als *Mumien von Quinto* ein.

Öffnungszeiten: Besuche sind nur Rahmen einer (spanischen) Führung möglich. Von Mai bis September finden die Führungen Freitag und Samstag um 10.00, 11.00, 18.00 und 19.30 Uhr statt. Sonntags nur am Vormittag. Im Winter starten die Nachmittagsführungen bereits um 16.00 und 17.30 Uhr. Eintritt: 7,00 Euro, ermäßigt 5,00 Euro, www. momiasdequinto.es.

Fast unmerklich überqueren wir die Grenze zur **Provinz Teruel** und befinden uns nun im sogenannten **Bajo Aragón**, was mit *Niederaragonien* übersetzt werden könnte. Durch die strategische Lage zwischen Ebro-Tal und Mittelmeerküste war die Region schon früh besiedelt. Dies belegen zahlreiche Funde aus keltiberischer Zeit. Touristisch wurde die **Ruta de los Íberos** angelegt, welche die wichtigsten Fundstätten miteinander verbindet. Eine davon ist die iberische Siedlung **Cabezo de Alcalá** in **Azaila**. Zur Fundstätte gehört eine große Akropolis, von der noch eine zentrale, gepflasterte Straße sowie kleinere Tempel, Thermen und eine Nekropole mit rund 100 Grabhügeln aus der späten Bronzezeit erhalten ist.

Ausgrabungsstätte Cabezo de Alcalá

Die Anlage ist nur im Rahmen einer (spanischen) Führung zu besichtigen. Bei Interesse wenden Sie sich bitte an folgende Stelle: Tel. + 34 606 987 589, www.vidaprimitiva.com, activities@vidaprimitiva.com. Telefondienstzeiten und Besuche finden sind von Mittwoch bis Sonntag von 10.00 bis 13.00 Uhr und von 16.00 bis 19.00 Uhr.

Für uns geht es noch einige Kilometer weiter bis vor die Tore von **Alcañiz**. Am Stausee **Embalse de la Estanca de Alcañiz** fällt uns bei N 41°03'31" W 00°11'43" ein monumentales Denkmal ins Auge. Die Region rund um Alcañiz ist berühmt für die Bräuche und Traditionen während der Karwoche **Semana Santa**. Die traditionellen Osterprozessionen werden hier lautstark begleitet von Trommeln, Rasseln, Trompeten und Tamburinen. Dieses **Monumento el Tambor** symbolisiert einen Trommler in traditioneller Tracht. Er steht auf einem gigantischen Sockel in Form einer Steintrommel mit mehr als 20 Metern Durchmesser. Welch ein imposantes Bauwerk, von dem aus Sie zudem einen wunderschönen Blick über den Stausee genießen können. Mehrere Orte in der Umgebung sind zur **Ruta del Tambor** zusammengeschlossen, *www.rutadeltamborybombo.com*. Sollte Ihre Reise in die Osterzeit fallen, schauen Sie sich unbedingt eine dieser eindrucksvollen Prozessionen an (siehe auch Tour 9 in Murcia). Nun noch eine kleine Erfrischung im See gefällig? Die erste Gelegenheit bietet sich gleich wenige Meter weiter an einem Rastplatz neben der Straße.

Standbild an der Ruta del Tambor

(004) WOMO-Parkplatz: Alcañiz – *Area de decanso*

GPS: N 41°03'22" W 00°11'23", 348 m. **Max. WOMOs**: 1-2.
Öffnungszeit: Ganzjährig.
Ausstattung: Müllcontainer, Picknickbänke.
Beschreibung: Außerorts gelegener Schotterparkplatz mit ebenen und teilweise schattigen Stellflächen sowie schönem Blick auf den See. Pfade führen hinunter ans Wasser und es gibt einen kleinen Badesteg.
Zufahrt: An der N-232 ist der Parkplatz auf der linken Seite.

Weitere Bademöglichkeiten sowie einen Campingplatz finden Sie, wenn Sie kurz nach dem Parkplatz links abbiegen. Die Zufahrt ist leider nur von der Gegenseite aus beschildert.

(005) WOMO-Parkplatz: Embalse de la Estanca de Alcañiz

GPS: N 41°03'52" W 00°10'57", 345 m. **Max. WOMOs**: 1-2.
Öffnungszeit: Ganzjährig.
Ausstattung: Müllcontainer.
Beschreibung: Schattige, ebene Parkplätze auf Erde, außerorts und gegenüber von einem Restaurant. Ebenfalls auf der gegenüberliegenden Straßenseite befinden sich ein Spielplatz, ein Badestrand sowie eine kleine Marina mit der Möglichkeit, das eigene Kanu oder Schlauchboot zu Wasser zu lassen. Am Wochenende lebhafter Besucherandrang, ansonsten wahrscheinlich eher ruhig.
Zufahrt: Nach dem Abzweig an der N-232 der Campingplatz-Beschilderung folgen. Der Parkplatz befindet sich nach etwa anderthalb Kilometern auf der gegenüberliegenden Seite eines Restaurants.

Last-but-not-Least haben Sie noch die Möglichkeit, den ausgeschilderten Campingplatz anzusteuern. Aus unserer Sicht ist dies jedoch eher ein Notnagel, denn er machte auf uns einen recht verwahrlosten und ungepflegten Eindruck. Der Internet-Auftritt verspricht leider sehr viel mehr als die Realität zu bieten hat.

(006) WOMO-Campingplatz: Alcañiz
Camping La Estanca

GPS/Kontakt: N 41°04'00" W 00°11'12", Camino de Valmuel, 349 m. Tel. +34 978 726 096 oder +34 682 321 049, www.campinglaestanca.com, info@campinglaestanca.com.
Öffnungszeit: Ganzjährig.
Ausstattung: Campingplatzübliche Ausstattung mit Restaurant, Bar, WLAN im Bereich von Rezeption und Restaurant, Pool (nur im Sommer), Waschsalon, Verleih von Wassersportgeräten, Spiel- und Sportplätzen, Mietunterkünften.
Beschreibung: Sehr einfacher Campingplatz am Wasser und in der Nähe einer Rennsportstrecke. Dominiert wird der Platz von Holzhütten und Mietunterkünften. Die Stellflächen sind teilweise schattig, weitgehend eben und auf einem erdigen Untergrund. Bei Rennsportveranstaltungen laut und völlig überhöhte Preise.
Preise: €€ – €€€.
Zufahrt: Ab der N-232 ist die Zufahrt zum Campingplatz ausgeschildert.

Vielleicht sind Ihnen bereits die Hinweisschilder zum **Motorland Aragón** aufgefallen, das sich ganz in der Nähe befindet. Freunde heißer Reifen, insbesondere PS-starker Zweiräder, kommen hier voll auf ihre Kosten. Die Rennsportstrecke ist unter anderem Austragungsort für den **Großen Preis von Aragonien**, der im Jahr 2010 erstmals im Rahmen der Motorrad-Weltmeisterschaften stattfand. Seitdem dröhnen regelmäßig die Motoren.

Nun nehmen wir die letzten vier Kilometer nach **Alcañiz** unter die Räder. Für unseren Stadtbesuch können wir dort einen relativ neuen und zentrumsnahen Stellplatz ansteuern. Trotz der Lage ist es überraschend ruhig und auch unser Dickschiff findet problemlos ein Plätzchen.

(007) Offizieller WOMO-Stellplatz: Alcañiz

GPS: N 41°03'06" W 00°08'21", Calle Andrés Piquer y Arrufat, 311m.
Max. WOMOs: 20.
Öffnungszeit: Ganzjährig.
Ausstattung: Ver-/Entsorgungsstation, Müllcontainer.
Beschreibung: Zentrumsnaher Stellplatz auf überwiegend ebenem Untergrund aus Schotter. Auch für größere WOMOs geeignet. Kein Schatten. Durch die zentrale Lage ist mit einer gewissen Geräuschkulisse zu rechnen. Der Platz ist nachts beleuchtet, gegenüber befindet sich eine Citroën-Autowerkstätte. Die historische Altstadt mit allen Dienstleistungen ist wenige Gehminuten entfernt. Maximale Aufenthaltsdauer 48 Stunden, campingartiges Verhalten ist nicht gestattet.
Zufahrt: Von Zaragoza auf der N-232 kommend befindet sich der Stellplatz am Ortseingang nach der Citroën-Autowerkstätte auf der rechten Seite. Wegen der Einbahnstraßen-Regelung vor der Werkstatt rechts abbiegen, dann zwei Mal links um das Gebäude herumfahren.

Wir haben Ihnen über **Alcañiz** bereits einiges erzählt, doch nun wird es Zeit, uns dieses charmante Mittelalterstädtchen in einer Schleife des **Río Guadalupe** etwas genauer anzuschauen.

Alcañiz im Überblick

16.500 Einwohner, 340 m, Autonome Gemeinschaft Aragonien.
Tourismusbüro: Calle Mayor, www.alcaniz.es. Geöffnet täglich von 10.00 bis 14.00 Uhr und von 16.00 bis 20.00 Uhr.

Pfarrkirche Santa María la Mayor in Alcañiz

Stadtspaziergang Alcañiz

Vom Stellplatz sind es nur wenige Schritte hinunter zum Fluss, entlang dessen Ufer sich ein schöner Stadtpark erstreckt. Überragt wird das Städtchen von dem eindrucksvollen **Castillo de los Calatravos**. Diesem werden wir uns später noch zuwenden. Zunächst geht es über die Brücke in Richtung **Altstadt *Centro Histórico***. Die steile Calle Mayor führt uns hinauf zur zentralen **Plaza de España**. Um dieses historische Ensemble gruppieren sich die wichtigsten Sehenswürdigkeiten und

Alcañiz – Plaza de España

eigentlich brauchen wir hier keinen Stadtplan. Doch einen Blick in die **Touristeninformation** sollten Sie trotzdem nicht versäumen. Zum einen sind die Damen dort sehr freundlich und hilfsbereit, zum anderen führt uns eine versteckt gelegene Treppe hinunter in die Unterwelt von Alcañiz.

Unter der Plaza de España erstreckt sich ein unterirdisches Kellersystem, in dem im Mittelalter Wein und Lebensmittel aufbewahrt wurden. Dafür gab es einen sogenannten *Schneekeller*, den **Nevería**. Im Winter wurden Schnee und Eis in den Keller gebracht, wodurch das ganze Jahr über Lebensmittel gekühlt werden konnten. Verbunden sind die Keller über ein unterirdisches System von Gängen, den **Subterráneos medievales**, die zu den Häusern und Palästen führten. Den Einwohnern dienten die Keller auch als Zufluchtsort in Not- und Kriegszeiten. Ein bisschen gruselig und vor allem erfrischend kühl ist es hier unten heute noch.

Öffnungszeiten: Täglich von 10.00 bis 14.00 Uhr und von 16.00 bis 20.00 Uhr, Eintritt: 2,20 Euro, ermäßigt 1,50 Euro. www.alcaniz.es.

Zurück am Tageslicht schlendern wir über die Plaza de España mit dem **Rathaus *Casa consistorial*** aus dem 16. Jahrhundert und der einstigen **Börse**, der gotischen **Lonja Gótica** aus dem 15. Jahrhundert. Sie mutet mit ihren Arkadengängen fast schon ein wenig verspielt-italienisch an. Dominiert wird der Platz von der mächtigen **Pfarrkirche *Santa María la Mayor*** mit einem reich verzierten Eingangsportal.

Von der Plaza de España führt der Weg durch eine Gartenanlage zum **Castillo de los Calatravos**, in dem heute ein Hotel der staatlichen Parador-Kette untergebracht ist. Der Aufstieg lohnt sich auch für Nicht-Hotelgäste, denn hier oben bietet sich ein wunderschöner Ausblick auf die Stadt und die hügelige, teilweise sehr karge Umgebung.

Es war im 12. Jahrhundert, als König Alfonso I. auf dem **Cerro Pui Pinos** eine Burg errichten ließ und sie zum Hauptquartier des **Calatrava-Ritterordens** machte. Der Orden wurde 1158 als erster der großen spanischen Ritterorden gegründet und gehörte ursprünglich zur Familie der Zisterzienserorden. Aus dieser Zeit sind noch der Kreuzgang sowie die Festungskapelle erhalten. Außerdem sind noch Wandmalereien mit Ritterszenen aus dem 14. Jahrhundert zu sehen. Im 18. Jahrhundert wurde die Burg umgebaut und im Südteil um den **Palacio de los Comendadores** ergänzt. Dort residieren heute die Hotelgäste, aber der ältere Teil kann im Rahmen von Führungen besichtigt werden.

Öffnungszeiten: Führungen finden in der Regel von Mittwoch bis Sonntag zwischen 10.00 und 13.30 Uhr und zwischen 16.00 und 18.00 Uhr statt. Im Juli und August auch täglich bis 19.00 Uhr. Auskünfte und Anmeldung über die Touristeninformation.

Einkehrtipp: Ganz ohne Führung lässt sich das historische Ambiente im Restaurant des Parador-Hotels genießen. Serviert werden dort deftige Spezialitäten aus der Küche Aragoniens. Probieren Sie die gefüllte Lammschulter *Espalda de ternasco rellena*. Köstlich!

Wir machen uns gut gesättigt auf den Rückweg, können am Río Guadaloupe noch die Reste der Stadtmauer erkennen und betten unser müdes Haupt im WOMO, wo wir trotz der Zentrumsnähe eine überraschend ruhige Nacht verbringen.

Am nächsten Morgen verlassen wir Alcañiz auf der N-211 in Richtung **Calanda**. Es geht durch eine Region mit vielen Obstbaumplantagen. Im Frühling fahren wir durch ein Blütenmeer aus Rosa und Weiß. Calanda – so verrät es uns ein Ortsschild – ist die Geburtsstadt von **Luis Buñuel**. Vielleicht erinnern Sie sich. Wir sind diesem Namen bereits in Zaragoza begegnet, wo der Park im EXPO-Viertel nach dem mexikanischen Filmemacher spanischer Herkunft benannt wurde.

Buñuel wurde gegen Ende der Stummfilmzeit als surrealistischer Regisseur bekannt und zählt zu den bedeutendsten Filmregisseuren des 20. Jahrhunderts. Er arbeitete unter anderem mit **Salvador Dalí** zusammen. Das bekannteste Werk aus dieser Zeit ist der Film *Un chien andalou* – Ein andalusischer Hund – aus dem Jahr 1929. Wer sich für den Filmemacher interessiert, besucht in Calanda in der Calle Mayor das

Centro Buñuel, welches sich dem Leben und Werk des berühmten Sohnes der Stadt widmet.

Öffnungszeiten: Täglich außer Montag von 10.30 bis 13.30 Uhr und von 16.00 bis 20.00 Uhr, Eintritt: 5,00 Euro, ermäßigt 4,00 Euro, www.bunuelcalanda.com.

Wir biegen hier ab auf die A-226, die uns auf den nächsten Kilometern entlang des **Río Guadaloupe** führt. Er wurde zum **Embalse de Calanda** aufgestaut, der mehrere schöne Stellplätze bietet und hauptsächlich von Anglern frequentiert wird. Ob man hier auch Baden kann, entzieht sich leider unserer Kenntnis.

Morgenstimmung am Embalse de Calanda

(008) WOMO-Parkplatz: Embalse de Calanda

GPS: N 40°55'03" W 00°13'03", 456 m. **Max. WOMOs**: 1-2.
Öffnungszeit: Ganzjährig.
Ausstattung: Keine.
Beschreibung: Mehrere Stellplatzmöglichkeiten auf unbefestigtem Untergrund und nicht immer eben am Ufer des Stausees. Kein Schatten und außerorts in Straßennähe gelegen.
Zufahrt: An der A-226 nach Durchqueren eines Tunnels führt auf der linken Seite eine steile Stichstraße hinunter ans Ufer.

Weiter geht es durch eine waldreiche Region, die immer wieder schöne Ausblicke bietet. Bei **Mas de las Matas** weckt der Hinweis zur **Ermita de Santa Flora** unser Interesse. Also legen wir einen spontanen Halt ein und unternehmen einen kleinen Spaziergang entlang eines Kreuzweges hinauf zur Kapelle.

(009) WOMO-Parkplatz: Ermita de Santa Flora

GPS: N 40°50'36" W 00°14'16", 515 m. **Max. WOMOs**: 1-2.
Öffnungszeit: Ganzjährig.
Ausstattung: Wasserquelle in der Nähe.
Beschreibung: Leicht schräge Naturstellfläche unterhalb der Ermita, teilweise schattig. Außerorts gelegen mit schöner Aussicht auf die landwirtschaftlich genutzte Umgebung.
Zufahrt: An der A-226 vor dem Ort Mas de las Matas dem Hinweisschild nach links zur Ermita folgen.

Ermita Santa Flora in Mas de las Matas

Die Einsiedelei stammt aus dem Jahr 1661 und war bei unserem Besuch leider geschlossen. Doch der stille Ort bietet einen wunderschönen Ausblick auf die Hügellandschaft und das Dorf Mas de las Matas mit seinem schlanken Glockenturm. Gewidmet ist die Einsiedelei – so konnten wir es den Schildern entnehmen – den Schutzheiligen des Dorfes San Augustin und Santa Flora. Alljährlich im August findet eine Wallfahrt auf den Hügel statt. Wir genießen noch ein wenig die Ruhe und den Weitblick. Um uns herum nur das Zwitschern der Vögel und Summen der Bienen. Die Einsiedler aus früheren Zeiten hatten ein untrügliches Gespür für die Wahl ihrer zumeist idyllischen Standorte.

Unten im Dorf machen wir uns noch auf die Suche nach dem ausgeschilderten Campingplatz. Doch auch dieser war bei unserer Reise noch geschlossen. Falls Sie jedoch Bedarf haben, hier die Infos dazu:

(010) WOMO-Campingplatz: Mas de las Matas
Camping La Palanca del Mas

GPS/Kontakt: N 40°49'44" W 00°14'26", Camino del Campanal. Tel. +34 619 891 707, www.webnode.es.
Öffnungszeit: Von Ostern bis Oktober.
Beschreibung: Vermutlich eher für kleinere Fahrzeuge geeignet.

Ab Mas de las Matas folgen wir nun der A-225 nach **Aguaviva**. Danach geht es sehr kurvenreich entlang des **Río Bergantes**, der sich eindrucksvoll einen Canyon in die Landschaft gegraben hat. Durch die Kraft des Wassers sind zudem spektakuläre Auswaschungen mit Höhlen, Felsbrücken und natürlichen Pools – auch *Cananillas* genannt – entstanden.

Die Naturstrände sind im Sommer ein beliebter Ort, um sich abzukühlen. Im Frühling, wenn der Fluss reichlich Wasser führt, sind auch rasante Rafting-Touren möglich. Eine erste Möglichkeit ins glasklare Wasser abzutauchen, bietet sich hier.

(011) WOMO-Parkplatz: Puente de Cananillas

GPS: N 40°48'22" W 00°09'36", 502 m. **Max. WOMOs**: 1-2.
Öffnungszeit: Ganzjährig.
Ausstattung: Picknickbänke.
Beschreibung: Unbefestigter Schotterparkplatz, außerorts bei einer alten Brücke über den Fluss. Es gibt teilweise schattige Plätze. Im Sommer ist dies an schönen Wochenenden ein beliebter Badeplatz und es ist mit regem Ausflugsverkehr zu rechnen.
Hinweis: Wir können nicht verlässlich sagen, ob eine Übernachtung auch in der Hochsaison geduldet wird.
Zufahrt: An der A-225 zweigt bei N 40°48'14" W 00°09'58" ein unbefestigter Feldweg links ab. Nach etwa 600 Metern erreichen Sie den Parkplatz.

Natürliche Badepools am Río Bergantes

Wenn Sie lieber nur die Aussicht genießen möchten, dann können Sie wenig später unmittelbar an der Straße eine Rast einlegen.

(012) WOMO-Parkplatz: Aussichtspunkt Baja Aragon

GPS: N 40°47'56" W 00°09'58", 534 m. **Max. WOMOs**: 1-2.
Öffnungszeit: Ganzjährig.
Ausstattung: Picknickbänke.
Beschreibung: Parkplatz neben der Straße mit Blick auf den Canyon. **Hinweis**: Unterhalb befindet sich der *Campingplatz Dos Rocas*, der bei unserem Besuch noch geschlossen hatte. Recht einfach und eventuell nur im Sommer geöffnet, hatte er – von außen betrachtet – eher den Charakter eines Zeltplatzes, aber mit der Möglichkeit zu Kajaktouren.
Zufahrt: An der A-225 nach dem Ort Aguaviva auf der linken Seite.

Unsere Straße wird mit dem Überqueren der unsichtbaren Provinzgrenze zwischen Aragonien und der **Autonomen Re-**

gion Valencia zur CV-14 und mäandert weiter entlang des Flusslaufes. Eine weitere schöne Rastmöglichkeit am Fluss bietet sich hier:

(013) WOMO-Parkplatz: Zona recreativa Les Conteses

GPS: N 40°47'11" W 00°09'04", 559 m. **Max. WOMOs**: 1-2.
Öffnungszeit: Ganzjährig.
Ausstattung: Picknickbänke, Mülltonnen, Spielplatz.
Beschreibung: Parkplatz unterhalb der Straße am Ufer des Río Bergantes. Durch die Auswaschungen sind mehrere natürliche Pools entstanden, in denen gebadet werden kann. Zudem gibt es einen Naturlehrpfad mit Infotafeln zur Flora und Fauna der Region. Die Stellplätze sind eher für kleinere Fahrzeuge geeignet, teilweise uneben, schattig und außerorts gelegen.
Zufahrt: An der CV-14 befindet sich der Rastplatz auf der linken Seite.

Auf den nächsten acht Kilometern durch dieses wildromantische Tal sollten Sie gelegentlich auch den Blick nach oben schweifen lassen, um das **Wallfahrtskloster *Santuari de la Mare de Déu de la Balma*** nicht zu verpassen. Es scheint förmlich über einer Schleife des Flusses an der Felswand des **Monte Tossa** zu schweben. Seit dem 14. Jahrhundert werden Wallfahrten hierher unternommen. Wie so oft rankt sich auch um diesen mystischen Ort eine Legende.

So soll ein einarmiger Priester durch ein seltsames Leuchten geblendet worden sein, das von der Gottesmutter Maria kam. Sie erteilte ihm den Auftrag, an der durch Erosion nach innen gewölbten Felswand – *La Balma* genannt – eine Kapelle zu errichten. So geschah es, und nach der Fertigstellung war der Priester nicht mehr verkrüppelt. Schon bald wurde die Kapelle zum Wallfahrtsort für Menschen, die früher als teuflisch bezeichnet wurden. Sie erhofften sich Heilung von fremden Übeln. Heute beherbergt das Wallfahrtskloster ein Restaurant. Die Anlage kann aber auch ohne Restaurantbesuch besucht werden.

Die Öffnungszeiten können jahreszeitlich schwanken, in der Regel jedoch Dienstag bis Sonntag von 10.00 bis 18.00 Uhr. Eintritt frei.

Wallfahrtskloster Santuari de la Mare de Déu de la Balma

Die Zufahrt zum Kloster ist an der CV-14 bei N 40°44'31" W 00°10'37" ausgeschildert. Größere WOMOs müssen wegen der scharfen Kehre eventuell ein wenig manövrieren. Oben gibt es einen kleinen Schotterparkplatz, der an Wochenenden gerne von Ausflüglern belegt ist. Dann kann das Wenden schwierig werden. Leider gibt es unterhalb an der Straße keine Parkmöglichkeiten.

Kurz vor erreichen unseres Etappenzieles **Morella** macht uns ein Gebäude rechts der Straße bei N 40°37'13" W 00°08'00" neugierig. Wenn Ihnen oder Ihrer WOMO-Crew der Sinn nach einem luftigen Abenteuer steht, sollten Sie jetzt einen Stopp einlegen. In dem Wäldchen hinter dem ehemaligen Fabrikgebäude *Fabríca Giner* versteckt sich ein **Hochseil-Klettergarten**, der so manchen Adrenalinspiegel in die Höhe treiben könnte. Reservierungen werden empfohlen unter *www.saltapins.com.*

So gelangen wir bis nach **Morella**, wo wir für die Stadtbesichtigung einen geeigneten Stellplatz in Aussichtslage beziehen können.

(014) Offizieller WOMO-Stellplatz: Morella

GPS: N 40°37'26" W 00°05'30", Carretera de Logroño, 941 m.
Max. WOMOs: 20.
Öffnungszeit: Ganzjährig.
Ausstattung: Ver-/Entsorgungsstation, Müllcontainer, Picknickzone.
Beschreibung: Gebührenfreier Stellplatz auf überwiegend ebenem Untergrund aus Schotter. Auch für größere WOMOs geeignet. Kein Schatten, aber in unmittelbarer Nachbarschaft gibt es eine separate Picknickzone mit schattigen Bäumen. Der Platz ist nachts beleuchtet und bietet eine wunderbare Aussicht auf die illuminierte Kulisse der Festungsstadt. Die mittelalterliche Altstadt mit allen Dienstleistungen ist etwa 1,5 Kilometer und 20 Gehminuten entfernt. Maximale Aufenthaltsdauer 72 Stunden, campingartiges Verhalten ist nicht gestattet.

Zufahrt: An der N-232 ist die Einfahrt zum Stellplatz ausgeschildert.

Für einen Tagesbesuch gibt es einen gebührenpflichtigen Parkplatz in der Nähe der Stadtmauer bei N 40°37'23" W 00°06'04".

In Morella befinden wir uns nun im Hauptort des **Maestrat** – einem Gebirgszug, den scheinbar Welten von der nur 70 Kilometer entfernten, lebhaften Mittelmeerküste trennen. Kleine Bergdörfer und ausgedehnte Wandergebiete in einsamen

Bergregionen kennzeichnen diesen Landstrich, der einst im Besitz des **Montesa-Ordens** war. Dieser ließ im Kampf gegen die Mauren zahlreiche Befestigungen in der Region anlegen. Eine davon ist das zauberhafte Morella.

Morella im Überblick

2.500 Einwohner, 984 m, Autonome Gemeinschaft Valencia. **Tourismusbüro**: Placet Sant Miquel, Tel. +34 964 173 032, turisme@morella.net, www.morellaturistica.com. Öffnungszeiten: Im Winter Dienstag bis Samstag von 10.00 bis 14.00 Uhr und von 16.00 bis 18.00 Uhr. Sonn- und feiertags von 10.00 bis 14.00 Uhr. Im Sommer täglich bis 19.00 Uhr.

Sexenni-Festival

Alle sechs Jahre findet am dritten Sonntag im August in Morella das Sexenni-Festival statt. Anlass ist das wundersame Ende der Pest und die Heilung der Kranken im Jahre 1672. Nach Berichten in den Ortschroniken war die Verzweiflung der Menschen damals so groß, dass sie ihre Schutzpatronin, die Jungfrau von Vallivana, um Hilfe anflehten und das Marienbild aus der Kapelle in die Stadt brachten. Dann geschah ein Wunder – die Kranken wurden geheilt. Zum Dank verpflichteten sich die Bewohner, alle sechs Jahre ein Fest zu Ehren der Jungfrau zu feiern. Seitdem pilgern die Menschen zur etwa 20 Kilometer entfernten Wallfahrtskirche und tragen das Marienbild nach Morella. Die Ankunft der Pilger wird mit einem großen, mehrtägigen Fest gefeiert. Das nächste Mal ist es im Jahr 2024 so weit.

Morella – die Perle des Maestrat

Eine Burgruine auf einem Felsenhügel, umgeben von weißen Häusern und einer mittelalterlichen Stadtmauer – die Kulisse des 2.500-Einwohner-Städtchens ist bereits von Weitem ein beeindruckender Blickfang. Der Ort liegt auf knapp 1.000 Metern Höhe in der Nähe der Bergpässe **Torre Miró** (1.259 Meter) und **Querol** (1.020 Meter), welche die Autonomen Regionen Valencia

Die Plaza de Torros in Morella

und Aragonien trennen. Diese strategisch günstige Lage führte im 14. Jahrhundert zum Ausbau des Bergdorfes zu einer befestigen Grenzstadt mit einer 2,5 Kilometer langen Stadtmauer und der mächtigen Burg auf dem Felsen.

Morella zeichnet sich durch eisig kalte Wintermonate mit einem kräftigen Nordostwind und erträgliche Temperaturen im Sommer aus. Nicht zuletzt deshalb zieht es viele Küstenurlauber zu einem erfrischenden Tagesausflug hierher. In der Hochsaison kann es also passieren, dass sich die Besuchermassen durch die malerischen Gassen der Altstadt drängen. Wir sind Ende März hier und schauen uns das Städtchen bei frostigen, einstelligen Temperaturen an. Schön ist es trotzdem. Begleiten Sie uns auf einer Zeitreise ins Mittelalter.

Stadtspaziergang Morella

Vom Parkplatz am nördlichen Stadtrand sind es nur wenige Schritte durch das imposante **Portal de Sant Miquel** in die historische Altstadt. Wenn Sie vom WOMO-Stellplatz Nr. 014 kommen, führt der rund 1,5 Kilometer lange Fußweg entlang der Zufahrtsstraße. Dabei kommen wir bereits an einer ersten Sehenswürdigkeit vorbei – dem **Aquädukt de Santa Llúcia**. Es hat nichts mit den römischen Aquädukten zu tun, sondern wurde erst im 13. Jahrhundert im gotischen Stil erbaut. König Jaime II. von Aragón gab den Bau

Gotisches Aquädukt in Morella

der Wasserleitung in Auftrag, um die Stadt mit Quellwasser zu versorgen. Ein weiteres Aquädukt können Sie etwas weiter nördlich erkennen. Die Wasserversorgung über diesen Weg funktionierte bis ins 20. Jahrhundert hinein. Erst dann wurde das Aquädukt durch ein modernes Rohrleitungssystem ersetzt.

Wir betreten die Altstadt durch das **Portal de Sant Miquel** mit seinen achteckigen Zwillingstürmen. Gleich dahinter liegt, etwas versteckt auf der rechten Seite, der Zugang zu einem Teil der Stadtmauer, entlang der es weitere Türme gibt. Die Aussicht ist – zumindest bei gutem Wetter – schlichtweg atemberaubend.

Glockenturm Konvent San Francisco

Öffnungszeiten: Samstag und Sonntag von 10.00 bis 13.00 und von 16.00 bis 19.00 Uhr. Eintritt: 1,50 Euro.

Unser erstes Ziel ist der Aufstieg zum **Castillo de Morella**. Zwar sind nur Ruinen von der einst eindrucksvollen Anlage erhalten, doch der Weg hinauf lohnt sich allein wegen des atemberaubenden Ausblicks. Vorbei an der Stierkampfarena **Plaza de Torros** geht es zum Haupteingang in der Carrer del Castell.

Meter für Meter arbeiten wir uns nun auf den 1.074 Meter hohen Burgfelsen empor. Drehen Sie sich immer wieder einmal um und genießen Sie die schönen Ausblicke auf Morella und die Umgebung.

So erreichen wir den **Palacio del Gobernador**. Der Palast wurde 1713 vor einer Höhle erbaut und dient heute als Ausstellungsraum zur Geschichte der Burg. Sie entstand bereits in der maurischen Epoche und wurde später unter christlicher Herrschaft weiter ausgebaut. Über steile Treppen geht es schließlich hinauf zum höchsten Punkt – der **Plaza de Armas**.

Hier oben erleben wir einen einzigartigen Rundumblick auf die Gebirgslandschaft des **El Maestrat**. Mit etwas Glück werden Sie nun auch von einer ganzen Schar mächtiger Greifvögel umkreist. Wir vermuten, es sind Gänsegeier, die da so eindrucksvoll um die Burgruine kreisen und sich Meter für Meter weiter in luftige Höhen schrauben. Ein faszinierendes Schauspiel, das uns die Vögel mit ihren gewaltigen Spannweiten von bis zu 2,50 Metern bieten.

Flug der Gänsegeier

Öffnungszeiten: Täglich von 11.00 bis 17.00 Uhr. Von Ostern bis etwa Mitte Oktober bis 19.00 Uhr. Eintritt: 3,50 Euro, ermäßigt 2,50 Euro.

Allmählich treibt uns ein kalter Wind wieder hinunter. Nach dem Abstieg lohnt es sich, noch ein wenig durch den Ort zu bummeln. Nicht umsonst zählt er zu den schönsten Dörfern Spaniens. Kunstvoll gearbeitete Haustüren, schmiedeeiserne Balkone und alte Herrenhäuser mit Fachwerkarkaden ziehen unsere Blicke auf sich.

Einen Besuch in der **Basílica de Santa María la Mayor** sollten Sie nicht versäumen. Mit ihrem Bau wurde im 13. Jahrhundert begonnen. Fertiggestellt wurde sie jedoch erst im Jahr 1594, weshalb sie sowohl Elemente der valencianischen Gotik als auch der Renaissance enthält. Sehenswert sind vor allem die beiden kunstvollen Eingangsportale auf der Südseite sowie die reliefgeschmückte Wendeltreppe im Inneren.

Öffnungszeiten: Montag bis Samstag von 11.00 bis 14.00 Uhr und von 15.00 bis 18.00 Uhr. Sonn- und feiertags von 10.00 bis 11.15 Uhr und von 12.15 bis 15.00 Uhr. Eintritt: 3,00 Euro, ermäßigt 2,50 Euro.

Wir lassen uns noch ein wenig durch die charmanten Gassen treiben, werfen einen Blick hinein in das **Rathaus** und die **ehemalige Börse *Lonja***. Und wir lernen noch eine Legende um den sagenumwobenen Ort Morella kennen.

Legende von Morella

Demnach war der Heilige Vinzenz Ferrer im Jahre 1414 zu Besuch in der Stadt. Die Frau, bei der er Unterkunft fand, wollte ihm eine Mahlzeit kochen, die seinem Stand entsprach. Da sie jedoch zu arm war, um Fleisch zu kaufen, schlachtete sie kurzer-

Gotisches Portal der Basilika Santa María de la Mayor

Bummel durch die Altstadtgassen

hand ihren eigenen Sohn und setzte ihn dem hohen Gast vor. Der Heilige durchschaute die Situation, setzte den Knaben wieder zusammen und erweckte ihn zum Leben. Allerdings fehlte dem Jungen der kleine Finger. Seine Mutter hatte zuvor gekostet, ob das Gericht genug gewürzt sei.

Morella ist nicht nur eines der schönsten Dörfer Spaniens, sondern auch ein Dorf der Genießer und Gourmets. Eine Spezialität von Morella sind die schwarzen **Trüffel** *trufas negras*, die vor allem in der Wintersaison angeboten werden. Außerdem gehören leckerer Honig und köstlicher Käse zu den regionalen Produkten. Für den Käse-Einkauf empfehlen wir Ihnen die *Queseria Pastor*, die sowohl in der Altstadt als auch an der Ausfallstraße N-232 (mit Parkmöglichkeit) einen Laden hat.

Abgerundet haben wir unseren Aufenthalt in Morella mit folgendem **Einkehrtipp**: Das Restaurant *Casa Roque* in der Altstadt serviert zwischen 13.00 und 15.00 Uhr raffinierte, regionale Tagesmenüs, das *Menu del Dia,* in altehrwürdigem Ambiente, *www.casaroque.com.* Ruhetag ist Montag.

Wir sind nun am Ende unserer ersten Tour angekommen. In der nächsten Etappe machen wir uns auf den Weg zur Mittelmeerküste, der uns zunächst noch ein Stück durch die Bergwelt des Maestrat führt.

Genießerdorf Morella

Tour 2: Berge und Meer – Von Morella nach Peñíscola 130 km

Ares del Maestrat – Albocàsser – Tírig – Valltorta
La Salzadella – Sant Mateu – Cervera del Maestrat
Peñíscola

Stellplätze:	Am Coll d'Ares, in Tírig, La Salzadella, Cervera del Maeste, Peñíscola
Campingplatz:	In Peñíscola
Besichtigen:	Ares del Maestrat, Museum von Valltorta, Historische Olivenmühle in Cervera del Maeste, Peñíscola
Fahrradtour:	Ins Naturschutzgebiet Serra d'Irta
Wandern:	In Ares del Maestrat
Baden:	An den Stränden von Peñíscola
Einkehrtipps:	Restaurant *Coll d'Ares*, Steakhouse *El Campo* in Peñíscola

In dieser Tour geht es weiter an die Mittelmeerküste. Der Weg führt uns durch die gebirgigen Regionen des Maestrat, die ge-

prägt sind von idyllischen Bergdörfern und Burgruinen. Hier scheint die Zeit stehen geblieben zu sein. Bevor wir uns hinabschwingen in mediterrane Gefilde, gilt es einige der prähistorischen Felsmalereien zu entdecken, die im Hinterland der spanischen Ostküste zum UNESCO-Welterbe erklärt wurden. Am Ziel in Peñíscola dürfen Sie sich auf eine malerische Altstadt und einen kilometerlangen Sandstrand der Costa del Azahar, der Orangenblütenküste freuen.

Nachdem wir uns auf dem Stellplatz in Morella noch an der nächtlich illuminierten, mittelalterlichen Kulisse erfreuten, geht es nun frisch erholt in Richtung Küste.
Dafür verlassen wir Morella auf der N-232 nach Süden und biegen nach wenigen Kilometern auf die CV-12 nach **Ares del Maestrat** ab. Es gilt einen Pass zu überqueren und bereits unten signalisiert uns das grüne Schild, dass die Passstraße geöffnet – *abierto* – ist. Somit können wir die zehnprozentige Steigung in Angriff nehmen. Die gelb-schwarzen Markierungen am Straßenrand lassen jedoch darauf schließen, dass hier mit größeren Schneemengen bis ins späte Frühjahr, aber auch schon im frühen Herbst zu rechnen ist.

Wir durchqueren eine weite Hochebene mit unendlich vielen Mandelbäumen, die auf terrassierten Feldern gedeihen. Wie viel Mühe muss es gekostet haben, diese säuberlich aufgeschichteten **Trockenmauern**, die *Piedra en seco* im Laufe der Jahrhunderte anzulegen. Wenn Sie mehr darüber erfahren möchten, sollten Sie am Abzweig der CV-15 einen Abstecher ins Dorf **Vilafranca del Cid** unternehmen. Dort widmet sich ein Museum dieser alten Tradition der Trockensteintechnik, *www.turismevilafranca.es*.

Wir steuern auf der CV-15 unser nächstes Ziel, das kleine Bergdorf **Ares del Maestrat,** an. Dafür geht es zunächst hinauf zum Pass **El Coll d'Ares** auf 1.174 Metern Höhe. Uns bläst ein eisiger Wind um die Nase, doch bei gutem Wetter ist die Aussicht phänomenal. Zudem gibt es einen Parkplatz samt Restaurant. Wer die Wanderstiefel schnüren möchte, ist hier sicherlich richtig. Auch größere WOMOs sollten für einen Besuch des Bergdorfes hier parken.

(015) WOMO-Parkplatz: Passhöhe *Ares del Maestrat*

GPS: N 40°27'14" W 00°08'31", 1.174 m. **Max. WOMOs**: 1-2.
Öffnungszeit: Ganzjährig.
Ausstattung: Keine.
Beschreibung: Parkmöglichkeiten neben einem Restaurant auf einem unbefestigten Untergrund. Ins Dorf Ares del Maestrat führt ein etwa ein Kilometer langer Fußweg. Dort starten auch mehrere Wanderwege in die Region.
Zufahrt: Auf der Passhöhe an der CV-15.

Ares del Maestrat – Wanderung und Dorfspaziergang

Auch wir bevorzugen es, unser Dickschiff hier zu parken und uns auf den rund einen Kilometer langen, ausgeschilderten Fußmarsch hinauf ins Dorf zu machen. Parkmöglichkeiten dort sind rar und die Gassen eng. Der Weg lohnt sich, denn wir können immer wieder schöne Ausblicke auf die, von terrassierten Feldern und Trockenmauern durchzogenen Berghänge genießen. Hier oben scheint die Zeit stillzustehen. Wie ein Adlerhorst thront das weniger als 200 Einwohner zählende Bergdorf auf einem Felsvorsprung, auf dem noch die Reste einer mittelalterlichen Burg zu sehen sind. Wie fast überall bildet die **Plaza Mayor** das Zentrum, von der aus wir den Rundgang starten. Hier befindet sich auch das Büro der **Touristeninformation**. Einen Stadtplan braucht man in dem Dorf zwar nicht, doch die freundliche Dame gibt uns den **Wandertipp** zur ***Ruta Barranc dels Molins***. Auf gut markierten Wegen führt der Rundweg durch das Tal der Mühlen und vermittelt einen guten Eindruck von Flora und Fauna sowie die Geographie der Region. Etwa zwei Stunden für die knapp sechs Kilometer lange Tour sollte man einplanen, so der Rat der Dame. Wir verzichten angesichts drohender Regenwolken und kalter Temperaturen auf den Wanderausflug und schauen uns stattdessen das Dorf genauer an.

Öffnungszeiten Tourismusbüro: Mittwoch bis Sonntag von 10.00 bis 15.30 Uhr, www.aresdelmaestrat.es.

Unter dem gotischen Gewölbe der ehemaligen **Markthalle** hindurch gelangen wir zur **Pfarrkirche *Virgen de la Asunción*** mit ihrer barocken Fassade.

Kleines Kuriosum: Der Glockenturm ist niedriger als die eigentliche Kirche. Warum das so ist, konnten wir jedoch nicht in Erfahrung bringen. Wir schlendern weiter durch die Gassen, genießen die großartigen Ausblicke auf einem Rundweg am Fuße des Burgbergs und hätten gerne auch noch das ***Museo de las Covas*** besucht. Doch leider ist das Höhlenmuseum aus unerfindlichen Gründen geschlossen.

So wandern wir wieder hinunter zu unserem Wohnmobil und genießen dort eine **Einkehr** im Restaurant *Coll d'Ares* am wärmenden Kaminofen.

Wenige Meter hinter der Passhöhe gibt es eine Parkbucht bei N 40°26'47" W 00°08'25", von der aus Sie noch einmal einen wunderschönen Panoramaausblick auf das imposante Bergdorf genießen können.

Für uns geht es nun stetig und kurvig bergab. Eine wunderschöne Panoramaroute – hätten wir doch die passende Sicht. Einzelne Wolkenlücken lassen es jedoch erahnen. Wir durchqueren wieder Plantagen mit Oliven- und Mandelbäumen. Dazwischen dichte Macchia-Gebiete, in denen wilde Rosmarinsträucher und blühender Ginster für einen würzigen Duft sorgen.

Nach etwa 18 Kilometern ist der Abzweig nach **Albocàsser** erreicht. Die Region ist jetzt geprägt von landwirtschaftlichen Großbetrieben und anstatt Kräuterduft weht nun ein Hauch von Landluft durch das offene Fenster. Wir wechseln auf die CV-129 und schließlich die CV-130 in Richtung **Tírig**. Es ist ein schmales Sträßchen, das sich durch eine Landschaft mit Kalksteinfelsen, kleinen Canyons und dichtem Macchia-Bewuchs schlängelt. So erreichen wir das ausgeschilderte **Museum von Valltorta** bei N 40°24'22" E 00°04'11".

Auf dem Weg hierher haben wir den geographischen Längengrad überquert. Bei den GPS-Eingaben ins Navigationsgerät sollten Sie nun auf das Vorzeichen Ost anstatt West achten.

Die Fels- und Höhlenmalereien der spanischen Levante

Die Region im Hinterland der spanischen Mittelmeerküste, der sogenannten **Levante**, ist durchzogen von prähistorischen Felsgravuren und Höhlenmalereien, der ***Art Rupestre***, *www.artrupestre.com*. In den Bergen und Schluchten wurden an mehr als 600 Orten Höhlenmalereien entdeckt. Überwiegend an freiliegenden Felsüberhängen. Seit 1998 gehören sie zum UNESCO-Weltkulturerbe.

Felsmalereien im Museum von Valltorta

Das Museum von Valltorta gibt einen ersten Einblick in die umfangreichen Forschungsarbeiten und Fundstellen. Zu sehen sind neben Funden wie Werkzeugen, Schmuck und Knochen auch die Entwicklung des Homo Sapiens. Darüber hinaus werden die Zusammenhänge mit

anderen europäischen Fundstellen dargestellt. Das Hauptaugenmerk liegt natürlich auf den Felsmalereien, die im Museum als Reproduktionen dargestellt sind.
Typische Motive sind Tier- und Menschendarstellungen sowie sehr anschauliche Jagdszenen. Immerhin bis zu 7.000 Jahre alt. Alle mit mehrsprachigen Informationen versehen.

Urzeitliches in Valltorta

Ein Besuch der Original-Fundstätten von Valltorta – wie übrigens zu den meisten Fundstellen der Region – ist nur im Rahmen einer Führung möglich. Da diese auch nur in spanischer Sprache stattfindet, ist eine Teilnahme wohl nur bei besonders großem Interesse empfohlen. Den Museumsbesuch hingegen sollten Sie sich nicht entgehen lassen.

Öffnungszeiten: Von Oktober bis April Dienstag bis Sonntag von 10.00 bis 14.00 Uhr und von 16.00 bis 19.00 Uhr. Von Mai bis September ist nachmittags von 17.00 bis 20.00 Uhr geöffnet. Führungen zu den Fundstätten finden in der Regel um 10.00, 12.00 und 16.30 Uhr statt. Eintritt frei, www.museudelavalltorta.gva.es.

Der Tag ist nach dem ausführlichen Museumsbesuch fortgeschritten und wir hatten eigentlich zur Übernachtung auf den ausgeschilderten Campingplatz unterhalb des Museums gehofft. Doch der wurde inzwischen zu einem Hotel mit stylischen Bubble-Pavillons umgestaltet. Die freundliche Dame im Museum gab uns den Tipp zu einer einfachen, improvisierten Übernachtungsmöglichkeit auf dem Fußballplatz von Tírig. An der Museumskasse ruft man gerne für Sie bei der Stadtverwaltung an, damit Sie eingelassen werden.

(016) Offizieller WOMO-Stellplatz: Tírig – Fußballplatz

GPS/Kontakt: N 40°24'56" E 00°04'13", 466 m, Tel. +34 964 418 668, tirig@touristinfo.net. **Max. WOMOs**: 20.
Öffnungszeit: Ganzjährig.
Ausstattung: Duschen, Toiletten, Frischwasser.
Beschreibung: Von der Gemeinde Tírig eingerichteter, improvisierter Stellplatz auf dem eingezäunten Fußballplatz mit Stellflächen auf Rasen. Die Einrichtungen des Sportplatzes können mitbenutzt werden. Außerorts gelegen, teilweise schattig. Bei längerem Regen besteht unter Umständen die Gefahr des Festfahrens. Daher eher für kleine bis mittelgroße Fahrzeuge geeignet.

Zufahrt: Vom Museum zurück zur CV-131 und in Richtung Tírig fahren. Am Kreisverkehr befindet sich der Fußballplatz auf der linken Seite.

Wer über ein kleineres WOMO verfügt, kann nun über Tírig auf der kürzeren Route direkt nach **Sant Mateu** gelangen. Für uns und unser Dickschiff wurde die Ortsdurchfahrt etwas zu schnuckelig, so dass wir für die Weiterreise das Dörfchen südlich auf der CV-131 umfahren. Dabei entdecken wir in einem Wäldchen einen schattigen Rastplatz bei **(017)**: N 40°24'11" E 00°04'52", der auch übernachtungstauglich wäre.

Das schmale Sträßchen führt nun sehr kurvenreich durch eine schöne Naturlandschaft zur CV-10, der wir in Richtung Norden folgen. Bei **La Salzadella** ist ein Stellplatz ausgeschildert, den Sie bei Übernachtungsbedarf ansteuern können.

(018) Offizieller WOMO-Stellplatz: La Salzadella

GPS: N 40°24'58" E 00°10'22", Avinguada Tomàs Molins, 328 m.
Max. WOMOs: 6.
Öffnungszeit: Ganzjährig.
Ausstattung: Grauwasser-Entleerung, Frischwasser, Mülleimer.
Beschreibung: Einfache Stellplatzmöglichkeiten auf Asphalt am Ortsrand von La Salzadella. Im Ort Restaurants und Einkaufsmöglichkeiten. Campingverhalten ist verboten.
Zufahrt: Von der CV-10 ist die Zufahrt zu den Stellplätzen in Richtung Zentrum ausgeschildert.

Fünf Kilometer später lädt das 2.000 Einwohner Städtchen **Sant Mateu** aus der Ferne betrachtet nicht unbedingt zu einem Halt ein. Doch laut unserem Reiseführer soll es eine schöne Plaza Mayor sowie einige hübsche Herrenhäuser mit reich verzierten Fassaden geben. Einst kam das Städtchen durch den Wollhandel zu Reichtum. Ob es sich lohnt, können wir leider nicht sagen. Ein sintflutartiger Regenguss hat uns die Lust an einem Stadtbummel verdorben. Wenn Sie mehr Wetterglück haben, dann können Sie Ihr WOMO für einen kleinen Spaziergang ins Zentrum auf einem Schotterparkplatz neben einer Tankstelle bei N 40°27'27" E 00°10'47" abstellen. In etwa zehn Gehminuten sind Sie an der Plaza Mayor.

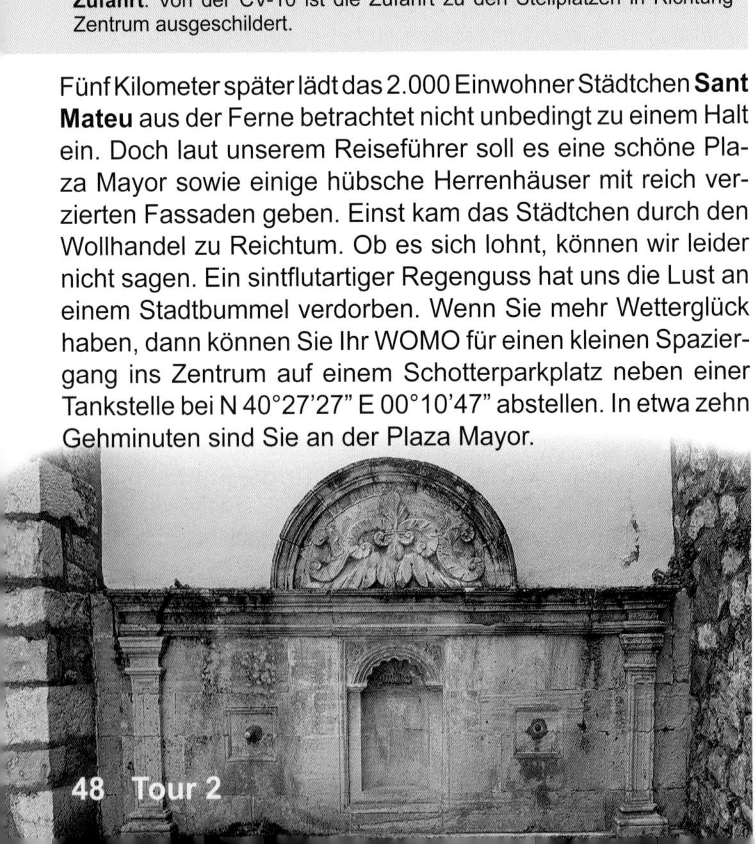

Mittelalter-Kulisse in Cervera del Maestrat

Wir umfahren Sant Mateu und wechseln auf die gut ausgebaute CV-135, die uns nun stetig bergab in Richtung Küste führt. Bei **Cervera del Maestrat** mit seiner mittelalterlichen Burgruine sind wir urplötzlich in mediterranen Gefilden. Haine mit Orangenbäumen, Feigenkakteen und Olivenbäume prägen nun das Bild. In schöner Aussichtslage hat man hier sogar an uns Wohnmobilisten gedacht.

(019) Offizieller WOMO-Stellplatz: Cervera del Maestrat
GPS: N 40°27'20" E 00°16'25", Carrer Calvari, 293 m. **Max. WOMOs**: 3.
Öffnungszeit: Ganzjährig.
Ausstattung: Ver-/Entsorgungsstation, Mülleimer.
Beschreibung: Am Ortsrand gibt es drei Stellplätze für kleine bis mittelgroße WOMOs auf Asphalt. Die idyllische Altstadt mit einem Castillo ist in wenigen Gehminuten zu erreichen.
Zufahrt: Am Ortseingang rechts abbiegen. Nach dem Schwimmbad wieder rechts der Parkplatz-Beschilderung folgen.

Am schönsten ist es, sich hier einfach durch die malerischen Altstadtgassen treiben zu lassen. Das Castillo ist maurischen Ursprungs und leider nur noch als Ruine erhalten. Doch der Ausblick von den Festungsmauern ist grandios. An klaren Tagen reicht die Sicht bis ans Mittelmeer.

Unterhalb des Ortes an der CV-135 lohnt sich ein Stopp in einer alten **Olivenmühle**, dem Besucherzentrum **Molí de l'Oli**. Die Mühle war bis in die erste Hälfte des 20. Jahrhunderts in Betrieb. Heute ist darin ein kleines Museum untergebracht, in dem Werkzeuge aus der Landwirtschaft ausgestellt und

Olivenhain bei Cervera del Maestrat

die Produktion von Olivenöl gezeigt wird. Für den Besuch gibt es einen mehrsprachigen Audioguide mit entsprechenden Erklärungen. Leider sind die Parkmöglichkeiten für WOMOs eher dürftig.

Öffnungszeiten: Von Oktober bis Mai Dienstag bis Samstag von 9.30 bis 14.00 Uhr und von 15.30 bis 17.00 Uhr. Von Juni bis September von 10.00 bis 14.00 Uhr sowie von 17.00 bis 20.00 Uhr. Ganzjährig ist das Museum an zwei Sonntagen im Monat sowie an Feiertagen von 10.00 bis 14.00 Uhr geöffnet. Eintritt: 2,50 Euro, ermäßigt 1,50 Euro, www.molicervera.org.

Bereits wenige Kilometer später hat uns die Zivilisation wieder. Die vor uns liegende Küstenebene ist durchzogen von Autobahn, Schnellstraße, Eisenbahnlinie und Industrieansiedlungen sowie dichter Küstenbebauung. Wir waren gewarnt vor den Verschandlungen durch die Tourismusindustrie und machen uns auf das Schlimmste gefasst. Doch es muss ja einen Grund geben, warum die spanische Mittelmeerküste jedes Jahr Hunderttausende von sonnen- und erlebnishungrigen Urlaubern anzieht. Also kommen wir nicht umhin, uns selbst ein Bild davon zu machen.

Der erste Küstenort, den wir über die CV-140 ansteuern, ist **Peñíscola**. Der wohl schönste und meistbesuchte Ort an der **Costa del Azahar**, der Orangenblütenküste. Da auch wir ihn würdigen möchten, steuern wir einen Stellplatz an, der sowohl übernachtungstauglich als auch für einen Tages- und/oder Strandbesuch möglich ist.

(020) Offizieller WOMO-Stellplatz: Peñíscola
Parking Els Daus

GPS/Kontakt: N 40°22'43" E 00°24'21", Avenida Valencia
Tel. +34 645 784 667, parkingelsdaus@gmailcom. **Max. WOMOs**: 50.
Öffnungszeit: Ganzjährig.
Ausstattung: Ver-/Entsorgungsstation, Müllcontainer.
Beschreibung: Am nördlichen Stadtrand von Peñíscola gelegen, eingezäunt und durch eine Schranke gesichert. Auch für größere WOMOs geeignet. Untergrund aus Schotter und Wiese, nachts teilweise beleuchtet. Zwischen 21.00 und 8.00 Uhr ist keine Ausfahrt möglich. Der Sandstrand ist etwa 50 Meter entfernt, das Zentrum und die historische Altstadt sind über die Strandpromenade gut zu Fuß oder mit dem Fahrrad erreichbar. Entfernung rund zwei Kilometer, Campingverhalten ist verboten.
Preise: €, abhängig von Saison und Fahrzeuglänge.

Zufahrt: In Peñíscola auf der Strandstraße der Beschilderung zum Camping Eden folgen. Nach etwa einem weiteren Kilometer biegt die Strandstraße links ab, der Parkplatz ist dort ausgeschildert.

Peñíscola hat auch mehrere Campingplätze zu bieten. Am empfehlenswertesten erscheint uns der *Camping Eden*, der sowohl zentrums- als auch strandnah gelegen ist.

(021) WOMO-Campingplatz: Peñíscola – *Camping Eden*
GPS/Kontakt: N 40°22'15" E 00°24'12", Carrer Madrid, Tel. +34 964 480 562 oder +34 964 480 444, www.camping-eden.com, camping@camping-eden.com.
Öffnungszeit: Ganzjährig.
Ausstattung: Campingplatzübliche Ausstattung mit Restaurant, Bar, Supermarkt, Pool, Spielplatz, Fitness-Studio, behindertengerechten Sanitäranlagen, WIFI, Animationsprogramm, Mietunterkünften.
Beschreibung: Gepflegter Campingplatz in zentrums- und strandnaher Lage. Die Stellplätze bieten auch Platz für größere WOMOs und sind mit Bäumen beschattet. Gehobene Ausstattung mit vielfältigen Angeboten. Rabatt bei Langzeitaufenthalten. Eine Reservierung wird empfohlen, da er gerne von europäischen Spanien-Überwinterern genutzt wird.
Preise: €€ – €€€.
Zufahrt: Die Einfahrt zum Campingplatz befindet sich zentral im Ort entlang der Küstenstraße und ist gut ausgeschildert.

Für einen reinen Tagesbesuch eignet sich der Parkplatz hinter dem Hafengebäude bei N 40°21'29" E 00°24'15".

Peñíscola im Überblick
7.700 Einwohner, 46 m, Autonome Gemeinschaft Valencia.
Tourismusbüro: An der Strandpromenade Paséo Marítimo. Geöffnet im Sommer täglich von 10.00 bis 20.00 Uhr. Im Mai/Juni und September/Oktober Montag bis Freitag von 10.00 bis 19.00 Uhr, Samstag, Sonn- und feiertags von 10.00 bis 14.00 Uhr und von 15.30 Uhr bis 19.00 Uhr. Im Winter Montag bis Samstag von 9.30 bis 17.30 Uhr, www.peniscola.es.

Peñíscola – Das Highlight an der Costa del Azahar…
… so zumindest verspricht es die Broschüre des Tourismusbüros. Sieht man über die Hotelburgen und Feriensiedlungen entlang der Küste hinweg, ist der Anblick der Altstadt mit weiß getünchten Häusern auf einer Landzunge im Meer tatsächlich postkartenreif. Auch die Bucht mit einem fünf Kilometer langen Sandstrand samt palmengesäumter Strandpromenade weckt Ferienstimmung. Am schönsten ist es hier sicherlich in der Nebensaison. Dann geht es in dem Städtchen geruhsam

Papstpalast in Peñíscola

zu, die Uhren ticken langsamer, Familien mit kleinen Kindern flanieren auf der Promenade, Senioren spielen Freiluft-Schach oder Boule. So genießen auch wir diese entspannte Stimmung und schauen uns das Städtchen genauer an.

Templerburg und Papstpalast

Die Geschichte Peñíscolas reicht weit zurück. Schon in der Antike und im frühen Mittelalter war der Ort auf dem strategisch günstigen, 64 Meter hohen Felsen besiedelt. Karthager, Phönizier, Griechen und Mauren haben ihre Spuren hinterlassen. Die historische Altstadt war ursprünglich eine Burg und nur durch eine schmale Sandbank mit dem Festland verbunden. Nach schweren Stürmen konnte es passieren, dass die Stadt vorübergehend zur Insel wurde.

Oben auf dem Felsbrocken erhebt sich eine mächtige Zitadelle. Sie wurde von den Tempelrittern auf den Resten einer ehemaligen maurischen Festung im frühen 14. Jahrhundert errichtet. Im Mittelalter rückte das kleine, befestigte Fischerstädtchen ins Zentrum der damaligen großen Politik. **Don Pedro de Luna**, besser bekannt als **Papst Benedikt XIII.**, musste im Jahr 1411 das französische Avignon verlassen und als Gegenpapst auf der

Felseninsel Zuflucht suchen. Er ließ die Templerburg zu einem Papstpalast umbauen, der in seiner Gesamtheit eher schlicht und nüchtern wirkt. Dort lebte er bis zu seinem Tod im Mai 1423. Auch sein Nachfolger Clemens VIII. wählte Peñíscola bis zu seiner Abdankung und Ernennung zum Bischof von Mallorca als Papstsitz. Heute ist *Papa Luna*, wie Benedikt XIII. wegen des Mondes in seinem Wappen auch genannt wird, ein wesentliches Marketing-Instrument der Tourismusbranche.

Papa Luna – Papst Benedikt XIII.

Wir erklimmen also die Mauern des Papstsitzes, schauen uns die verschiedenen Ausstellungen zur Geschichte der Templer an und genießen vor allem einen herrlichen Blick über das Meer und die Altstadt, die sich zu Füßen der Festungsmauern erstreckt. Ebenfalls zum Meer hin ausgerichtet ist der ehemalige **Artilleriepark** aus dem 16. Jahrhundert, der heute ein wunderschöner, mediterraner Garten ist.

Öffnungszeiten: Von Mitte Oktober bis Ostern täglich von 10.30 Uhr bis 17.30 Uhr, im Sommer von 9.30 bis 21.30 Uhr. Eintritt: 5,00 Euro, ermäßigt 3,50 Euro. Für das Smartphone gibt es eine App mit mehrsprachigem Audioguide, https://castillodepeniscola.dipcas.es/es/.

Leuchtturm in Peñíscola

Wir empfehlen Ihnen nun, sich einfach noch ein wenig durch die malerischen Altstadtgassen mit zahlreichen Souvenirläden und Einkehrmöglichkeiten treiben zu lassen.

Kleiner Fakt am Rande für Filmfans: Peñíscola war bereits mehrfach Drehort für Hollywood-Blockbuster, wie das Historiendrama *El Cid* mit Charlton Heston in der Hauptrolle sowie die 6. Staffel von *Game of Thrones*.

Zum Abschluss unseres Besuches in Peñíscola haben wir noch Ausschau nach Bademöglichkeiten und schönen Stränden gehalten. Leider ist es so, dass nahezu an der gesamten Mittelmeerküste den Wohnmobilisten das Leben schwer gemacht wird und wir uns nicht wirklich willkommen fühlten. Eine Übernachtung am Strand, ja selbst das Parken auf Strandparkplätzen ist fast ausnahmslos verboten. Einige Plätze für eine Badepause haben wir dann aber doch noch südlich von Peñíscola gefunden. Dort erstreckt sich das Naturschutzgebiet **Serra d'Irta**, welches wir mit dem Fahrrad erkunden werden. Die ersten im Text beschriebenen Parkplätze sind auch noch mit dem WOMO erreichbar. Innerhalb des Naturparks sind dann Fahrzeuge über 2,5 Tonnen verboten.

Fahrradtour in den Naturpark Serra d'Irta mit Badestopps

Für unseren Ausflug in den Naturpark satteln wir die Fahrräder und starten unsere Tour am Stellplatz Nr. 020. Entlang der Strandpromenade und vorbei an der Altstadt führt uns der Weg in Richtung Süden auf der Car-

Panoramaausblicke auf dem Weg zum Naturpark Serra d'Irta

rer d'Irta hinaus aus der Stadt. Wir umrunden dabei einen Hügel, der mit einem Villenviertel bebaut ist. Es folgt ein kurzer, aber kräftiger Anstieg, dann erreichen wir eine Aussichtsplattform, von der wir einen schönen Blick auf den Burgberg und den südlich gelegenen Stadtstrand haben. Weiter geht es nun entlang der Küstenstraße, die wir uns auf den ersten Kilometern noch mit dem Autoverkehr teilen müssen. Schon bald ist eine erste Haltebucht erreicht.

WOMO-Parkplatz: Peñíscola – Kiesbucht

GPS: N 40°21'10" E 00°23'37". **Max. WOMOs**: 1-2.
Öffnungszeit: Ganzjährig.
Ausstattung: Keine.
Beschreibung: Kleine Sand-Kies-Bucht neben der Küstenstraße.
Zufahrt: Von Peñíscola auf der Küstenstrasse nach Süden in Richtung Naturpark Serra d'Irta fahren.

Einen knappen Kilometer später kommt eine weitere Badebucht, die etwas mehr Platz bietet. Wir können keine Verbotsschilder erkennen, so dass Sie hier wohl auch übernachten könnten. Entscheiden Sie selbst.

WOMO-Parkplatz: Peñíscola – Platja de Lucia

GPS: N 40°20'48" E 00°23'20". **Max. WOMOs**: 5.
Öffnungszeit: Ganzjährig.
Ausstattung: Müllcontainer, Fahrradständer, Infotafeln.
Beschreibung: Kleine Sand-Kies-Bucht neben der Straße.
Zufahrt: Von Peñíscola auf der Küstenstrasse nach Süden in Richtung Naturpark Serra d'Irta fahren.

Hier verlässt die Fahrstraße auch die unmittelbare Küstenlinie und biegt ab in Richtung der **Urbanización Puerto Azul**. Wir halten uns links auf einem Schotterweg, dem wir weiter entlang der Küste radeln. Immer wieder gibt es nun schöne Möglichkeiten für eine Badepause. Rechts begleiten uns kleine, charmante Ferienhäuser, links das Rauschen der Meereswellen. Wir nähern uns nun dem Naturschutzgebiet **Serra d'Irta**, einem der letzten, unverbauten Küstenabschnitte am spanischen Mittelmeer. Der Höhenzug mit dem 572 Meter hohen Berggipfel **Campanilles** gehört zweifellos zu den schönsten Landstrichen der valencianischen Küste. Steile, zerklüftete Hänge, die bis ans Meer reichen, zahlreiche Klippen und kleine Buchten, die nur zu Fuß erreichbar sind. Dazu Lebensraum verschiedener Seevögel und einer mediterranen Flora und Fauna. Der gesamte Naturpark eignet sich hervorragend für Wanderungen und Mountainbike-Touren. Entsprechendes Kartenmaterial erhalten Sie in der Touristeninformation in Peñíscola.

Mauren-Turm Torre Badum

Unser Radweg endet an einer kleinen Bucht. Dort nehmen wir den Fußweg rechts entlang einer Ferienvilla hinauf zu einem Parkplatz bei N 40°20'09" E 00°22'25". Hier beginnt auch die eigentliche Naturparkzone. Wir halten uns am Parkplatz links wieder bergab in Richtung Küste. Schon bald merken wir was es heißt, in einem Küstengebirge unterwegs zu sein. Der Schotterweg steigt merklich bergan und wir müssen ordentlich in die Pedale treten. Oben werden wir dafür mit einer wunderschönen Aussicht auf die Steilküste belohnt. Auch unser Ziel können wir schon erkennen – den **Torre Badum**. Es waren die Mauren, die in der Küstenregion mehrere Wachtürme und Burgen errichteten. Der Torre Badum aus dem 10./11. Jahrhundert gehört dazu. Nach den Mauren übernahmen die Tempelritter und der christliche Orden von Montesa diese militärischen Bauten.

Wir genießen die Stille und den Weitblick hoch über den Meereswellen, legen eine kleine Verschnaufpause ein und machen uns auf den Rückweg. Zunächst bis zum beschriebenen Parkplatz auf gleicher Route, dann nehmen wir die Fahrstraße zurück nach Peñíscola. Dabei entdeckten wir ein uriges Lokal, in dem wir unsere Radtour genussvoll ausklingen lassen. Am Ende stehen 18 Kilometer Genussradeln auf unserem Tacho.

Einkehrtipp: Das Steakhouse *El Campo* ist bekannt für seine Grillspezialitäten. Probieren sollten Sie die *Chorizo on fire*. Ein echt heißes Vergnügen. In der Nebensaison ist das Restaurant mit einer schönen Terrasse unter schattigen Bäumen nur am Wochenende geöffnet.

Tour 3: Strand, Wein und warme Quellen – Von Peñíscola nach Montanejos 190 km

Alcossebre – Cap i Corb – Torrenostra – Cabanes Vilafamés – Les Useres – Ribesalbes – Onda – Fanzara Montanejos

Stellplätze: In Alcossebre, Les Useres, am Embalse del Sitjar, in Onda, Cirat, Montanejos, am Embalse de Arenóso

Campingplätze: In Alcossebre, Torrenostra, Montanejos

Besichtigen: Vilafamés, Onda, Fanzara

Baden: In Alcossebre, Torrenostra, am Embalse del Sitjar, in Montanejos, am Embalse de Arenóso

Wandern: Zur Burg Xivert, rund um Montanejos

Einkehrtipp: Restaurant *Vinya* in Vilafamés, *Bodega Flores* bei Les Useres, *Bar d'Abaio* in Fanzara

Der intensive, süße Duft von Orangenblüten begleitet uns auf den ersten Kilometern dieser Tour entlang der Costa del Azahar. Wir tauchen noch einmal die Füße ins Meer, bevor wir uns dem Landesinneren zuwenden. Die Provinz Castellón ist bekannt für ihre ausgezeichneten Weine, wir werden eine Bodega besuchen und lernen die traditionelle Herstellung farbenfroher Keramikfliesen, den Azulejos, kennen. Streetart auf dem Land? Lassen Sie sich überraschen. Stauseen und warme Quellen laden auch im Hinterland zu erfrischenden Badepausen ein.

Panorama-Ausblick von der Burgruine Xivert

Von Peñíscola verabschieden wir uns zunächst in Richtung Hinterland. Das Naturschutzgebiet **Serra d'Irta** müssen wir auf unserem Weg in den Süden auf der N-340 im Landesinneren umfahren. Doch schon bei **Alcalà de Xivert** wenden wir uns wieder der Küste zu. Überragt wird der Ort von der **Burgruine Xivert**, die noch zum Naturpark Serra d'Irta gehört. Von ihr wurde die strategische Straße überwacht, die bereits im Mittelalter Valencia mit Barcelona verband. Zunächst von den Mauren, später von den Tempelrittern.

Wandertipp:
Wer mag, kann die Burgruine auf einer rund acht Kilometer langen Wanderung erklimmen. Parken Sie dazu Ihr WOMO am Picknickplatz der Einsiedelei **Ermita del Calvari** bei N 40°17'52" E 00°13'54" und folgen Sie dem markierten Wanderweg zum **Castell de Xivert**. Die Zufahrt zur Ermita ist an der N-340 ausgeschildert. Auch ohne Wander-Ambitionen eignet sich der Platz mit schattigen Bäumen und Picknickbänken für eine Rast.

Uns zieht es weiter ans Meer und wir steuern den Badeort **Alcossebre** an. Er liegt an der **Costa del Azahar**, die noch zu den eher unbekannteren Abschnitten am spanischen Mittelmeer gehört. Auf rund 200 Kilometern erstreckt sie sich bis nach Valencia, wo sie von der berühmteren **Costa Blanca** abgelöst wird. Ihren Namen hat die Costa del Azahar von den vielen Orangen- und Zitrusplantagen erhalten, welche die gesamte Region zur Blütezeit im April und Mai in wahre Duftwolken hüllen. Wenn Ihnen die Südfrüchte am Straßenrand in großen Säcken angeboten werden, sollten Sie zugreifen. Saftiger und süßer werden Sie sie wohl nirgends bekommen.

Doch zurück nach Alcossebre. Der beliebte Badeort genießt vor allem unter Gourmets einen guten Ruf. In zahlreichen Fischrestaurants kommen Meeresfrüchte und Fisch fangfrisch auf die Teller. Für einen längeren Aufenthalt in Alcossebre stehen zwei Campingplätze sowie ein Stellplatz zur Verfügung. Doch seien Sie gewappnet – in der Hochsaison boomt auch hier der Badetourismus.

(022) Offizieller WOMO-Stellplatz: Alcossebre *Las Moreras*

GPS/Kontakt: N 40°14'44" E 00°16'21", Calle Na Violante de Hungary, Tel. +34 657 618 636, www.lasmorerasac.com, info@lasmorerasac.com.
Max. WOMOs: 50.
Öffnungszeit: Ganzjährig.
Ausstattung: Ver-/Entsorgungsstation, Strom, WLAN, Pool gegen Gebühr, Bar, Brötchenservice, Waschsalon.
Beschreibung: Zentral gelegener Stellplatz, teilweise schattig, mit ebenen Stellflächen auf Kies. Auch für größere WOMOs geeignet. Der Platz wird gerne von Langzeit-Überwinterern genutzt, weshalb eine Reservierung unter Umständen ratsam ist. Das Zentrum mit Restaurants und Einkaufsmöglichkeiten sowie der Strand sind wenige Gehminuten entfernt.
Hinweis: Weitere Stellflächen waren noch im Aufbau und konnten bei unserem Besuch mit Einschränkungen bereits genutzt werden.
Preise: € – €€.
Zufahrt: Am Ortseingang von Alcossebre an der Ampelkreuzung nach links in die Avinguda Castelló abbiegen und den WOMO-Piktogrammen folgen.

Badebucht in Alcossebre

Für einen ruhigen Badeaufenthalt in Strandnähe bietet sich ein schattiger Campingplatz im Pinienwald nördlich von Alcossebre an.

(023) WOMO-Campingplatz: Alcossebre *Camping Ribamar*

GPS/Kontakt: N 40°16'13" E 00°18'24", Cami de Ribamar, Tel. + 34 964 761 601, www.campingribamar.com, info@campingribamar.com.
Öffnungszeit: Ganzjährig.
Ausstattung: Campingplatzübliche Ausstattung mit Restaurant, Bar, Pool, Spiel- und Sportplatz (auch innen), Animationsprogramm im Sommer, Mietunterkünfte.
Beschreibung: Gepflegter Campingplatz im Herzen des Naturparks Serra

d'Irta. Die Stellplätze sind durch Hecken und Bäume parzelliert und verfügen über einen Strom- und Trinkwasseranschluss. An den Strand sind es nur wenige Gehminuten. Guter Ausgangspunkt, um den Naturpark auf Wanderungen oder Mountainbike-Touren zu erkunden.
Preise: €€ – €€€.
Zufahrt: Den zentralen Kreisverkehr in Alcossebre in Richtung Nordosten verlassen und den braunen Hinweisschildern zum Naturpark Serra d' Irta sowie der Campingplatzbeschilderung folgen. Die letzten zwei Kilometer auf breiter Schotterstraße.

Ein weiterer Campingplatz in unmittelbarer Strandlage befindet sich südlich von Alcossebre. Von außen betrachtet scheint er keine Wünsche offen zu lassen. Er wurde von uns jedoch nicht besucht. Bei Bedarf, hier aber die Koordinaten:

(024) WOMO-Campingplatz: Alcossebre – *Camping Playa Tropicana*.
GPS: N 40°13'16" E 00°16'01", ganzjährig geöffnet, www.campingplaya-tropicana.com.

Alcossebre verfügt über eine sehr gute, touristische Infrastruktur. Positiv fielen uns die gut ausgebauten Rad- und Spazierwege auf, über die sich die Küste und die verschiedenen Strandabschnitte teilweise auf Holzstegen erkunden lassen. Außerhalb der Hochsaison machte der Strand- und Hafenort auf uns einen gemütlichen und erholsamen Eindruck.

Wir verlassen Alcossebre auf der Küstenstraße in Richtung Süden, der Beschilderung *Playa accessible* und *Cap i Corb* folgend. Entlang der Strecke gibt es immer wieder Halte- und Bademöglichkeiten an kleinen Sand-Kies-Buchten. Übernachten ist allerdings überall verboten.

In **Cap i Corb** endet die Küstenstraße bei einem eindrucksvollen Restaurant, das wie ein wehrhaftes Castillo am Strand thront. Zudem befindet sich hier eine kleine, weiße Kapelle mit einem botanischen Gärtchen. Die Straße biegt nun rechts ab und führt durch Oliven- und Orangenhaine nach **Torrenostra**. Sie ist eng, eher ein landwirtschaftlicher Weg, aber auch mit unserem Dickschiff gut machbar.

Torrenostra ist aus unserer Sicht eine trostlose Retorten-Siedlung mit breiten Straßen sowie fertigen und halbfertigen Betonburgen. Immerhin hält sich die Bebauung in die Höhe noch in Grenzen. Es gibt aber einen feinen Sandstrand und einen Parkplatz hätten wir auch anzubieten.

WOMO-Parkplatz: Torrenostra – *Platja Nord*

GPS: N 40°11'54" E 00°13'48". **Max. WOMOs**: 5.
Öffnungszeit: Ganzjährig.
Ausstattung: Müllcontainer.
Beschreibung: Großer, ebener Asphaltparkplatz ohne Schatten am Rand einer Feriensiedlung. Ein Parkverbotsschild für WOMOs ließ uns etwas ratlos zurück. Wir gehen davon aus, dass dies nur für die Übernachtung gilt, und der Platz unter Einhaltung der Markierungen sowie ohne Campingverhalten tagsüber für einen Besuch am Strand genutzt werden darf.
Zufahrt: An der Durchgangsstraße ist der Parkplatz am nördlichen Strand bereits zu sehen.

Sofern Sie Übernachtungsbedarf haben und länger an der Küste verweilen möchten – sowohl in Torrenostra als auch im benachbarten **Torre de la Sal** gibt es mehrere ausgeschilderte Campingplätze. Noch weiter südlich, in **Orpesa de Mar**, steppt dann auch der touristische Bär. Die Feriensiedlung **Marina d'Or** soll, laut Tourismusprospekt, die größte Freizeit- und Ferienstadt Europas sein. Angesichts dessen haben wir auf eine Fahrt dorthin verzichtet. Wenn Ihnen allerdings der Sinn nach Rund-um-die-Uhr-Bespaßung steht, dort werden Sie sie finden.

Uns zieht es aus den in der Vorsaison eher trostlosen Retorten-Siedlungen in Richtung Hinterland. Dazu fahren wir nach **Torreblanca**, wechseln von der N-340 auf die CV-13 und steuern die Stadt **Cabanes** an. Es geht vorbei am Internationalen Flughafen *Aeroport de Castelló*, der aussieht wie ein überdimensionierter Flugzeug-Parkplatz. Ob dies der Corona-Pandemie geschuldet ist, vermögen wir nicht zu beurteilen.

In Cabanes nehmen wir die Ausfahrt Nord, um zu einem Relikt aus römischer Zeit zu gelangen. Cabanes lag damals an der **Vía Augusta**. Sie war mit etwa 1.500 Kilometern die längste Römerstraße auf der Iberischen Halbinsel und verlief als Verlängerung der **Vía Domitia** von den Pyrenäen entlang dem Mittelmeer bis zum heutigen Cádiz. Etwas außerhalb der Stadt Cabanes findet man auf einem Kreisverkehr der CV-157 noch heute den römischen Triumphbogen ***Arc Roma***. Die Vía Augusta befand sich in der Provinz Castellón etwas weiter im Landesinneren und wir kreuzten Ihren Verlauf bereits in

Die Via Augusta bei Cabanes

Tour 2 bei La Salzadella und Sant Mateu. Ehrlich gesagt hatten wir uns aufgrund der Vorrecherche etwas mehr von diesem Triumphbogen erwartet. Es handelt sich eher um ein Bögelchen und wirkt, ebenso wie die Erklärungstafeln, ein bisschen dürftig. Immerhin taugt der unbefestigte Parkplatz am Rand für eine kurze Kaffeepause. Und hier finden Sie das Relikt aus römischen Zeiten N 40°09'56" E 00°00'53".

Da hat unser nächstes Ziel, die Stadt **Vilafamés**, schon mehr zu bieten. Zu erreichen ist der Ort nach rund 16 Kilometern über **Vall d'Alba** und die CV-15. Bei einem großen Industriegebiet, in dem Europaletten aus Holz in großem Stil gefertigt werden, zweigt die CV-160 rechts nach Vilafamés ab. Das Bergdorf klebt förmlich an einem roten Sandsteinfelsen der mit Pinien bewaldeten **Sierra de les Conteses**. Sie tun also gut daran, Ihr WOMO bereits etwas außerhalb der Altstadt zu parken.

Bergdorf Vilafamés

(025) WOMO-Parkplatz: Vilafamés

GPS: N 40°07'01" W 00°02'51", Calle Alcalde Vicente Benet, 284 m.
Max. WOMOs: 5.
Öffnungszeit: Ganzjährig.
Ausstattung: Keine.
Beschreibung: Asphaltierter Parkplatz am östlichen Stadtrand von Vilafamés in schöner Aussichtslage. Die Altstadt sowie Einkaufsmöglichkeiten und Restaurants sind etwa zehn Gehminuten entfernt. In der Nähe gibt es Müllcontainer und eine Trinkwasserquelle.
Hinweis: Der Parkplatz wird auch als Festplatz genutzt. Man kann jedoch ins benachbarte Wohnviertel ausweichen und am Straßenrand parken.

Zufahrt: An der Zufahrtsstraße CV-160 befindet sich der Parkplatz auf Höhe eines Schulzentrums auf der rechten Seite.

Vilafamés – Das Künstlerdorf in den Bergen

Eingebettet zwischen Oliven- und Mandelbäume ist Vilafamés mit seinen knapp 2.000 Einwohnern eines der reizvollsten Ziele im Hinterland der Küste. Nicht umsonst zählt der Ort zu den schönsten Dörfern Spaniens. Machen wir uns also auf den Weg, das charmante Städtchen zu erkunden. Verfehlen können Sie es nicht, denn das Ziel auf einem Felssporn liegt immer vor Augen. Ein bisschen Kondition sollten Sie mitbringen, denn die Gassen sind eng und steil. So spazieren wir auf kopfsteingepflasterten Wegen vorbei an den wichtigsten Sehenswürdigkeiten, an denen wir beim Aufstieg immer wieder eine kleine Verschnaufpause einlegen können.

Angefangen beim **alten Waschhaus**, dem ***Lavadero Antiguo***. Durch eine gemauerte Rinne wurden die Becken des Waschhauses mit Wasser aus den Bergen gespeist. Früher wuschen die Frauen von Vilafamés hier ihre Wäsche.

Sagenumwobener Felsblock Roca Grossa

Der Spaziergang führt uns schon bald an den wohl meistfotografierten Stein Spaniens – den **Roca Grossa**. Ein riesiger Felsen, wie von Riesenhand hingeworfen und als wolle er gleich weiterkullern. Doch seien Sie versichert: Er liegt schon einige hundert Jahre an gleicher Stelle. Sofern Sie nicht wunschlos glücklich sind, sollten Sie nun, gemäß einer Legende, Hand am Felsen anlegen. Wer den Stein berührt und dabei drei Wünsche äußert, darf darauf hoffen, dass wenigstens einer davon in Erfüllung geht. Dann mal los!

Wir schlendern weiter, arbeiten uns über zahlreiche Treppen empor zu den Resten eines **Castillos** aus dem 14. Jahrhundert und genießen vom höchsten Punkt des Ortes die wunderschöne Aussicht hinunter in die Ebene. Bei Ausgrabungen wurden hier die Zeugnisse aus römischer, maurischer und christlicher Zeit entdeckt.

Castillo und romantische Gassen in Vilafamés

Dann wird es auch schon Zeit, wieder hinabzusteigen. Besonders angetan sind wir von den blumengeschmückten Balkonen der schmalen Häuser. Eines schöner als das andere. Kein Wunder, sind auch mehrere Künstler und Kunsthandwerker dem Charme des Ortes erlegen. Immer wieder laden Ateliers ein, einen Blick hineinzuwerfen. In einem ehemaligen Palast aus dem 15. Jahrhundert ist zudem ein **Museum für zeitgenössische Kunst** untergebracht. Früher war das gotische Gebäude die Residenz des königlichen Verwalters, einem Vertreter des Montesa-Ordens.

Öffnungszeiten: Dienstag bis Sonntag von 10.00 bis 14.00 Uhr und von 16.00 bis 18.30 Uhr, www.macvac.es.

Sehenswert ist zudem die **Pfarrkirche *Iglesia De La Asunció*** aus dem 17. Jahrhundert. Sie war leider während unseres Besuches geschlossen, doch genießt man von den Kirchenmauern noch einmal einen schönen Ausblick.

Wenn Sie sich nun auf dem Rückweg über schwere Eisentore an den Ausgängen der Altstadtgassen und verrammelte Hauseingänge wundern – des Rätsels Lösung ist einfach. Nicht etwa aus Furcht vor Langfingern wird alles gesichert. Nein – hier werden bei den Ferrias noch die Stiere durchs Dorf getrieben. Eine der spanischen Traditionen, die unter Tierschützern nicht immer auf Gegenliebe stößt.

Was wäre nun ein Stadtbummel ohne eine entsprechende **Einkehr**. Kulinarisch abrunden können Sie den Besuch im kleinen Restaurant *Vinya – tapes i vins* in der Carrer la Font. Dort gibt es köstliche Tapas-Variationen. Am besten mehrere davon bestellen und sich durchfuttern. *Geöffnet von Mittwoch bis Sonntag 13.30 bis 15.00 Uhr. Am Freitag und Samstag auch abends ab 20.30 Uhr.*

Zwar ist der Parkplatz in Vilafamés übernachtungstauglich, doch wir haben da einen etwas charmanteren Tipp für Sie. Wir hatten Ihnen eingangs bereits die ausgezeichneten Weine der Region Castellón versprochen. Nur 12 Kilometer entfernt entdeckten wir bei **Les Useres** die *Bodega Flors*. Neben einer Weinverkostung hält sie auch gleich den passenden Übernachtungsplatz bereit. Kommen Sie mit?

(026) Offizieller WOMO-Stellplatz: Les Useres *Bodega Flors*

GPS/Kontakt: N 40°09'07" W 00°06'40", Partida Pou d'en Calvo, 238 m. Tel. +34 642 330 901 (Englisch) oder +34 671 618 851 (Spanisch), www.bodegaflors.com, alma@bodegaflors.es. **Max. WOMOs**: 5.

Öffnungszeit: Ganzjährig.

Ausstattung: Toiletten.

Beschreibung: Asphaltierte, ebene Parkplätze mit Blick auf Weinreben, Oliven- und Mandelbäume. Nach vorheriger Anmeldung bietet die junge Önologin Alma englischsprachige Führungen durch das kleine Weingut an, in dem Weiß- und Rotweine in hoher Öko-Qualität hergestellt werden. Diese können bei einer Weinprobe mit Tapas auch verkostet werden.

Hinweis: Ein vorheriger Anruf wird empfohlen, denn nicht immer ist jemand auf dem Weingut anwesend.

Preise: Die Weinverkostung (15 Euro für zwei Personen) und/oder der Weineinkauf werden bei Übernachtungswunsch erwartet.

Zufahrt: Die Zufahrt zur Bodega Flors ist an der CV-159 zwischen La Barona und Les Useres ausgeschildert. Die landwirtschaftliche Straße ist auch mit größeren WOMOs machbar.

Weintourismus in der Provinz Castellón

In der Provinz Castellón haben sich mehrere Weingüter zusammengeschlossen, um (nicht nur) Wohnmobilisten auf ihren Bodegas die Rebsorten der Region vorzustellen. Auf Wunsch wird vielfach auch eine Stellplatzmöglichkeit angeboten. Für ganz Spanien sind auf der Plattform *www.espana-discovery.es* mehr

als 200 Winzer, Bauernhöfe und Restaurants mit entsprechenden WOMO-Stellplätzen verzeichnet. Darunter auch die Winzer in der Provinz Castellón.

Die Weintradition reicht zurück bis in die Römerzeit und Wein gehört seit jeher zu den wichtigsten Produkten der Region. Das mediterrane Küstenklima und das gebirgige Hinterland bieten dafür die besten Voraussetzungen. Unter der geschützten Herkunftsbezeichnung der *IGP Vins de les Terres de Castelló* gedeihen hier lokale Rebsorten wie *Macabeo* (weiß) oder *Embolicaire* und *Monastrell* (rot). Hinzu kommen *Tempranillo*, *Cabernet Sauvignon, Merlot* und *Syrah*, was den Weinen eine erstaunliche Vielfalt an Nuancen und Charakteren verleiht.

Probieren Sie sich also durch. In der Bodega Flors haben uns der herzliche Empfang begeistert und der Weißwein *Blanc de Clotàs* überaus gemundet. Ein Cuvèe aus 80 Prozent Macabeo und 20 Prozent Tortosí, der sechs Monate im Eichenfass reifte. Es muss also nicht immer Rotwein sein. Lecker!

Nach einer ausgesprochen ruhigen Nacht auf dem Hof der Bodega geht die Reise weiter. Zunächst nach Les Useres, wo wir uns auf der CV-165 kurvenreich in die Berge emporarbeiten. Die Hänge sind gesäumt von Pinienbäumen, Macchiasträuchern und immer wieder Oliven- und Mandelbaumplantagen. **Costur** ist ein herausgeputztes Bergdorf mit kleinem Schwimmbad, Spielplätzen und hübschen, mosaikverzierten Sitzbänken. Von hier oben bieten sich schöne Ausblicke, bevor es allmählich wieder bergab geht.

Bei **La Foia** treffen wir auf die CV-190 und ein überraschend industrialisiertes Tal. In **L'Alcora** rauchen die Fabrikschlote. Wir sind im Herzen der Keramik- und Porzellanproduktion angekommen. Zumindest fast, denn ihren Ursprung hat die Fertigung der kunstvollen und farbenfrohen Azulejos in **Onda**.

Doch Onda muss noch ein wenig warten. Bevor wir uns die Stadt näher anschauen, machen wir noch einen kleinen Abstecher zu einem Stausee. Dazu folgen wir in L'Alcora am Kreisverkehr mit der hübschen Pilgerzug-Skulptur der Beschilderung nach Onda. Es geht durch ein reizloses Industriegebiet auf die CV-21. Nach rund sieben Kilometern zweigt rechts die CV-189 nach **Ribesalbes** ab. Wer direkt nach Onda möchte, fährt einfach geradeaus weiter.

Unser schmales Sträßchen schlängelt sich durch eine waldreiche Region entlang des **Embalse de Sichar**. Wir umfahren den See auf nördlicher Seite. Die Südroute können Sie mit einem kleineren WOMO in Erwägung ziehen, wenn Ihr Fahrzeug unter 5,5 Tonnen liegt. Dort soll es auch mehrere schöne Aussichtspunkte geben. Die haben wir auf der Nordumfahrung leider nicht, doch auf halber Strecke finden wir ein ausgedehntes Picknickareal mit schattigen Plätzen, das sich hervorragend für eine Badepause eignet.

Stausee Embalse de Sichar

(027) WOMO-Parkplatz: Embalse de Sichar

GPS: N 40°01’17” W 00°14’21”, CV-189, 164 m. **Max. WOMOs**: 5.
Öffnungszeit: Ganzjährig.
Ausstattung: Toiletten, Mülleimer, Grillplätze, Sitzbänke, im Sommer eventuell auch mit Imbiss.
Beschreibung: Großes, unbefestigtes Picknick- und Badegelände mit Blick auf den Stausee. Die Parkplätze sind nicht immer eben. Zum Recherchezeitpunkt war eine Übernachtung in der Vorsaison geduldet. Wir vermögen aber nicht zu sagen, ob dies auch in der Hauptsaison möglich ist. Gegen einen Tagesaufenthalt dürfte jedoch nichts sprechen.
Zufahrt: An der CV-189 liegt der Parkplatz (Area de Recréation) auf der linken Seite.

Ribesalbes ist nach etwa fünf Kilometern erreicht. Die Stadt am **Río Mijares**, der zum Embalse de Sichar aufgestaut wurde, ist ebenfalls ein ehemaliges Keramikdorf. Bereits in den 1780er Jahren wurden hier die ersten Steingutfabriken gegründet. Heute sind nur noch wenige in Betrieb und von der einstigen Blütezeit zeugen nur noch etliche mehr oder weniger schöne Fabrikruinen. Auf der CV-191 erreichen wir schließlich die Stadt **Onda**. Sie offeriert uns am nordwestlichen Stadtrand einen noch recht neuen Stellplatz, den wir gerne annehmen.

(028) Offizieller WOMO-Stellplatz: Onda

GPS: N 39°58'06" W 00°16'18", Camí Fanzara, 199 m. **Max. WOMOs**: 8.
Öffnungszeit: Ganzjährig.
Ausstattung: Ver-/Entsorgungsstation, Mülltonnen.

Beschreibung: Gut erreichbare, mit Rasengittersteinen befestigte Stellplätze am Stadtrand. Fußweg in die Innenstadt mit Museen, Restaurants und Einkaufsmöglichkeiten etwa 15 Minuten. Wegen der Straßennähe ist mit einer gewissen Geräuschkulisse zu rechnen. Der Stellplatz empfiehlt sich auch als Tagesparkplatz für die Stadterkundung.
Zufahrt: Am ersten großen Kreisverkehr in Onda auf Höhe der Sportanlagen nach rechts in die Avenida Montanejos abbiegen und den WOMO-Piktogrammen folgen. Der Stellplatz befindet sich nach etwa 600 Metern auf der rechten Seite.

Um es gleich vorwegzunehmen: Onda hat uns ziemlich überrascht und es mühelos auf unsere persönliche Top-Ten-Liste geschafft. Gründe dafür sind ein hervorragend aufgemachtes Keramik-Museum, eine malerische Altstadt und als Kronjuwel über der Stadt eine maurische Festung mit 300 (!!!) Türmen. Hinzu kommt, dass wir dieses Städtchen in keinem unserer Reiseführer beschrieben fanden und es wohl abseits aller touristischen Pfade liegt. Ein echter Geheimtipp also. Kommen Sie mit und begleiten Sie uns durch Onda.

Onda im Überblick

25.000 Einwohner, 190 m, Autonome Gemeinschaft Valencia.
Tourismusbüro: Calle Ceramista Peyró, Tel. +34 964 602 855, www.onda.es. Geöffnet Mittwoch, Donnerstag und Freitag von 10.00 bis 16.00 Uhr.

Ein Blick in die Geschichte

Die Stadt Onda war bereits zu Zeiten der Iberer ab dem 6. Jahrhundert v. Chr. besiedelt. Damals unter dem Namen *Orlanda*. Seine Blütezeit erreichte der Ort jedoch erst im Mittelalter, als im 10. Jahrhundert unter maurischer Herrschaft die Festung entstand. Mit einer Fläche von rund 25.000 Quadratmetern und 300 Türmen thront sie auf 289 Metern Höhe und bewacht noch heute die Altstadt, die sich mit einem Gewirr aus engen Gassen und Plätzen unterhalb des Burghügels entwickelte. Es finden sich hier noch zahlreiche arabische und maurische Spuren, wie etwa das Maurenviertel Almodí. Ab 1233 fiel die Region um Onda an das Königreich Aragón und die Tempelritter hielten Einzug auf der Burg.

In der Neuzeit wurde Onda zum Zentrum der Azulejo-Produktion. Darunter versteht man die meist quadratischen, bunt bemalten und glasierten Keramikfliesen. Sie gehören sowohl in Spanien als auch Portugal zum festen Bestandteil des Stadtbildes und sind an vielen öffentlichen Gebäuden, Hausfassaden und Kirchen zu sehen.

Stadtspaziergang Onda

Grund genug, um unseren Tag in Onda mit dem Besuch des überaus sehenswerten **Fliesenmuseums *Museu del Taulell*** zu beginnen. Es befindet sich in einem modernen Neubau am westlichen Stadtrand in der Calle París und ist ausgeschildert. Vom Stellplatz benötigen Sie etwa 15 Gehminuten. Im Inneren begeben wir uns auf eine Zeitreise durch die Geschichte der Keramik. Von den frühen Anfängen, wie dem Ishtar-Tor in Babylon und römischen Kacheln bis hin zu moderner Fliesenkunst. Sogar eine Fliese von Pablo Picasso ist unter den mehr als 20.000 Exponaten.

Öffnungszeiten: Dienstag bis Freitag von 11.00 bis 14.00 Uhr und von 16.00 bis 20.00 Uhr. Samstag, Sonn- und feiertags

Farbenfrohe Azulejos aus Onda

von 11.00 bis 14.00 Uhr und von 17.00 bis 20.00 Uhr. Eintritt frei, www.ondaturismo.es.

An der Rezeption des Museums ist man gerne mit weiteren Informationen zum Besuch der Stadt behilflich. Fragen Sie nach (deutschsprachigen) Broschüren und einem Stadtplan. Auch den Weg in die Altstadt wird man Ihnen hier gerne erklären. Die Entfernungen sind tatsächlich in wenigen Minuten zu bewältigen. Von hier genießen Sie auch den wohl schönsten Blick auf die Burg von Onda.

Tipp für Familien:
Nur wenige Schritte entfernt lohnt das spannende **Naturkundemuseum *El Carmen*** einen Besuch. Biologie zum Anfassen und sehr anschaulich aufbereitet.

Öffnungszeiten: Montag bis Freitag von 10.00 bis 14.00 Uhr. Samstag, Sonn- und feiertags sowie im Juli und August auch nachmittags von 16.00 bis 19.00 Uhr. Eintritt: 5,00 Euro, ermäßigt 3,50 Euro, www.museodelcarmen.com.

Nach den Museumsbesuchen schlendern wir hinunter in die kleine, kompakte Altstadt. Auch dort sind überall Keramikkunstwerke zu bewundern. Hauseingänge, Kirchen, Fassaden, Sitzbänke – kaum ein Fleckchen, das nicht mit den farbenfrohen Fliesen verziert ist. Einfach hübsch anzusehen!
So gelangen wir auf die fast schon verwunschene und von Arkaden gesäumte **Plaza del Almudí**. In deren Mitte sprudelt ein Brunnen, ein Restaurant und eine Bar laden zu einer Rast ein. Das kommt uns für eine Kaffeepause höchst willkommen.

Onda – Plaza del Almudí

Frisch gestärkt beginnt der Aufstieg zur Burg. Meter für Meter arbeiten wir uns durch die verwinkelten Altstadtgassen empor. Besonders malerisch geht das über die **Katzentreppe *Escaletes dels Gats***, die vom Synagogen-Platz zum oberen Bereich der Burg führt. Dort werden mit einem weiten Rundblick belohnt. Wir können auch die blauen Kuppeln der **Kirche Mariä Himmelfahrt** bewundern, bevor wir uns dem Inneren der Burg zuwenden. Als Burg der 300 Türme ist die maurische Festung bekannt. Gezählt haben wir sie nicht, aber es sind tatsächlich sehr viele. Teile davon sind inzwischen restauriert und beherbergen unter anderem das Museum zur Stadtgeschichte. Zu sehen sind archäologische Funde und interessante Steinfragmente aus maurischer Zeit. Wir lassen uns jetzt einfach durch die eindrucksvolle Anlage treiben und genießen die Ausblicke.

Maurisches Flair in Onda

Öffnungszeiten: Von Ende März bis Ende August Montag bis Samstag von 10.30 Uhr bis 20.30 Uhr. Sonn- und feiertags von 10.30 Uhr bis 14.00 Uhr und von 17.30 bis 20.30 Uhr.
Von September bis Mitte Oktober nur bis 20.00 Uhr, von Mitte Oktober bis Ende März täglich von 10.30 Uhr bis 17.30 Uhr. Eintritt frei.

Für den Rückweg wählen wir andere Gassen und kommen an einigen sehenswerten Kirchenportalen vorbei. Gerne hätten wir noch einen Blick in die **Iglesia de la Sangre** geworfen. Sie wurde im 13. Jahrhundert von den Tempelrittern errichtet. Doch leider standen wir vor verschlossenen Toren.

Fliesenschmuck in der Markthalle

Somit beschließen wir den Tag in Onda mit einem Einkauf in der **Markthalle** an der Plaza España. Normalerweise nur von Montag bis Samstag von 8.00 bis 14.00 Uhr geöffnet. Aber wir haben Glück – freitags ist ein Marktbummel auch von 17.00 bis 20.00 Uhr möglich.

Konnten wir Sie auch ein wenig für das unbekannte Onda begeistern? Fernab der Touristenströme fühlten wir uns in der authentischen Kleinstadt Spanien ein ganzes Stück näher.

Für die Weiterfahrt haben wir noch einen Tipp der freundlichen Dame im Keramikmuseum erhalten. Nur knapp 40 Kilometer liegen auf der CV-20 bis zum Tourende in Montanejos vor uns. Etwa auf halber Strecke, so die Empfehlung, sollen wir noch einen kurzen Abstecher nach **Fanzara** einlegen. Es handelt sich dabei um ein verschlafenes Dorf in ländlicher Umgebung. Warum wir Sie dorthin entführen wollen? Ganz einfach: Der Ort hat es als **Urban Art Museum MIAU** fast schon zu weltweiter Berühmtheit gebracht.

Streetart-Dorf Fanzara

Wer an Streetart, Graffitis oder Urban Art denkt, bringt damit wohl eher große Metropolen wie Berlin, Madrid oder New York in Verbindung. Sicherlich die wenigsten vermuten die bunten Kunstwerke in diesem 300-Seelendorf. Und doch prangen sie in Fanzara überdimensional groß an Hausfassaden oder in kleinerer Form an Zäunen oder Skulpturen. Von fröhlich bunt bis bedrückend düster. Dahinter steht das **Museum MIAU** – ***Museo Inacabado de Arte Urbano***, *www. miau32.wixsite.com*. Übersetzt bedeutet dies so viel wie *unfertiges Museum*. Unfertig deshalb, weil ständig neue Kunstwerke hinzukommen. Im Ort hält das Informationszentrum einen Plan bereit, auf dem alle Gemälde samt den nationalen und internationalen Künstlern verzeichnet sind. Es macht aber auch sehr viel Spaß, auf Entdeckungsreise durch den Ort zu streifen und nach den Bildern zu suchen. Manchmal muss man schon ganz genau hinschauen, um sie zu finden.

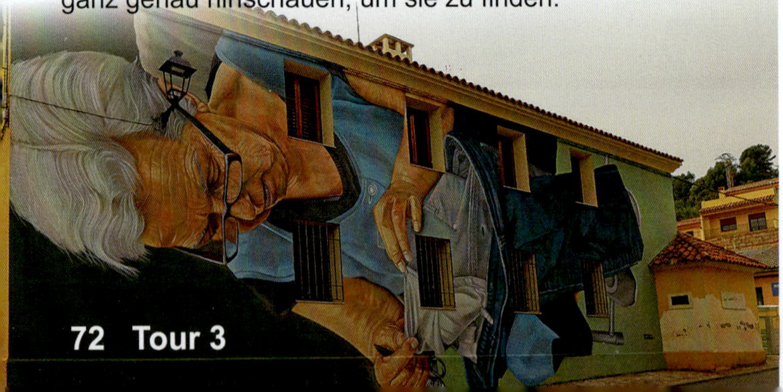

Uns gefällts! Parkplätze gibt es für kleinere Fahrzeuge im Ort. Größere parken besser am Ortseingang beim Schwimmbad N 40°00’54” W 00°18’48”, das sich auch für eine kurze Erfrischungspause anbietet.

Einkehrtipp: Den Kunstspaziergang runden wir mit einer Einkehr in der *Bar d’Abaio* mitten im Ort ab. In der sehr familiären und netten Atmosphäre konnten wir ein köstliches Sandwich *Boccadillo* genießen.

Bergdorf Espadilla

Auf unserer Weiterfahrt wird die Landschaft immer spektakulärer. Die schroffen Felswände rücken näher und das Tal des Río Mijares wird enger und enger. Die hübschen Bergdörfer **Espadilla**, **Toga**, **Torrechiva** und **Cirat** werden überragt von Burgruinen oder liegen in Trockentälern. Immer wieder überqueren wir den Fluss, immer wieder bilden die steilen Felswände Überhänge, die uns einen bangen Blick nach oben werfen lassen. Doch die Straße ist durch Metallnetz-Konstruktionen vor Steinschlag gesichert. Dennoch ist uns ein bisschen mulmig zumute, als wir die dicken Brocken im Netz sehen. So nähern wir uns dem Heilkurort **Montanejos**. Die Ortsdurchfahrt ist recht eng – fahren Sie vorsichtig. Eine erste Parkmöglichkeit bietet sich zentrumsnah am Fluss **Río Mijares**.

(029) WOMO-Parkplatz: Montanejos
Parking Río Mijares

GPS: N 40°04’24” W 00°31’34”, 466 m. **Max. WOMOs**: 5.
Öffnungszeit: Ganzjährig.
Ausstattung: Müllcontainer, schattige Picknickzone, Spiel- und Sportplätze.
Beschreibung: Gut erreichbare und tagsüber gebührenpflichtige Parkplätze am Ausgangspunkt zum Wander-/Spazierweg zu den warmen Quellen. Untergrund Asphalt und teilweise Schotter. Eine Übernachtung wird zumindest außerhalb der Hochsaison toleriert. Campingartiges Verhalten ist verboten.
Preise: €.
Zufahrt: In Montanejos nach rechts auf die Brücke und die CV-195 abbiegen. Gleich danach geht es links zu den Parkplätzen in Ufernähe.

Weiter entlang der CV-20 können Sie noch außerhalb des Ortes und oberhalb der warmen Quellen auf einem ebenfalls gebührenpflichtigen Parkplatz stehen.

(030) WOMO-Parkplatz: Montanejos
Parking Fuente de Los Baños

GPS: N 40°04'30" W 00°31'50", 478 m. **Max. WOMOs**: 5.
Öffnungszeit: Ganzjährig.
Ausstattung: Müllcontainer.
Beschreibung: Tagsüber gebührenpflichtige Parkplätze oberhalb der natürlichen Schwimmbecken Fuente de Los Baños. Am Wochenende und an Feiertagen vermutlich sehr überlaufen. Eine Übernachtung wird zumindest in der Nebensaison toleriert. Campingartiges Verhalten ist verboten.

Preise: €.
Zufahrt: Den Ort Montanejos auf der CV-20 verlassen. Die Parkplätze befinden sich etwa 800 Meter außerhalb auf der rechten Seite.

Etwas außerhalb des Ortes gibt es den einfachen und naturnahen **(031): Campingplatz *La Granja*** bei N 40°03'51" W 00°31'23". Allerdings ist er vermutlich nur für kleine WOMOs oder PKWs mit Dachzelt geeignet, denn die Zufahrt erfolgt über ein schmales und steiles Asphaltsträßchen.

Montanejos im Überblick

400 Einwohner, 478 m, Autonome Region Valencia.
Tourismusbüro: Avenida Fuente de Baños, www.visitmontanejos.com. Geöffnet Montag bis Samstag von 10.00 bis 14.00 Uhr und von 17.00 bis 19.00 Uhr. Sonn- und feiertags nur am Vormittag.

Baden, Wandern, Klettern

Das Traditions-Heilbad Montanjeos ist schon lange kein Geheimtipp mehr. Kurgäste schätzen seit Generationen die heilende Wirkung des Thermalwassers und die gesunde Luft. Eingebettet in die hügelige, mit Pinien bewaldete Landschaft und umgeben von steil aufragenden Felsen ist Montanejos aber auch ein Paradies für Kletterer und Wanderer. Sie finden ein ideales Revier mit ausgewiesenen Klettersteigen und

Warme Quelle Fuente de los Baños

ein gut markiertes Wanderwegenetz. Gründe genug, dass sich die Einwohnerzahl von 400 Menschen in den Sommermonaten auf über 5.000 vervielfacht. Ruhe und Erholung dürfen Sie sich also allenfalls in der Nebensaison erwarten.

Hauptattraktion des Ortes sind die warmen Quellen **Fuente de los Baños**, die mit einer Temperatur von bis zu 25 Grad aus der Tiefe emporsprudeln. Das Heilwasser wird zur Behandlung von Herz-Kreislauf- und rheumatischen Erkrankungen eingesetzt. Zudem soll es für ein schöneres Hautbild sorgen.

Einer Überlieferung nach soll König Abu Zayd im 13. Jahrhundert den Bau arabischer Bäder veranlasst haben, damit die Frauen seines Harems jung und schön blieben. Auch er selbst soll dem Bade in den wohltuenden Mineralquellen gefrönt haben.

Badevergnügen zwischen schroffen Felswänden

Bei so viel Vorschuss-Lorbeeren, wollen wir uns gerne selbst überzeugen und unternehmen vom Parkplatz Nr. 029 eine kleine Wanderung zu den Quellen. Ein gut 20minütiger Spaziergang flussaufwärts bringt uns zu einer großen Badezone, der ***Piscina natural***. In mehreren von Felswänden umgebenen Naturpools lässt es sich vortrefflich im angenehm warmen Wasser planschen. Selbst im April erreicht die Badetemperatur etwa 20 Grad. Es gibt Liegewiesen und im Sommer Sanitäranlagen sowie Imbissmöglichkeiten. Formidable!

Wandertipp:

Wenn Sie nun auch die Wanderstiefel schnüren möchten, steht Ihnen rund um Montanejos ein gut markiertes Wegenetz zur Verfügung. Sehr beliebt ist die **acht Kilometer** lange Rundwanderung ***Sendero de los Estrechos***. Eine beeindruckende Route, die durch eine enge Schlucht mit senkrechten, mehr als 100 Meter hohen Felswänden führt. Entstanden durch die Erosionskräfte des Río Mijares. Unterwegs gibt es immer wieder schöne Aussichtspunkte und ein kleiner Abstecher führt zur **Cueva Negra**. Hier wurden Höhlenmalereien entdeckt und sie gehört zu einer der größten Höhlen in der Region Valencia. Karten- und Informationsmaterial für die Wanderung, die auch gut markiert ist, erhalten Sie in der Touristeninformation.

Wer lieber mit dem WOMO unterwegs ist, kann noch einen kurzen Abstecher zum **Embalse de Arenóso** unternehmen. Fahren Sie dazu einfach noch einige Kilometer weiter auf der CV-20 in Richtung **Puebla de Arenóso**. Die Route durch den Canyon ist spektakulär und bietet schöne Einblicke in diese wildromantische Landschaft. Oberhalb erreichen Sie den Stausee sowie nach etwa zehn Kilometern auch einen schönen Aussichtspunkt.

(032) WOMO-Parkplatz: Stauseeblick

GPS: N 40°06'05" W 00°35'11", 630 m. **Max. WOMOs**: 2-3.
Öffnungszeit: Ganzjährig.
Ausstattung: Müllcontainer, Picknicktische.
Beschreibung: Überwiegend ebener und teilweise schattiger Parkplatz in Aussichtslage auf einem Untergrund aus Erde und Schotter. Außerorts gelegen und trotz der benachbarten Straße nachts überraschend ruhig.
Zufahrt: Neben der CV-20 wenige Kilometer vor dem Ort Puebla de Arenóso.

Weitere Bademöglichkeiten im Stausee finden Sie, wenn Sie bis nach Puebla de Arenóso fahren und Ihr WOMO im Ort abstellen. Zu Fuß geht es an den See, wo man zahlreiche Stellen findet, um schwimmen zu gehen. Am Ufer zu parken empfiehlt sich nicht, da es sich dort um eine Überflutungszone des Stausees handelt.

Von Montanejos nehmen wir Sie in Tour 4 wieder mit in Richtung Küste, wo wir am Ende in das Großstadtflair der Stadt Valencia eintauchen werden.

Embalse de Arenóso

Tour 4: Berge, Täler, tiefe Höhlen – Von Montanejos nach Valencia 130 km

Segorbe – La Vall d'Uixó – Nules – Moncofa – Xilxes Sagunt – Valencia

Stellplätze:	Am Pass Alto las Palomas, in Segorbe, Alfondeguilla, La Vall d'Uixó, Nules, Moncofa, Xilxes, Sagunt, Valencia
Campingplätze:	In Nules, Moncofa
Besichtigen:	Segorbe, Höhle Sant Josep in La Vall d'Uixó, Sagunt, Valencia
Baden:	Strände bei Nules, Moncofa, Xilxes, Sagunt, Valencia
Wandern:	Entlang der Linéa XYZ in La Vall d'Uixó
Einkehrtipps:	Restaurant *La Gruta* in La Vall d'Uixó, Restaurant *Gastroduc* in Sagunt, *Bar Central, Horchatería Santa Catalina* und Restaurant *Laterial* in Valencia

Von den warmen Quellen in Montanejos führt diese Tour wieder in Richtung Küste. Auf dem Weg dorthin wandeln wir auf den Spuren des Nationalhelden El Cid, wir besuchen eine alte Bischofsstadt und begeben uns auf eine unterirdische Bootstour. So erreichen wir wieder die Costa del Azahar. Dort erwarten uns Badefreuden an sonnigen Stränden, bevor wir mit Sagunt eine der ältesten Städte Spaniens erkunden werden. Die Tour endet schließlich in der quirligen und mitreißenden Metropole Valencia, in der Tradition auf Moderne trifft.

Den Heilkurort Montanejos verlassen wir auf der CV-195 in Richtung **Montán/Jérica**. Am Ortsausgang gibt es noch einmal die Möglichkeit, vom Aussichtspunkt **Mirrador Río Montán** einen schönen Blick hinunter auf den Ort zu werfen. Dann geht es auf kurvenreicher Straße hinauf in die bergigen Regionen der **Serra d'Espadà**. Der erste Ort, den wir erreichen, ist **Montán**. Wie uns ein Schild am Ortseingang verrät, scheint er bekannt für sein einzigartiges Olivenöl zu sein. Leider fanden wir jedoch keine Einkaufsmöglichkeiten. So kurven wir weiter bergauf, vorbei an terrassierten Olivenhainen, und erreichen schon bald den Pass **Alto las Palomas**. Ein Schotterparkplatz rechts der Straße lädt zu einer Rast in Aussichtslage ein.

(033) WOMO-Parkplatz: Pass Alto las Palomas

GPS: N 39°59'30" W 00°34'57", 898 m. **Max. WOMOs**: 1-2.
Öffnungszeit: Ganzjährig.
Ausstattung: Keine.
Beschreibung: Ungemütlicher, aber zweckmäßiger Schotterparkplatz in Aussichtslage. Außerorts am Ausgangspunkt mehrerer ausgeschilderter Wanderwege gelegen. Der Platz eignet sich gut für eine Kaffeepause, notfalls wäre er auch übernachtungstauglich.
Zufahrt: An der CV-195 rechts.

Auch wenn es nicht so aussieht, aber wir befinden uns hier auf geschichtsträchtigem Terrain. Vielleicht sind Ihnen bereits in Montanejos die roten Hinweise zum **Camino del Cid** aufgefallen. Es handelt sich dabei um eine touristische Route auf den Spuren eines Ritters aus dem 11. Jahrhundert. Um welchen tapferen Recken es sich bei El Cid handelte, verraten wir Ihnen gerne. Wir werden ihm auf unserer Reise nämlich noch mehrmals begegnen.

Sagenumwobener Nationalheld El Cid

Wohl kaum ein anderer Name ging so ins Reich der spanischen Legenden und Geschichten ein wie der des Abenteurers, Glücksritters und Söldners **El Cid**. Eigentlich als **Rodrigo Díaz de Vivar** um 1045 in der Nähe von Burgos geboren, entstammte er dem mittleren Adel und stand zunächst in Diensten des kastilischen Königs Sancho I. Erste militärische Erfolge trugen ihm den Beinamen *el Campeador* – der Kämpfer – ein.

Rodrigo geriet in die Wirren der spanischen Erbfolgekämpfe und wechselte nach dem gewaltsamen Tod Sanchos ins Lager dessen Bruders und Widersachers König Alfonso VI. Nach einigen eigenmächtigen Eroberungszügen und die Einmischung in einen regionalen Konflikt fiel Rodrigo beim König in Ungnade und wurde aus Kastilien verbannt.

Daraufhin bot er ohne Zögern seine Dienste unterschiedlichen Herrschern an, egal ob Mauren oder Christen. Er stellte sich ein Heer aus Söldnern zusammen und wurde mit jeder ausgefochtenen Schlacht mächtiger und reicher. Zudem erhielt er als Heerführer den Beinamen **El Cid** (arabisch: *As-Sayyid* – der Herr), unter dem er bis heute berühmt-berüchtigt ist.

Nach und nach baute sich der Raubritter Rodrigo eine eigene Machtposition in der spanischen Levante auf, bei der es auch zu einer Wiederannäherung mit Alfonso VI. und einem erneuten Lagerwechsel kam. 1094 eroberte Rodrigo das maurische Fürstentum Valencia für das christliche Lager zurück und wurde zum Oberhaupt der Stadt. Dort, auf dem Höhepunkt seiner Macht, herrschte er bis zu seinem Tod im Juli 1099. Seine sterblichen Überreste wurden nach Burgos gebracht, wo er in der Kathedrale neben seiner Frau Jimena beigesetzt wurde.

El Cids Leben und Taten fanden im Lauf der Jahrhunderte Eingang in zahlreichen Dramen und Filmen. Zur literarischen Figur wurde er im berühmten **Heldenepos *El Cantar de Mío Cid*** aus dem 12. Jahrhundert. Im Mittelalter wurde er in Ritterromanen verewigt und zum Nationalhelden idealisiert.

Cineasten dürfte der Historienfilm *El Cid* aus dem Jahr 1961 mit Charlton Heston und Sophia Loren in den Hauptrollen ein Begriff sein, der unter anderem in Peñiscola (siehe Tour 2) gedreht wurde. El Cid beschäftigt die Filmwelt bis heute. Erst 2020 entstand die fünfteilige Historien-Serie *El Cid*, deren Fortsetzung mit einer zweiten Staffel im Jahr 2021 folgte.

Auf dem Camino del Cid

Der Camino del Cid

Die Vorlage für den **Camino del Cid** findet sich bereits im Historienepos *El Cantar de Mío Cid,* in dem die vermeintlichen Aufenthaltsorte des legendären Ritters beschrieben wurden. Auf rund 2.000 Kilometern verläuft die touristische und kulturelle Route heute durch die Regionen Aragonien, Kastilien-León, Kastilien-La Mancha und Valencia. Davon sind etwa 1.400 Kilometer als Wanderwege markiert, so dass man auf den Spuren des Nationalhelden sowohl mit dem WOMO als auch zu Fuß oder mit dem Fahrrad wandeln kann. Zahlreiche landschaftliche und kulturelle Sehenswürdigkeiten säumen den Weg und auch wir werden die Wege des El Cid im Laufe dieses Buches immer wieder kreuzen.

Nach der Rast auf der Passhöhe, verbunden mit diesem kleinen, historischen Exkurs, schlängeln wir uns durch viele Kurven wieder bergab. Die Region wird allmählich mediterraner. Oliven- und Mandelbäume wechseln sich ab mit Orangen- und Zitronenplantagen. Über allem schwebt nun auch wieder der Duft der Orangenblüte, der uns auf unserem weiteren Weg begleiten wird.

Das Städtchen **Caudiel** präsentiert sich hübsch herausgeputzt. Lust auf eine Kaffeepause? Hier wäre sie in einem der Straßencafés möglich. Die Höhenzüge der Serra d'Espadà liegen jetzt hinter uns und wir wechseln auf die kostenlose Autobahn A 23. In der Ferne leuchtet das Bergdorf **Jérica** mit seinen weißen Häusern und der Kirche auf dem Felsen im Morgenlicht. Wer einen Abstecher dorthin unternehmen möchte – unter anderem gibt es die Reste eines Castillos sowie einen Turm im Mudéjar-Stil zu bewundern – der bleibt einfach auf der CV-195 und folgt der Beschilderung nach Jérica.

Unser Ziel ist jedoch die alte Bischofsstadt **Segorbe**, der wir nun entgegenrollen. An der Autobahnausfahrt Nr. 31 befindet sich praktischerweise ein großer Supermarkt, an dem wir unseren Kühlschrank auffüllen. Dann geht es weiter nach Segorbe, welches wir auf der Hauptstraße und über unzählige Kreisverkehre durchqueren. Am Stadtrand erwartet uns ein kostenloser Stellplatz, den wir gerne annehmen. Eine Übernachtung ist hier allerdings verboten, doch für den Tagesbesuch erweist er sich als sehr praktisch.

WOMO-Parkplatz: Segorbe

GPS: N 39°50'54" W 00°28'55", Sector Estación, 322 m. **Max. WOMOs**: 12.
Öffnungszeit: Ganzjährig.
Ausstattung: Ver-/Entsorgungsstation, Picknickbänke, Müllcontainer.
Beschreibung: Für WOMOs ausgewiesene Stellflächen entlang der Straße in der Nähe des Bahnhofs. Obwohl die Plätze neben den Bahngleisen liegen, ist es erstaunlich ruhig. Campingartiges Verhalten und übernachten sind verboten. Eine kleine Grünanlage mit Picknickbänken und die Dattelpalmenallee bieten eine teilweise schattige Rastmöglichkeit. Der Fußweg ins Zentrum beträgt etwa zehn Minuten. Dort gibt es Restaurants und Einkaufsmöglichkeiten.
Zufahrt: Von der CV-25 kommend die Stadt auf der Hauptstraße mit vielen Kreisverkehren durchqueren. Bei der Bahnlinie der Beschilderung zum Bahnhof und den WOMO-Piktogrammen folgen.

Segorbe im Überblick

9.000 Einwohner, 358 m, Autonome Gemeinschaft Valencia.
Tourismusbüro: Plaza Alto Palancia, Tel. +34 964 713 254, www.turismo.segorbe.es. Geöffnet Montag bis Freitag von 9.00 bis 14.00 Uhr und von 16.00 bis 18.00 Uhr. Samstags erst ab 10.00 Uhr, Sonn- und feiertags nur am Vormittag. Von Mitte Juni bis Mitte September ist die Nachmittags-Öffnungszeit von 17.00 bis 19.00 Uhr.

Die Stadt der Bischöfe, Stiere und Pferde

Das Städtchen Segorbe liegt malerisch eingebettet in den fruchtbaren Flussauen des **Río Palancia**. Bereits in der Antike wusste man den Wasserreichtum zu schätzen und gründete unter dem Namen *Segobriga* eine erste Siedlung.
Unter den Westgoten wurde die Stadt im 6. Jahrhundert zum Bischofssitz, wovon heute noch mehrere Kirchen und die Kathedrale zeugen. Im 11. Jahrhundert hatten die Mauren das Sagen. Segorbe war kurzzeitig der Sitz eines unabhängigen Emirates, bevor die Stadt nach der Reconquista im 13. Jahrhundert Teil des Königreiches Aragón und bis ins Jahr 1953 erneut Bischofssitz wurde.

Im Tourismusbüro erfahren wir, was es mit dem traditionellen Einzug der Pferde und Stiere, der **Entrada Toros y Caballos** auf sich hat. Sechs Stiere und zwölf mutige Reiter hoch zu Ross sind die Protagonisten dieses Spektakels, das in Segorbe zum Kulturgut erklärt wurde. Spannend und risikoreich geht es dann auch zu, wenn die Stiere in einem atemberaubenden Rennen zur Stierkampfarena getrieben werden. Die Strecke entlang der Calle Colón ist etwa 500 Meter lang. Eine wichtige Rolle spielt dabei das Publikum. Die Zuschauermenge, die jedes Jahr zur Stierhatz nach Segorbe pilgert, stellt sich Stieren und Reitern entweder mutig in den Weg, oder aber sie öffnet einen Durchlass für die herannahende Truppe. Wenn Sie live an diesem Spektakel dabei sein wollen, sollten Sie ihren Besuch auf die zweite Septemberwoche legen. Dann befindet sich die Stadt mit der Stierhatz, Musik und Feuerwerk eine Woche lang im Ausnahmezustand.

Stadtspaziergang Segorbe

In etwa 15 Gehminuten sind wir von unserem Stellplatz bereits mitten in Segorbe und erklimmen als erstes das **Fuerte de la Estrella**, um uns einen Blick von oben zu verschaffen. Die von dicken Mauern und Wachtürmen umgebene Anlage thront auf einer Anhöhe über der Stadt und war mehr als 1.000 Jahre lang das Machtzentrum der Region. Könige und Adlige gingen hier bis ins 16. Jahrhundert ein und aus. Mit dem Bau des **Herzogspalastes** an der **Plaza Aqua Limpia** verlor die Burg ihre Bedeutung und wurde Stück für Stück abgebaut. Die Steine verwendete man unter anderem zum Bau der Kathedrale. Der Herzogspalast ist heute Sitz des Rathauses von Segorbe.

Blick auf Segorbe

Während der Karlistenkriege (1834-1872) wurde an Stelle der Burg ein **Fort** gebaut, dessen Reste noch heute zu sehen sind. Wir genießen in der frei zugänglichen Burganlage den Blick von oben hinunter auf die Stadt und die hügelige Umgebung. Im Innenbereich der Burg erstreckt sich ein kleiner Park. Hier lässt es sich unter schattigen, uralten Kiefern ein wenig verweilen.

Von der Burg führt ein Weg hinunter ans Ufer des Río Palancia und an den **Fuente de los 50 Cañones**. Ein Naherholungsgebiet mit einem Quellbrunnen, dessen 50 Auslässe mit den Wappen der spanischen Provinzen geschmückt sind.

Über enge, steile Gassen mit charmanten Häusern geht es für uns wieder hinunter in die Altstadt. Sie wirkte im Bau- und

Mittelalterliche Stadtmauer in Segorbe

Charmante Gassen in Segorbe

Renovierungsumbruch. Überall wurde bei unserem Besuch gewerkelt und gebaut. Auch die **Bischofskathedrale *Santa María*** samt dem Museum waren wegen Renovierungsarbeiten leider geschlossen. Ein wenig können wir Ihnen aber dennoch über das Gotteshaus erzählen. So wurde die Kathedrale auf den Resten einer alten Moschee im gotischen Stil an der südlichen Stadtmauer errichtet und im Laufe der folgenden Jahrhunderte immer wieder erweitert. Heute besteht der Komplex aus der Kirche mit Seitenkapellen, dem Glockenturm, einem Kloster, dem Museum mit einer wertvollen Gemäldesammlung sowie einer Krypta, in der die Chronologie der Diözese multimedial aufbereitet wird. Wenn die Renovierungsarbeiten abgeschlossen sind, dürfen Sie sich also auf Einrichtungen im neuen Glanz freuen.

Öffnungszeiten: Dienstag bis Samstag von 11.00 bis 13.30 Uhr. Eintritt: 3,00 Euro, ermäßigt 2,00 Euro.

Beim anschließenden Bummel durch die Altstadt lassen sich noch weitere mittelalterliche Details entdecken, wie zum Beispiel die Reste der Stadtmauer mit Rundtürmen, Stadttoren, Kirchen und sehr viel Fliesenschmuck. Seit der Antike ist Segorbe ein wichtiges Zentrum der Keramik- und Tonwarenfertigung, was sich unter anderem im Stadtwappen zeigt, welches mit Relieffliesen in den Bürgersteigen eingelassen ist.

Für uns war Segorbe insgesamt zwar kein Must-have-seen, aber mit engen, steilen Gassen und lauschigen Plätzen eine authentische, sympathische spanische Kleinstadt.

Unser nächstes Ziel heißt nun **La Vall d'Uixó.** Dafür verlassen wir Segorbe auf der N-234 in Richtung Süden und kehren zurück auf die Autobahn, die wir aber bei **Soneja** bereits wieder verlassen. Weiter geht es auf der CV-230, die kurvenreich vorbei an Olivenhainen und Korkeichen-Wäldern in die hügeligen Ausläufer der Serra d'Espadà führt.

Auf der landschaftlich schönen Strecke liegt das Dorf **Azuébar** recht malerisch zu Füßen einer Burgruine. Knapp zehn Kilometer weiter können Sie beim Städtchen **Alfondeguilla** an einer Haltebucht bei N 39°49'55" W 00°16'25" rechts die **Puente del Agua** entdecken. Die Brücke mit sechs Bögen überquert den meist ausgetrockneten **Río Belcaire** und stammt aus römischer Zeit. Einst wurde sie zur Wasserversorgung gebaut und sie ist bis heute zur Bewässerung der Terrassenfelder in Gebrauch.

Haben Sie Bedarf an einer ruhigen Übernachtungsmöglichkeit? Dann kommt der noch recht neue Stellplatz in Alfondeguilla zur richtigen Zeit. Im Örtchen können Sie nicht nur ihr müdes Haupt zur Ruhe betten, sondern auch schöne Wanderungen in die Region unternehmen.

(034) Offizieller WOMO-Stellplatz: Alfondeguilla

GPS: N 39°49'59" W 00°16'13", 188 m. **Max. WOMOs**: 2-3.
Öffnungszeit: Ganzjährig.
Ausstattung: Müllcontainer, Spielplatz.
Beschreibung: Asphaltierter, ebener Parkplatz am Ortsrand in einem Flusstal, umgeben von Olivenhainen und Gemüsefeldern. Oberhalb des Ortes gibt es mehrere Wander- und Mountainbike-Strecken. Unter anderem zu einer Ermita. Das Ortszentrum mit Restaurants und einem kleinen Supermarkt ist in wenigen Gehminuten erreichbar.
Hinweis: Während unseres Aufenthaltes waren Bauarbeiten im Gange. Eventuell gibt es künftig auch Serviceleistungen.
Zufahrt: In der Ortsmitte vor der Brücke rechts in eine kleine Straße abbiegen. Nach 250 Metern erreichen Sie den Parkplatz.

Bei der Weiterfahrt wird es auf unserer Strecke urplötzlich sehr touristisch. Die Bebauung nimmt zu, es sind viele Spanier wandernd, joggend oder radfahrend unterwegs. Deutliche Anzeichen, dass wir uns dem touristischen Hotspot **Coves de Sant Josep** nähern. Eine der größten und meistbesuchten Höhlen Spaniens, die mit dem längsten, schiffbaren Fluss Europas aufwarten kann.

(035) Offizieller WOMO-Stellplatz: La Vall d'Uixó *Coves de Sant Josep*

GPS: N 39°49'24" W 00°15'02", Passeig de les Grutes, 134 m.
Max. WOMOs: 8.
Öffnungszeit: Ganzjährig.
Ausstattung: Ver-/Entsorgungsstation, Müllcontainer, Touristeninformation.
Beschreibung: Acht kostenlose und für WOMOs ausgewiesene Stellflächen auf einem schattenlosen Großparkplatz bei der Höhle. Dort den WOMO-Piktogrammen folgen und möglichst nur auf den offiziell ausgewiesenen, grün markierten Stellflächen parken.
In unmittelbarer Nähe gibt es Restaurants, Spielplätze, eine Grünanlage, ein Freibad sowie Wander- und Spaziermöglichkeiten. Campingartiges Verhalten ist verboten. Die maximale Aufenthaltsdauer sind 48 Stunden. Das historische Zentrum von La Vall d'Uixó ist etwa 20 Gehminuten entfernt.
Zufahrt: An der CV-230 ist die Höhle ausgeschildert.

Coves de Sant Josep – Ein schiffbarer Fluss unter der Erde

Begleitet von leisen, sphärischen Klängen gleitet unser Boot lautlos über das glasklare Wasser. Darin spiegelt sich eine fast schon unwirkliche Landschaft. Fasziniert tauchen wir ein in diese unterirdische Welt. Nach den ersten Metern beginnt unser Bootsführer zu erzählen. Wir erfahren, dass die rot pigmentierten Höhlenzeichnungen am Eingang aus der Zeit des Post-Paläolithikums stammen. Will heißen: Diese Höhle war bereits vor mehr als 15.000 Jahren bewohnt und wurde deshalb zum UNESCO-Weltkulturerbe erklärt.

Das Höhlensystem selbst ist jedoch weitaus älter. Forscher vermuten, dass sich die Höhle vor 250 Millionen Jahren gebildet hat. Wann sie entdeckt wurde, weiß niemand so genau. Erforscht wird sie seit dem 18. Jahrhundert. Und so ist bekannt, dass der Fluss, über den wir dahingleiten, ein Seitenarm des heute meist trockenen Río Belcaire ist. Über die genaue Länge herrscht jedoch ebenso Unkenntnis wie über seinen genauen Ursprung. Derzeit sind etwa 1.050 Meter befahrbar. Weitere knapp 2.000 Meter sind zwar erforscht, aber aufgrund der engen Durchgänge nicht für die Öffentlichkeit zugänglich. Damit besitzt die Höhle den längsten, schiffbaren unterirdischen Fluss Europas.

Vom ständigen Tropfen des Wassers begleitet schippern wir zu den Höhenpunkten dieser Zauberwelt. Wir gleiten über den **Lago Azul**, den **Lago Diana** oder durch den **Saal der Fledermäuse**. Dass wir über Tiefen von bis zu 12 Metern schwimmen, sorgt nur kurzzeitig für leichtes Unbehagen. Vielmehr ziehen bizarre Tropfsteinformationen, riesige Gewölbe und schmale Durchlässe unsere Bewunderung auf sich.

Eingang zur Fledermaushöhle

Dann werden wir an einer Anlegestelle gebeten auszusteigen. Rund 300 Meter geht es nun zu Fuß auf einem höher gelegenen, trockenen Seitenarm weiter. Die mächtigen Stalagmiten und Stalaktiten sind mit einer ausgeklügelten Beleuchtungstechnik in magisches Licht getaucht. Eine Zauberwelt par excellence. Nach dem Spaziergang geht es mit dem Boot wieder zurück in Richtung Tageslicht und wir können die Fahrt noch einmal aus einer anderen Perspektive genießen. Etwa eine Stunde sollten Sie für den Ausflug in die Unterwelt einplanen. Im Inneren der Höhle herrscht ganzjährig eine Temperatur von 18 bis 20 Grad sowie eine Luftfeuchtigkeit von 80 Prozent. Das Fotografieren ist leider verboten.

Öffnungszeiten: Die Höhle kann nur im Rahmen einer Führung besucht werden. Es empfiehlt sich, die Eintrittskarten vorab online unter www.covesdesantjosep.es zu reservieren. Die Öffnungszeiten sind saisonal unterschiedlich, in der Regel täglich von 10.00 bis 18.00 Uhr, im Winter nur bis 14.00 Uhr. Nach starken Regenfällen kann die Höhle geschlossen sein. Eintritt: 14,00 Euro, ermäßigt 10,00 Euro, Kinder 8,00 Euro.

Rund um die Höhle gibt es noch viel mehr zu entdecken. In unmittelbarer Nähe befindet sich eine keltiberische Ausgrabungsstätte. Auch der Ort **La Vall d'Uixó** bietet einige

Ermita San Antoni

interessante Sehenswürdigkeiten. Er teilt sich in einen oberen und einen unteren Stadtteil. Letzterer wird auch *Poble de Baix* genannt, dessen Mittelpunkt die **Plaza de Sant Vincent** bildet. Im oberen Stadtteil lohnt sich der Bummel durch die engen, noch aus maurischer Zeit stammenden Gassen des **Viertels *L'Alcudia***. Wir möchten noch die Wanderstiefel schnüren und die grün bewaldeten Hänge der Umgebung ein wenig näher erkunden. Der Hinweis zur Wanderung entlang der **Linea XYZ** hat uns aufgrund des mysteriösen Namens neugierig gemacht.

Wanderung auf der Linea XYZ

Gegenüber von unserem Stellplatz Nr. 035 ist bei der Brücke ein Wanderweg zur **Linea XYZ** ausgeschildert. Es handelt sich dabei um einen Verteidigungswall, der während des Spanischen Bürgerkrieges in den Jahren 1936/37 angelegt wurde, und von dem heute nur noch Ruinen übriggeblieben sind. Erschlossen ist der Weg über die **Ruta 1** und **Ruta 2**.

Wir starten die Wanderung zunächst mit einem kurzen, aber knackigen Anstieg hinauf zur **Ermita San Antoni**. Belohnt werden wir für diese erste Anstrengung mit einem schönen Ausblick auf die Region, der an klaren Tagen bis zur Küste reicht.

Hinter der leider verschlossenen Kapelle führt ein schmaler, felsiger und steiler Pfad hinunter zur **Ruta 1**. Entlang den steinigen Resten des Verteidigungswalls geht der gut erkennbare Weg durch ein schattiges Wäldchen mit knorrigen Steineichen und duftenden Rosmarinsträuchern. Blühende Zistrosen und schöne Ausblicke auf die Stadt La Vall d'Uixó lassen den Weg zu einem kurzweiligen Wandervergnügen werden. Wir folgen weiter der gelb-weißen Markierung und nach einem kurzen Abstieg endet der Weg an einem Schulzentrum. Dort ist auch der Einstieg zur **Ruta 2** ausgeschildert. Je nach Lust und Laune können Sie hier nach links zurück in Richtung Stellplatz spazieren oder nach rechts die etwas anspruchsvollere zweite Schleife mit uns wandern.

Reste von Bunkeranlagen der Linea XYZ

Diese Strecke führt zu zwei Aussichtspunkten sowie weiter vorbei an Resten des Verteidigungswalls zu einem Observatorium mit herrlicher Rundumsicht. Jetzt ist Pfadfindergeist gefragt, denn der steile und sehr schlecht ausgeschilderte Pfad geht bergab hinunter in ein Wohngebiet. Zwischen den Sträuchern ist die gelb-weiße Markierung nicht immer erkennbar. Ein wenig Sportsgeist ist gefragt und immer wieder müssen die Hände zu Hilfe genommen werden, um den schmalen Felspfad hinabzusteigen.

Sicher unten angekommen halten wir uns links und stoßen bald darauf zur Ruta 1. Von dort geht es auf einem **botanischen Pfad Senda botánica de la Vall** entlang dem Flussbett wieder zurück zum Stellplatz. Lehrtafeln klären uns leider nur in spanischer Sprache darüber auf, dass hier wilde Olivenbäume, Myrthe-Sträucher, Fächerpalmen und Maulbeerbäume wachsen.

So gelangen wir wieder zurück zu unserem WOMO. Für beide Strecken sind wir insgesamt **sieben Kilometer** und knapp **drei Stunden** unterwegs gewesen. Zeit für eine verdiente Einkehr.

Einkehrtipp: Das Restaurant *La Gruta* ist eines von mehreren Einkehrmöglichkeiten bei der Höhle und bietet sehr gute, regionale Küche. Wir konnten dort einen köstlichen Schokoladenkuchen und Turron-Eis genießen.

Ausblick auf La Vall d'Uixo und die Mittelmeerküste

Unsere Reise geht nun weiter und bevor wir uns zum Abschluss dieser Tour der Großstadt Valencia zuwenden, zieht es uns noch ein wenig ans Meer.

Maritimer Charme in Platja de Nules

Dazu verlassen wir La Vall d'Uixó auf der mehrspurigen CV-226 und steuern **Nules** an, dessen Küsten-Dépandance **Platja de Nules** heißt und einen Stellplatz in Meeresnähe für uns bereithält. Der Ort selbst besteht aus mehr oder weniger charmanten Appartementsiedlungen, die in der Nebensaison eher verwaist sind. Im Sommer hingegen kann es dort vermutlich recht lebhaft sein.

(036) Offizieller WOMO-Stellplatz: Platja de Nules

GPS: N 39°50'00" W 00°06'17", Avinguda del Nord. **Max. WOMOs**: 5.
Öffnungszeit: Ganzjährig.
Ausstattung: Müllcontainer.
Beschreibung: Ebene, schattenlose Schotterparkfläche in zweiter Reihe zum Meer. An den Kiesstrand sind es nur wenige Schritte. Restaurants und Einkaufsmöglichkeiten befinden sich in der Nähe, wovon in der Nebensaison jedoch viele geschlossen haben.
Zufahrt: In Nules den braunen Hinweisschildern *Platges* auf der CV-2220 nach Platja des Nules folgen. Dort links halten und nach einer Grünanlage mit Teich geradeaus in die Avinguda del Nord. Der Stellplatz befindet sich wenig später auf der linken Seite.
Hinweis: In Nules gibt es mehrere Bahnunterführungen in Richtung Strand, die teilweise nur 2,10 Meter hoch sind. Die CV-2220 überquert die Bahnlinie auf einer Brücke.

Für einen längeren Badeaufenthalt an diesem Küstenabschnitt stehen Ihnen einige Campingplätze zur Verfügung. Freies Stehen mit dem WOMO ist in Strandnähe untersagt. Halten Sie sich von Platja des Nules auf der Küstenstraße in Richtung Süden. Als erstes erreichen Sie diesen Campingplatz:

(037) WOMO-Campingplatz: Nules
Camping Playa Costa de Levante

GPS/Kontakt: N 39°48'45" W 00°07'22", Camí de les Serratelles, Tel. +34 658 511 507, www.campingcostadelevante.es, info@campingcostadelevante.es.
Öffnungszeit: Ganzjährig.
Ausstattung: Campingplatzübliche Ausstattung, Restaurant, Bar, Waschsalon, Spielplatz, WLAN.
Beschreibung: Kleiner, einfacher und von Dauercampern geprägter Platz mit etwa 12 Stellplätzen für WOMOs in unmittelbarer Lage am Strand. Die-

ser ist über eine Treppe zu erreichen. Außerorts zwischen zwei Ortschaften gelegen mit sehr freundlichem Personal.
Preise: € – €€.
Zufahrt: Der Campingplatz befindet sich an der Küstenstraße zwischen den Orten Platja des Nules und El Grau de Moncofa auf der linken Seite.

Nach knapp 700 Metern erreichen Sie einen weiteren, recht großen Campingplatz, der allerdings abseits des Strandes liegt:

(038) WOMO-Campingplatz: El Grau de Moncofa *Camping Monmar*

GPS/Kontakt: N 39°48'33" W 00°07'44", Camí de les Serratelles, Tel. +34 964 588 592, www.campingmonmar.com, info@campingmonmar.com.
Öffnungszeit: Ganzjährig.
Ausstattung: Campingplatzübliche Ausstattung, Pool, Restaurant, Bar, Waschsalon, Spielplatz, WLAN, Animationsprogramm im Sommer, Mietunterkünfte.

Beschreibung: Sehr gepflegter, großer Campingplatz mit rund 200 Stellplätzen. Die geschotterten Flächen sind durch Hecken parzelliert sowie durch Bäume und Sonnendächer beschattet. Dadurch ist die Höhe auf etwa 3,40 Meter und die Länge auf acht Meter begrenzt. Einige Plätze sind aber auch für höhere Fahrzeuge geeignet. Der Campingplatz liegt am nördlichen Ortsrand, zum Kiesstrand mit einer Strandpromenade sind es nur wenige Gehminuten.
Preise: €€ – €€€.
Zufahrt: Der Campingplatz ist in El Grau de Moncofa ausgeschildert.

Moncofa ist ein lebendiges Küstenstädtchen mit hübsch gestaltetem Ortskern und allen Angeboten, die einen Strandurlaub angenehm machen. Besonders gut hat uns die insgesamt noch aufgelockerte Bebauung gefallen. Die Ferienhäuser in der ersten Reihe sind teilweise orientalisch angehaucht und sehr farbenfroh. Dahinter erheben sich die Appartementanlagen in moderate Höhen. Sehr schön ist es,

Farbenfrohe Strandhäuschen in Moncofa

mit dem Fahrrad entlang der Küste zu radeln und dabei noch die eine oder andere Entdeckung zu machen. So haben wir etwas weiter vom Strand entfernt diesen Stellplatz in Moncofa ausfindig gemacht.

(039) Offizieller WOMO-Stellplatz: Moncofa

GPS: N 39°47'47" W 00°08'29", Aveninga d'Espanya. **Max. WOMOs**: 30.
Öffnungszeit: Ganzjährig.
Ausstattung: Ver-/Entsorgungsstation, Müllcontainer.

Beschreibung: Großzügige Stellflächen am Ortsrand mit Blick auf die Berge. Teilweise Schotter, teilweise gepflastert. Nachts beleuchtet. Zum Strand und ins Zentrum mit Einkaufs- und Einkehrmöglichkeiten sind es etwa 15 Gehminuten. Maximale Aufenthaltsdauer 48 Stunden, campingartiges Verhalten ist verboten.
Zufahrt: In Moncofa den WOMO-Piktogrammen folgen.

Südlich von Moncofa finden Sie einen weiteren recht angenehmen Campingplatz.

(040) WOMO-Campingplatz: Moncofa
Camping Los Naranjos

GPS/Kontakt: N 39°46'53" W 00°08'56", Carrer del Camí de Cabres, Tel. +34 964 580 337, www.campinglosnaranjos.com, info@campingcampinglosnaranjos.com.
Öffnungszeit: Ganzjährig.
Ausstattung: Campingplatzübliche Ausstattung, Pool, Restaurant, Bar, Waschsalon, Spiel- und Sportplatz, WLAN, Mietunterkünfte.
Beschreibung: Ordentlicher, ruhiger Campingplatz mit rund 180 Stellplätzen, die mit Wasser- und Stromanschlüssen ausgestattet sind. Die geschotterten Flächen sind teilweise durch Hecken parzelliert sowie durch

Bäume und Sonnendächer (Höhe 3,50 Meter) beschattet. Zum Kiesstrand sind es etwa fünf Gehminuten. Sehr freundliches und hilfsbereites Personal.
Preise: €€ – €€€, Rabatt bei Langzeitaufenthalten.
Zufahrt: Der Campingplatz ist südlich von Moncofa ausgeschildert.

Als letzte Urbanización wartet noch **Xilxes** auf unsere Erkundung. Auch hier gibt es Strände, eine Promenade und die üblichen Appartementsiedlungen. Wenn Sie für einen Tagesbesuch Station machen möchten, dann können Sie Ihr WOMO auf dem Strandparkplatz bei N 39°46'14" W 00°09'12" parken. Wir vermögen allerdings nicht verlässlich zu sagen, ob hier auch eine Übernachtung möglich ist.
Offiziell parken und übernachten können Sie – zugegeben etwas uncharmant am Straßenrand – hier:

(041) Offizieller WOMO-Stellplatz: Xilxes

GPS: N 39°45'41" W 00°09'47", Calle Cerezo. **Max. WOMOs**: 4.
Öffnungszeit: Ganzjährig.
Ausstattung: Mülltonnen.
Beschreibung: Vier ausgewiesene Parkplätze für WOMOs am Straßenrand. Wenige Gehminuten vom Strand entfernt, am Rand einer kleinen Grünanlage mit schattigen Palmen.
Zufahrt: Die Stellplätze befinden sich am südlichen Ortsrand von Playa de Xilxes.

Strandpromendade am Playa de Xilxes

Weiter südlich beginnt die **Costa de Valencia** mit weiteren Stränden und Küstensiedlungen. Auch Stell- und Campingplätze werden Sie dort finden. Am **Playa de Almardá** kommen zudem Anhänger der Freikörperkultur auf ihre Kosten.

Wir hoffen nun, dass Sie den passenden Platz für einen Badeaufenthalt gefunden haben. Entlang der Küstenorte sind schöne Fahrradtouren auf ruhigen Wegen durch die Orangenplantagen oder auf strandnahen Radwegen möglich. Überall gibt es zudem nette Strandpromenaden, entlang derer es sich entspannt bummeln oder in einem der Restaurants einkehren lässt. Die meisten Strandabschnitte sind mit Spielplätzen und Stranddúschen ausgestattet. In der Nebensaison darf auch der vierbeinige Begleiter mit ans Wasser.

Insgesamt hat uns dieser Küstenabschnitt recht gut gefallen und wir würden ihm das Prädikat *familienfreundlich* und *touristisch (noch) nicht überlaufen* verleihen.

Wir wenden uns nun wieder der Kultur zu und steuern auf der N-340 unser nächstes Ziel an – die Stadt **Sagunt** oder **Sagunto**. Letzteres ist der valencianische Name, doch beide Bezeichnungen sind offiziell in Gebrauch. Sagunt hat uns gleich in mehrfacher Hinsicht überrascht. Sie gehört zu den ältesten Städten an der Küste und besteht eigentlich aus zwei Stadtteilen. Während das historische Zentrum mit seinen Sehenswürdigkeiten etwa fünf Kilometer landeinwärts am **Río Palancia** liegt, erstreckt sich im Mündungsbereich des Flusses der Stadtteil **Puerto de Sagunto** mit Hafen und Stränden.

Hochofen in Puerto de Sagunto

Sagunt im Überblick

66.000 Einwohner, 49 m, Autonome Gemeinschaft Valencia. **Tourismusbüro**: Plaza del Cronista Chabret, Tel. +34 962 655 859, sagunto@touristinfo.net, www.saguntoturismo.com. Eine Außenstelle des Tourismusbüros gibt es in der Avenida Mediterrani in Puerto de Sagunto.

Industrieller Vorposten

Puerto de Sagunto ist eine industrielle Planstadt, die zu Beginn des 20. Jahrhunderts errichtet wurde. Von 1918 bis zur Schließung 1984 blühte hier die Eisen- und Stahlindustrie. Der Hafen und die Fabriken waren über eine Güterbahnlinie mit den Eisenerzminen im Hinterland verbunden. Für die Arbeiter, die aus allen Teilen Spaniens hierherzogen, entstanden Wohnsiedlungen, Schulen und Gesundheitseinrichtungen. Für die leitenden Angestellten Villen und Verwaltungsgebäude im Art Déco-Stil.

Ausblick auf Puerto de Sagunto

Nach der Schließung der Stahlfabriken verfielen die Gebäude und sind heute Lost Places, besprüht mit Streetart und Graffitis. Der 64 Meter hohe **Hochofen Nr. 2** ist das einzige, noch erhaltene Relikt dieser industriellen Epoche. In den letzten Jahren wurde damit begonnen, das Industrieerbe zu restaurieren und der Öffentlichkeit zugänglich zu machen. Mittlerweile finden dort am Wochenende Führungen statt, bei denen man alles über die Geschichte der Stahlherstellung erfahren kann.

Öffnungszeiten: Von Oktober bis Mai freitags um 17.00 Uhr, samstags sowie an jedem zweiten und vierten Sonntag im Monat um 10.00 und 12.00 Uhr. Von Juni bis September finden die Führungen freitags erst um 18.30 Uhr statt. Eintritt: 4,00 Euro, ermäßigt 3,00 Euro.

Trotz der industriellen Vergangenheit können sich die Strände von Puerto de Sagunto einer hervorragenden Wasserqualität rühmen. Sie sind mit dem **Umweltsiegel der blauen Flagge** ausgezeichnet und gehören zu den saubersten Spaniens.

Auf historischen Spuren wandeln wir nun fünf Kilometer landeinwärts. Für einen Stadtbummel empfehlen wir Ihnen, das WOMO direkt am Fluss abzustellen:

(042) WOMO-Parkplatz: Sagunt

GPS: N 39°41'01" W 00°16'33", Avinguda del Pianista Mario Monreal
Öffnungszeit: Ganzjährig.
Ausstattung: Keine.

Beschreibung: Großer Schotterparkplatz am Flussufer mit Blick auf die Altstadt. Zwar gewinnt der Platz keinen Schönheitspreis, wäre aber notfalls auch übernachtungstauglich. Der Fußweg in die Altstadt beträgt etwa fünf Minuten, dort gibt es dann auch Einkaufs- und Einkehrmöglichkeiten.
Zufahrt: Am Kreisverkehr vor der Brücke und dem LIDL-Supermarkt nach rechts in die Avenida de Palmosa einbiegen. Am nächsten Kreisverkehr links halten und dann wieder links zu den Parkplätzen am Flussufer.

Eindrucksvolles Castell von Sagunt

Die mehr als 2000jährige Vergangenheit des Städtchens spiegelt sich im eindrucksvollen **römischen Theater** ***Teatre Romà*** sowie in der nicht minder eindrucksvollen **Burg** wider, die sich über einen Kilometer auf einem Bergrücken entlangzieht. Bevor wir uns auf einen Bummel in die Altstadt begeben, schauen wir uns diese lange Geschichte ein wenig näher an.

Katakomben im römischen Theater

Sagunt – Auf den Spuren Hannibals

Die Spuren erster iberischer Siedler reichen zurück bis ins 5. Jahrhundert v. Chr. Sie befestigten die Stadt und trieben Handel mit griechischen und phönizischen Küstenkolonien. *Saguntum*, wie es die Römer nannten, entwickelte sich zur großen, aufstrebenden Hafenstadt in exponierter Lage. Das zog Begehrlichkeiten auf sich und entsprechend umkämpft war Sagunt während der Antike.

Um 219 v. Chr. verbündete man sich im Kampf gegen Karthago mit den griechischen Kolonien und Rom. Dies war Anlass für den **Zweiten Punischen Krieg**. Nach monatelanger Belagerung eroberte der karthagische Feldherr Hannibal 218 v. Chr. die Stadt und zog mit seinen 37 Kriegselefanten weiter nach Italien. Die Lateiner unter Ihnen werden sich vielleicht noch daran erinnern, denn der Fall Sagunts wird in vielen lateinischen Texten behandelt.

Nach den Karthagern kamen die Römer und die Stadt zu neuem Reichtum, wovon heute noch die Ruinen des römischen Theaters zeugen. Es folgten die Mauren, die der Stadt den Namen *Morviedro* gaben, und ab 1238 wieder die Christen. Sagunts Niedergang begann mit dem Aufstieg der nur 25 Kilometer entfernten Stadt Valencia. Während der Napoleonischen Kriege wurde Sagunt stark beschädigt, erlebt mit zahlreichen Restaurierungsmaßnahmen, dem nahen Strand und einigen architektonischen Schmuckstücken momentan aber wieder eine Renaissance.

Stadtspaziergang Sagunt

Machen wir uns auf den kurzen Weg über die Brücke in Richtung Altstadt. Wir steuern geradewegs auf die **Plaza Cronista Chabret** zu, wo wir uns im **Tourismusbüro** mit einem Stadtplan versorgen. Auf der Internetseite werden verschiedene thematische Stadtrundgänge zum Download angeboten, wie beispielsweise eine Urban-Art-Route oder eine kulturelle Route, die zu mehreren Kapellen und Kirchen führt.

Farbenfrohe Streetart in der Altstadt

Wir schlendern nun am Rathaus vorbei zur arkadengesäumten **Plaza Mayor**. Im Mittelalter war hier das wirtschaftliche und kulturelle Zentrum der Stadt. Heute merken wir uns den Ort für eine abschließende Einkehr. Dahinter führt uns die Gasse Carrer del Castell zum **römischen Theater**. Es wurde ab dem Jahre 50 n. Chr. errichtet und konnte bis zu 6.000 Menschen fassen. Damals gaben die Zuschauerränge den Blick über die Berge bis hin zur Küste frei. Heute lässt sich davon nicht mehr viel erahnen, denn in den 1990er Jahren wurde der heruntergekommene historische Komplex aufwändig *über*-restauriert, und der Blick ist durch eine 20 Meter hohe Wand hinter der Bühne verstellt. Dennoch lohnt sich der Besuch des römischen Reliktes. Hinter dem Teatro geht es in einem scharfen Linksbogen steil hinauf zum Eingangstor

Steile Gassen ins jüdische Viertel

der Burganlage. Das **Castell de Sagunto** erstreckt sich eindrucksvoll über einen Kilometer auf einem leicht ansteigenden Bergrücken. Die Ursprünge des Kastells reichen zurück bis in das 5. Jahrhundert v. Chr. Seitdem erlebte es eine wechselvolle Geschichte mit Zeiten der Kriege und Belagerungen. Während der Zeit der maurischen Herrschaft ab dem Jahre 713 wurden große Teile der Verteidigungsmauern neu hinzugefügt. Die heutige Anlage ist stark von den Umbauten geprägt, die während des Spanischen Unabhängigkeitskriegs in den Jahren 1808 bis 1814 vorgenommen wurden. Wir schlendern durch die riesige Anlage und genießen die Ausblicke, die an klaren Tagen bis hinüber zu den Balearen reichen. Leider finden sich hier oben nur wenige Erklärungstafeln, so dass wir uns einfach von den Eindrücken leiten lassen.

Öffnungszeiten Teatro und Castell: Dienstag bis Samstag von 10.00 bis 18.00 Uhr, von April bis September bis 20.00 Uhr. Sonn- und feiertags von 10.00 bis 14.00 Uhr. Eintritt frei.

Wieder hinunter geht es durch das **jüdische Viertel** mit seinen malerischen engen Gassen und weißgetünchten Häusern. Das kantige Gebäude der **Iglesia Santa María** verwehrt uns leider einen Blick hinein, so dass wir den Sagunt-Besuch mit einer Einkehr an der Plaza Mayor beschließen.

Einkehrtipp: Unter dem Motto *Das Auge isst mit,* werden die Speisen im Restaurant *Gastroduc* wunderschön angerichtet serviert. Werfen Sie auch einen Blick hinein in die historischen Gewölbe des Restaurants. Empfehlenswert ist der Mittagstisch mit wechselnden Tagesmenüs. Ruhetage sind Montag und Dienstag.

Sagunt

Nun nehmen wir die letzten Kilometer dieser Tour bis nach **Valencia** in Angriff. Für die Stadtbesichtigung möchten wir uns mindestens zwei Tage Zeit lassen und an einem sicheren Ort parken. Dafür können wir Ihnen uneingeschränkt diesen Platz in der nördlichen Vorstadt **Albalat dels Sorells** empfehlen:

(043) Offizieller WOMO-Stellplatz: Albalat dels Sorells
Nomadic Valencia Camping Car

GPS/Kontakt: N 39°32'55" W 00°20'38", Carrer de Puig de Santa María, Tel. +34 684 472 589, www.nomadicvalenciacampingcar.com, info@campingnomadic.com. **Max. WOMOs**: 33.

Öffnungszeit: Ganzjährig.

Ausstattung: Ver-/Entsorgungsstation, Strom, einige Stellplätze mit Trinkwasseranschluss und Grauwassereinlass, Duschen, Toiletten, Waschsalon, Rezeption mit kleinem Shop, WLAN im Bereich einer schattigen Sitzecke.

Beschreibung: Eingezäunter, nachts abgeschlossener Wohnmobil-Stellplatz mit unterschiedlich großen Parzellen, auch für größere WOMOs geeignet. Die Stellflächen auf Kies bieten durch die noch junge Baumbepflanzung erst wenig Schatten. Der im Jahr 2020 eröffnete Platz befindet sich in einem Industriegebiet am Ausgangspunkt von Radwegen in die Stadt Valencia sowie zehn Gehminuten von der Metrostation entfernt. Das englischsprachige Personal ist sehr hilfsbereit, an der Rezeption sind Metrotickets, Eintrittskarten sowie die Valencia-Card erhältlich. Vormittags gegen 9.00 Uhr kommt ein Bäcker mit frischen Backwaren auf den Platz. Weitere Einkaufsmöglichkeiten und Restaurants befinden sich im nahe gelegenen Ort Albalat dels Sorells. Eine Reservierung wird empfohlen.

Preise: € – €€.

Zufahrt: Von der Stadtautobahn V-21 die Ausfahrt auf die CV-32 wählen. Am Kreisverkehr vor dem LIDL-Supermarkt links auf die CV-300 abbiegen und den WOMO-Piktogrammen folgen.

Die Valencianer genießen die Frühlingssonne am Rathausplatz

Weitere Stellplatzmöglichkeiten befinden sich südlich von Valencia. Diese werden wir Ihnen in unserer nachfolgenden Tour 5 beschreiben.

Valencia – 800.000 Einwohner – drittgrößte Stadt Spaniens, wo fangen wir an, wo hören wir auf? Ihnen alle Sehenswürdigkeiten dieser weltoffenen und lebendigen Stadt zu schildern, würde den Rahmen dieses Reiseführers sprengen. Deshalb möchten wir an dieser Stelle einige Tipps zur Stadterkundung und Vorschläge für einen zweitägigen Besuch in Valencia geben.

Valencia Tag 1: Mit der Metro in die Altstadt

Von unserem Stellplatz Nr. 043 sind es zehn Minuten zu Fuß zur Metrostation Albalat dels Sorells. Die Linie 3 verkehrt in rund 20 Minuten mitten ins Zentrum. Ein 24-Stunden-Ticket zum Preis von 6,00 Euro (4,00 Euro zzgl. 2,00 Euro für die wiederaufladbare Plastikkarte) erhalten Sie praktischerweise an der Rezeption des Stellplatzes oder an der Metrostation.

Ebenfalls an der Rezeption erhältlich ist die **Valencia-Tourist-Card** für 24, 48 oder 72 Stunden. Sie ermöglicht die kostenlose Nutzung von Bussen und Bahnen sowie kostenlose oder ermäßigte Eintrittspreise in Museen. Die Tourist-Card ist ab 15,00 Euro auch online unter *www.visitvalencia.com* erhältlich.

Im Zentrum gibt es mehrere Tourismusbüros mit weitergehenden Informationen und Stadtplänen. Auch hier erhalten Sie online unter *www.visitvalencia.com* erste Anregungen für Ihren individuellen Stadtbesuch.

Ein Tipp zum Schluss: Wem der Fußmarsch und/oder die Fahrradtour durch Valencia zu mühsam ist oder wer nur wenig Zeit erübrigen kann, dem empfehlen wir eine Fahrt mit dem Sightseeing-Bus. Ab dem Rathausplatz starten zwei Hop-On-Hop-Off-Buslinien, die Sie ganz bequem zu den wichtigsten Sehenswürdigkeiten bringen. Je nach Lust und Laune können Sie an den Haltestellen ein- und aussteigen, längere Pausen machen oder sich einfach bequem durch die Stadt chauffieren lassen, *www.valenciabusturistic.com.*

Jugendstil-Bahnhof Estación del Norte

Stadtspaziergang in Valencia

Gut gerüstet kann es nun also losgehen zu unserem Besuch der Altstadt. Mit der Metro fahren wir bis zur **Station *Xàtiva***, wo wir gleich an der ersten Sehenswürdigkeit der Stadt aus den Tiefen des Metro-Tunnels zurück ans Tageslicht gelangen. Der prachtvolle **Nordbahnhof *Estación del Norte*** stammt aus dem Jahr 1917 und wir kommen aus dem Staunen nicht heraus. Das Hauptfoyer ist über und über mit Keramikmosaiken geschmückt. Verspielte Glasfenster und gewundene Säulen ziehen unsere Blicke auf sich. Wandgemälde wünschen in den wichtigsten europäischen Sprachen eine gute Reise und auch die Außenfassaden könnten prachtvoller nicht sein.

Gleich neben dem Bahnhof befindet sich die imposante **Stierkampfarena *Plaza de Toros*** aus dem 19. Jahrhundert, in der heute noch Stierkämpfe ausgefochten werden.

Wir halten uns auf der breiten **Avinguda de Marqués de Sotelo** nach Norden. Gesäumt wird sie von prächtigen Jugendstilvillen der Gründerzeit. So erreichen wir die zentrale **Plaza de l'Ajuntament** mit dem alten Rathaus, in dem heute ein Museum für Stadtgeschichte untergebracht ist. Auch hier erfreut sich das Auge an reich verzierten, mehrstöckigen Jugendstilgebäuden. Eines schöner als das andere. In der Mitte des Platzes sprudelt ein Springbrunnen, umgeben von Palmen und Blumenschmuck. Ein beliebter Treffpunkt für die Valencianer.

Entenmuscheln aus der Markthalle

In nordwestlicher Richtung führt die Avinguda María Cristina zur **Plaza del Mercat**. Dort befindet sich eine der wohl schönsten Markthallen Spaniens, der **Mercat Central**. Auch hier dominiert die Jugendstilarchitektur und der Bummel durch die reich bestückten Marktstände wäre allein schon einen Tagesbesuch wert. Gemüse, Obst, Käse, Fleisch und Meeresfrüchte – ein Fest für alle Sinne. Da lassen wir uns nicht zweimal bitten, genießen einen kleinen Tapas-Imbiss in der traditionellen *Bar Central* und schauen dem Treiben uns um herum zu.

Öffnungszeit: Montag bis Samstag von 7.30 bis 15.00 Uhr.

Frisch gestärkt geht es nur wenige Schritte weiter zur **alten Seidenbörse *La Lonja***. Sie gehört seit 1996 zum UNESCO-Weltkulturerbe und ist ein architektonisches Juwel aus dem späten 15. Jahrhundert. Einst wurden hier Seide und Rohstoffe gehandelt, heute beeindrucken der spätgotische Börsensaal mit hohen, gewundenen Säulen, einem Sternengewölbe und die kunstvollen Portale die Besucher.

Öffnungszeiten: Montag bis Samstag von 10.00 bis 19.00 Uhr, Sonn- und feiertags bis 14.00 Uhr. Eintritt: 2,00 Euro, ermäßigt 1,00 Euro, sonntags frei.

Wir bummeln weiter durch die Gassen in nordöstliche Richtung. Über die Plaza de la Reina gelangen wir zur **Kathedrale** von Valencia, der ***Catedral de Santa María***. Das äußerlich gotische Gotteshaus mit barocker Fassade wurde von 1252 bis 1482 an Stelle einer Moschee errichtet. Zu den Highlights im Inneren gehört das Museum mit Gemälden von Goya sowie die **Capilla del Santo Cáliz**, die angeblich den sagenumwobenen **Heiligen Gral** birgt.

Öffnungszeiten: Montag bis Samstag von 10.00 bis 17.30 Uhr. Eintritt inkl. Audioguide: 8,00 Euro, ermäßigt 5,50 Euro.

Catedral de Santa María und Torre del Miguelete

An der Südwestecke der Kathedrale erhebt sich eines der Wahrzeichen Valencias, der achteckige **Torre del Miguelete**. 207 Stufen führen hinauf und man kann aus 68 Metern Höhe den Blick über die Altstadt schweifen lassen.

Öffnungszeiten: Von April bis Oktober täglich von 10.00 bis 19.30 Uhr. Eintritt: 2,00 Euro.

Nördlich der Kathedrale gibt es donnerstags ein ganz besonderes Schauspiel zu bewundern. Pünktlich um 12.00 Uhr tagt dort an der **Puerta de los Apóstoles** das **Wassergericht *Tribunal de las Aguas***. Vielleicht sind Ihnen bereits die ausgeklügelten Bewässerungsanlagen auf den Feldern rund um Valencia aufgefallen. Das System ist ein Erbe aus maurischen Herrschaftszeiten. Bis heute klärt das Wassergericht, bestehend aus acht schwarz gekleideten Herren, in öffentlichen Sitzungen alle Streitigkeiten rund um die Wasserver-

teilung. Es handelt sich dabei keineswegs um eine folkloristische Darbietung, sondern um eine verbindliche Einrichtung, welche bis heute Recht spricht. Die UNESCO hat das valencianische Wassergericht deshalb zum immateriellen Welterbe erklärt.

An dieser Stelle könnten wir Ihnen noch viel mehr erzählen über die sehenswerten Museen der Stadt, die lauschigen Plätze und weitere Sehenswürdigkeiten. Zu den kulinarischen Genüssen in Valencia möchten wir Ihnen noch zwei Empfehlungen mit auf den Weg geben:

Einkehrtipps: In der *Horchatería de Santa Catalina* am gleichnamigen Plaza de Santa Catalina können Sie sich eine Spezialität Valencias munden lassen. Die **Horchata de Chufa** ist ein Erfrischungsgetränk aus gepressten Erdmandeln, die in der Region angebaut werden. Dazu genießt man ein ofenwarmes, längliches Gebäck namens *Fartons*, welches stilecht ins Glas getunkt wird. Nicht kalorienarm, aber extrem lecker! Neben dem leiblichen Genuss ist auch die Milchbar selbst ein Augenschmaus.

Für köstliche Tapas, Fisch und Meeresfrüchte können wir Ihnen das Restaurant *Lateral* an der Placa Collegi del Patriarca empfehlen, *www.lateral.com*.

Wenn Sie nun noch einen Tipp zur Paella vermissen, die in Valencia ihren Ursprung hat, dann lesen Sie bitte in Tour 5 weiter. Dort werden wir dem Reisgericht ausführlich auf den Grund gehen. Für heute beenden wir den Besuch in der Altstadt, bummeln zurück zur Metro, denn morgen ist auch noch ein Tag.

Valencia Tag 2: Mit dem Fahrrad in die Stadt der Künste und Wissenschaften

Valencia eignet sich wie kaum eine andere spanische Stadt dazu, die Umgebung mit dem Fahrrad zu erkunden. Unweit unseres Stellplatzes führt ein gut ausgebauter und markierter Radweg abseits der Hauptverkehrsstraßen direkt ins Zentrum. Ihn wollen wir nutzen, um ein weiteres Highlight in Valencia zu besuchen. Die Stadt der Künste und Wissenschaften, **Ciudad de las Artes y de las Ciencas (CAC)**. Kommen Sie mit?

Unser Radweg verläuft wie ein rotes Band auf rund **zehn Kilometern** durch den *Garten Valencias*. Die Orangenbäume blühen und verströmen

Konzerthaus in der Stadt der Wissenschaften und Künste Valencias

ihren berauschenden Duft, für den die Region berühmt ist. Vorbei an Artischocken- und Kartoffelfeldern, die von Bewässerungsgräben aus maurischer Zeit durchzogen sind, erreichen wir einen großen Kreisverkehr bei der Universität. Dort halten wir uns auf der breiten Avenida de Catalunya stadteinwärts und radeln vorbei am Fußballstation des FC Valencia bis zur Plaza de Zaragosa.

Naherholungsgebiet Turia-Park

Hier erreichen wir den **Jardín del Turia**, benannt nach dem Fluss Turia, der nach 280 Kilometern bei Valencia ins Mittelmeer mündet. Die Wasserader versorgt nicht nur die Bewässerungskanäle der umliegenden Felder, sondern floss einst mitten durch die Stadt. Immer wieder kam es aber auch zu schweren Überschwemmungen. Zuletzt im Jahr 1957, als über 80 Todesopfer zu beklagen waren. Daraufhin legte man das Flussbett im Stadtgebiet trocken, bändigte den Turia in einem Betonkanal und wandelte das Flussbett in einen Stadtpark um. Heute ist der Turia-Park ein beliebtes Naherholungsziel für die Valencianer. Er ist durchzogen von Rad- und Spazierwegen, Picknickzonen, Spiel- und Sportplätzen.

Am Wochenende trifft man sich zum Yoga auf der grünen Wiese oder zu einer lässigen Mambo-Tanzstunde.

Wir radeln durch den Park bis zur hypermodernen Stadt der Künste und Wissenschaften. Sie entstand zur Jahrtausendwende hauptsächlich nach den Plänen des valen-

Im größten Aquarium Europas

cianischen Star-Architekten **Santiago Calatrava** und besteht aus einem futuristischen Gebäude-Ensemble mit Kino, Wissenschaftsmuseum, spektakulärem Konzerthaus und dem größten Aquarium Europas.

Letzteres wollen wir uns genauer anschauen und empfehlen den Besuch nicht nur Familien mit Kindern. Das **Oceanogràfic** stellt die Meeresräume der ganzen Welt dar. Wir tauchen ein in die Unterwasserwelt der Karibik, blicken beim Gang durch gläserne Tunnel Haifischen und Teufelsrochen Aug in Aug und frösteln in arktischen Gewässern. Draußen lassen sich im Delfinarium die sympathischen Tiere bei täglichen Vorführungen beobachten und im Freigehege lernen wir exotische Vögel kennen. Trotz des recht hohen Eintrittspreises ein wirklich lohnendes Erlebnis für Groß und Klein.

Öffnungszeiten: Täglich ab 10.00 Uhr. Geschlossen wird je nach Jahreszeit zwischen 18.00 und 24.00 Uhr. Eintritt: 33,70 Euro, ermäßigt 25,00 Euro. Online-Buchung unter www.oceanografic.org.

Wir bummeln noch ein wenig durch diesen futuristischen Stadtteil, werfen einen Blick in die überdachte Grünanlage **L'Umbracle** mit ihrem besonderen Mikroklima und radeln wieder zurück zu unserem Stellplatz.

Hier in Valencia endet nun unsere vierte Tour. Auf unserer weiteren Route werden wir Sie – wie schon versprochen – zu den Ursprüngen des valencianischen Reisgerichtes Paella führen und uns der **Costa de Valencia** zuwenden.

TOUR 5

Tour 5: Paella, Wasserfälle und die Borgias
Von Valencia nach Gandía 306 km

Pinedo – El Saler – El Palmar – Cullera – Alzira – Anna
Xàtiva – Bellús – Bocairent – Gandía

Stellplätze:	In Valencia-Pinedo, Cullera, Algemesí, Anna, Chella, Estubeny, Xàtiva, Bellús, Bocairent, Platja de Xeraco
Campingplätze:	In El Saler, Bocairent
Ausflüge:	Bootstour auf der Laguna Albufera
Besichtigen:	Anna, Xàtiva, Bocairent, Gandía
Baden:	Strände an der Costa de Valencia bei El Saler, Cullera und Gandía, Naturpools bei Anna, Bolbaite und Bocairent
Wandern:	In den Naturparks L' Albufera und Albufera Anna, zur Cova Negra bei Bellús
Radfahren:	Radtour nach Gandía
Einkehrtipps:	Restaurant *Planta Azul* in El Palmar, *Bodega2020* in Algemesí, Restaurant *Terrassa San Josep* in Xàtiva, Restaurant des Angelclubs in Gandía el Grau

Im Süden Valencias liegt der durch Sümpfe, Reisfelder und einen riesigen See geprägte Naturpark L'Albufera. Hier lernen wir den Ursprung des spanischen Nationalgerichts Paella ken-

nen. Weiter geht es entlang der Costa de Valencia mit ihren langen Sandstränden bis nach Cullera. Dort wenden wir uns wieder dem Hinterland der Küste zu. Beeindruckende Naturlandschaften mit Bergen, Burgen und spektakulären Canyons erwarten uns. Es gilt Wein, Wasserfälle und Felsenhöhlen zu entdecken und wir lernen die mächtige Familie der Borja kennen. Beenden werden wir diese Tour wieder an der Küste in Gandía.

Valencia umfahren wir zunächst weiträumig auf den Autobahnen A 7 und V-30, um uns südlich der Stadt wieder der Küste zuzuwenden. Über weite Teile verläuft die Stadtautobahn V-30 entlang dem umgeleiteten Fluss **Turia** (siehe Tour 4), der in seinem neuen Betonbett eher dahinsiecht. Die teilweise stehenden Tümpel scheinen jedoch ein Paradies für Vögel zu sein. Vermutlich aber auch für Stechmücken.

Wir verlassen die Schnellstraße bei **Pinedo** und finden gleich einen riesigen Parkplatz direkt am Meer. Es gibt keine Verbotsschilder – insofern steht einer Übernachtung in Meeresnähe wohl nichts im Wege. Allerdings, so geben es uns die Hinweisschilder zu verstehen, sollten Sie auf Ihre Wertsachen im Fahrzeug achten. In der Hochsaison scheinen Langfinger hier ein bevorzugtes Revier zu haben.

(044) WOMO-Parkplatz: Platja del'Arbre del Gos

GPS: N 39°24'28" W 00°20'04". **Max. WOMOs**: 20.
Öffnungszeit: Ganzjährig.
Ausstattung: Keine.
Beschreibung: Asphaltierter Großparkplatz ohne Schatten in der Nähe eines Autokinos. Nur durch einen schmalen Dünengürtel sowie einen Rad-/Wanderweg vom langen Sandstrand getrennt. Am Strand gibt es während der Saison Toiletten, Strandduschen und eventuell auch Restaurants. Lage außerorts und in der Nebensaison auch recht einsam.
Zufahrt: Die CV-500 südlich von Pinedo verlassen und am Kreisverkehr in Richtung *Autocine Star* fahren. Sie können die Parkplätze dort bereits sehen.

Wir bleiben nun auf der Küstenstraße CV-500 in Richtung Süden und passieren rund um den Badeort **El Saler** gleich mehrere Campingplätze, die sich auch gut als Ausgangsbasis zur Stadterkundung Valencias eignen. Zudem befinden wir uns

Gewitterstimmung an der Küste

nun bereits im **Naturpark *Parque Natural de l'Albufera***, in dem ein freies Übernachten auf allen Parkplätzen verboten ist. Wenn Sie sich also länger aufhalten möchten, sollten Sie sich in die Obhut eines dieser Campingplätze begeben. Allerdings sind sie scheinbar gerne von Langzeit-Urlaubern frequentiert und nicht immer für größere WOMOs geeignet, so dass eine Reservierung auch in den Wintermonaten ratsam ist.

Wegweiser zum Naturpark Albufera

(045) WOMO-Campingplatz: El Saler
Camping Coll Vert

GPS/Kontakt: N 39°23'47" W 00°19'58", Carretera del Riu, Tel. +34 961 830 036, www.collvertcamping.com, info@collvertcamping.com.
Öffnungszeit: Ganzjährig.
Ausstattung: Campingplatzübliche Ausstattung mit Pool, Restaurant, Shop, Spielplatz. Die Einrichtungen sind teilweise jedoch nur während der Sommersaison oder am Wochenende geöffnet.
Beschreibung: Nahe der Straße gelegener Campingplatz, wegen Schattendächern und engen Zufahrtswegen für größere WOMOs eher nicht geeignet. Zum Strand etwa 200 Meter, vor dem Platz gibt es eine Bushaltestelle ins Zentrum von Valencia. Die Stadt ist über einen Radweg auch mit dem Fahrrad zu erreichen. Der Platz machte auf uns einen etwas veralteten Eindruck.
Preise: € – €€€. Mindestaufenthalt zwei Nächte.
Zufahrt: An der CV-500 der erste Campingplatz auf der rechten Seite.

(046) WOMO-Campingplatz: El Saler
Camping Valencia El Saler

GPS/Kontakt: N 39°23'17" W 00°19'55", Carretera del Riu.
Tel. +34 961 830 212, www.campingvalenciaelsaler.com, campingvalencia1981@hotmail.com.
Öffnungszeit: Ganzjährig.
Ausstattung: Campingplatzübliche Ausstattung mit Pool, Restaurant, Shop, Spielplatz.
Beschreibung: Nahe der Straße gelegener Campingplatz, wegen Schattendächern und engen Zufahrtswegen für größere WOMOs eher nicht geeignet. Zum Strand etwa 500 Meter, vor dem Platz gibt es eine Bushaltestelle ins Zentrum von Valencia. Die Stadt ist über einen Radweg auch mit dem Fahrrad zu erreichen. Reservierungen funktionieren nur über das Online-Buchungsmodul. Leider etwas unfreundliches Personal.
Preise: €€ – €€€.
Zufahrt: An der CV-500 der zweite Campingplatz auf der rechten Seite.

(047) WOMO-Campingplatz: El Saler
Camping Devesa Gardens

GPS/Kontakt: N 39°19'22" W 00°18'36", Carretera de El Saler.
Tel. +34 961 611 136, www.lamarinaresort.com, contacto@devesagardens.com.

Öffnungszeit: Ganzjährig.
Ausstattung: Hochwertige, campingplatzübliche Ausstattung mit Pool, Restaurant, Shop, Spielplatz, Sportplätzen, Mietunterkünften, Animationsprogramm.
Beschreibung: Der Campingplatz gehört zur La-Marina-Kette und liegt auf Höhe der Lagune Albufera, etwa 13 Kilometer südlich von Valencia. Er bietet gehobenen Standard mit allen Annehmlichkeiten. Kinderfreundlich, professionell organisiert und mit vielen Freizeitangeboten ausgestattet, gehört er zur Marina-Campingkette. Es werden Bootsausflüge in den Naturpark Albufera angeboten, vor dem Campingplatz fährt der Bus nach Valencia. An der Rezeption ist man mit entsprechendem Kartenmaterial und Informationen behilflich.
Preise: €€ – €€€.
Zufahrt: An der CV-500 der dritte Campingplatz auf der rechten Seite.

Immer wieder gibt es auch die Möglichkeit zu Strandparkplätzen nach links abzubiegen. Folgen Sie dazu den Hinweisschildern zu den *Platjas*. Die Appartementsiedlungen verdecken zwar den Blick aufs Meer, aber der Sandstrand kann sich sehen lassen. Eine Übernachtung können Sie dort jedoch vergessen. Eine dieser Möglichkeiten ist am **Mirador del Pujol** bei N 39°20'51" W 00°19'18". Vom Parkplatz führt ein botanischer Pfad durch den Pinienwald. Zunächst vorbei an einem Binnensee, dann zum feinen Sandstrand. Auf der gegenüberliegenden Straßenseite befindet sich eine Anlegestelle der Ausflugsboote über die Lagune Albufera. Von dort kann man auch einen formidablen Sonnenuntergang beobachten.

Aussichtsturm am Naturparkzentrum

Wir wenden uns nun aber dem südlich von Valencia liegenden **Albufera-Naturpark** mit seinen ausgedehnten Lagunenflächen und Reisfeldern zu. Hier soll das traditionelle Reisgericht Paella seinen Ursprung haben. Für uns Grund genug, uns ein wenig eingehender mit diesem Landstrich zu befassen. Dazu steuern wir zunächst das **Centre d'Interpretacion** an, in dem wir uns über den Naturpark informieren und auch einen kleinen Spaziergang unternehmen können.

WOMO-Parkplatz: Naturschutzzentrum Racó de l'Olla
GPS: N 39°20'21" W 00°19'11", Camí Palmar. **Max. WOMOs**: 5.
Öffnungszeit: Täglich von 9.00 bis 14.00 Uhr.
Ausstattung: Toiletten im Naturparkzentrum.
Beschreibung: Der Parkplatz liegt am Ausgangspunkt zu einem Spazierweg durch die Lagunenlandschaft, der zu verschiedenen Vogelbeobach-

tungsstationen führt. Im Infozentrum gibt es einen Aussichtsturm sowie Kartenmaterial zu Wanderungen und Radtouren durch das Naturschutzgebiet. Der Parkplatz ist nur zu den Öffnungszeiten des Infozentrums nutzbar. **Zufahrt**: Von der CV-500 nach El Palmar abbiegen. Die Einfahrt zum Parkplatz (Schranke) befindet sich vor der Kurve auf der linken Seite.

Der Parque Natural de L'Albufera – Paradies für Vogelbeobachtungen

Die Albufera war früher eine Meeresbucht, die heute durch einen schmalen Dünenstreifen mit Kiefernwäldern, der ***Dehesa del Saler***, vom Meer abgetrennt ist. Der See bildete sich aufgrund des Wegsackens eines etwa 30 Kilometer langen Landstreifens zwischen Valencia und Cullera. Größer werdende Sandbänke, Kanäle und Bewässerungssysteme sorgten dafür, dass aus der ehemaligen Salzwasserlagune ein Süßwassersee wurde. Heute ist der Naturpark ein wichtiges Ökosystem mit Dünen und Feuchtgebieten. Er bietet Lebensraum für zahlreiche Vogelarten, die hier das ganze Jahr über beobachtet werden können. Unter anderem Flamingos, Wildgänse und Zugvögel auf der Rast.

Zistrosen-Blüte im Naturpark

Vom Infocenter führt ein rund **800 Meter langer Rundweg** zu verschiedenen Beobachtungsstationen. Fernglas und Mückenschutz nicht vergessen!!!

Auf dem See haben sich sechs kleine Inselchen gebildet. Bei Grabungen wurden zudem Reste frühzeitlicher Siedlungen entdeckt. All dies erfährt man bei geführten Bootstouren, die unter anderem in El Palmar und El Saler angeboten werden. Dabei kann man auch den Fischern über die Schultern blicken, die mit den charakteristischen Flachbodenbooten, den *Albuferencs*, unterwegs sind. Seit jeher ist der Fischfang die wichtigste menschliche Nutzung der Lagune. Neben Blaukrabben, Süßwassergarnelen und Meeräschen werden Aale mit großen Netzen aus dem Wasser gezogen. Aal steht in den meisten Restaurants auf der Speisekarte und wer ihn mag, sollte nach *All i pebre* fragen.

Die Albufera mit dem Fahrrad

Die Albufera lässt sich auch sehr gut mit dem Fahrrad erkunden. Im Informationscenter gibt es dazu ausführliches Kartenmaterial mit verschiedenen Routenvorschlägen, die durch die Reisfelder des Sumpflandes, die mediterranen Küstenwälder und zu den Häfen der Fischerdörfer rund um den See führen, *www.parquenaturales.gva.es/albufera*.

Reisfelder bei El Palmar

Neben der Fischerei spielt der **Reisanbau** eine wichtige Rolle im Naturpark. Grundzutat für DAS typische Reisgericht – die **Paella**. Um sie kulinarisch zu entdecken, fahren wir nach dem Parkplatz des Infocenters nach links auf dem schmalen Sträßchen weiter nach **El Palmar**.

Die Landschaft ist nun akkurat parzelliert, Reisfelder und meterhohes Schilf säumen das Sträßchen. Das Schilf wird unter anderem dazu genutzt, die Dächer der typischen *Baracas* zu decken. Fahren Sie vorsichtig – hier herrscht zeitweise starker Gegenverkehr durch Touristenbusse. Nach drei schmalen Brücklein, immerhin an einer gibt es eine Ampelregelung, erreichen wir mit El Palmar den touristischen Ausgangspunkt für Ausflüge ins Naturschutzgebiet. Von hier starten viele der organisierten Bootstouren über die Lagunenflächen. Zahlreiche Restaurants und Anbieter stehen dafür bereit. Es gibt einen großen Parkplatz am Ortseingang. Weiter in das Örtchen vorzudringen, ist keine gute Idee. Also parken wir unser WOMO bei N 39°18'54" W 00°19'05" und machen uns zu Fuß auf den Weg.

Der gesamte Ort scheint nur aus Restaurants zu bestehen, in denen die Paella sowie andere Reis- und Fischgerichte in allen erdenklichen Variationen angeboten werden. Teilweise natürlich sehr touristisch und einer Massenabfütterungsstation für Touristenbusse nicht unähnlich. Dennoch wollen wir hier der echten Paella auf die Spur kommen.

Fischerdorf El Palmar

Spanische Paella-Köche bei der Arbeit

Reishunger auf spanisch – die Paella

Was heute als DAS spanische Gericht schlechthin gilt, war früher eigentlich ein Arme-Leute-Essen. Die Reisbauern aus der Region um Valencia verwendeten damals das, was sie gerade zur Verfügung hatten. Neben dem Reis warfen Sie Gemüse, Huhn, Kaninchen oder Fisch in eine Pfanne. Alles wurde zusammen über dem offenen Lagerfeuer gekocht. Aus der Zubereitungsart erklärt sich auch der Name des nahrhaften Gerichtes. *Paella* ist das katalanische Wort für *Pfanne*.

Traditionell versammelte sich die ganze Familie sonntags zum gemeinsamen Mahl um die große Paella-Pfanne. Bis heute ist der Sonntag in Valencia der Paella-Tag. Und immer noch wird die Paella gerne in großer Runde gegessen. Ob mit Familie oder Freunden – alle schöpfen aus einem Topf.

Mittlerweile gibt es auch unterschiedliche Rezepturen. Die Mutter aller Paellas stammt aus Valencia und kommt ganz ohne Fisch und Meeresfrüchte aus. Stattdessen gehören Hühner-, Enten- und Kaninchenfleisch in die **Paella Valenciana**. Das Fleisch wird in Olivenöl zusammen mit reichlich Knoblauch, Tomaten, weißen Bohnen und manchmal auch Schnecken geschmort und mit Brühe abgelöscht. Erst dann kommt der Reis dazu. Alles köchelt auf offener Flamme vor sich hin, bis der Reis die Flüssigkeit aufgesogen hat und gar ist.

Anders die Zubereitung der Paella mit Meeresfrüchten **Paella marisco**. Hier wird als erstes der Reis gegart, Fisch und Meeresfrüchte kommen erst später dazu.

So oder so – auf die richtige Reissorte kommt es an. Guter Paella-Reis sollte möglichst bissfest bleiben, trotzdem aber viel Flüssigkeit und Geschmack aufnehmen. Besonders gerne wird die rundkörnige Sorte *Arroz Bomba* aus den Regionen Valencia und Murcia verwendet, da sie wenig Stärke enthält. Risotto-Reis eignet sich hingegen nicht, da er sehr stärkehaltig ist und eine

Köstliche Paella marisco

weiche, klebrige Konsistenz annimmt. Mit diesem Vorwissen geht es nun an die praktische Verkostung. Eine recht ordentliche *Paella Valenciana* bekamen wir hier aufgetischt:

Einkehrtipp: Restaurant *Planta Azul* in der Carrer de Francisco Monleón, *www.plantaazul.com*, täglich geöffnet.

Neben der Paella gibt es in der Region weitere typische Reisgerichte. Beim *Arroz a banda* wird der Reis in einer Fischbrühe gegart und mit der Knoblauchsauce Aioli serviert. Der *Arroz negro* ist schwarzer, mit Tintenfischtinte gefärbter Reis mit Meeresfrüchten. Guten Appetit!

Im Anschluss an unser sättigendes Mahl bummeln wir noch ein wenig durch das ehemalige Fischerdorf, das heute jedoch ganz im Zeichen des Tourismus steht. Ein wenig können wir noch früheren Zeiten nachspüren, schauen den Fischerbooten nach und entdecken einige der ursprünglichen Gebäude mit Schilfdach.

El Palmar ist eine Sackgasse und somit kehren wir zurück auf die Küstenstrasse CV-500, der wir weiter in Richtung Süden folgen. Die Bebauung nimmt mehr und mehr zu, die Appartementsiedlungen werden dichter und höher, eine Urbanización folgt der nächsten.
Beim (geschlossenen) Campingplatz *Las Palmeres* wechseln wir auf die CV-502 in Richtung **El Mareny**. Bis zur Stadt **Cullera** sind immer wieder Abstecher zu den Platjas/Stränden nach links möglich. Wenn Sie Bedarf an einer Badepause haben, können Sie hier Ihr Glück versuchen und Ihr Fahrzeug irgendwo am Straßenrand der Siedlungen abstellen. So richtig zu begeistern vermochte uns das hier jedoch nicht, zumal auch die Dichte an folienbespannten Gewächshäusern zunimmt. Auch die Campingplätze entlang der Strecke machten keinen einladenden Eindruck.

In Cullera werden die Häuser höher

Leuchtturm in Cullera

Schließlich ist **Cullera** erreicht, eine Stadt, deren Kulisse bereits von weitem zu sehen ist. Die Häuser ziehen sich an einem Felsen empor und es wäre direkt malerisch, wenn nicht auch hier die Betonburgen dominieren würden. Die Stadt ist der erste große Badeort an der **Costa de Valencia** und kann – so die Tourismuswerbung – mit 15 Kilometer Stränden und Steilküste aufwarten. Darunter ein FKK-Strand.

Leider lassen uns kräftige Regenschauer und ein kalter Wind eher frösteln als an hüllenlose Badevergnügen zu denken. Deshalb drehen wir die Heizung im WOMO höher und schauen uns das Ganze im Vorbeifahren an.

Am Kreisverkehr mit den stilisierten Segeln wählen wir den Abzweig auf die CV-503 zum **Leuchtturm *Faro de Cullera***. Es geht noch ein kurzes Stück durch die Ebene, dann vorbei an Hotels und Appartementsiedlungen die Steilküste empor zum Leuchtturm. Er wäre ein perfektes Postkartenmotiv, wenn es denn einen Parkplatz gäbe. Unter uns tobt das Meer, über uns beginnt Petrus seine Wassermassen aus-

Hüllenlose Badenixe im Regen

zuschütten, also geht es weiter durch immer enger werdende Hochhausschluchten. Die himmelwachsenden Wohntürme scheinen sich gegenseitig die Sonne zu nehmen, wäre sie denn da.

Doch als Entschädigung gibt es auch alle Einkaufsmöglichkeiten, so dass wir den Regentag nutzen, um unsere Vorräte aufzufüllen. So hat jedes Ding seine Licht- und Schattenseiten. Einen großen Parkplatz finden Sie mitten im Zentrum:

(048) WOMO-Parkplatz: Cullera

GPS: N 39°10'01" W 00°14'36", Carrer Madrid. **Max. WOMOs**: 10.
Öffnungszeit: Ganzjährig.
Ausstattung: Keine.
Beschreibung: Eingezäunter, großer Schotterparkplatz im Zentrum von Cullera. Eventuell wird in der Hauptsaison eine Parkgebühr erhoben. In der Nebensaison frei. Campingartiges Verhalten sollte hier nicht an den Tag gelegt werden.
Zufahrt: Im Zentrum von Cullera an der Durchgangsstraße CV-503.

Wir wenden uns nach dem Besuch Culleras dem Landesinneren zu und entdecken dabei tatsächlich noch eine schöne Seite der Stadt. Den **Felsen von Cullera** ziert auf seiner Rückseite ein weißer Schriftzug und hier thront auch ein **Castillo**, zu dem sich ein Weg hinaufzieht. Angesichts des schlechten Wetters verzichten wir auf eine nähere Erkundung, aber oben soll es nach unserer Recherche einen Parkplatz bei N 39°09'56" W 00°14'57" geben. Vermutlich ist er aber eher für kleinere Fahrzeuge geeignet. Die Zufahrt ist im Zentrum von Cullera ausgeschildert.

Unser nächstes Ziel ist wieder einmal eine Bodega im Hinterland bei **Algemesí**, auf der wir eine ruhige Nacht am Rande einer Kiwi- und Obstplantage verbringen. Über die kostenlose Autobahn AP 7 in Richtung Valencia sind wir nach 23 Kilometern rasch am Ziel.

(049) Offizieller WOMO-Stellplatz: Algemesí *Bodega2020*

GPS/Kontakt: N 39°13'47" W 00°27'10", Cotes Polígono 23, 165 m. Tel. +34 652 438 299, www.bodega2020.com. **Max. WOMOs**: 5.
Öffnungszeit: Von Anfang September bis Mitte Mai.
Ausstattung: Toiletten, Dusche, Trinkwasser, Ausguss Chemietoiletten.
Beschreibung: Ebene, schattenlose Schotterparkfläche für Fahrzeuge bis maximal neun Metern Länge auf dem eingezäunten Gelände der Bodega. Sehr ruhig, außerorts und umgeben von Orangen- und Kiwiplantagen. Täglich außer Donnerstag werden Weinproben mit köstlichen Tapas angeboten. Die sehr herzlichen belgisch-niederländischen Betreiber sprechen deutsch und sind sehr um das Wohl ihrer Gäste bemüht. Ankunft bis 18.00 Uhr, Beginn der Weinproben um 18.30 Uhr, eine vorherige Anmeldung wird empfohlen.
Preise: €. Beim Kauf von sechs Flaschen Wein kostenlos.

Zufahrt: Von der Ausfahrt 58 der AP 7 weiter auf der CV-516 durch ein Industriegebiet. Dann weiter auf einer landwirtschaftlichen Straße vom Navigationsgerät leiten lassen. Die letzten 500 Meter von der Straße führen über eine unbefestigte Schotterpiste. Der Weg ist aber von allen Fahrzeugen machbar.

Nach einem sehr geselligen Abend auf der Bodega und den interessanten Erzählungen von Besitzer Joeri, wie er zum Weinanbau kam, geht es weiter zu den angeblich schönsten Wasserfällen im Hinterland der Küste. Nach den starken Regenfällen der letzten Tage erhoffen wir uns hier eindrucksvolle Wassermassen.

Wir kehren also zurück auf die CV-42, umfahren Algemesí in Richtung Süden und passieren nach etwa acht Kilometern die Stadt **Alzira**, die uns im Vorbeifahren mit historischen Firmengebäuden in Jugendstil-Architektur überrascht. Gegründet wurde die Stadt wahrscheinlich von den Arabern. Im Mittelalter war sie eine blühende, maurische Handelsstation, bevor sie 1242 durch Jakob I. von Aragón erobert und unter spanische Herrschaft gestellt wurde. Noch bis ins 20. Jahrhundert hinein war Alzira von Palmen- und Maulbeerhainen umgeben, in den feuchten Niederungen des Flusses **Río Júcar** wurde Reis angebaut. Die schönen Industriegebäude stammen aus der Zeit, als die Stadt zu einem wichtigen Zentrum der Papier- und Chemieindustrie wurde und es bis heute noch ist. Bei unserem Besuch war Markttag und alle auserkorenen Parkplätze brechend voll. Also rollen wir weiter auf der CV-41 in Richtung **Xàtiva**.

Wasserreiche Region Albufera de Anna

Dieses Schmuckstück, dessen Castillo sich über einen ganzen Bergkamm zieht, heben wir uns jedoch für später auf. Zunächst umfahren wir die Stadt und halten uns auf der CV-590 in Richtung **Estubeny**, später auf der CV-580 nach **Anna**. Orientieren Sie sich dort am Ortseingang an den braunen Hinweisschildern zur **Albufera de Anna**. Das Naherholungsgebiet mit einem kleinen See ist unser erstes Ziel in der Region.

(050) WOMO-Parkplatz: Albufera de Anna

GPS: N 39°00'39" W 00°39'29", 217 m. **Max. WOMOs**: 5.
Öffnungszeit: Ganzjährig.
Ausstattung: Keine.
Beschreibung: Teilweise nicht ganz ebene, geschotterte Parkplätze am Eingang zum Naherholungsgebiet. Eventuell gebührenpflichtig während der Saison. Im Naturpark gibt es ein Schwimmbad, Restaurants, Toiletten und weitere Freizeitmöglichkeiten.
Zufahrt: Am Ortseingang von Anna ist die Zufahrt zur Albufera de Anna mit einem braunen Hinweisschild ausgeschildert.

Innerhalb des Naturparkes gibt es auch einen einfachen Campingplatz, der bei unserem Besuch allerdings geschlossen war und vermutlich nur im Sommer zur Verfügung steht.

Wir befinden uns nun in der Region **Canal de Navarrés**. Wasser spielt hier die Hauptrolle. Die Landschaft ist durchzogen von Flussläufen, spektakulären Schluchten und Wasserfällen. Wasserratten dürfen sich auf ein Bad in kristallklaren Naturpools freuen, Wanderfreunde auf abwechslungsreiche Wege durch eine eindrucksvolle Naturlandschaft.

Neugierige Wegbegleiter

Los geht's also im **Naturpark Albufera d'Anna** mit einem kleinen See. Er wird gespeist von zahlreichen Quellen, die nach den starken Regenfällen scheinbar aus jeder Ritze sprudeln. Umgeben von einer üppigen Vegetation aus Pappeln und Weiden unternehmen wir einen angenehmen Spaziergang rund um den See. In der Mitte befindet sich ein kleines Inselchen, das im Volksmund *El Merendero* genannt wird. Dort brüten Enten und Gänse, die es sich auch am Ufer gemütlich machen.

Insgesamt acht Gemeinden gehören zur Region, wovon wir uns ans nächstes das liebenswerte Örtchen **Anna** anschauen. Gleich am Ortseingang in der Calle Mayor befindet sich das

Tourismusbüro, in dem wir Wanderkarten und weitere Informationen erhalten. Zudem könnten Sie sich hier bei Interesse für eine Führung durch den maurischen **Palacio de los Condes de Cervellón** anmelden.

Öffnungszeiten: Dienstag bis Samstag von 10.00 bis 14.00 Uhr und von 15.00 bis 18.00 Uhr, Tel. +34 6616 551 877, www.lacanalturismo.com.

Wandertipp:

In Anna startet der Wanderweg zu drei Wasserfällen – die **Ruta de las 3 Cascadas**. Ausgangspunkt ist die Avenida Diputación, entlang der Sie Ihr WOMO sowohl für eine Wanderung als auch den Besuch des Städtchens Anna abstellen können. Bei einem Spielplatz am Ende der Straße startet die Wanderung und es gibt dort auch eine entsprechende Informationstafel. Der Weg verbindet die drei Wasserfälle **Gorgo Gaspar**, **Cascada de los Vikingos** und **Cascada El Salto**. Gespeist werden sie vom Wasser des Albufera-Sees, das sich als **Río de Anna** seinen Weg durch die Schlucht **Gorgo Escalera** gegraben hat. Dort führen 136 Stufen hinunter zu einem natürlichen Pool, dem *Playa Continental*.

Laut Tourismus-Information ist der mittelschwere Weg etwa **drei Kilometer** lang und man benötigt rund **zwei Stunden**. Unterwegs kann man in der Schlucht, in der ein ganz besonderes Mikroklima mit üppiger Vegetation herrscht, die Ruinen eines verlassenen Elektrizitätswerkes entdecken.

Leider kann manchmal das Wasser auch des Guten zu viel sein und bei unserem Besuch war der Wanderweg wegen der starken Regenfälle der vergangenen Tage gesperrt. Vielleicht können Sie uns ja berichten, ob sich der Ausflug hinunter lohnt.

Wir steuern stattdessen das Zentrum von Anna an, in dem das Wasser ebenfalls eine wichtige Rolle spielt. Überall sprudeln die Brunnen und ein Wasserlauf speist das **alte Waschhaus *Lavanderia***. Bekannt ist der Ort zudem für seine *Alhambra en miniature* – den **Palacio de los Condes de Cervellón**. Im 12. Jahrhundert errichteten die maurische Almohaden die Palastburg. Bei unserem Besuch tauchen wir ein in die Architektur aus 1001 Nacht, entdecken arabische Säle mit prächtigen Holzdecken, staunen über Räume der Renaissance und schlendern durch einen verträumten Garten.

Öffnungszeiten: Der Palast ist nur nach vorheriger Anmeldung im Tourismusbüro im Rahmen einer Führung zu besichtigen. Eintrittskarten zum Preis von 4,00 Euro, Kinder 1,00 Euro.

Maurische Spuren in Anna

Bei unserem Spaziergang durch den Ort entdecken wir ein weiteres Naturschwimmbad. Folgen Sie dazu beim roten Gebäude an der **Plaza Francisco Aleix** nach rechts den Hinweisen zur **Gorgo Catalan**. Nach knapp 500 Metern erreichen Sie die Badestelle mit einer Picknickzone.

So kehren wir zurück zu unserem WOMO und folgen auf der Suche nach einem Stellplatz dem Tipp der freundlichen Dame im Tourismusbüro. Sie empfiehlt uns gleich im Nachbarort **Chella** diesen naturnahen Platz:

(051) Offizieller WOMO-Stellplatz: Chella – *Chellanatura*
GPS/Kontakt: N 39°02'02" W 00°41'07", 325 m.
Tel. +34 638 251 477, www.chellanatura.com, info@chellanatura.com.
Max. WOMOs: 7.
Öffnungszeit: Von Anfang September bis Ende Juni.
Ausstattung: Toiletten, Duschen, Waschmaschine, Ausguss Chemietoiletten, Strom, Trinkwasser, WLAN.
Beschreibung: Auf der ruhigen und idyllischen Farm der niederländischen Betreiber werden inmitten von Oliven-, Mandel- und Orangenbäumen mit Blick auf die Berge neben einem Ferienhaus auch einige Stellplätze für Wohnmobilisten angeboten. Sehr naturnah, das Dorf Chella ist rund drei Kilometer entfernt, Ausgangspunkt für Wanderungen, Mountainbike-Touren, Klettern oder Canyoning. Eine Reservierung wird empfohlen.
Preise: €€.
Zufahrt: Am palmenbestandenen Kreisverkehr in Chella den Schildern zum Sportplatz *Polideportiva* und zur *Farm Chellanatura* folgen.

Auch das ursprüngliche Dörfchen Chella kann mit einem Wasserfall aufwarten. Parken Sie Ihr Fahrzeug im Ort und spazieren Sie zum **Mirador El Salto**. Er stürzt sich hier über 25 Meter in die Tiefe. Mehrere Wanderwege rund um den Wasserfall sind ausgeschildert.

Wenn Sie nun noch drei Kilometer auf der CV-580 nach **Bolbaite** weiterfahren, können Sie sich an spektakulären Naturpools am **Río Bolbaite** erfreuen. Beim kleinen Parkplatz N 39°03"41" W 00°40'34" führen Treppen hinunter zum Fluss. Einen größeren Parkplatz gibt es bei N 39°03'29" W 00°40'29". Von dort sind es rund zehn Gehminuten an die Badestelle. Wir belassen es bei dem kurzen Abstecher in die wildromantische

Naturpool in Bolbaite

Region und kehren zurück auf der CV-580 in Richtung **Xàtiva**. Auf dem Rückweg entdeckten wir bei **Estubeny** eine weitere Parkmöglichkeit am Ausgangspunkt von Wanderungen, die wir Ihnen nicht vorenthalten möchten.

(052) WOMO-Parkplatz: Estubeny

GPS: N 39°00'59" W 00°37'15", 181 m. **Max. WOMOs**: 2-3.
Öffnungszeit: Ganzjährig.
Ausstattung: Keine.
Beschreibung: Weitgehend ebene Wiesenfläche (Vorsicht bei nasser Witterung), teilweise schattig, außerorts gelegen und gute Möglichkeit, um die Wanderung zu den Wasserfällen und in die umliegenden, mediterranen Wälder zu unternehmen.
Zufahrt: Von der CV-590 nach Estubeny abbiegen. Der Parkplatz befindet sich noch vor dem Ortseingang auf der rechten Seite.

Die Stadt **Xàtiva** hatten wir Ihnen ja bereits als Schmuckstück versprochen und sie ist nun unser nächstes Ziel. Einen zugegeben uncharmanten und etwas lauten Parkplatz finden wir beim Sportstadion. Mit dem WOMO weiter ins Zentrum vorzudringen, empfiehlt sich nur bedingt mit einem kleinen Fahrzeug oder Van. Zudem sind in der Hauptsaison einige Altstadtstraßen für den Privatverkehr gesperrt.

(053) WOMO-Parkplatz: Xàtiva – Sportstadion

GPS: N 38°59'39" W 00°31'47", Camí Fabrica Paper, 98 m. **Max. WOMOs**: 10.
Öffnungszeit: Ganzjährig.
Ausstattung: Keine.
Beschreibung: Asphaltierte und auch für große WOMOs zugängliche Parkplätze am Stadtrand von Xàtiva bei einem Sportzentrum. Mehrere Einkaufszentren in der Nähe. Fußweg in die historische Altstadt etwa 15 Gehminuten. Durch die umgebenden Hauptstraßen ist mit einer gewissen Geräuschkulisse zu rechnen.
Zufahrt: Die Parkplätze befinden sich an der Ronda Norte CV-645 und sind vom Kreisverkehr gut anzufahren.

Xàtiva und die Stiftskirche La Colegiata

Bereits König Jaime I. von Aragón soll sprachlos gewesen sein, als er Xàtiva und die mächtige Burg zum ersten Mal sah. Sie ist das Wahrzeichen der Stadt und thront auf einem Bergrücken der **Serra Vernissa**. Darunter erstreckt sich der historische Kern der malerischen Altstadt, die auch als eine der schönsten Spaniens gilt. Somit begeben wir uns wieder einmal auf eine Zeitreise durch die Jahrhunderte.

Xàtiva im Überblick

30.00 Einwohner, 115 m., Autonome Region Valencia.
Tourismusbüro: Avenida Selgas, Tel. +34 962 273 346, oficinaturisme@xativa.es, www.xativaturismo.com.
Geöffnet Dienstag bis Donnerstag von 10.00 bis 17.00 Uhr, Freitag bis 18.00 Uhr, Samstag, Sonn- und feiertags von 10.00 bis 14.00 Uhr.

Xàtiva oder: Warum ein König kopfüber im Museum hängt

Die Geschichte der Stadt ist lang. Ganz in der Nähe, in der **Cova Negra**, wurde der mehr als 30.000 Jahr alte Schädel eines Neandertalers gefunden. Hinweis darauf, dass die Region am Fuße der Serra Vernissa schon vor Urzeiten besiedelt war. Auch der Bergkamm, auf dem heute die mittelalterliche Burgruine thront, war wegen seiner strategischen Lage ein befestigter Punkt, der in den Kriegen zwischen Rom und Karthago eine wichtige Rolle spielte.

Im Mittelalter hatte die **Familie Borgia (span. *Borja*)** ihren Sitz in Xàtiva. Aus ihr gingen die berüchtigten **Päpste Calixtus III.** (1378-1458) und **Alexander VI.** (1431-1503) hervor. Letzterer wurde in der **Iglesia Sant Pere** getauft. An Calixtus erinnert die ihm geweihte Kapelle in der **Stiftskirche La Colegiata** mit ihrem 60 Meter hohen Glockenturm.

Ihr dunkelstes Kapitel erlebte die Stadt, als der Bourbonenkönig **Felipe V.** nach der Schlacht um Almansa anordnete, Xàtiva zu brandschatzen und in *San Felipe* umzubenennen. Bis heute rächt sich die Stadt damit, dass das Portrait Felipes im **Stadtmuseum *Museo del Almodí*** kopfüber aufgehängt ist. Ganz schön nachtragend – immerhin ist das Ereignis mehr als 300 Jahre her.

Ermita Sant Josep und Burg von Xàtiva

Öffnungszeiten: Dienstag bis Sonntag von 10.00 bis 14.30 Uhr. Vom 1. bis 15. August auch montags geöffnet. Eintritt frei.

Skulptur zu Ehren des spanischen Nationalsports Pelota

Stadtspaziergang Xàtiva

Die Burg ist die Hauptattraktion der Stadt und somit bummeln auch wir durch die Gassen der Altstadt hinauf auf das mächtige Bollwerk. Schon beim zwei Kilometer langen Aufstieg entlang der Subida al Castillo lässt sich erkennen, dass die Burg auf iberischen und römischen Resten errichtet wurde. Unterwegs bietet sich immer wieder ein fantastischer Blick hinunter auf die Altstadt. Der mittelalterliche Teil der verschachtelten Anlage ist als **Castillo Menor** bekannt. Heute verbergen sich hinter den mächtigen Mauern hübsche Blumen- und Kräutergärten mit Picknickbänken. In der Oberburg, dem **Castillo Mayor**, finden sich noch intakte Wohngebäude mit Ausstellungen zur Burggeschichte. Wer die Anlage heute für riesig hält,

Hübsche Plätze in Xàtiva

kann dort nachvollziehen, welche Dimensionen sie vor rund 300 Jahren hatte. Im Jahr 1748 wurden große Teile durch ein Erdbeben zerstört und nie wieder richtig restauriert.

Öffnungszeiten: Von April bis Oktober Dienstag bis Sonntag von 10.00 bis 19.00 Uhr, im Winter nur bis 18.00 Uhr. Eintritt: 6,00 Euro, ermäßigt 4,00 Euro incl. aller städtischen Museen und Galerien.

Wem der Aufstieg hinauf zur Burg zu mühsam ist, der nimmt ab der **Plaza Españoleto** den Touristenzug. Er verkehrt sonn- und feiertags von Juni bis Oktober zwischen 10.00 und 19.00 Uhr, im Sommer bis 21.00 Uhr.

Ehemaliger Schneespeicher

Hinunter in die Altstadt folgen wir dem Treppenweg, der uns vorbei an einem ehemaligen **Schneespeicher**, dem *Nevera*, sowie der leider geschlossenen **Kirche *San Filiu*** führt. Sie stammt aus dem 13. Jahrhundert, gilt als älteste Kirche von Xàtiva und kann mit einem säulengestützten Vordach sowie einem romanischen Portal aufwarten. Bevor es ganz hinunter in die Altstadt geht, entdecken wir noch ein hübsches Restaurant in fantastischer Aussichtslage.

Einkehrtipp: Im Restaurant *Terrassa Sant Josep* genießen Sie nicht nur eine schöne Aussicht und entspannende Hintergrundmusik in gemütlichem Ambiente, sondern auch tagesaktuelle, regionale Gerichte. Es gibt keine Speisekarte, aber unser Thunfisch-Tartar mit einem kühlen Glas Weißwein war ein Gedicht! *Geöffnet täglich außer Montag von 13.00 bis 17.00 Uhr, am Wochenende auch ab 20.30 Uhr.*

Sie können in der Stadt noch das **Hospital Real** mit seiner Renaissancefassade oder verschiedene Kirchen besuchen.

Besonders malerisch ist auch die **Calle de Moncada**, in der einige Paläste und schöne Brunnen zu sehen sind. Sie haben Xàtiva auch den Beinamen *Stadt der Brunnen* eingetragen. Wir lassen Sie nun für den Rest Ihres Stadtbummels allein und kehren zurück zu unserem WOMO. Der Tag ist bereits fortgeschritten, aber da uns der Parkplatz am Stadion für eine Übernachtung nicht gefällt, fahren wir noch 16 Kilometer weiter.

Ziel ist der Stausee **Embalse de Bellús** südlich von Xàtiva, den wir über die CV-620, die hier auch die N-340 ist, erreichen. Die kurvenreiche Strecke durch die grüne, bergige Landschaft ist wunderschön und die hinter hohen Mauern und Hecken versteckten Villen lassen uns fast an die Côte d'Azur denken. Bei **Bellús** erwartet uns ein netter, ruhiger Stellplatz der Gemeinde beim örtlichen Freibad.

(054) Offizieller WOMO-Stellplatz: Bellús

GPS: N 38°56'29" W 00°28'50", Calle Petra Julve, 139 m. **Max. WOMOs**: 10.
Öffnungszeit: Ganzjährig.
Ausstattung: Ver-/Entsorgungsstation, Mülltonnen, Bänke und ein Picknickareal mit Grillplätzen. Stromsäulen waren während unseres Besuches nicht in Betrieb.

Beschreibung: Geräumige Schotterparkplätze neben dem Freibad der Gemeinde Bellús sowie unterhalb der Staumauer gelegen. Teilweise schattig und Ausgangspunkt zu Wanderungen entlang dem Fluss Río Albaida. Während der Saison und am Wochenende kommt ein Mitarbeiter der Gemeinde vorbei und kassiert eine geringe Stellplatzgebühr. Ansonsten wird auf einem Schild darum gebeten, diese im Rathaus der Gemeinde (fünf Gehminuten entfernt) zu bezahlen. Dort gibt es auch eine Bäckerei und eine Bar/Restaurant. Campingartiges Verhalten ist nicht erwünscht.

Preise: €.

Zufahrt: NICHT durch den Ort Bellús anfahren!!! Hier ist es ziemlich eng. Besser die CV-620 weiterfahren und nach einem Kilometer auf die CV- 612 abbiegen. Noch vor der Staumauer befindet sich auf der linken Seite die Einfahrt zu einem Parkplatz, an dessen Ende die Zufahrt zu den Stellplätzen mit WOMO-Piktogrammen gekennzeichnet ist.

Wanderung entlang dem Río Albaida zur Cova Negro

Nach einer ruhigen Nacht machen wir uns auf den Weg zu einer gemütlichen Wanderung zu der **Cova Negro**. Wie wir bereits in Xàtiva erfahren hatten, wurde dort der mehr als 30.000 Jahre alte Schädel eines Neandertalers gefunden. Verirren können wir uns nicht, denn die Wanderung verläuft fast ausnahmslos entlang des Flusses Río Albaida.

Wir starten am Stellplatz auf dem Asphaltsträßchen nach rechts und statten zunächst der Staumauer einen kleinen Besuch ab, aus der mit lautem Rauschen Wasser abgelassen wird.

Staumauer bei Bellús

Dann geht es auf einem zunächst recht breiten, geschotterten Weg entlang des Flusses, der gesäumt wird von einem dichten Schilf-Dschungel. Aus uns unerfindlichen Gründen wurde das gesamte Flussbett mit Unmengen schwarzer Unkraut-Folie eingekleidet und befestigt. Dazwischen sprießen zwar wilde und angepflanzte Bäumchen und Sträucher, aber das Ganze mutet dann doch recht hermetisch eingeschweißt an. Vielleicht sind Landschaftsexperten unter Ihnen und können uns eine Erklärung liefern.

Zu den Felsgrotten Cova Negro

Dann biegt der Fluss ab in ein recht spektakuläres Tal. Die Felsen ragen schroff vor uns auf. Sie sind ein beliebtes Kletterrevier und waren wohl schon in frühesten Zeiten besiedelt. Einen kleinen Parkplatz für Kletterer am Eingang zum Wanderweg findet sich hier: **(055)**: N 38°57'21" W 00°29'11". Allerdings ist er nur für Vans tauglich.

Neben uns rauscht das Wasser und über uns ragen insgesamt drei Felsüberhänge empor, in denen Forscher Höhlenmalereien entdeckt haben. Sie sind jedoch mit Gittern versehen und nur im Rahmen von Führungen zugänglich, um sie vor neuzeitlichen Graffitis zu bewahren.

Unser Weg endet bei einer Mühle und an einer großen Picknickwiese mit Sitzbänken. Eine betonierte Furt führt hier über den Fluss und auf der anderen Seite entdecken wir noch einen großen, von schattigen Pinien bewaldeten Bereich, auf dem wir mehrere Camper sehen. Wie Sie dorthin kommen??? Wir wissen es nicht. Vermutlich über den Ort **Alboi**. Falls Interesse besteht, verraten wir Ihnen die Koordinaten. Wir fanden dies ein ausgesprochen hübsches Plätzchen: N 38°58'02" W 00°29'30".

Hier, an der **Cova Negro**, die ebenfalls nur im Rahmen einer Führung zu besichtigen ist, ist der Punkt der Umkehr erreicht. Zurück geht es zunächst auf gleicher Strecke, dann nehmen wir am Kletterer-Parkplatz den Weg entlang des Flusses. Bei der Fabrik-/Bauernhofruine erreichen wir nach knapp **zehn Kilometern** wieder den Weg zurück zum Stellplatz.

Frisch erholt starten wir am nächsten Morgen nach **Bocairent**. Nur rund 35 Kilometer liegen vor uns, die wir auf der N-340, CV-60 und der A 7 bis zur Ausfahrt Nr. 418 zurücklegen. Weiter geht es auf der CV-81 in die moderne und lebhafte Universitätsstadt **Ontinyent**. An der Umgehungsstraße liegen zahlreiche Einkaufzentren und Tankstellen. Eine sehr gute Gelegenheit, um die Vorräte im WOMO für die nächsten Tage aufzustocken.

Danach wird es auf der CV-81 ziemlich spektakulär. Wir sind nun wieder auf dem **Camino del Cid**, der Straße des legendären **Ritters El Cid** (siehe Tour 4). Sie führt uns in die Bergwelt der **Sierra Mariola** und hinein in eine wilde Canyonlandschaft.

Am **Pou Clar** bei N 38°47'54" W 00°36'44" gibt es einen kleinen Parkplatz. Dort hat der Fluss mit eindrucksvollen Wasserfällen und Kaskaden Naturpools geschaffen, die im Sommer zu einer Erfrischung einladen.

Wir wenden uns einem anderen Abenteuer zu und erreichen das charmante Bergdorf **Bocairent** nach weiteren sieben Kilometern. Stellen Sie Ihr WOMO auch hier am Ortseingang ab. Sie werden es erahnen – die Gassen in diesem Bergdorf sind selbst für SUVs viel zu eng.

(056) WOMO-Parkplatz: Bocairent – Friedhof

GPS: N 38°45'54" W 00°36'24", 605 m. **Max. WOMOs**: 2-3.
Öffnungszeit: Ganzjährig.
Ausstattung: Keine.
Beschreibung: Weitgehend ebene, unbefestigte Parkplätze vor dem Friedhof und am Ortseingang von Bocairent. In die historische Altstadt und zu den Felsenwohnungen sind es nur wenige Gehminuten.
Zufahrt: Der Parkplatz befindet sich am Ortseingang, vor Überqueren der Brücke auf der rechten Seite der CV-81.

Bocairent im Überblick
4.200 Einwohner, 680 m, Autonome Region Valencia.
Tourismusbüro: Plaza de l'Ajuntament, Tel. +34 962 905 062, bocairent@touristinfo.net, www.bocairent.org.

Bocairent – Die königliche Tuchmacherstadt

Der heutige Ort am Nordhang der Serra de Mariola mit Gipfeln von bis zu 1.000 Metern Höhe entstand in muslimischer Zeit. Auf den umliegenden Hügeln deuten Funde aus der Jungsteinzeit sowie iberische und römische Zeugnisse jedoch auf eine weitaus frühere Besiedelung hin. Die Muslime nannten die Stadt aufgrund ihrer Pinienzapfen- oder Bienenkorbform *Bekién*. Sie hinterließen der Stadt ein arabisches Erbe, das noch vielerorts aufzuspüren ist.

1245 eroberte Jaime I. von Aragón die Stadt und sie wurde Teil des Königreiches Valencia. An die Rückeroberung der Stadt erinnert alljährlich in der ersten Februarwoche das Fest **Moros y Cristianos**. Zu Ehren des Schutzheiligen *San Blas* steht Bocairent eine Woche lang ganz im Zeichen von Prozessionen, Umzügen, Musik und Feuerwerk. Ein Spektakel, das man sich nicht entgehen lassen sollte.

Zu Bocairents arabischem Erbe zählt die Bearbeitungstechnik von Wolle und Leinen, wofür die Stadt seit Jahrhunderten bekannt ist. Felipe II. verlieh Bocairent deshalb im Jahre 1587 sogar den Titel *Königliche Tuchstadt*. Dank neuer Technologien wurde die Textilproduktion Anfang des 20. Jahrhunderts zum beherrschenden Industriezweig in der Region. Polster, Tücher und Decken werden bis heute gefertigt, wobei die maschinelle Produktion das ursprüngliche Kunsthandwerk verdrängt hat. Dennoch sind Decken aus Bocairent ein hübsches Urlaubssouvenir.

Stadtspaziergang Bocairent

Machen wir uns nun auf den Weg, um das mittelalterliche Städtchen auf engen, steilen Gassen zu erkunden. Nach dem Abstellen des WOMOs gehen wir zunächst auf dem Fußweg hinter den Friedhof. Von dort haben wir einen ersten, beeindruckenden Blick auf das Bergdorf, das sich wie ein Bienenkorb an einem Felsen emporzieht. Die schmalen, hohen Häuser werden überragt vom Turm der Pfarrkirche. Fast meint man, sie wären aus dem Felsen herausgewachsen. Mittelalter pur scheint aus jeder Mauer zu atmen. Am Fuß des Berges erstrecken sich zum Fluss hin üppig grüne Gärten und Olivenhaine. Die Terrassenfelder wurden bereits von den Arabern angelegt und werden noch heute genutzt.

Rathausplatz in Bocairent

Nach diesem ersten Ausblick kehren wir zurück zur Hauptstraße und halten uns dort nach rechts. Beim Kreisverkehr überqueren wir die Schlucht auf der Brücke **Pont de Sant Blai** und bummeln weiter in Richtung Altstadt.

Ausgangspunkt ist der Rathausplatz **Plaza del Ayuntamiento.** Hier sind gleich einige der riesigen Herrenhäuser aus dem 17. und 18. Jahrhundert mit einer Höhe von bis zu acht Stockwerken zu bewundern. Die **Pfarrkirche *Iglesia Parroquial de Nuestra Señora de la Asuncíon*** stammt aus dem 15. Jahrhundert. Sie wurde auf den Resten einer ehemaligen arabischen Burg erbaut und vereint sowohl maurische als auch valencianische Elemente.

Das örtliche **Tourismusbüro** am Platz hält zwei thematische Stadtrundgänge bereit, die zu den wichtigsten Sehenswürdigkeiten im Ort führen. Sowohl die **Ruta de les Covetes** als auch die **Ruta Màgica** sind gut ausgeschildert.

Die etwa 2,5 Kilometer lange Ruta Màgica ist ein Rundweg durch die mittelalterlichen Stadtquartiere. Sie führt auch vorbei an mehreren Museen im Ort, wie etwa dem **archäologischen Museum *Museo Arqueológico*** mit Objekten von der Steinzeit bis zum Mittelalter, dem **ethnographischen Museum *Museo de Oficios y Costumbres*** zur Geschichte der Textilindustrie im Ort oder dem ***Museo Festero***, welches die Hintergründe des Festes *Moros y Cristianos* in Bocairent aufzeigt. Leider sind die Museen nur am Wochenende geöffnet.

Öffnungszeiten: Samstag, Sonn- und feiertags von 11.30 bis 13.30 Uhr, Eintritt: 2,00 Euro. Ein Sammelticket für alle drei Museen gibt es für 5,00 Euro im Tourismusbüro.

Wir wollen uns auf unserem Rundgang den unterirdischen Besonderheiten der Stadt zuwenden und orientieren uns am Rathausplatz an den Schildern zur *Ruta de las Covetes.* Sie führt uns links an der Touristeninformation vorbei und danach rechts auf der schmalen Carrer de las Covetes hinunter zu zwei unserer persönlichen Bocairent-Highlights.

Schneekeller Cava de Sant Blai

Die erste ist der unterirdische **Cava de Sant Blai**. Über eine kleine Treppe und einen schmalen Eingang geht es hinein in die kreisförmige Lagerstätte, in der während der Wintermonate Schnee gesammelt wurde. Sie hat einen Durchmesser von 7,70 Metern und eine Tiefe von 11 Metern. Angelegt wurde der Schneekeller *Nevero* im 17. Jahrhundert, um während der Sommermonate ein natürliches Kühlmittel für den Transport verderblicher Waren zu den Küstendörfern zu haben. In den Bergdörfern der Serra Mariola sind noch mehrere dieser Schneekeller erhalten. Wer mag, kann die schmale Eisenwendeltreppe hinaufsteigen, um an den oberen Eingang zu gelangen.

Öffnungszeiten: Dienstag bis Freitag von 11.00 bis 14.00 Uhr. Freitag, Samstag, Sonn- und feiertags auch von 16.00 bis 18.00 Uhr. Eintritt: 2,00 Euro.

Klettertour durch die Wohnhöhlen Covetes dels Moros

Während der Eiskeller noch für jedermann leicht zu besichtigen ist, braucht es für das nächste Highlight – die **Covetes dels Moros** – schon ein wenig Sportsgeist. Die Wohnhöhlen mit mehr als 50 Fenstern und Ausgängen stammen aus maurischer Zeit und erstrecken sich über drei bis vier Ebenen. Sie wurden von Hand in die steile Felswand des **Barranc de la Fos** geschlagen. Forscher sagen, dass sie sowohl Lagerstätten als auch Rückzugsorte in Gefahrenzeiten waren.

Die nette Dame in der Touristen-Info erklärte uns, für die Besichtigungstour der Felsenhöhlen müssten wir ein bisschen klettern. Das war dann doch leicht untertrieben. Was uns tatsächlich erwartete, erforderte echten

Aufstieg zu den Wohnhöhlen Covetes dels Moros

Sportsgeist und ist nichts für Klaustrophobiker. Erst geht es über Eisentreppen an der senkrechten Felswand hinauf zum Einstieg in die Höhlen. Dann heißt es auf allen Vieren krabbeln und robben. Stehhöhe im Inneren gibt es nicht. Zudem müssen sich die Besucher schlangenmenschengleich durch enge Verbindungsröhren hinauf oder hinunter in die nächsten Etagen hangeln. Ob das Autorenpaar dabei immer ein elegantes Bild abgegeben hat, sei dahingestellt.

Abenteuerliche Besichtigungstour

Irgendwie hat es dann doch immer gepasst und am Ende waren wir froh, wieder das Tageslicht zu erblicken. Bilanz: Ein aufgeschürftes Knie, ein Loch in der Hose sowie deftiger Muskelkater am nächsten Tag. Aber ein tolles Erlebnis!

Öffnungszeiten: Die Felsenhöhlen sind nur im Rahmen einer geführten Tour zu besichtigen. Kleinkinder und Hunde können nicht mitgenommen werden. Außerdem müssen Gepäckstücke und Rücksäcke draußen bleiben. Die Führungen finden Dienstag bis Freitag um 11.00, 12.00 und 13.00 Uhr statt. Samstag, Sonn- und feiertags auch um 16.00 und 17.00 Uhr. Eintritt: 3,00 Euro.

In Bocairent gibt es noch mehr unterirdische Geheimnisse zu entdecken, wie etwa das **Felsenkloster *Monasterio Arte rupestre***. *Geöffnet: Sonn- und feiertags von 11.00 bis 13.30 Uhr*. Der gesamte Felsen, auf dem die Stadt steht, scheint ein ausgehöhlter Schweizer Käse zu sein. Wir spazieren nach der Abenteuer-Tour weiter bergab und können am Weg noch weitere Höhlen sehen. Die **Covetes del Colmer** dienen als kleines Informationszentrum für all jene, die sich die abenteuerliche Führung durch die oben beschriebenen Felsenhöhlen nicht zutrauen.

Öffnungszeiten: Dienstag bis Freitag von 11.00 bis 13.00 Uhr. Samstag, Sonn- und feiertags von 12.00 bis 14.00 Uhr. Eintritt: 2,00 Euro.

Wenig später können Sie rechts der ausgeschilderten Ruta Màgica entlang der Terrassengärten zurück in die Stadt folgen. Um zurück zu unserem WOMO zu gelangen, überqueren wir die Brücke und nehmen den Weg danach rechts bergauf zum Friedhof.

Bei Übernachtungsbedarf hat uns die Dame in der Touristen-Info noch folgenden Campingplatz in Bocairent empfohlen. Wir konnten ihn aufgrund unserer Dimensionen leider nicht besuchen, aber hier die Koordinaten:

(057) WOMO-Campingplatz: Bocairent
Camping Villa Carmen

GPS/Kontakt: N 38°45'55" W 00°36'07", Calle de la Via, 609 m. Tel. +34 650 202 156, www.zonadeacmpada.es, villacarmenbocairent@gmail.com.
Öffnungszeit: Ganzjährig.
Ausstattung: Campingplatzübliche Ausstattung mit Pool, Liegewiese und Waschmaschine.
Beschreibung: Kleiner Campingplatz im Garten eines traditionellen Bauernhauses mit schöner Sicht auf die Berge und die Altstadt von Bocairent. Gepflegte Anlage mit schattigen Stellplätzen, die eher für kleinere Fahrzeuge mit einer maximalen Höhe von 3,20 Metern geeignet sind.
Preise: €€€.
Zufahrt: Am zentralen Kreisverkehr in Bocairent ist die Zufahrt zum Campingplatz ausgeschildert.

Von Bocairent machen wir nun einen 70-Kilometer-Sprung zurück an die Küste. Die Osterfeiertage stehen bevor und wir haben uns vorsorglich einen Stellplatz nördlich der Stadt **Gandía** reserviert. Zwar sind wir eher die Spontan-Reisenden, doch angesichts überfüllter Stellplätze entlang der Küste ist es das Mittel der Wahl. Wenn Sie zu ähnlich beliebten Ferienzeiten unterwegs sein sollten, werden Sie um Vorab-Reservierungen nicht umhinkommen. Auf den gut ausgebauten Schnellstraßen sind wir auch schnell am Ziel und beziehen für die nächsten Tage einen komfortablen Stellplatz im Badeort **Xeraco.**

(058) Offizieller WOMO-Stellplatz: Platja de Xeraco *Xeraco Camper*

GPS/Kontakt: N 39°02'46" W 00°11'57", Calle Migjorn, Tel. +34 962 129 203, www.xeracocampers.com, xeracocampers@gmail.com.
Max. WOMOs: 90.
Öffnungszeit: Ganzjährig.
Ausstattung: Ver-/Entsorgungsstation vor dem Tor, aber schlecht erreichbar für große Fahrzeuge, Strom- und Wasser am Platz, Pool (unbeheizt), Bar, kleines Restaurant, Toiletten, Duschen, Waschsalon, WLAN.
Beschreibung: Sehr gepflegter Stellplatz mit Campingplatzcharakter. Die gekiesten Stellflächen sind auch für große Fahrzeuge geeignet und durch Hecken parzelliert. Der lange Sandstrand ist fünf Gehminuten entfernt. Check-In bis 19.00 Uhr, danach ist der Zugang nur über eine Fußgängerpforte möglich.
Preise: €€ – €€€ mit Rabatten bei Langzeitaufenthalten.
Zufahrt: Der Stellplatz befindet sich am Ortseingang von Platja de Xeraco auf der rechten Seite.

Der Ort **Platja de Xeraco** ist eine reine Retorten-Feriensiedlung an der Costa de Valencia und wirkt in der Nebensaison sehr ausgestorben. Es gibt dort einen Supermarkt sowie vereinzelt geöffnete Restaurants. Ansonsten lässt sich ein eher geruhsamer Aufenthalt mit schönen Strandspaziergängen und Fahrradtouren entlang der Küste verbringen. Die Stadt **Gandía** ist rund zwölf Kilometer entfernt und wir machen uns mit dem Fahrrad auf den Weg dorthin.

Wer der Stadt nur einen Tagesbesuch abstatten möchte, findet zentrumsnahe und kostenlose Parkmöglichkeiten unter anderem an der Ronda de l'Anella bei N 38°57'33" W 00°10'50".

Gandía im Überblick

75.00 Einwohner, 250 m., Autonome Region Valencia.

Tourismusbüros: Avenida Marqués de Campo, Tel. +34 962 877 788, gandia@touristinfo.net, www.visitgandia.com.

Weitere Niederlassungen der Touristeninformation gibt es in Strandnähe am Paseo Neptuno.

Die Stadt Gandía gliedert sich in zwei Stadtteile. Der **Hafen** und das moderne Urlaubszentrum **Grau I Platja** liegen direkt am Meer und an einem kilometerlangen Sandstrand. Die Altstadt mit den historischen Sehenswürdigkeiten befindet sich etwa vier Kilometer weiter im Hinterland am Ufer des **Río Serpis**, der jedoch meist ausgetrocknet ist. Dort lassen sich auch die historischen Wurzeln der ehemaligen Herzogstadt entdecken, wie etwa die Reste der alten Stadtmauer.

Gandía blickt auf eine vornehme Geschichte zurück. Früher war hier ein Zweig des **Adelsgeschlechtes der Borja** zuhause. Besser bekannt unter seinem italienischen Namen ***Borgia***. Aus ihm ging unter anderem der Bischof Rodrigo von Valencia hervor, der als **Papst Alexander VI.** wegen seines ausschweifenden Lebensstils in die Weltgeschichte einging. Wir haben ihn bereits in seinem Geburtsort Xàtiva kennengelernt.

Heute ist Ganía eine moderne Handels-, Universitäts- und Urlaubsstadt, die wir nun entdecken wollen.

Fischereihafen in Gandía

Fahrradtour nach Gandía

Unser Stellplatz in Platja de Xeraco liegt sehr günstig für eine Fahrradtour in die Stadt Gandía. Ein gut markierter Radweg führt uns nach der Brücke über den Río Vaca nach links und zunächst wenig charmant entlang der Straße CV-605. Den Radweg direkt entlang des Flusses sollten Sie nicht nehmen. Er endet in einer Sackgasse am Strand.

Vorbei geht es an einem Feuchtgebiet und ausgedehnten Orangenplantagen, die im April einen betörenden Duft über die gesamte Region verströmen. Am ersten großen Kreisverkehr biegen wir links ab zur **Platja Nord de Gandía** und folgen nun dem Radweg entlang der Strandpromenade, die tatsächlich nur Fußgängern und Radlern vorbehalten ist. Die Bebauung wird nun dichter und höher und auch die Wochenend-Gäste, die den schönen Tag am Strand genießen, nehmen deutlich zu. So passieren wir die Urbanizaciónes **Grau I Platja** und **Gandia el Grau**.

Hier beginnt die Partymeile, die jungen Menschen feiern sich, den schönen Tag und das (scheinbare) Ende der Corona-Pandemie. Es sei ihnen vergönnt. Wir stürzen uns ebenfalls ein wenig ins Getümmel, flanieren über die Hafenmole, genießen die Aussicht und legen einen Einkehrstopp auf dem Pier ein.

Einkehrtipp: Mit etwas Glück hat das Restaurant des örtlichen Angelclubs *Club Deportivo de Pesca Gandia* geöffnet. Vermutlich ist das nur am Wochenende der Fall. Dort bei einem Glas Wein und einem Teller gegrillter Sardinen dem Treiben in der Hafenmole zuschauen – Besser geht's nicht!

Im Hafenbereich lassen sich auch noch die Fischerboote beobachten, die dort ihren Fang in den großen Hallen anlanden. Gleich daneben tummeln sich in einem Marineclub Segler, Surfer, Taucher und Co.

Nach der Pause radeln wir weiter in die **historische Altstadt** von Gandía, wo wir uns den herzoglichen Palast der Borgias anschauen. Altehrwürdige Geschichte der Herzöge von Borgia, des Jesuitenordens und Papst Alexanders VI. erwarten uns.

Gandía und die Borgias

Der **Herzogspalast Palacio Ducal dels Borja** befindet sich auf der höchstgelegenen Stelle der Altstadt. Er wurde um 1240 unter König Jaime I. erbaut und war über mehrere Jahrhunderte Sitz der Herzöge von Aragón. Rodrigo de Borja, der als machtbesessener Papst Alexander VI. in die Geschichte einging, kaufte

den Palast in Gandía 1485, noch zur Zeit als Kardinal, für seinen ältesten Sohn Luis. In der Folgezeit lebten hier elf Herzöge des berühmten Adelsgeschlechts.

Im Inneren können heute noch mehrere barocke Prunksäle, darunter die **Galería Dorada** besichtigt werden. Der Mosaikfußboden stellt die vier Elemente Feuer, Wasser, Luft und Erde dar. Valencianische Barockarchitektur vom Feinsten!

Totenmaske des San Francisco de Borja

Einer der bekanntesten Bewohner des Palastes war der Jesuitenheilige **San Francisco de Borja**. Der vierte Herzog von Gandía verzichtete nach dem Tod seiner Frau Leonor de Castro 1546 auf alle weltlichen Titel und trat dem Jesuitenorden bei. Er gründete auch die **Universität Antica Universitat**, die erste Universität des Jesuitenordens. Im Jahr 1671, knapp 100 Jahre nach seinem Tod, wurde er von Papst Clemens XI. heiliggesprochen und ist seitdem Schutzpatron von Gandía sowie des gesamten spanischen Adels.

Öffnungszeiten: Montag bis Samstag von 10.00 bis 14.00 Uhr und von 16.00 bis 20.00 Uhr. Sonn- und feiertags nur am Vormittag. Im Juli, August und September finden am Dienstag, Donnerstag und Freitag um 20.30 Uhr spezielle Nachtführungen statt. Eintritt: 8,00 Euro inkl. Audioguide, www.palauducal.com.

Die mächtige Familie hinterließ noch weitere Spuren in Gandía. Etwa in der **Iglesia Santa María** am Plaza Mayor, die von Papst Alexander VI. (Rodrigo de Borja) in den Status einer Stiftskirche erhoben wurde. Carlos de Borja gründete das **Kloster *San Roc***, in dem heute die Stadtbibliothek untergebracht ist. Bei der alten Universität an der **Plaza de las Escuelas Pías** befinden sich fünf Bronzeskulpturen mit den wichtigsten Mitgliedern der Familie: Papst Calixto III., Papst Alexander VI., Cesar de Borja, Lucrezia de Borja und San Francisco de Borja.

Wer sich noch weitergehend für die Geschichte der Adelsfamilie interesssiert, kann der **Ruta de Borja** folgen. Die Touristikstraße führt durch die Orte im ehemaligen Königreich Valencia, in der die Borgia-Familie ihre Spuren hinternlassen hat.

So lassen auch wir uns noch ein wenig durch die Altstadtgassen treiben, bevor wir uns wieder in den Sattel schwingen und zurück zu unserem Stellplatz radeln. Am Ende stehen **26 Kilometer Genussradeln** auf unserem Fahrradtachometer.

Südlich von Gandía erstrecken sich wieder Strände und Feriensiedlungen. Für eine Übernachtung in Strandnähe steht unweit der CV-670 in **Daimús** ein recht ordentlicher Stellplatz zur Verfügung. Auch dieser Ort ist eine Retortensiedlung, die in der Nebensaison einen recht ausgestorbenen und ruhigen Eindruck macht.

(059) Offizieller WOMO-Stellplatz: Daimús
Aréa Camper Dunes

GPS/Kontakt: N 38°58'11" W 00°08'44", Carrer Garbí, Tel. +34 962 819 300, www.dunesareacamper.com.
Max. WOMOs: 60
Öffnungszeit: Ganzjährig.
Ausstattung: Ver-/Entsorgungsstation, Strom, Toiletten, Duschen, Waschsalon, Brötchenservice, WLAN.
Beschreibung: Sehr gepflegter Stellplatz mit gekiesten Stellflächen am Rand einer Sportanlage. Der Platz ist eingezäunt und bietet noch wenig Schatten. Bei voller Belegung steht man dort recht eng. Die Gäste erhalten ermäßigten Eintritt ins benachbarte Freibad, der Strand ist in fünf Gehminuten zu erreichen. Die Betreiber sind sehr herzlich und bieten gelegentlich einen gemeinsamen Paella-Abend an.
Preise: € – €€.
Zufahrt: Der Stellplatz ist am südlichen Ortsrand von Daimús ausgeschildert.

Hier im Raum Gandía endet unsere fünfte Tour. In Tour 6 nehmen wir Sie mit an die **Costa Blanca**, wo es weitere traumhafte Strände, Buchten und quirlige Küstenstädte zu entdecken gilt.

Tour 6: Zu den Perlen der nördlichen Costa Blanca – Von Gandía nach Calpe 96 km

Oliva – Dénia – Xàbia / Jávea – Moraira – Calpe / Calp

Stellplätze:	In Dénia, am Cabo de Sant Antoni, in Calpe
Campingplätze:	In Oliva, Xàbia
Besichtigen:	Oliva, Dénia, Xàba, Calpe
Baden:	Strände bei Oliva, Dénia, Xàbia, Calpe
Wandern:	Im Naturpark Montgó, in Calpe
Einkehrtipp:	Restaurant *El Rastet* in Dénia,

Costa Blanca – die Weiße Küste. Wohl kaum ein anderer Küstenabschnitt Spaniens ist so polarisierend. Einerseits die schönen und tatsächlich fast weißen Sandstrände sowie das ganzjährig angenehme Klima im Schutz hoher Berge. Auf der anderen Seite die zubetonierten, himmelwärts strebenden Küstenorte mit ihrer Brutalo-Architektur. Betonburgen und Naturparadiese liegen hier häufig nah beieinander. Es gibt sie aber noch, die – zugegeben etwas raren – Perlen an der Costa Blanca. Diese wollen gesucht und gefunden werden. Im Mittelpunkt dieser Tour steht die nördliche Costa Blanca. Neben charmanten Altstädten hat sie auch wilde Naturlandschaften zu bieten. So etwa den Gebirgszug Montgó zwischen Dénia und Jávea sowie den mächtigen Solitärfelsen Peñón de Ifach in Calpe, der zugleich das Markenzeichen der Costa Blanca ist. Machen wir uns also auf den Weg. Vamos!

Vorbemerkung zur Tour: Im Laufe dieser Tour werden wir mehrmals den Greenwich-Meridian überqueren. Damit ändern sich auch jeweils die GPS-Vorzeichen von West auf Ost und umgekehrt. Achten Sie also nicht nur auf das leichte Holpern beim Überqueren des Nullmeridians, sondern auch auf die korrekte Eingabe der Koordinaten.

Nach unserem Aufenthalt im Camperparadies am Strand von Xeraco geht es weiter in Richtung Süden. Nur knapp zehn Kilometer sind es bis zu unserem ersten Stopp. Dazu umfahren wir die Stadt Gandía auf der N-332 und folgen ihr bis nach **Oliva**.

Oliva im Abendrot

Oliva im Überblick

25.00 Einwohner, 25 m, Autonome Region Valencia.
Tourismusbüro: Paseo Luis Vives, Tel. +34 962 855 528, oliva@touristinfo.net, www.olivaturismo.com (deutschsprachig).

Oliva ist der südlichste Badeort an der **Costa de Valencia** und kann mit einigen Besonderheiten aufwarten. Viele der Einwohner des Küstenstädtchens sind Einwanderer aus 50 verschiedenen Nationen, darunter überwiegend aus Südamerika. Warum das so ist, vermögen wir nicht zu sagen. Vielleicht liegt es ja am guten Wetter, denn Oliva zählt mehr als 300 Sonnentage im Jahr. Das lockt natürlich auch zahlreiche Touristen an und die Infrastruktur ist bestens darauf ausgerichtet. Supermärkte, Sporthafen, Golfplatz, Freizeitanlagen, Campingplätze – für alles ist gesorgt.

Im gut erhaltenen alten Ortskern, dem **Centro Historico**, lässt es sich durch gemütliche Gassen bummeln und Zeugnisse aus christlicher und maurischer Vergangenheit entdecken. Vom Mittelalter bis zur endgültigen Vertreibung der Mauren im Jahr 1609 lebten hier sowohl Araber als auch Christen friedlich zusammen, was sich an zwei architektonisch unterschiedlich geprägten Stadtvierteln zeigt. Das arabische Viertel verzaubert durch ein Labyrinth steiler Gassen und verschwiegener Plätze mit plätschernden Brunnen, im christlichen Viertel stößt man auf die Überreste eines Grafenpalastes sowie einige herrschaftliche Villen aus der Renaissancezeit. Wer mag, kann von der Altstadt aus zur **Burgruine *Santa Ana*** hinaufsteigen und dort eine schöne Aussicht bis zur Küste genießen.

Hauptattraktion des Ortes sind jedoch die kilometerlangen Sandstrände. Der flache Zugang ins Wasser macht dies besonders für Familien mit Kindern zum beliebten Ferienort. Wer einen längeren Badeurlaub verbringen möchte, der findet hier gute Voraussetzungen.

(060) WOMO-Campingplatz: Oliva – *Camping Kikopark*

GPS/Kontakt: N 38°55'57" W 00°05'52", Carrer de l'Assagadorde Carro, Tel. + 34 962 850 905, www.kikopark.com, info@kikopark.com.
Öffnungszeit: Ganzjährig.
Ausstattung: Campingplatzübliche Ausstattung mit Waschsalon, Pool, Restaurant, Bar, Supermarkt, Mietunterkünften, WLAN.
Beschreibung: Großer, professionell geführter Campingplatz mit gehobener Ausstattung und allen Annehmlichkeiten. Direkter Strandzugang. Die Stellplätze sind teilweise beschattet (Höhe 3,30 Meter) und durch Hecken parzelliert. Während den Sommermonaten mit Animationsprogramm. Das historische Zentrum von Oliva ist etwa drei Kilometer entfernt im Landesinneren und gut mit dem Fahrrad zu erreichen.
Preise: €€ – €€€.
Zufahrt: Der Campingplatz ist an der N-332 in Oliva weiträumig ausgeschildert.

Wenige Kilometer südlich von Oliva gibt es weitere große Campingplätze, die von uns jedoch nicht en Detail besucht wurden. Wenn Sie Bedarf an einem Übernachtungsplatz haben – hier die Daten für die beiden beliebtesten Anlagen:

(061) Oliva – *Camping Azul*: GPS N 38°54'28" W 00°04'05", ganzjährig geöffnet, www.campingazul.com.

(062) Oliva – *Eurocamping Oliva*: GPS N 38°54'22" W 00°04'08", ganzjährig geöffnet, www.eurocamping-es.com.

So richtig vermochten uns die vollen Campingplätze aber nicht zu begeistern, weshalb wir weiter auf der Küstenstraße N-332 in Richtung **Dénia** fahren. Wir nähern uns nun ganz allmählich der **Costa Blanca**, die bei der Stadt Dénia beginnt und über 270 Kilometer bis nach Cartagena reicht.

Rechts der Straße erstreckt sich das Feuchtgebiet **Parc Natural de la Marjal de Pego-Oliva**. Die ausgedehnten Marsch- und Sumpfflächen sind trotz der vorbeiführenden und vielbefahrenen Autobahn AP-7 Rückzugsort zahlreicher Vogelarten.

Links der Straße zweigen immer wieder Stichstraßen zu den **Strandabschnitten *Platjas*** ab, so dass Sie beim Wunsch nach einer Erfrischung eine Badepause einlegen könnten. Mit dem Parken wird es jedoch zunehmend schwieriger, zumal wenn Sie ein größeres WOMO besitzen. Eine Übernachtung in Strandnähe ist ohnehin fast ausnahmslos verboten und auch die Campingmöglichkeiten sind nun rar.

Wir passieren also eine Urbanización nach der andern und wählen bei **El Verger** die Ausfahrt auf die CV-730 nach Dénia. Je näher wir der Hafenstadt kommen, desto dichter wird die Bebauung, desto weniger Parkplätze gibt es und desto weniger Möglichkeiten, ans Meer zu gelangen. Eigentlich schade, denn der flache, fünf Kilometer lang Strand **Platja dels Marins** soll einer der schönsten in der Region sein. Da hilft nur *Augen-zu-und-durch*.

Dénia versöhnt uns dann wieder ein wenig für die entgangenen Strandfreuden und wir können der Stadt trotz der touristischen Prägung doch einiges abgewinnen. Eine hübsche Kulisse mit mächtiger Burgruine und schmuckem Hafen empfangen uns. Gleich am Ortseingang erwartet uns zudem ein Parkplatz mit Meerblick, der strandnah und übernachtungstauglich ist.

Moderner Yacht- und Fährhafen in Dénia

(063) WOMO-Parkplatz: Dénia – *Parking El Rastet*

GPS: N 38°50'48" E 00°06'31", Marina el Portet. **Max. WOMOs**: 20.
Öffnungszeit: Ganzjährig.
Ausstattung: Keine.
Beschreibung: Bewachter und gebührenpflichtiger Parkplatz am Hafen. Das historische Zentrum mit vielen Restaurants und der Yachthafen sind nur wenige Gehminuten entfernt.
Hinweis: Die Schrankeneinfahrt ist für größere WOMOs (ab etwa sieben Meter Länge und 2,50 Meter Breite) problematisch.
Preise: €. Bezahlung am Kassenautomaten.
Zufahrt: Der Parkplatz befindet sich an der Zufahrt zum Fährhafen auf der rechten Seite.

Wer die enge Einfahrt nicht schafft, kann geradeaus weiterfahren bis zum Fährhafen. Dort gibt es ausreichend große Parkplätze.

(064) WOMO-Parkplatz: Dénia
Parking Marina El Portet

GPS: N 38°50'42" E 00°06'53", Marina el Portet. **Max. WOMOs**: 20.
Öffnungszeit: Ganzjährig.
Ausstattung: Keine.
Beschreibung: Bewachter und gebührenpflichtiger Langzeit-Parkplatz im Bereich des Fährterminals. Das historische Zentrum mit vielen Restaurants und der Yachthafen sind etwa zehn Gehminuten entfernt. Eine Übernachtung würden wir hier aufgrund des lebhaften Verkehrs eher nicht empfehlen, aber für einen Tagesbesuch ist dies ein tauglicher Platz.
Hinweis: Die im Internet kursierende Bewertung, dass an der Schranke ein Höhenscanner installiert wäre und WOMOs deshalb den doppelten Preis bezahlen müssten, können wir so nicht bestätigen. Für einen Tagesbesuch bezahlten wir die am Kassenautomaten ausgewiesene Parkgebühr.
Preise: €. Bezahlung am Kassenautomaten.
Zufahrt: Der Parkplatz befindet sich am Ende der Zufahrt zur Fähre.

Zu guter Letzt entdeckten wir beim Stadtbummel noch einen zentrumsnahen Parkplatz bei **(065)** N 38°50'39" W 00°06'12", auf dem mehrere WOMOs standen. Bevor wir Sie nun mitnehmen auf unseren Stadtbummel durch Dénia hier wieder einige Hintergrundinformationen:

Dénia – Hafenstadt mit viel Flair

Dénia im Überblick

42.500 Einwohner, 22 m, Autonome Gemeinschaft Valencia.
Tourismusbüros: Plaza Oculista Buigues (beim Fährhafen und der Straßenbahn-Station), Tel. +34 966 422 367, denia@tourist-info.net, www.denia.net. Ein weiteres Büro gibt es in der Stadtmitte an der Plaza del Consell unterhalb der Burg.
Geöffnet Montag bis Freitag von 9.30 bis 20.00 Uhr, Samstag von 9.30 bis 13.30 Uhr und von 17.00 bis 20.00 Uhr, Sonn- und feiertags nur am Vormittag.

Dianium – Daniya – Dénia

Ein Ort, mehrere Namen. Wie viele Städte Spaniens ist auch das heutige Dénia unter dem Einfluss mehrerer Kulturen entstanden. Die Römer nannten die Stadt an der Küste in Anlehnung an die Göttin Diana *Dianium*. Sie unterhielten mit dem Hafen einen wichtigen strategischen und wirtschaftlichen Stützpunkt im Handel zwischen Nordafrika und Rom.

Im 7. Jahrhundert ließen sich die Westgoten in Dénia nieder und erhoben die Stadt zum Bischofssitz. Um 713 hielt der Islam Einzug. Unter maurischer Herrschaft erlebte die Stadt, die nun *Daniya* hieß, ihre wirtschaftliche und kulturelle Blütezeit. Sie wurde zeitweise Hauptstadt eines **Taifa-Königreiches**, dessen Herrschaftsgebiet sich bis zu den Balearen erstreckte.

Um 1244 gelang König Jaime I. die Rückeroberung. Dénia, wie die Stadt ab jetzt genannt wurde, erhielt den Status einer Grafschaft und ab 1612 die Stadtrechte.

Im 19. Jahrhundert begann durch den **Handel mit Rosinen** Dénias wirtschaftliche Blütezeit. In Spitzenzeiten waren es rund 400.000 Zentner Rosinen, die nach England, Nordeuropa und Amerika exportiert wurden. Nachdem zu Beginn des 20. Jahrhunderts die Reblaus viele Weinreben Dénias zerstörte, begann der Anbau von Zitrusfrüchten und die Entwicklung der Spielzeugindustrie. Sie brachte der Stadt weiteren Wohlstand, ebenso wie der Tourismus, der in den 1960er Jahren einsetzte.

Wer tiefer in die Geschichte der Stadt eintauchen möchte, kann dies in zwei interessanten Museen tun. Das **ethnografische Museum *Museo Etnológico*** in der Carrer dels Cavallers befindet sich in einem Bürgerhaus des 19. Jahrhunderts, dessen ehemalige Besitzer durch den Handel mit Wein und Rosinen zu Wohlstand kamen.

Öffnungszeiten: Dienstag bis Samstag von 10.30 bis 13.00 Uhr und von 16.00 bis 19.00 Uhr, Sonntag nur vormittags. Eintritt frei.

Das **Spielzeugmuseum *Museu dels Joguines*** im ehemaligen Bahnhof *L'Estacio* in der Carrer Calderón widmet sich der Spielzeugindustrie. Kleiner Fakt am Rande: Die ersten Spielwaren wurden im Jahre 1904 ausschließlich mit deutschen Maschinen und aus Deutschland importieren Modellen aus Weißblech hergestellt. Zehn Jahre später wurde eine Fabrik für Holzspielzeug gegründet. Nostalgiker kommen hier voll auf ihre Kosten.

Öffnungszeiten: Ganzjährig täglich von 10.00 bis 13.00 Uhr. Von Mai bis September nachmittags von 17.00 bis 21.00 Uhr, im Winter von 16.00 bis 20.00 Uhr. Eintritt frei.

Dénia ist heute eine lebendige und geschäftige Stadt, die sich trotz ihrer touristischen Beliebtheit noch einen ganz eigenen Charme und Authentizität bewahren konnte. Begleiten Sie uns nun auf unserem **Stadtbummel**, den wir am Hafen beginnen.

Stadtspaziergang Dénia

Der weitläufige Hafenbereich war schon seit Jahrhunderten ein wichtiger Lebensnerv der Stadt. Heute dümpeln hier schnittige Segelboote und luxuriöse Yachten. Schnelle Fährschiffe verkehren zwischen dem spanischen Festland und den Balearen. Wer Lust auf einen Kurztrip nach **Ibiza** hat – zwei Stunden dauert die Überfahrt und Ihr WOMO können Sie auch mitnehmen.

Wir spazieren entlang der Hafenmole in Richtung Altstadt. Direkt hinter dem Hafen und vor dem Burgberg liegt das ehemalige **Fischerviertel *Baix del Mar***. Es ist eines der älteren Stadtviertel und verströmt mit seinen niedrigen Gebäuden noch sehr viel Charme. Rund um die **Plaçeta de la Creu** reihen sich Bars an Restaurants, Tische und Stühle stehen im Freien. Wer mag, kann sich jetzt schon zu einer ersten Rast niederlassen.

Die Altstadt Dénias erstreckt sich rund um den **Burgberg** mit dem **Castillo**. Die Burgruine ist das Wahrzeichen von Dénia, und sie erhebt sich auf einem Hügel von fast 70 Metern Höhe hoch über der Stadt. Die Anfänge gehen auf die Zeit der Römer zurück, die Mauren bauten auf römischen Resten auf und

Dénia

Burgberg hoch über Dénia

erweiterten die Anlage. Im unteren Bereich *Al-bacar* fanden die Einwohner eine Rückzugsmöglichkeit in Zeiten der Gefahr. Der obere Bereich *Al-cazaba* war hingegen den Herrschern vorbehalten. Doch wie gelangen wir nun hinauf?

Vom Fischerviertel spazieren wir auf der Carrer del Mar zum zentralen Platz, der **Plaza de la Constitución**. Dort können wir einen Blick in die **Iglesia de la Asunción** werfen. Das Barockgebäude mit schönem Portal stammt aus dem 18. Jahrhundert. Auffallendes Gebäude am Platz ist das **Rathaus** mit Glockenturm und Arkaden, das ebenfalls aus dem 18. Jahrhundert stammt.

Daneben beginnt der ausgeschilderte Aufstieg über Treppen hinauf zur Burg. Obwohl von der Burganlage selbst teilweise nur noch Ruinen erhalten sind, lohnt sich ein Rundgang auf jeden Fall. Von oben bietet sich ein überwältigender Ausblick über die Dächer der Stadt, den Hafen, den Berg **Montgó** und das Mittelmeer. An klaren Tagen reicht die Sicht bis zu den Balearen. Im restaurierten ehemaligen Gouverneurspalast befindet sich auch das **archäologische Museum** mit Ausgrabungsfunden und Fotografien zur Stadtgeschichte.

Öffnungszeiten: In der Regel ist die Burganlage täglich ab 10.00 Uhr bis zum Einbruch der Dunkelheit zugänglich. Eintritt (inkl. Museum): 3,00 Euro, ermäßigt 2,00 Euro, zahlbar mit Kreditkarte.

Burgblick und Altstadtgassen in Dénia

Wieder hinunter bummeln wir durch die Gassen der ehemaligen **Medina** westlich der Burg. Früher lag das **Barrio Les Roques** innerhalb der Stadtmauern. Heute besticht das ruhige und wenig besuchte Viertel mit seinen niedrigen, blumengeschmückten Häusern und seinem authentischen Charme.

Über die Carrer Santíssima Trinitat gelangen wir auf die nördliche Seite des Burgberges und stoßen dort auf einen **Fußgängertunnel**, der uns auf direktem Weg unter der Burg hindurch zurück zur Altstadt und der **Plaza del Consell** bringt. Nach dem Kulturgenuss wird es nun Zeit, die kulinarischen Seiten der Stadt zu entdecken. Nur wenige Schritte entfernt statten wir der **Markthalle** in der Carrer Magallanes einen Besuch ab. Treffpunkt von Einheimischen und Touristen gleichermaßen, um sich dort mit frischen Produkten der Region zu versorgen. *Geöffnet ist sie von Montag bis Samstag von 8.00 bis 15.00 Uhr*. Davor findet freitags auch ein Wochenmarkt mit lokalen Erzeugern statt.

Weiter südlich stößt man auf die **Prachtstraße *Marqués de Campo***. Hier lässt es sich unter schattigen Platanen herrlich bummeln. Zahlreiche Bars, Cafés und Restaurants laden zum Verweilen ein. Noch schöner wäre es allerdings ohne den Autoverkehr. So gelangen wir wieder zurück zum Hafenbereich. Wir spazieren auf dem **Paseo Marítimo** in Richtung unseres WOMO-Parkplatzes und passieren dabei die **Fischauktionshalle *Lonja***. Dort wird von Montag bis Freitag ab 17.00 Uhr der Tagesfang versteigert. Von einer Tribüne aus lässt sich das Treiben gut beobachten. Typische Spezialitäten aus dem Meer sind die berühmte rote Garnele *Gamba roja de Dénia*, Seeigel oder getrockneter Oktopus.

Wer nun noch mehr über das maritime Leben erfahren möchte, kann einen Blick in das kleine **Meeresmuseum** in der alten Fischauktionshalle werfen.

Öffnungzeiten: Täglich von 10.00 bis 13.00 Uhr und von 17.00 bis 21.00 Uhr.

Einkehrtipp: Um die Fischspezialitäten zu verkosten, empfehlen wir eine Einkehr im Restaurant *El Rastet* an der Carrer Bellavista. Auf der großen Terrasse konnten wir die Reisspezialität *Arroz a banda* mit köstlichen Meeresfrüchten genießen.

Wenn Sie jetzt das WOMO noch ein wenig stehen lassen und die Küste aus einer anderen Perspektive erkunden möchten, hätten wir noch einen abschließenden Tipp für Sie.

Mit der Tram von Dénia nach Alicante

Für einen Ausflug entlang der Küste verbindet die Schmalspurbahn – kurz Tram genannt – auf rund 100 Kilometern die Küstenstädte zwischen Dénia und Alicante. Die einfache Fahrt dauert rund zweieinhalb Stunden, denn der Bummelzug hält an über 40 Stationen. Zudem muss man in Benidorm umsteigen. Dennoch eine interessante Variante, die Küste aus einer anderen Perspektive kennenzulernen oder einfach nur die Nachbarorte zu besuchen. Informationen und Fahrpläne unter *www.tramalicante.es*.

Dénia verlassen wir fast schon ein wenig wehmütig, denn das Städtchen hinterließ einen sehr entspannten und positiven Eindruck bei uns. Die erste Perle der Costa Blanca wäre also gefunden.

Für die Weiterfahrt wählen wir die Küstenstraße CV-736 in Richtung **Xàbia/Jávea**. Am Ortsausgang bietet sich noch einmal die Möglichkeit zu einem Abstecher an den Strand. Folgen Sie dazu am Kreisverkehr beim **Park *Jardines El Poblet*** den Hinweisschildern nach **Les Rotes**. Der Sandstrand geht dort in die Steilküste mit Kiesbuchten über, die als ideales Tauchrevier gelten. Ihr WOMO können Sie am Parkplatz bei

N 38°49'28" E 00°09'03" in der Nähe des Hotels *Las Rotas* abstellen. Während der Hochsaison verkehrt ab hier ein Shuttlebus weiter zum Strand.

Wandertipp:
Vom Strand ist eine Wanderung entlang der Steilküste zur Meereshöhle **Cueva Tallada** möglich. Teilweise wurde sie von Menschenhand erschaffen und diente einst als Steinbruch für den Bau der für die Region typischen Steinhäuser. Die Höhle ist nur zu Fuß oder mit dem Kajak erreichbar. Für die **1,5 Kilometer** lange Wanderung sollte man trittsicher und schwindelfrei sein.

Zurück zur CV-736, die sich schon bald in vielen Kurven hinauf in den **Naturpark Montgó** windet und unterwegs immer wieder spektakuläre Ausblicke bietet. Steuermann oder Steuerfrau sollte den Blick jedoch auf die Straße gerichtet haben, denn bei viel Gegenverkehr kann es mitunter ein wenig eng werden.

Der 825 Hektar große Naturpark mit dem namensgebenden 753 Meter hohen **Gipfel Montgó** kann auf mehreren Wanderwegen erkundet werden. Wir verweisen an dieser Stelle gerne auf den *Rother-Wanderführer Costa Blanca* (siehe Lesetipps).

Wir hegen hingegen eher weniger alpine Ambitionen und steuern stattdessen das Sträßchen zum **Cabo de Sant Antoni** an. Der etwa vier Kilometer lange Abstecher führt uns durch eine Naturlandschaft mit Pinienwäldchen, in denen sich Villen und Restaurants verstecken. Am Ende der Straße tut sich beim Leuchtturm ein wahrhaft atemberaubendes 360-Grad-Panorama vor uns auf.

Leuchtturm am Cabo de Sant Antoni

(066) WOMO-Parkplatz: Cabo de Sant Antoni

GPS: N 38°48'13" E 00°11'34", 162 m. **Max. WOMOs**: 1-2.
Öffnungszeit: Ganzjährig.
Ausstattung: Sitzbänke, Mülleimer.
Beschreibung: Teilweise leicht schräger Schotterparkplatz in herrlicher Aussichtslage. Außerorts gelegen, tagsüber lebhafter Ausflugsverkehr, nachts ruhig. Der Platz befindet sich im Naturpark, es gibt jedoch keine Verbotsschilder. Die Guardia Civil fuhr mehrmals Streife. Unter Umständen wird die Übernachtung nur in der Nebensaison toleriert. Bei starkem Wind kann es ungemütlich werden. Campingartiges Verhalten sollte hier ebenfalls nicht an den Tag gelegt werden.
Zufahrt: Am Ende der Straße zu Kap und Leuchtturm auf der rechten Seite.

Der Kalksteinfelsen mit einem Leuchtturm zählt zu den Ausläufern des Montgó-Gebirges und fällt zum Teil senkrecht über 162 Meter ins Meer ab. Einst waren hier Einsiedler zuhause, was an den Resten einer kleinen Kapelle am Leuchtturm zu erkennen ist. Einmal mehr beschleicht uns der Gedanke, dass die Eremiten von damals wussten, wo es schön ist.

Die Landschaft rund um den Montgó und im Naturpark ist einzigartig. Über 600 Pflanzenarten kann man finden. Manche von ihnen sind endemisch, das heißt, sie kommen nur hier vor. Auch etliche Vogelarten, Eidechsen und Schlangen haben hier eine Heimat gefunden.

Mehrere Wanderwege durchziehen das Kap. Unter anderem kann man auf dem markierten Wanderweg PR-CV 355 durch die charakteristische Naturlandschaft etwa zwei Kilometer zum Hafen von **Jávea** hinuntersteigen. Auch wir wollen die Region ein wenig näher erkunden und schnüren die Wanderstiefel.

Wanderung zu den Windmühlen am Cabo de Sant Antoni

Ausgehend vom Parkplatz spazieren wir auf der Straße zurück, bis nach etwa 250 Metern rechts ein Wanderweg mit **weiß-gelber Markierung** abzweigt. Er verläuft zunächst noch parallel der Straße, bis nach etwa 500 Metern ein weitläufiger Picknickplatz erreicht ist. Dort orientieren wir uns am PR-CV 355 in Richtung **Santuari**. Der Weg verläuft nun auf einer durch eine Schranke abgesperrten Schotterstraße durch teilweise schattigen Pinienwald. Nach etwa 1,5 Kilometern trifft der Schotterweg wieder auf ein Asphaltsträßchen, dem wir nach links folgen. Immer wieder erhaschen wir Blicke auf Villenanwesen, die hinter hohen Hecken und Mauern verborgen sind.

Nach etwa 400 Metern stoßen wir auf die Straße zum Cabo de Sant Antoni, die wir überqueren. Dort können wir einen Blick in die kleine Kapelle des Klosters **Santuario de Nuestra Señora de los Ángeles** werfen, sofern die Türen offenstehen. Die Geschichte des Klosters reicht zurück bis ins Jahr 1374, als Papst Gregor VI. das Recht gewährte, hier oben im Montgó das **Monasterio de San Jerónimo** zu gründen. Zuvor bestand dort eine Einsiedelei. Im Laufe der Jahrhunderte wurde das Kloster von Kriegen, Plünderungen und Zerstörung heimgesucht, verfiel und wurde schließlich im Jahr 1964 komplett neu aufgebaut. Heute lebt hier eine Nonnengemeinschaft, die das Kloster als Einkehr- und Weiterbildungsstätte betreibt.

Mediterranes Gladiolen-Gewächs

Unmittelbar neben dem Kloster führt unser Weg weiter durch eine Zypressenallee, den Camí Monastir. Auch hier säumen versteckte Privatanwesen den Weg. Nach etwa 600 Metern knickt die Straße links ab. Wir halten uns jedoch noch ein kleines Stück geradeaus, um zu den ehemaligen **Windmühlen** zu gelangen. Ursprünglich standen hier elf historische Windmühlen, die älteste stammt aus dem 14. Jahrhundert. Heute sind die zylindrischen Steingebäude unterschiedlich gut erhalten, dienen teilweise als Privatunterkünfte oder als touristische Information. So oder so bietet sich ein schöner Ausblick hinunter auf die Bucht und den Hafen von Jávea.

Wir spazieren wieder zurück zum abknickenden Sträßchen, dem wir nun bis zur Hauptstraße folgen. Sie wird überquert, und auf der anderen Seite treffen wir schon bald auf die Schotterstraße, der wir nach rechts folgen und zurück zum Parkplatz wandern, wie wir gekommen sind. Für die etwa **sechs Kilometer** lange, leichte Wanderung sollten Sie gut **zwei Stunden** einplanen.

Ausblick vom Cabo de Sant Antoni auf die Bucht von Xàbia

Nach diesem aussichtsreichen Abstecher kehren wir zurück zur CV-736. So steil es heraufging, so steil und kurvig ist die Abfahrt hinunter nach **Xàbia**, das auf Spanisch **Jávea** heißt. Beide Ortsnamen sind sowohl auf Verkehrsschildern als auch Landkarten in Gebrauch.

Xàbia/Jávea im Überblick

28.000 Einwohner, 12 Meter m, Autonome Gemeinschaft Valencia. **Tourismusbüros**: Plaza de la Iglesia, Tel. +34 965 794 356, www.xabia.org, xabiacentre@touristinfo.net. Weitere Niederlassung gibt es beim Hafen sowie im Strandviertel Arenal.
Geöffnet Montag bis Freitag von 9.00 bis 14.30 Uhr und 17.00 bis 20.00 Uhr. Samstag von 10.00 bis 13.00 Uhr.

Jávea besteht eigentlich aus drei Ortsteilen. Neben dem **Hafengebiet Aduanas del Mar**, das wir bereits von oben bewundert haben, gibt es den landeinwärts gelegenen **Altstadtbereich**. Er wurde einst zum Schutz vor Piratenüberfällen etwas weiter ins Landesinnere verlegt und besticht heute mit malerischen Häusern, engen Gassen und einer wehrhaften Kirche, der **Iglésia-Fortaleza de Sant Bertomeu**. Mit Schießscharten und Zinnen bewehrt scheint sie uneinnehmbar zu sein und diente der Bevölkerung als Zufluchtsort in Gefahrenzeiten.

Donnerstags ist großer **Markttag**, den Frische-Einkauf kann man von Montag bis Samstag in der **Markthalle** unweit der Kirche erledigen.

Eine hübsch gestaltete Hafenpromenade führt schließlich zur zwei Kilometer entfernten Strandbucht **El Arenal**, die nach Süden hin vom **Cabo de la Nau** begrenzt wird. Der Sandstrand ist der Hauptanziehungspunkt im Sommer und hat einen Ferienort entstehen lassen, dessen Villen und Appartementsiedlungen sich weit den Hang emporziehen.

Für einen längeren Aufenthalt in Xàbia steht auch ein Campingplatz zur Verfügung.

(067) WOMO-Campingplatz: Xàbia – *Camping Jávea*

GPS/Kontakt: N 38°46'59" E 00°10'22", Camí de la Fontana 10, Tel. + 34 965 791 070, www.campingjavea.es, info@campingjavea.es.
Öffnungszeit: Ganzjährig.
Ausstattung: Campingplatzübliche Ausstattung mit Waschsalon, Pools (von Mai bis Oktober), Caféteria/Bar, Spiel- und Sportplätzen, Mietunterkünften, WLAN.
Beschreibung: Professionell geführter Campingplatz mit gehobener Ausstattung und vielen Annehmlichkeiten. Umgeben von Orangenplantagen ist der Platz ein beliebter Ort bei Überwinterern, weshalb eine Reservierung empfohlen wird. Die Stellflächen sind gekiest, für größere WOMOs geeignet und teilweise mit Schattendächern versehen. Der Strand ist rund 2,5 Kilometer, die Altstadt etwa einen Kilometer entfernt.
Preise: €€ – €€€. Je nach Reisesaison nur wochenweise buchbar.
Zufahrt: In Xàbia ist der Campingplatz an der CV-734 ausgeschildert.

Uns zieht es jedoch weiter und wir genießen noch einmal den Ausblick auf den Montgó, der sich am Vormittag noch von einem Wolkenkranz umhüllt zeigt. Mit etwas Fantasie lässt sich in der Kulisse des Berggipfels ein schlafender Elefant erkennen. Einem Mythos zufolge soll der Berg auch eine ganz besondere, positive Energie ausstrahlen. Es wird behauptet, wer einmal die Bergluft des Montgó eingeatmet hat, könne Kraft aus dem Energiefeld des Berges schöpfen.

Da lassen wir uns nicht zweimal bitten, atmen tief durch und machen uns gestärkt auf den Weg. Über die CV-734 und CV-737 erreichen wir nach 14 Kilometern den Badeort **Moraira**. Einst war dies ein verschlafenes Fischerdorf, heute boomt der Tourismus. Ein schicker Sportboothafen mit luxuriösen Segelyachten verströmt ein wenig mondänes Flair, es gibt die Reste eines Castillos und eine Fußgängerzone zum Flanieren. Doch uns Wohnmobilisten macht man das Leben schwer. Eine Übernachtung ist unmöglich, aber ein Tagesparkplatz für den Einkauf oder Strandbesuch ist uns vergönnt.

WOMO-Parkplatz: Moraira

GPS: N 38°41'23" E 00°07'54". **Max. WOMOs**: 10.
Öffnungszeit: Ganzjährig.
Ausstattung: Keine.
Beschreibung: Großer Parkplatz im Zentrum von Moraira mit Einkaufs- und Einkehrmöglichkeiten in unmittelbarer Nähe. Der Badestrand und das Castillo sind nur wenige Gehminuten entfernt.
Hinweis: Freitags findet auf einem Teil des Parkplatzes ein großer Wochenmarkt statt. Dann kann auf den ausgewiesenen Marktflächen nicht geparkt werden.
Zufahrt: Die Einfahrt zum Parkplatz befindet sich an der CV-746 nach dem zweiten Kreisverkehr im Zentrum auf der rechten Seite.

Die restlichen Kilometer entlang der Küstenstraße bis nach **Calpe** sind nun äußerst WOMO-unfreundlich. Zum einen gibt es nahezu überall Parkverbote, die Parkplätze sind ohnehin dünn gesät. Zum anderen geht es nur langsam, kurven- und verkehrsreich voran. Die Bebauung ist dicht, ein Ort geht scheinbar nahtlos in den anderen über, die Strecke ist gesäumt von Einkaufszentren, Restaurants, Feriensiedlungen und den nächsten Einkaufzentren. Was uns besonders ins Auge fällt sind die vielen medizinischen Einrichtungen, die mit mehrsprachigem Personal werben. Wenn Ihnen – was wir natürlich nicht hoffen – der Zahn drückt – hier könnten Sie den passenden Arzt finden.

Nach unendlich vielen Kurven, noch mehr Kreisverkehren sowie halsbrecherischen Radrennfahrern erreichen wir schließlich **Calpe**. Der mächtige Solitärfels, der **Peñon de Ifach**, ist bereits von weitem sichtbar und das Wahrzeichen der Costa Blanca. Neben dem Monstrum aus Naturstein erwartet uns auch eine monströse Kulisse aus Beton. Die Hochhäuser entlang der malerischen Bucht sind tatsächlich ehrfurchtgebietend. Wir

Skyline von Calpe

lassen uns aber nicht abschrecken, denn zwischen all den Wolkenkratzern soll es eine hübsche Altstadt und einen Salzsee mit Flamingos geben. Machen wir uns also auf die Suche.

Zwischen Betontürmen, Strand und Neustadt gibt es in Calpe mehrere gut ausgestattete Camping- und Stellplatzmöglichkeiten. Exemplarisch seien diese beiden Plätze genannt, die wir uns näher angeschaut haben. Eine freie Sicht aufs Meer und den mächtigen Felsbrocken haben Sie allerdings nirgends.

(068) Offizieller WOMO-Stellplatz: Calpe
Camping Sol de Calpe Austral

GPS/Kontakt: N 38°38'39" E 00°03'38", Calle Estonia, Tel. +34 900 103 787, www.campingsoldecalpe.com. **Max. WOMOs**: 200.
Öffnungszeit: Ganzjährig.
Ausstattung: Ver-/Entsorgungsstation, Strom, Toiletten, Duschen, WLAN, Waschsalon, Pool, Restaurant, Animationsangebote.
Beschreibung: Zentrumsnaher, komfortabler und geselliger Stellplatz mit allen Annehmlichkeiten. Wenige Gehminuten zu Restaurants, Einkaufsmöglichkeiten und an die Strandpromenade. Fußweg in die historische Altstadt etwa 1,5 Kilometer.
Hinweis: Der Stellplatz grenzt unmittelbar an einen Vergnügungspark. Dadurch und durch die zentrumsnahe Lage an der Straße ist mit einer gewissen Geräuschkulisse zu rechnen.
Preise: €€€. Rabatt bei Langzeitaufenthalten.
Zufahrt: Der Stellplatz ist an der Küstenstraße CV-746 ausgeschildert. Dazu am Kreisverkehr nach der Lagune rechts und gleich wieder rechts abbiegen.

An der Straße Avenida Rumania sowie hinter dem Stellplatz Nr. 068 gibt es **Tagesparkplätze** gegenüber von einem LIDL-Supermarkt bei N 38°38'42" E 00°03'41". Sehr viel ruhiger, doch dafür zentrumsferner stehen Sie auf diesem Stellplatz:

(069) Offizieller WOMO-Stellplatz: Calpe
Paraiso Camper

GPS/Kontakt: N 38°38'57" E 00°03'60", Urbanizacion Los Almendros, Tel. +34 965 875 348, www.paraisocamper.com, calpe@paraisocamper.com.
Max. WOMOs: 60.
Öffnungszeit: Ganzjährig.
Ausstattung: Ver-/Entsorgungsstation, Strom, Toiletten, Duschen, WLAN, Waschsalon, Pool.
Beschreibung: Gepflegter Stellplatz mit unterschiedlich großen Parzellen ohne Schatten am Ortsrand von Calpe. Das historische Zentrum mit Restaurants ist etwa zwei Kilometer entfernt, Einkaufsmöglichkeiten befinden sich in unmittelbarer Nähe. Vor dem Platz gibt es eine Bushaltestelle. Die

Stromkosten werden nach Verbrauch abgerechnet. Das Gelände ist eingezäunt und nachts beleuchtet.
Preise: € – €€. Rabatt bei Langzeitaufenthalten.
Zufahrt: Der Stellplatz ist an der Küstenstraße CV-746 beim Mercadona-Kreisverkehr ausgeschildert.

Calpe / Calp im Überblick

23.000 Einwohner, 59 m, Autonome Gemeinschaft Valencia.
Tourismusbüros: Avenida Ejércitos Españoles mit Zweigstellen am Busbahnhof und am Fischereihafen. Tel. +34 965 836 920, www.calpe.es. Geöffnet Montag bis Freitag von 9.00 bis 21.00 Uhr, Samstag von 10.00 bis 15.00 Uhr. In den Wintermonaten eventuell kürzer.

Altstadtgasse in Calpe

Calp oder Calpe?

Calp ist die offizielle valencianische Ortsbezeichnung, in vielen Reiseführern und Landkarten wird aber auch der spanische Name *Calpe* gebraucht. Dem wollen wir uns anschließen. Das heutige Calpe ist, wie viele andere Urlaubsorte an der Costa Blanca, ein Produkt des modernen Tourismus. Die milden Winter haben viele Nordeuropäer angelockt, in Immobilien zu investieren und hier die kalte Jahreszeit zu verbringen. Hinzu kommen die Apartments und Ferienwohnungen der Spanier, die fast ausschließlich im Sommer bewohnt sind. Somit kann sich die Einwohnerzahl in den Hochsommermonaten auf gut 200.000 erhöhen.

Man mag es kaum glauben, doch die Anfänge Calpes reichen über 3.000 Jahre zurück. Bereits die Phönizer unterhielten einen Handelsplatz unterhalb des markanten Felsens **Peñon de Ifach**. In späteren Zeiten hinterließen auch Iberer, Römer und Araber ihre Spuren. Entlang der Strandpromenade sowie am Fuße des mächtigen Felsens lassen sich diese bei einem ausgeschilderten, archäologischen Spaziergang sowie im **Archäologischen Museum *Museu Casa de la Senyoreta*** entdecken.

Öffnungszeiten: Dienstag bis Samstag von 10.00 bis 13.00 Uhr und von 16.30 bis 19.30 Uhr. Eintritt frei.

Stadtspaziergang Calpe

Zu den Hauptattraktionen von Calpe zählen zweifellos die Strände. Immerhin haben wir beim Strandbesuch die Hochhauskulisse im Rücken. Die **Playa de Arenal** erstreckt sich im Süden des Urlaubsortes. Die etwas kleinere **Playa de Levante** liegt im Osten jenseits des Peñon de Ifach. Hinter den Stränden lädt die Strandpromenade mit zahlreichen Restaurants, Bars und Souvenirgeschäften zum Flanieren ein. Wenden wir uns nach dem Strandbesuch der markanten Kulisse des **Peñon de Ifach** zu. Der mächtige Felsen ist durch eine Landenge mit dem Festland verbunden und heute als Naturpark geschützt. Eine Besteigung ist möglich, doch dafür sollten Sie über etwas Sportsgeist und Schwindelfreiheit verfügen.

Heimische Kost in Calpe

Wandertipp: Auf den Peñon de Ifach

Vom Naturparkzentrum ***Aula de Naturaleza*** führt ein ziemlich anstrengender Wanderweg nach oben. **Zwei Stunden** sollten Sie für die Besteigung hin und zurück einplanen. Im Informationszentrum erhält man in einer interessanten Ausstellung zunächst einen Überblick über die Flora und Fauna des Naturparkes. Dort erfahren Sie auch, ob eine Besteigung möglich ist, denn insbesondere während der Hochsaison ist die Besucherzahl limitiert. Längere Wartezeiten sind dann möglich. Der Weg hinauf führt über zum Teil recht schlüpfrige Felsen (Halteseile sind vorhanden), einen Tunnel und schmale, ausgesetzte und steile Pfade. Feste Wanderstiefel sind deshalb für den Aufstieg unerlässlich. Für Kinder ist der Weg hinauf offiziell verboten.

Öffnungszeiten Naturparkzentrum: Montag bis Freitag von 8.30 bis 14.30 Uhr. Samstag und Sonntag von 9.00 bis 14.00 Uhr.

Wir behalten lieber die Bodenhaftung und spazieren unterhalb des Marksteines in Richtung Hafen. Von senkrechten Felswänden überragt werden wir beim Blick nach oben ein wenig demütig. Immerhin ist der Brocken mehr als doppelt so hoch wie unser heimisches Ulmer Münster mit dem höchsten Kirchturm der Welt (161,53 Meter). Entlang der begrünten Promenade gelangen wir zum **Fischereihafen**, wo – wie bereits in Dénia – wochentags ab 17.00 Uhr Fischauktionen stattfinden. Die eigentliche **Altstadt von Calpe** liegt versteckt zwischen den Hochhaustürmen rund zwei Kilometer südlich. Dort hat sich nur ein kleines Viertel rund um die **Plaza del Mariners** gegen die touristische Vereinnahmung behauptet und man kann noch durch einige hübsche Gassen schlendern.

Nun gilt es nur noch, die versprochenen Flamingos zu finden. Die gibt es in einem weiteren Naturphänomen Calpes zu sehen. Der **Salar de Calpe** an der Avenida Juan Carlos I. ist ein Salzsee, an dem bereits zu Zeiten der Römer Salz gewonnen wurde. Heute ist der See ein Naturpark und Refugium zahlreicher Vogelarten. Mit etwas Glück können Sie dort dann auch die versprochenen Flamingos beobachten.

Flamingos am Salar de Calpe

Ist Calpe nun eine Perle an der Costa Blanca? Wir sind uns nicht so ganz schlüssig und überlassen Ihnen die Wertung. So oder so endet hier unsere Tour 6. Auf den nächsten Kilometern nehmen wir Sie wieder mit in Richtung Hinterland.

Tour 7: Zu den Perlen der mittleren Costa Blanca
Von Calpe nach Alicante 98 km

Altea – Callosa d'en Sarrià – Las Fuentes del Algar Guadalest – Benidorm – Villajoyosa – Alicante

Stellplätze:	In Guadalest, Benidorm, Villajoyosa, El Campello (Alicante)
Campingplätze:	In Las Fuentes del Algar, Villajoyoa, El Campello (Alicante)
Besichtigen:	Wasserfälle und DinoPark in Las Fuentes del Algar, Motorradmuseum bei Guadalest, Guadalest, Villajoyosa, Alicante
Baden:	Wasserfälle Las Fuentes del Algar, Strände bei Villajoyosa und Alicante
Einkehrtipps:	Restaurant *El Ríu* bei Guadalest, *Chocolateria Valor* in Villajoyosa, Restaurant *San Telmo* in Alicante

Auf der weiteren Suche nach den Perlen der Costa Blanca unternehmen wir in dieser Tour einen kleinen Schwenk ins Hinterland. Dort erwarten uns eindrucksvolle Wasserfälle mit Naturschwimmbecken, ein spektakuläres Bergdorf und faszinierende Naturlandschaften. Zurück an der Küste treffen wir auf das Manhattan am Mittelmeer – die Wolkenkratzer-Skyline Benidorms. Eher abschreckend als einladend werden wir sie jedoch nur aus der Ferne bestaunen. Weiter südlich erwartet uns mit Villajoyosa ein farbenfrohes, authentisches Fischerdorf, bevor wir diese Tour im quirligen Alicante beenden.

Níspero-Plantagen unter Foliendächern

Nach dem vom Massentourismus geprägten Calpe geht es nun wieder in Richtung Hinterland. Uns steht der Sinn nach Ruhe und Entspannung in der Natur. Ob sich unser Wunsch erfüllen wird? Wir lassen also Calpe und die Hochhaus-Kulisse hinter uns und fahren auf der N-332 noch ein Stück entlang der Küste in Richtung **Altea**.

Altea – auch das *weiße Dorf* genannt – liegt mit seinen vornehmen Villensiedlungen malerisch am Hang, doch gefühlt fahren wir wieder von einer Urbanización zur nächsten. Parkplätze für WOMOs sind Fehlanzeige. Ab **Altea la Vella** wird es ruhiger, wir nehmen die CV-755, lassen die Küste hinter uns und winden uns in vielen Kurven in bergige Regionen.

Wir sind nun im Anbaugebiet der **Japanischen Wollmispeln** – hier ***Nísperos*** genannt. In großen Plantagen gedeihen die orangegelben Früchte unter Netze eingehüllt, und die Gewächshäuser ziehen sich nicht gerade dekorativ die Hänge empor. Dennoch bilden sie vor dem Hintergrund eindrucksvoller Bergpanoramen eine fast schon bizarre Szenerie.

Nísperos – Die süßen Alleskönner

Vielleicht geht es Ihnen wie uns. Wir sind den Nísperos auf unserer Reise zum ersten Mal begegnet und waren zunächst ein wenig ahnungslos, worum es sich dabei handelt. In deutschen Supermärkten hatten wir die Früchte noch nie gesehen. Die Internet-Recherche brachte schließlich ein wenig Licht ins Dunkel.

Spanien ist nach China eines der Hauptanbaugebiete für die süßen Früchte. Sie sehen aus wie eine gelbe Pflaume, haben die Größe einer reifen Feige und erinnern in ihrem Geschmack an Aprikose und Pfirsich. Geerntet werden die Früchte, die auf immergrünen Bäumen wachsen, zwischen Ende April und Mitte Juni. Einmal geerntet, bekommt die Schale schnell braune Flecken. Das tut dem Geschmack jedoch keinen Abbruch und wenn Sie frische Nísperos angeboten bekommen, sollten Sie zugreifen. Die süßen Früchtchen sind nämlich nicht nur lecker, sondern auch extrem gesund. Sie haben einen sehr hohen Vitamin-C-Gehalt, sollen nierenreinigend und cholesterinsenkend wirken, sind leicht verdaulich und aus ihren Blättern wird ein Erkältungstee gewonnen. Selbst die Kerne können geröstet als Kaffee-Ersatz dienen.

Die Einheimischen produzieren daraus unter anderem Marmelade und einen leckeren Likör, der ebenfalls an vielen Verkaufsstellen erhältlich ist. Ob Sie die Früchte vor dem Verzehr schälen, ist Geschmackssache. Doch Vorsicht beim spontanen Reinbeißen: Die Nísperos haben nicht nur einen, sondern teilweise mehrere dunkle Kerne in ihrem Inneren.

So erreichen wir die Stadt **Callosa d'en Sarrià**, in der die CV-715 nach **Las Fuentes del Algar** abzweigt – unserem ersten Etappenziel. Es ist mit braunen Touristikschildern gut markiert, doch das Sträßchen wird auf den letzten Metern zur Herausforderung.

Fuentes del Algar, oder **Fonts de L'Algar**, wie es auf Valencianisch genannt wird, besteht aus einer Ansammlung von Restaurants, die Parkplätze an die Besucher der Hauptattraktion – den **Wasserfällen** – vermieten. Gegen Bares, das bei einer Einkehr im jeweiligen Etablissement verrechnet wird. Hin und wieder ist auf Nachfrage auch eine Übernachtung möglich. Die meisten Plätze eignen sich aber nur für kleinere WOMOs. Wir versuchen also, unbeschadet durch diese Engstelle zu gelangen und steuern den am Hang gelegenen Campingplatz an. Halten Sie durch, das steile Sträßchen wird irgendwann wieder breiter. Hier sind auch Touristenbusse unterwegs.

(070) WOMO-Campingplatz: ***Camping Fonts de L'Algar***

GPS/Kontakt: N 38°39'15" W 00°05'35", 156 m, Tel. + 34 608 742 571, www.fontsdelalgar.com, info@fontsdelalgar.com.

Öffnungszeit: Ganzjährig.

Ausstattung: Campingplatzübliche Ausstattung mit Pool, Waschsalon, Bar, WLAN, Grillplätzen und Picknickzone.

Beschreibung: Einfacher, aber leider überteuerter Campingplatz mit schattigen Stellplätzen im Grünen, die für eher kleinere bis mittlere Fahrzeuge geeignet sind. Größere WOMOs können auf Nachfrage ohne Serviceleistungen, aber gegen Gebühr, auf dem Parkplatz davor übernachten. Es gibt keine ordentliche Ver- und Entsorgungsstation, der Ausguss von Chemietoiletten ist jedoch möglich.

Preise: €€ – €€€.

Zufahrt: Der Campingplatz befindet sich in Richtung *DinoPark* auf der rechten Seite.

Noch einige Meter weiter bergauf gelangt man zum weithin sichtbaren **DinoPark mit Kakteengarten**. Auch dort gibt es Parkplätze bei N 38°39'05" W 00°05'20". Wir können Ihnen aber nicht zusichern, dass hier eine Übernachtung möglich ist.

Zu den Wasserfällen von Algar

Wasserfälle, Dinosaurier und Kakteen – Eine Touristenfalle?

Wir sind ja auf der Suche nach den Perlen entlang der Costa Blanca. Die Stichworte Wasserfälle, natürliche Badestellen sowie ein mediterraner Kakteengarten ließen uns hoffen. Doch leider kam es ein wenig anders. Wir vermögen nicht zu sagen, ob wir einfach nur Pech hatten oder ob wir in eine Touristenfalle getappt sind. Somit wollen wir Ihnen nun einfach erzählen, was Sie theoretisch hier erwarten würde. Persönlich in Augenschein nehmen konnten wir die versprochenen Attraktionen nämlich nicht.

Zunächst die berühmten **Wasserfälle von Algar**: Der nur zwölf Kilometer lange **Río Algar** bahnt sich an dieser Stelle seinen Weg mit etlichen kleinen und größeren Wasserfällen durch die Felsen der **Sierra del Ferrer** und hat dabei mehrere natürliche Badebecken geschaffen. Ein etwa anderthalb Kilometer langer Rundweg führt über Pfade, Brücken und Stege vorbei an diesem Naturschauspiel. Im Sommer sollten Sie also die Badesachen nicht vergessen.

Unser Pech: Trotz vorheriger Recherche im Internet, geöffneten Restaurants und Souvenirshops sowie einer geschäftstüchtigen Fotografin, die Erinnerungsfotos schießen wollte, standen wir vor verschlossenen Toren. *It's closed*, so der lapidare Kommentar der Mitarbeiter. Und niemand vermochte uns zu sagen, wann die Attraktion denn geöffnet wäre. Mañana? Pasada mañana? Überübermorgen? Die Antwort war ein Achselzucken. Anbei deshalb die theoretischen Daten:

Öffnungszeiten: Täglich ab 9.00 Uhr. Einlass im Winter bis 15.30 Uhr, im Hochsommer bis 20.00 Uhr. Eintritt: 5,00 Euro (von Mitte Oktober bis Mitte Juni 4,00 Euro), ermäßigt 4,00 Euro (3,00 Euro), www.lasfuentesdelalgar.com.

Wir versuchen also unser Glück an der zweiten Attraktion, dem **mediterranen Kakteengarten**. Er befindet sich etwa 700 Meter oberhalb der Wasserfälle im **DinoPark**. Letzteres sicherlich eine schöne Ausflugsmöglichkeit für Familien mit Kindern. Im

Vergnügungspark gibt es mehrere lebensgroße Dinosaurier-Modelle zu sehen, die mittels ausgeklügelter Robotertechnik beweglich sind und urzeitliche Geräusche von sich geben. Spielplätze, ein 3-D-Kino und eben auch ein mediterraner Kakteengarten runden das Angebot ab. Doch hier hatten wir ebenfalls Pech, standen gemeinsam mit einer spanischen Familie trotz offizieller Betriebszeiten vor unwilligen Mitarbeitern, die uns auch nach 15minütiger Wartezeit nicht einlassen wollten. Hier die theoretischen Daten ohne Gewähr:

Öffnungszeiten: Täglich von 10.00 bis 18.00 Uhr. Im Juli und August bis 20.00 Uhr. Eintritt: Erwachsene 15,00 Euro, Kinder 10,00 Euro, www.dinopark.eu.

Nach diesem eher enttäuschenden Aufenthalt in einer vielbesuchten Region, auf die wir uns eigentlich gefreut hatten, geht es nun weiter zu einem nicht minder touristisch attraktiven Ziel – dem spektakulären Bergdorf **Guadalest**.

Von Las Fuentes del Algar sind es nur etwa 20 Kilometer, die wir ab **Callosa d'en Sarrià** kurvenreich mit ordentlichen Steigungen auf der CV-755 hinter uns bringen. Bereits nach knapp einem Kilometer bietet sich links bei N 38°39'13" W 00°08'06" eine erste Rastmöglichkeit an einer Aussichtsplattform mit Wasserstelle. Uns zieht es jedoch weiter entlang dem **Río Guadalest**, der sich wildromantisch weit unter uns durch das Tal schlängelt. Weinreben, Olivenhaine sowie üppig blühende Mandel- und Aprikosenbäume auf Terrassenfeldern säumen die Strecke.

Einige Kurven später erreichen wir bei N 38°39'51" W 00°09'37" ein **Motorradmuseum *Museo Vehículos Guadalest***, das die Herzen von Zweiradfreunden höherschlagen lassen dürfte. Zu sehen sind rund 140 liebevoll restaurierte Motorräder verschiedener Fabrikate aus der Zeit der 1920er bis 1970er Jahre.

Öffnungszeiten: Von 10.30 bis 18.00 Uhr. Im Sommer bis 19.30 Uhr. Samstags geschlossen. Eintritt: 4,00 Euro, ermäßigt 3,00 Euro.

Zweirad-Schätze aus dem Museum

Einkehrtipp: Das benachbarte Restaurant *El Ríu* lädt nach dem Museumsbesuch zur Einkehr ein. Die Außengrills rauchen bereits am späten Vormittag und auf den Tisch kommen leckere Grillgerichte. Werfen Sie auch einen Blick hinein ins Restaurant. Dort ist eine Sammlung historischer Röhren-Radioempfänger ausgestellt, *www.museovehiculosguadalest.com*.

Die Straße steigt nun in etlichen Serpentinen nochmals stark an. Immer wieder taucht die Kulisse der eindrucksvollen, gezackten Gebirgskämme vor uns auf. Und dann, fast urplötzlich, liegt nach einer Linkskurve die charakteristische Felswand von **Guadalest** mit dem berühmten weißen Glockenhäuschen vor uns. Der Anblick macht uns schon jetzt sprachlos. Kein Wunder, zieht es alljährlich mehr als zwei Millionen Besucher aus aller Welt hierher.

Unser Tipp: Starten Sie frühmorgens oder übernachten Sie gleich vor Ort, um diese Attraktion noch vor Ankunft der Touristenströme genießen zu können. Folgende Stellplatzmöglichkeit können wir Ihnen anbieten:

(071) Offizieller WOMO-Stellplatz: Guadalest – P 2

GPS: N 38°40'34" W 00°11'56", Calle Sol, 554 m. **Max. WOMOs**: 20.
Öffnungszeit: Ganzjährig.
Ausstattung: Mülltonnen, öffentliche Toiletten.
Beschreibung: Bewachter und gebührenpflichtiger Parkplatz unterhalb des Castells von Guadalest. Nachts teilweise beleuchtet. Kurzer Fußweg ins Zentrum mit Restaurants. Tagsüber lebhaft, da der Parkplatz auch von PKWs genutzt wird. Nachts jedoch sehr ruhig.
Preise: €. Bezahlung am Kassenautomaten oder beim Parkplatzpersonal.
Zufahrt: Die Einfahrt zum Stellplatz befindet sich im Zentrum und beim großen Busparkplatz. Orientieren Sie sich am Hinweis P 2, der für WOMOs freigegeben ist.

Unten im Tal leuchtet der türkisfarbene Stausee **Embalse de Guadalest**, oben die weißen Häuser des pittoresken Dörfchens **Castell de Guadalest**, dazu die Reste einer ehemali-

Embalse de Guadalest

gen Burg. Heute reihen sich in den engen Gassen zwar die Souvenirläden, Bars und Museen aneinander, doch wer den kommerziellen Trubel ausblendet, kann sich leicht in alte Zeiten zurückversetzen, als noch Eselskarren über die steilen, gepflasterten Straßen holperten. Damals kannte kaum jemand das 200-Seelen-Nest. Heute zählt das Dorf im Hinterland der Costa Blanca offiziell zu den schönsten Orten in Spanien.

Guadalest im Überblick

220 Einwohner, 586 m, Autonome Gemeinschaft Valencia.
Tourismusbüro: Avenida de Alicante Tel. +34 965 885 298, www.guadalest.es.

Uneinnehmbarer Adlerhorst

Der wohl einzigartigen und spektakulären Lage von Guadalest ist es zu verdanken, dass der Ort militärisch praktisch uneinnehmbar war. Die Mauren errichteten im 11. Jahrhundert eine Siedlung und betrieben mit einem ausgeklügelten Bewässerungssystem hauptsächlich Landwirtschaft. Zur Befestigung des Ortes wurde die Festung *La-Alcozaina* errichtet, von der heute allerdings nur noch ein Turm erhalten ist. Guadalest war bis 1609 der letzte Rückzugsort von Mauren und Moriscos (konvertierte Muslime), ehe die letzten von ihnen von König Felipe III. vertrieben wurden. Das hatte eine Entvölkerung und Verwahrlosung von Guadalest und der umliegenden Dörfer zur Folge. Weitere Zerstörungen erlitt das Dorf durch zwei schwere Erdbeben in den Jahren 1644 und 1748. Im Verlauf des spanischen Erbfolgekrieges wurde schließlich die Befestigung der Burg gesprengt und nicht mehr wiederaufgebaut.
Erobert wurde das uneinnehmbare Dorf schließlich vom Tourismus. Liegt es doch nur knapp 20 Autominuten von den Urlaubshochburgen der Costa Blanca entfernt und ist damit ideales Ziel für einen Tagesausflug ins Hinterland.

Stadtspaziergang Guadalest

Am besten lassen Sie sich nun durch die Gassen des Dörfchens treiben. Ist man erst einmal an den Souvenirgeschäften vorbei, lässt sich auch noch die eine oder andere stille Ecke entdecken. Heutige Besucher müssen zunächst über eine Treppe und durch einen Tunnel emporsteigen, um in den Ortskern auf der anderen Seite des Felsens vorzudringen. Dann gelangt man auch schnell zum einzigen öffentlichen Platz. Im Zentrum können verschiedene, teilweise recht skurrile Museen besucht werden. Gruselfreunde sollten einen Blick in das Rathaus mit einem Kerker aus dem 12. Jahrhundert werfen, es gibt ein **Miniaturen-Museum** mit dem Eiffelturm en miniature oder das weihnachtlich angehauchte **Museo Belen** mit Krippenstadt, Eisenbahn und romantischer Beleuchtung. Kann man alles haben, muss es aber nicht.

Ein MUSS ist allerdings ein Besuch im **Casa Orduña**. Das Herrenhaus stammt aus dem 14. Jahrhundert und zeigt Einblicke in Lebens- und Wohnkultur damaliger Zeiten. Das alleine wäre noch nicht unbedingt erwähnenswert. Ein Muss ist es jedoch deshalb, weil der einzige Zugang zum höher gelegenen **Castillo San José** durch das Museum führt. Der Aufstieg lohnt sich vor allem wegen der spektakulären Ausblicke, denn die Burg befindet sich auf dem höchsten Punkt des Ortes. Zudem gibt es einen **Friedhof**, der dann tatsächlich eine ruhige und abgeschiedene Ecke ist, um diesen besonderen Ort zu genießen.

Öffnungszeiten: Täglich zwischen 10.00 und 18.00 Uhr, im Sommer bis 20.00 Uhr. Donnerstags und sonntags von 14.00 bis 15.00 Uhr Mittagspause. Eintritt: 4,00 Euro, ermäßigt 3,00 Euro.

Guadalest

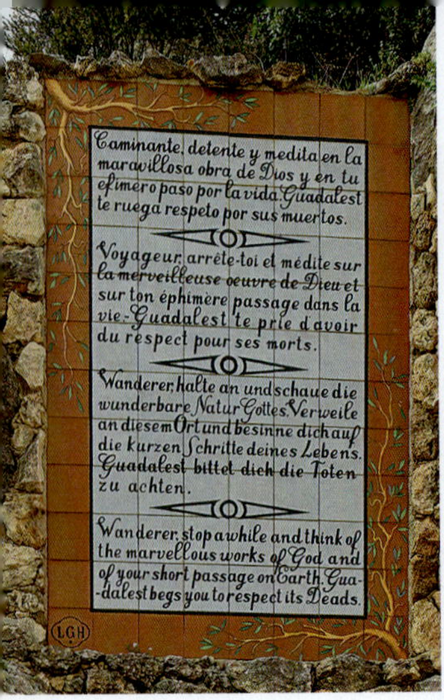

Wieder unten in der Altstadt schlendern wir noch ein wenig durch die Gassen, genießen in einer der Bars einen leckeren *Café solo* und machen uns auf den Weg zurück zu unserem WOMO-Parkplatz. Keine Sekunde zu früh, denn ab spätestens 11.00 Uhr spucken die Touristenbusse ihre Fracht aus und wir haben Mühe, unser Fahrzeug wieder hinauszumanövrieren.

Unser Fazit: Trotz des touristischen Rummels hat sich Guadalest eine dicke Perle verdient. Das Gesamtbild des Ortes mit seinen weißen Häusern, die wunderschönen Ausblicke auf die spektakuläre Bergwelt und die Ruhe vor dem Sturm haben uns wirklich begeistert. Prädikat: Anschauen!

Von Guadalest geht es nun wieder in Richtung Küste. Wir nehmen dazu die CV-70 in Richtung **Benidorm**. Landschaftlich ist auch diese Strecke wunderschön und wir genießen einmal mehr die Blüte der Aprikosenbäume im Frühling.

Die Skyline aus Wolkenkratzern und Betonburgen bewundern wir aus der Ferne und umfahren die Stadt weiträumig auf der Schnellstraße. Bitte sehen Sie es uns nach, dass wir Sie nicht in die Metropole des Massentourismus am Mittelmeer entführen, auch wenn es sich hier um eine Stadt der Superlative handelt. Ein paar Stichworte gefällig?

Größte Hochhausdichte pro Einwohnerzahl weltweit mit 345 Gebäuden, höchstes Hotel Europas (52 Etagen), höchstes Wohngebäude in der europäischen Union (47 Etagen), mehr als vier Millionen Touristen jährlich, Bingo-Clubs, Fish'n Chips Restaurants, Karaoke-Bars. Braucht es noch mehr Argumente, um einen großen Bogen darum herum zu machen?

Wenn Sie jedoch Bedarf an Unterhaltung haben und vielleicht auch junge Mitreisende an Bord sind – rund um Benidorm haben sich mehrere Freizeit- und Themenparks angesiedelt, die zu den besten Europas gehören, und Benidorm zu einem beliebten Ziel bei **Familien mit Kindern** machen. Exemplarisch seien diese Einrichtungen genannt:

Aqualandia: Größter Wasserpark Europas, *www.aqualandia.net*. Geöffnet von Mitte Mai bis September. Eintritt: Erwachsene 39,00 Euro, Kinder 29,00 Euro, bei online-Buchung günstiger.

Terra Mítica: Themenpark mit zahlreichen Fahrgeschäften, *www.terramiticapark.com.* Geöffnet von April bis Oktober. Eintritt: Erwachsene 39,00 Euro, Kinder 28,00 Euro, bei online-Buchung günstiger.

Terra Natura: Tierpark mit Elefanten, Seelöwen und Ponyreiten sowie saisonaler Wasserpark mit Pools und Rutschen, *www.benidorm.terranatura.com.* Ganzjährig geöffnet, Wasserpark nur von Mai bis August. Eintritt: Erwachsene 34,00 Euro, Kinder 28,00 Euro. Rabatte für Familien.

Dieser letzte Themenpark bietet erfreulicherweise auch einen Stellplatz für Wohnmobilisten an.

(072) Offizieller WOMO-Stellplatz: Benidorm *Terra Natura Camper Park*

GPS/Kontakt: N 38°34'14" W 00°08'44", Foia del Verdader, 197 m, Tel. +34 671 067 404, www.camperareapark.terranatura.com, reservas@magicnatura.com. **Max. WOMOs**: 40.
Öffnungszeit: Mai bis Ende Oktober.
Ausstattung: Ver-/Entsorgungsstation, Strom, Waschsalon, Duschen, Toiletten, WLAN.
Beschreibung: Eingezäunte, asphaltierte und über einen Schrankenzufahrt abgegrenzte Parkplätze für WOMOs. Die Stellflächen sind eben und schattenlos. Es gibt eine Busverbindung nach Benidorm und zu den Stränden. Der Stellplatz liegt etwa fünf Kilometer außerhalb der Stadt.
Preise: €.
Zufahrt: An der CV-70 den Hinweisschildern zum Themenpark *Terra Natura* folgen.

Palmenstrand in Villajoyosa

Uns zieht es weiter in das 15 Kilometer südlich gelegene Küstenstädtchen **Villajoyosa**. Die *bunte Stadt* wird sie auch genannt und der Ort stimmt uns nach dem ungeliebten Massentourismus wieder einmal versöhnlich. Einen geeigneten Parkplatz finden wir hier:

(073) WOMO-Parkplatz: Villajoyosa

GPS: N 38°30'44" W 00°13'49", Carrer Carles Llorca i Baus.
Max. WOMOs: 10.
Öffnungszeit: Ganzjährig.
Ausstattung: Keine.
Beschreibung: Zentrumsnaher Großparkplatz in der Nähe des Schokoladenmuseums und der Haltestelle der Küsten-Tram. Fußweg zum Strand etwa zehn Minuten.
Hinweis: Wegen des großen Wochenmarktes ist von Mittwoch 18.00 Uhr

bis Donnerstag 18.00 Uhr kein Parken und Übernachten möglich. **Zufahrt**: Nach dem ersten Kreisverkehr nach links in die *Carrer Carles Llorca i Baus* abbiegen. Der Parkplatz ist ausgeschildert.

Villajoyosa im Überblick

35.000 Einwohner, 27 m, Autonome Gemeinschaft Valencia. **Tourismusbüro**: Carrer Colón, Tel. +34 966 851 371, www.turismolavilajoiosa.com. Geöffnet von Montag bis Freitag 9.00 bis 20.00, Samstag und feiertags von 9.00 bis 14.00 Uhr.

Fisch und Schokolade

La Vila – so nennen die Einheimischen liebevoll ihren Wohnort, der ursprünglich ein kleines Fischerdorf war. Bekannt geworden ist es durch die farbenfrohen schmalen Häuser im Viertel **El Arenal**. Angeblich sollen die Fischer ihre Häuser in so auffälligen Farben gestrichen haben, damit sie bei Nebel oder schlechtem Wetter bereits vom Meer aus erkennen konnten, wo ihr Dorf lag. Einst war das gesamte Viertel zum Schutz gegen Piratenüberfälle auch von einer Mauer umgeben, von der jedoch nur noch einige Reste erhalten sind.

Farbenfrohe Streetart in Villajoyosa

In neuerer Zeit ist man in *La Vila* stolz auf die Herstellung von Schokolade. Die Schokoladenfabrik *Valor* hat hier eine Produktionsstätte und unterhält gleich am Ortseingang ein eigenes **Schokoladenmuseum** in der Avenida Pianista Gonzalo Soriano. Der Besuch lohnt sich nicht nur für Süßschnäbel.

Öffnungszeiten: Montag bis Freitag von 10.00 bis 13.00 Uhr und von 17.00 bis 19.00 Uhr. Samstag von 10.00 bis 13.00 Uhr. Eintritt frei, www.valor.es.

Ein Fest für Schokoholics

Das bedeutendste Fest von Villajoyosa ist das **Fest der Mauren und Christen**. Es wird bereits seit über 250 Jahren zu Ehren der heiligen Marta gefeiert und erinnert an die Ereignisse von 1538, als Berberpiraten die Stadt angreifen wollten. Der Überlieferung nach half Santa Marta den Bewohnern der Stadt mit einer Flut, die die feindlichen Schiffe mit sich riss, so dass die Piraten das Ufer nicht erreichen konnten. Zum Dank dafür wurde sie zur Schutzpatronin des Ortes ernannt und werden ihr jedes Jahr in der letzten Juli-Woche diese Festlichkeiten gewidmet, deren Höhepunkt die Darstellung der maurischen Landung ist. Acht Tage lang taucht die ganze Stadt in die Vergangenheit ein, um eine Schlacht von 1538 spektakulär nachzuspielen.

Stadtspaziergang Villajoyosa

Zugegeben – Villajoyosa wirkt auf den ersten Blick ernüchternd. Die verkehrsreiche N-332a und die Straßenbahn teilen die Stadt in zwei Hälften. Das obere Stadtviertel ist mit seinen lieblosen Wohnblocks eher trist und weit entfernt von einem fröhlich-bunten Fischerdorf. Sehr viel schöner ist es jenseits davon unten am Meer. Von unserem Parkplatz überqueren wir also die Straßenbahnlinie und gehen hinunter in Richtung Strand. Dort erreichen wir die Avenida del Port und die hübsche Strandpromenade. Links von uns liegt der **Hafen**, in dem wochentags ab 17.00 Uhr die Fischauktionen stattfinden. Rechts geht es entlang der Promenade in Richtung Altstadtviertel. Der anderthalb Kilometer lange Sandstrand lädt zu einem Sonnenbad ein.

Am Ende der Bucht biegen wir ab ins bunte Viertel **El Arenal**. Wir lassen uns jetzt einfach treiben, denn hier erwartet uns eine ganz authentische Seite Spaniens. Beim Bummel durch die engen Gassen dringen aus dem einen Haus Schimpftiraden, irgendwo ist der Fernseher auf Schwerhörigen-Modus gestellt, andernorts telefoniert jemand auf dem kleinen Balkon. Es riecht nach Pasta und Knoblauch und ein wenig nach Katzenklo. An der nächsten Ecke erschnuppern wir die blumigen

Altstadtgasse in Villajoyosa

Düfte aus dem Wäschetrockner. Selbst als Passant nimmt man teil am Alltagsleben der Bewohner. Sehr sympathisch nach der Anonymität der Hochhausfluchten.

Die ehemaligen Mauern der Stadtbefestigung dienen heute Streetart-Künstlern als Leinwand, einige Häuser verbreiten morbiden Charme, andere sind hingegen hübsch renoviert. Wem jetzt noch nach Kultur zumute ist, kann einen Blick in die wehrhafte, gotische **Kirche Nuestra Señora de la Asunción** werfen oder das **ethnographische Stadtmuseum** in der Carrer Colón besuchen.

Uns steht der Sinn nach den süßen Sünden, für welche die Stadt berühmt ist. Über die nett gestaltete Grünanlage **Parque Censal** gelangen wir auf verschlungenen Wegen wieder hinauf zur verkehrsreichen Carrer Colón. Wer es bequemer mag, benutzt die Rolltreppe.

Köstliches Fettgebäck Churros

Einkehrtipp: Oben erwartet uns die *Chocolateria Valor,* in der wir uns eine Tasse heiße Schokolade genehmigen. Besonders empfehlenswert ist die Orangenschokolade. Stilecht tunken wir in Fett ausgebackene *Churros* hinein. Kalorienzählen ist hier überflüssig.

Keine Frage – mit Villajoyosa haben wir eine weitere Perle an der Costa Blanca gefunden. Ein, wie wir finden, zauberhaftes Städtchen. Wer länger verweilen möchte, kann hier auch einen strandnahen Campingplatz am nördlichen Stadtrand aufsuchen.

(074) WOMO-Campingplatz: Villajoyosa
Camping El Torres

GPS/Kontakt: N 38°30'58" W 00°12'01", Playa El Torres, Tel. + 34 965 995 077, www.campingeltorres.com, info@campingeltorres.com.

Öffnungszeit: Ganzjährig.
Ausstattung: Campingplatzübliche Ausstattung mit Waschsalon, Pool, Restaurant, Bar, Supermarkt, Mietunterkünften, WLAN, Animationsprogramm.
Beschreibung: Gepflegter Platz mit terrassierten Stellflächen auf Kies. Auch für große WOMOs geeignet. Für Schatten sorgen im Sommer Mattendächer. Wasser- und Stromanschlüsse befinden sich am Platz. Es gibt recht viele Dauercamper und es ist ein beliebter Platz für Überwinterungen. Der Sand-Kiesstrand ist nur wenige Schritte entfernt, das Zentrum von Villajoyosa erreicht man über die Strandpromenade nach knapp vier Kilometern.
Hinweis: An den Wochenenden finden regelmäßig Live-Musik Abende statt, was je nach Stellplatz zu einer vermehrten Geräuschkulisse führen kann.
Preise: €€ – €€€.
Zufahrt: Die N-332 am großen Einkaufszentrum zwischen Benidorm und Villajoyosa verlassen und auf der N-332a weiter in Richtung Stadt fahren. Dort ist die Zufahrt zum Campingplatz nach mehreren Kreisverkehren ausgeschildert.

Zum Abschluss dieser Tour steuern wir nun **Alicante** oder **Alacant** an, wie die Stadt auf Valencianisch heißt. Zunächst hatten wir keine allzu hohen Erwartungen an die Mittelmeerstadt. Noch eine Touristen-Hochburg, so unsere Befürchtung. Doch dann wurden wir sehr positiv überrascht. Warum – das verraten wir Ihnen gleich. Zunächst steuern wir einen Stellplatz nördlich der Stadt im Vorort **El Campello** an, welcher gute Voraussetzungen für einen Besuch in Alicante bietet.

(075) Offizieller WOMO-Stellplatz: Alicante-El Campello
Camper Area Natur Playa Muchavista

GPS/Kontakt: N 38°23'32" W 00°24'47", Carrer de les Àncores, Tel. +34 618 450 066, www.areanaturaplaya.com, info@areanaturaplaya.com.
Max. WOMOs: 70.

Öffnungszeit: Ganzjährig.
Ausstattung: Ver-/Entsorgungsstation, Strom, Sanitärgebäude mit Duschen, Toiletten, Waschsalon, WLAN.
Beschreibung: Neuer, gepflegter Wohnmobilstellplatz unter französischer Leitung mit Stellflächen auf Schotter und auch für größere WOMOs geeignet. Das Gelände ist eingezäunt, nachts teilweise beleuchtet und mit einem Tor gesichert. Die Straßenbahnhaltestelle nach Alicante ist zehn Gehminuten entfernt, zum Sandstrand sind es 400 Meter.
Tipp: Probieren sollten Sie den französischen Bäcker um die Ecke. Jules produziert hervorragende Croissants und knuspriges Baguette.
Preise: € – €€.
Zufahrt: Die N-332 am *Audi-Kreisel* in Richtung Playas verlassen und wenig später der Beschilderung zum Camping *El Jardin* folgen.

El Campello ist wegen seines angenehmen Klimas und der Nähe zum Strand ein beliebter Ort für Spanien-Überwinterer. Im Ort existieren weitere Stellplatzmöglichkeiten, die jedoch nicht en Detail von uns besucht wurden.

Anbei deshalb die Daten in Kürze, Reservierungen werden überall empfohlen.

(076) El Campello – *Camper Area Campello Beach*

GPS/Kontakt: N 38°23'41" W 00°24'35", www.camperareacampellobeach.com, ganzjährig geöffnet.

(077) El Campello – *Camper Area 7*

GPS/Kontakt: N 38°24'17" W 00°24'35", www.camperareaelcampello.com, ganzjährig geöffnet.

(078) El Campello – *Campingplatz El Jardin*:

GPS/Kontakt: N 38°23'34" W 00°24'54", www.campingeljardin.com, ganzjährig geöffnet.

Alicante / Alacant im Überblick

340.000 Einwohner, Meereshöhe, Autonome Gemeinschaft Valencia und Provinzhauptstadt der Region Alicante.

Tourismusbüros: Die Stadt unterhält mehrere Tourismusbüros im Zentrum, am Hafen sowie an den Stränden. Geöffnet sind sie saisonal unterschiedlich, in der Regel von 10.00 bis 14.00 und von 17.00 bis 20.00 Uhr. Im Sommer auch durchgehend. Im Internet erhält man Informationen unter *www.alicanteturismo.com*.

Von Akra Leuke über Lucentum bis Alicante

Wo heute die Flugzeuge mit Touristen aus aller Welt landen, fand man die ältesten Zeugnisse menschlicher Besiedelung in der Region. Diese stammen von den Phöniziern, die sich im 9. Jahrhundert v. Chr. an der Mündung des Río Segura niederließen. 500 Jahre später gründeten griechische Siedler um 325 v. Chr. eine Stadt namens *Akra Leuke*. Sie bauten eine Festung nörd-

lich des heutigen Stadtzentrums, in der später Hannibal seine Elefanten für den Krieg gegen Rom abgeladen haben soll. 201 v. Chr. kamen die Römer und nannten die Stadt fortan *Lucentum*. Über einen Naturhafen unterhielten sie Handelsbeziehungen zu anderen römischen Kolonien, gaben die Stadt jedoch im 3. Jahrhundert n. Chr. wahrscheinlich als Folge des Zweiten Punischen Krieges auf. Erst im 8. Jahrhundert n. Chr. erfolgte eine Wiederbesiedelung durch die Mauren. Sie hatten bis 1249 das Sagen und nannten die Stadt *Al Lucant,* aus dem später unter christlicher Herrschaft der valencianische Name *Alacant* hervorging.
In der späteren Geschichte war Alicante immer wieder in kriegerische Auseinandersetzungen verwickelt, die zu großen Zerstörungen führten. Zuletzt während des Spanischen Bürgerkrieges 1936 bis 1939.

Von der wechselvollen Geschichte Alicantes spürt man heute nicht mehr allzu viel. Die größte Stadt an der Costa Blanca präsentiert sich modern und weltoffen. Am Hafen starten große Fährschiffe nach Algerien sowie windschnittige Katamaran-Segler zu Hochsee-Regatten. Doch ein wenig kann man dem historischen Flair noch nachspüren. Etwa in den Gassen der Altstadt, die den Fußgängern vorbehalten sind, oder in der überragenden **Burg**, die auf dem 166 Meter hohen Berg **Monte Benacantil** thront.

Tipp für die Stadterkundung

Der Vorort El Campello ist an die Trambahnlinie entlang der Küste angebunden. Vom Stellplatz Nr. 075 erreicht man die Haltestelle *Carrabiners* in rund zehn Gehminuten. Die Linie 3 (gelb) fährt etwa alle 30 Minuten ins Zentrum. Die Tickets zum Preis von 1,45 Euro (Zone 1, einfache Fahrt) gibt es am Kassenautomaten in der Tram.

Mit der Tram bequem ins Zentrum

Stadtspaziergang Alicante

Mit der Tram gelangen wir bequem ins Zentrum von Alicante und wählen die Haltestelle *Mercado* für den Ausstieg. Dort sind wir im pulsierenden Herz der Stadt angelangt und steuern als erstes Ziel die nahe **Markthalle *Mercat Central d'Alacant*** an.

Genießerparadies Markthalle

Sie erstreckt sich über zwei Etagen und wir genießen den Bummel durch die Marktstände mit allen Sinnen.

Öffnungszeiten: Montag bis Freitag von 7.00 bis 14.30 Uhr, Samstag bis 15.00 Uhr.

Auf dem Platz davor haben sich die Blumenhändler niedergelassen. Ein wahrer Augenschmaus, der sich dort bietet. Wir tun es den Marktbesuchern gleich und lassen uns auf einen ersten Café Solo am *Café La Rotonda* nieder. Ein ideales Plätzchen, um das Treiben um uns herum zu beobachten.

Alicante – Plaza de Luceros

Weiter geht's nun auf der geschäftigen Avenida Alfonso El Sabio zur **Plaza de Luceros**. Es ist der zentrale Platz in der Stadt. Hier startet die Tram, die Provinzverwaltung liegt in Sichtweite, der große Kreisverkehr ist von Bars und Lokalen umstellt und er ist Treffpunkt der Einheimischen für Feste und Feiern. In der Mitte sprudelt ein monumentaler Brunnen, der 1930 vom Bildhauer Daniel Bañuls Martínez geschaffen wurde. Das Bauwerk strotzt vor metaphorischen Figuren. Löwen und Pferde, Jupiter und Minerva, Saturn und Nymphen. Ob Kitsch oder Kunst liegt im Auge des Betrachters. Die Alicantiner haben ihn jedenfalls zum Wahrzeichen ihrer Stadt ernannt.

Wir bummeln weiter auf der palmengesäumten Avenida Federico Soto in Richtung Süden. Rechts und links erstrecken sich die Haupt-Einkaufsmeilen mit namhaften Shopping-Adressen. Wer Lust verspürt, kann hier abbiegen. Wir flanieren weiter, vorbei an der **Plaza Calvo Sotelo**, die mit Bars unter schattigen Bäumen zu einer Rast einlädt, und gelangen schließlich ans Wasser. Dort treffen wir auf den **Parc Canalejas**. Die Grünanlage ist einer der bekanntesten Parks in Alicante und zeichnet sich durch mächtige, jahrhundertealte Gummibäume aus. In deren Schatten spazieren wir nach links zur **Explanada de España**. Die palmengesäumte Promenade erstreckt sich parallel zu den Kaimauern des Hafens und ist ein weiteres Wahrzeichen der Stadt. Zudem ein beliebter Spot, um für Instagram-Fotos zu posieren. Grund ist das mediterrane Flair sowie rund 6 Millionen dreifarbige **Mosaiksteinchen** im Boden, die zu einem schillernden Wellenbild zusammengesetzt sind. Sehen und gesehen werden ist das Motto der Flaneure.

An der **Plaza Puerta del Mar** biegen wir rechts ab zum **Hafen**. Schon immer hatte dieser eine wichtige Bedeutung für Alicante. Einst war er wichtiger Umschlagplatz für Fischfang und Seehandel. Diese industrielle Nutzung samt Fährbetrieb befindet sich längst außerhalb der Stadt. Heute bestimmen schmucke Segelschiffe und luxuriöse Motoryachten das Bild im Sporthafen. Zudem befinden sich an der **Muelle de Levante** zahlreiche Restaurants, Bars, Kinos und Discotheken. Auf dem Pier kann man hinaus aufs Meer spazieren und einen schönen Anblick auf die Kulisse Alicantes von der Wasserseite genießen.

Alicante – Ocean Race Museum

Wer sich für das härteste Segel-Mannschaftsrennen der Welt interessiert, sollte einen Blick ins **Volvo Ocean Race Museo** werfen. Das Königsrennen des internationalen Crew-Segelsports führt die Herausforderer sechs Monate lang über 32.000 Seemeilen (60.000 Kilometer) rund um den Globus. Mit Zwischenstopps in neun internationalen Städten. Start in Alicante, Ziel in Genua (Route 2022/2023). Zu sehen sind Simulationen und Videos sowie einige der an früheren Rennen teilnehmenden Yachten.

Öffnungszeiten: Von Mitte September bis 24. Juni Dienstag bis Donnerstag sowie Sonntag von 10.00 bis 14.00 Uhr, Freitag und Samstag bis 18.00 Uhr. Vom 25. Juni bis Mitte September Dienstag bis Samstag von 11.00 bis 21.00 Uhr, Sonntag von 11.00 bis 15.00 Uhr. Eintritt frei, www.museotheoceanrace.com.

Alicante

Moderne Kunst im Rathaus

Wir schlendern zurück zur Plaza Puerta del Mar, die wir überqueren, um stadteinwärts zum **Rathausplatz *Plaza Ayuntamiento*** zu gelangen. Dort zieht das barocke Rathaus aus dem 18. Jahrhundert mit seiner stuckverzierten Fassade sowie schmiedeeisernen Balkonen und Türmchen unsere Blicke auf sich. Außen stützen zwei Löwen das Stadtwappen, drinnen befindet sich an der Haupttreppe der **geographische Nullpunkt**, der ***Cota Cero***. Er legt sämtliche Höhenberechnungen über dem Meeresspiegel für ganz Spanien fest. Sehenswert ist auch die im Rathaus untergebrachte Kunstsammlung sowie eine kleine Ausstellung mit archäologischen Funden.

Öffnungszeiten: Das Rathaus und die Sammlungen sind während der regulären Öffnungszeiten an Wochentagen geöffnet. Eintritt frei.

Über die Calle Villavieja gelangen wir in nordöstlicher Richtung zum Museum für Zeitgenössische Kunst **Museo de Arte Contemporáneo**. Es ist im **Casa de la Asegurada** untergebracht, einem der ältesten Gebäude der Stadt aus dem Jahr 1685. Das Museum zeigt eine Privatsammlung mit Gemälden des 20. Jahrhunderts. Darunter Werke von Picasso, Dalí und Miró.

Öffnungszeiten: Dienstag bis Samstag von 10.00 bis 20.00 Uhr, Sonntag von 10.00 bis 14.00 Uhr. Eintritt frei.

Schräg gegenüber befindet sich die **Iglesia Santa Maria**. Es ist das älteste Gotteshaus der Stadt und wurde zwischen dem 14. und 16. Jahrhundert auf den Grundmauern der einstigen Hauptmoschee erbaut. Im Inneren sind ein Rokoko-Altar sowie ein Taufbecken aus Carrara-Marmor zu bewundern.

Nun wird es Zeit, uns einer der Hauptattraktionen Alicantes zuzuwenden. Dem **Castillo de Santa Bárbara**. Zwei Wege führen hinauf. Entweder der 30minütige, schweißtreibende Anstieg aus dem Altstadtviertel hinauf zur Burg oder die weitaus bequemere Variante mit einem **Aufzug**. Wir wählen letztere und steuern den Fahrstuhl auf der Strandseite an der Carrer de

Jovellanos (N-332) an. Durch einen 200 Meter langen Tunnel und 45 Sekunden später sind wir mitten im Burghof.

Bequemer Weg auf die Burg

Die mittelalterliche Festung zählt zu den größten Spaniens und erstreckt sich über mehrere Ebenen. Obwohl sie maurischen Ursprungs ist, geht ein Großteil der heutigen Anlagen auf das 16. Jahrhundert zurück. Der obere und zugleich älteste Teil umfasst einen Wohnturm **Torre del Homenaje**, im mittleren Teil befinden sich neben einer Waffenkammer auch ein Salon für König Felipe II. sowie ein Wachturm.

Der untere Teil ist jüngeren Datums und stammt aus dem 18. Jahrhundert. Dort sind die Überreste der früheren **Barbarakapelle** zu sehen, der die Burg auch ihren Namen verdankt. Am 4. Dezember 1248, dem Namenstag der Heiligen Barbara, wurde Alicante durch König Alfonso X. von den Mauren befreit. In Erinnerung an diesen Tag gab er der Burg den Namen der Heiligen. Innerhalb der Festung befindet sich noch das **Stadtmuseum MUSA**, das über Alicantes Geschichte informiert sowie wechselnde Kunstausstellungen zeigt.

Öffnungszeiten: Täglich von 10.00 bis 14.30 Uhr und von 16.00 bis 20.00 Uhr. Eintritt frei.

Legende um das Maurengesicht

Das Castillo de Santa Bárbara ist eng verbunden mit der Legende um das sogenannte *Maurengesicht,* welches man an der Silhouette des Berges **Benacantil** erkennen kann.
Demnach habe der Kalif für seine wunderschöne und einzige Tochter Cántara, einen Gemahl gesucht. Um sich zwischen den beiden Heiratskandidaten entscheiden zu können, erhielten diese eine Aufgabe. Der junge Almanzor musste nach Indien reisen, um seiner Angebeteten seltene Pflanzen zu bringen.

Aly, sein Konkurrent, musste einen Bewässerungskanal bauen, um für seine Geliebte das grüne Wasser des Río Verde aus dem Dorf Tibi nach Alicante zu transportieren. Während sich Almanzor sehr stark auf die Erfüllung seiner Aufgabe konzentrierte, schrieb Aly seiner Geliebten Gedichte und erwarb damit das Herz der

Prinzessin. Dennoch durfte Almanzor nach seiner erfolgreichen Rückkehr um die Hand der schönen Cántara anhalten.

Als Aly dies erfuhr, stürzte er sich untröstlich von der Bergspitze herab und starb. Die Prinzessin konnte sich ein Leben ohne ihren Geliebten nicht vorstellen und sprang ebenfalls in den Tod. Tief erschüttert über das Schicksal seiner Tochter starb auch der Kalif an seiner Trauer. Der Legende nach bildete sich nach seinem Tod an der Stelle, an der sich das Liebespaar in den Tod stürzte, ein Abbild des Kalifengesichtes. Daraufhin soll der Hofstaat die Stadt Alicántara genannt haben, wovon angeblich der Name Alicante stammt.

Wir finden dies wieder einmal eine sehr schöne Geschichte und streifen noch ein wenig durch die Überreste der Anlage. Hauptgrund, hier heraufzukommen, ist sicherlich der spektakuläre Ausblick über die Bucht von Alicante, den wir jetzt noch ein wenig genießen.

Öffnungszeiten: April bis September von 10.00 bis 22.00 Uhr, Oktober bis März von 10.00 bis 20.00 Uhr. Eintritt frei. Der Lift verkehrt ganzjährig zwischen 10.00 und 20.00 Uhr zum Preis von 2,70 Euro (Hin- und Rückfahrt).

Hafen-Pier in Alicante

Hinunter geht es entweder wieder mit dem Aufzug oder gemütlich durch den **Parque de la Ereta** bergab spazierend. Unten angekommen wenden wir uns noch einmal der **Altstadt**, dem **Barrio Santa Cruz** zu. In den engen Gassen sind wir auf der Suche nach einem passen Restaurant, um den Tag in Alicante zu beschließen. Fündig werden wir hier:

Einkehrtipp: Das argentinische angehauchte Restaurant *San Telmo* in der Calle San Nicolas begeisterte uns mit seinem angenehmen Ambiente und sehr aufmerksamem Servicepersonal. Versuchen Sie dort die hausgemachten *Croquetas.*

In wenigen Minuten sind wir an der Straßenbahnhaltestelle *Mercado*, die uns zurück zu unserem WOMO bringt. Vielleicht geht es Ihnen wie uns und Sie konnten dem Städtchen etwas abgewinnen. Uns hat vor allem die mediterrane und entspannte Atmosphäre in der Nebensaison sehr gut gefallen. Mag sein, dass es in Hochsaisonzeiten anders aussieht. Zumal, wenn auch die Kreuzfahrtschiffe ihre Passagiere in die engen Altstadtgassen entlassen. So aber können wir auf einen angenehmen Aufenthalt zurückblicken.

Bevor wir die Tour nun in Alicante beenden, noch ein abschließender Hinweis auf das größte Fest der Stadt, die **Hogueras de San Juan**. Alljährlich am 24. Juni werden zur Sommersonnwende große Freudenfeuer entzündet. Sie sind der Abschluss einer ganzen Festwoche, während der bei Umzügen riesige Figuren, die ***Ninots***, durch die Straßen getragen werden. Ein weiteres Highlight sind die Umzüge während der Karwoche, der **Semana Santa**.

Tour 8: Süße Sünden und ein Palmenwald
Von Alicante nach Elche 114 km

Busot – Jijona / Xixona – Agost – Elche / Elx San Felipe Neri

Stellplätze:	In Busot, Jijona, Agost, San Felipe Neri
Campingplatz:	Bei San Felipe Neri
Besichtigen:	Cuevas del Canelobre, Turrón Museum in Jijona, Keramikmuseum in Agost, Elche
Radfahren:	Vía Verde de El Maigmó
Wandern:	Naturpark El Fondo

Nach unserem Aufenthalt in Alicante verlassen wir die Küste für einen weiteren Abstecher ins Landesinnere. Wieder einmal warten einige Bergetappen darauf, von uns erobert zu werden. Im Karstgebirge des Cabezó d'Or tauchen wir ab in die faszinierende Welt der Tropfsteine, wir kommen dem Geheimnis der süßen Spezialität Turrón auf die Spur und wir entdecken bizarre Felsformationen entlang einer ehemaligen Bahnlinie. Dann lassen wir die Berge hinter uns und erkunden den größten Palmenhain Europas. Zurück an der Costa Blanca entführen wir Sie noch in ein abgeschiedenes Naturparadies fernab des touristischen Trubels.

Von unserem Stellplatz bei Alicante starten wir unsere Tour in Richtung Hinterland. Das erste Ziel, die Höhle **Cuevas del Canelobre** bei **Busot**, ist gleich ein Superlativ. Sie ist mit 70 Metern das höchste Felsengewölbe Spaniens und gleicht einer unterirdischen Kathedrale. Sie dürfen also gespannt sein. 18 Kilometer sind ab **El Campello** auf der CV-777 sowie CV-774 in Richtung **Jijona / Xixona** zu bewältigen. Die Höhle gehört zu den wohl bekanntesten Besucherattraktionen im Hinterland der Küste und ist gut ausgeschildert.

Aussichtsreiche Bergregion Cabezó d'Or

Es geht dabei ordentlich in die Höhe und wir schrauben uns Kilometer für Kilometer in eine beeindruckende Bergwelt. Am Ziel angekommen, empfehlen wir Ihnen, mit dem WOMO gleich den ersten Parkplatz anzusteuern und die restlichen Meter bergauf zu Fuß zu gehen. Der obere Besucherparkplatz am Höhleneingang wird zum einen nachts durch eine Schranke abgesperrt. Zum anderen geht es dort sehr eng zu, wenden ist fast unmöglich und die wenigen Parkbuchten sind nur für PKWs ausgelegt.

(079) WOMO-Parkplatz: Busot – *Cuevas del Canelobre*

GPS: N 38°30'58" W 00°24'49", 700 m. **Max. WOMOs**: 5.
Öffnungszeit: Ganzjährig.
Ausstattung: Keine.
Beschreibung: Befestigte und teilweise schräge Besucherparkplätze außerorts in Aussichtslage. Bei dem Parkplatz starten verschiedene Wanderwege in das Bergmassiv *Cabezó d'Or*. Zum Höhleneingang sind es etwa 800 Meter bergauf. Dort stehen während der Öffnungszeiten Toiletten und Imbissmöglichkeiten zur Verfügung.
Zufahrt: An der Küstenstraße N-332 und im Ort Busot ist die Zufahrt zur Höhle gut ausgeschildert.

145 Millionen Jahre Erdgeschichte – Die Cuevas del Canelobre

Der Ausflug an den nördlichen Hang des **Cabezó d'Or** in 700 Metern Höhe eignet sich nicht nur, um der sommerlichen Hitze an der Küste für ein paar Stunden zu entfliehen. Die dortige Höhle Cuevas del Canelobre hat auch spannende Geschichten zu erzählen. Entstanden ist sie vor mehr als 145 Millionen Jahren durch die Erosion des Wassers. Entdeckt wurde sie im 10. Jahrhundert von den Arabern. Ursprünglich war sie nur durch einen engen Spalt und über Seile erreichbar. Das änderte sich jedoch im 20. Jahrhundert während des Spanischen Bürgerkrieges.

Auf der Suche nach einem Waffenlager sprengte das Militär den Eingang zur Höhle und stieß dabei auf ein jahrtausendealtes Höhlengewölbe. Platz genug, um darin mehrere Plattformen zu bauen. Zweck: Man wollte Kampfflugzeuge im Schutz der Höhle und versteckt vor den Augen des Feindes reparieren. Die Plattformen gibt es noch heute. Allerdings werden sie friedlich als Konzertbühne genutzt. Ein einzigartiger Ort für kulturelle Veranstaltungen vor atemberaubender Kulisse. Tauchen wir also ein in eine faszinierende Welt der Stalagmiten und Stalaktiten.

Cuevas del Canelobre

Zunächst geht es durch einen 45 Meter langen Tunnel ins Innere der Höhle. Ganzjährig herrschen dort überraschend angenehme 17 Grad. Beim rund 40minütigen Rundgang bekommen wir einen überwältigenden Eindruck von der 80.000 Quadratmeter großen, unterirdischen Welt. Für Besucher zugänglich ist nur ein kleiner Teil des ausgedehnten Höhlensystems. Vorbei geht es an bizarren Formationen, in denen sich ein Krokodil, das Gesicht einer alten Dame oder eine Eidechse erkennen lassen. Eine über 25 Meter hohe Steinsäule trägt völlig zurecht den Namen *Sagrada Familia.* Ihren Namen hat die Höhle jedoch vom Stalagmiten *El Canelobre.* Das an einen Kronleuchter erinnernde Gebilde aus Stein ist mehr als 100.000 Jahre alt. Am Ende des Rundgangs ist noch ein optionaler Aufstieg über 100 Treppenstufen zum ursprünglichen Höhleneingang möglich. Die Führungen werden je nach Besucheraufkommen angeboten. Zwar nur auf Spanisch, doch es gibt auch einen mehrsprachigen Audioguide als Download über QR-Code für das Smartphone.

Öffnungszeiten: Von September bis Juni Dienstag bis Freitag zwischen 10.30 und 16.50 Uhr. Samstag, Sonn- und feiertags bis 17.50 Uhr. Im Juli und August sowie in der Karwoche täglich zwischen 10.30 und 19.30 Uhr. Eintritt: 8,00 Euro, ermäßigt 5,00 Euro, www.canelobre.com.

Loch im Fels Cabezó d'Or

Die Bergregion am **Cabezó d'Or** ist ein beliebtes Kletter- und Wandergebiet. Kleiner Fakt am Rande: Übersetzt lautet der Name des Berges *Goldkopf*. Allerdings wurde hier nie Gold geschürft. Vielmehr sollen einer Legende zufolge christliche Eroberer auf der Suche nach Gold nur Wasser vorgefunden haben. So oder so sollten Sie einen Blick nach oben werfen. Das Loch im Felsen ist ziemlich beeindruckend. Ebenso wie die Aussicht auf die nahe Küste und die umliegenden, bis zu 1.000 Meter hohen Berggipfel.

Unser nächstes Ziel ist die 14 Kilometer entfernte Stadt **Jijona** oder **Xixona**, wie sie auf Valencianisch heißt. Sie gilt als die Hauptstadt des traditionellen, spanischen **Turrón**. In einem Industriegebiet am Stadtrand hat das **Turrón-Museum *Museo del Turrón*** der Firma *El Lobo* seinen Sitz, in dem sich alles über die Geschichte und die Herstellung der süßen Spezialität erfahren und natürlich auch probieren lässt. Die Parkplätze beim Museum wären auch übernachtungstauglich.

(080) WOMO-Parkplatz: Jijona – *Turrón-Museum*

GPS: N 38°30'52" W 00°29'07", 330 m. **Max. WOMOs**: 5.
Öffnungszeit: Ganzjährig während der Öffnungszeiten des Museums.
Ausstattung: Keine.
Beschreibung: Asphaltierte, schattenlose Parkplätze vor dem Museum. Während der Öffnungszeiten gibt es dort Toiletten. Eventuell wird der Park-

platz außerhalb der Öffnungszeiten verschlossen. Es besteht aber die Möglichkeit, am Straßenrand davor zu parken. Im Industriegebiet nachts vermutlich ruhig.
Zufahrt: An der CV-774 ist die Zufahrt zum Museum in einem Industriegebiet ausgeschildert.

Turrón – Das arabische Soulfood

Turrón stammt ursprünglich aus dem arabischen Raum und kam mit den Mauren nach Spanien, wo er nachweislich seit mindestens dem 16. Jahrhundert hergestellt wird. Die Bewohner Jijonas haben die Turrón-Produktion perfektioniert und einige der hier ansässigen Firmen können auf eine 350jährige Geschichte zurückblicken. Grund genug, im örtlichen Museum auf die Geschichte des inzwischen geschützten Herstellungsprozesses der süßen Leckerei zu blicken.

Grundzutaten der Variante des weißen Nougats sind geröstete Mandeln, Eischnee, Zucker und Honig. Je nach Konsistenz unterscheidet man in *Turrón duro* (hart) und *Turrón blando* (weich). Die harte Variante enthält ganze geschälte Mandeln und ist manchmal mit Oblaten bedeckt.

Die weiche Variante – übrigens der Favorit des Autorenpaares – ist ein zartes, buttriges Gemisch aus gemahlenen Mandeln, Honig und Zucker. Verpackt ist die Köstlichkeit wie überdimensionale Bonbons in glänzendem Papier. Schokoholics dürfen sich auf *Turrón de Chocolate* freuen, eine weitere Variante enthält kandierte Früchte – *Turrón de Fruta*. Turrón darf übrigens auf keinem spanischen Weihnachtsteller fehlen. Hier in Jijona hat die Spezialität allerdings ganzjährig Saison und schmeckt nicht nur zur Weihnachtszeit.

Süsse Sünden aus Mandeln und Honig

Im Museum sind neben Steinmühlen zum Mahlen der Mandeln und Öfen zum Rösten auch historische Werbematerialien, Verpackungen und ein Lieferwagen zu sehen, mit dem die Vertreter durchs Land zogen, um die Waren zu verkaufen. Außerdem kann man bei einer (spanischsprachigen) Führung die Produktion der Firma besichtigen, die noch nach traditionellen Methoden arbeitet.

Öffnungszeiten: Täglich von 10.00 bis 13.00 Uhr und von 15.30 bis 18.30 Uhr. Samstag und Sonntag am Nachmittag erst ab 16.00 Uhr. In der Nebensaison nur bis 17.30 Uhr. Eintritt für die Führung durch die Produktion: 3,00 Euro, ermäßigt 1,50 Euro, www.museodelturron.com.

Unsere Fahrt geht weiter auf der CV-800 in Richtung Jijona-Centro und **Alcoy**. Wer im April unterwegs ist, sollte einen Abstecher in die 26 Kilometer entfernte, älteste Industriestadt Spaniens unternehmen. Einst erlebte Alcoy durch die Textil- und Papierindustrie einen enormen Aufschwung. Heute ist die Stadt wegen der Feierlichkeiten **Moros y Cristianos** berühmt. Alljährlich spielen mehr als 100 Laiendarsteller vom 22. bis 24. April die Schlacht der maurischen und christlichen Truppen nach. Außerdem finden Umzüge der kostümierten Bruderschaften statt.

Wir verlassen in Jijona jedoch die CV-800 und halten uns auf der CV-810 in Richtung **Tibi**. Enge, steile Straßen führen uns durch Jijona. Für größere WOMOs wird es spannend, ist aber mit vorsichtiger Fahrweise machbar. Es geht nun ordentlich bergauf mit Steigungen von bis zu 12 Prozent. Eine Herausforderung auch für Radsportler, die diese Bergetappe wohl bei entsprechenden Wettkämpfen absolvieren. Darauf lassen zumindest die Schriften auf dem Asphalt sowie die Seitenpfosten mit Höhenangaben schließen.

Wir rollen hingegen weniger schweißtreibend dahin und genießen die eindrucksvollen Ausblicke auf die Küstenebene sowie die kargen, zerklüfteten Berge der **Sierra del Maigmó**. Auf dem Pass **Puerto de Tibi** befinden wir uns schließlich auf 725 Metern Meereshöhe.

Vielleicht erinnern Sie sich an den Namen des 1.600-Seelen-Ortes **Tibi** aus der Legende um das **Liebespaar Aly und Cántara** in Tour 7. Aly sollte demnach ein Bewässerungssystem bauen, um Alicante mit Wasser zu versorgen. Fakt ist: Das grüne Wasser des **Río Verde** und das des **Río Monnegre** wurden etwa vier Kilometer südlich von Tibi zum **Embalse de Tibi** aufgestaut. Damit ist es eine der ältesten Talsperren Europas.

Stausee Embalse de Tibi

Sie wurde von 1580 bis 1594 auf Befehl des Königs Felipe II. gebaut, um die historische Region *Horta d'Alacant* mit Wasser zu versorgen. Diese Funktion erfüllt der Stausee bis heute. Ein knapp 3,5 Kilometer langer Abstecher auf einer schmalen Straße führt hinunter zu einem kleinen Parkplatz oberhalb der Talsperre.

(081) WOMO-Parkplatz: Tibi – Stauseeblick

GPS: N 38°30'13" W 00°33'44", 426 m. **Max. WOMOs**: 1.
Öffnungszeit: Ganzjährig.
Ausstattung: Keine.
Beschreibung: Kleiner Schotterparkplatz, außerorts in der Nähe einiger verfallenen Häuser. Vom Parkplatz führt ein Wanderpfad hinunter an den See und zu einem Aussichtspunkt mit Blick auf die Talsperre.
Zufahrt: Am Ortseingang von Tibi in der Rechtskurve bei Kilometer 8 scharf-links auf einen schmalen, asphaltierten Weg abbiegen. Die Beschilderung *Pantano de Tibi* ist nur aus der Gegenrichtung erkennbar. Die letzten 100 Meter verlaufen auf einer Schotterpiste.

Tibi hat auch noch die Reste eine **arabischen Castillos** aus dem 10. Jahrhundert zu bieten. Wer das Dorf näher erkunden möchte, kann das WOMO am Ortsrand bei N 38°31'54" W 00°34'49" in der Nähe des Schwimmbades parken.

Wir rollen weiter bergab zur Autobahn A 7, die wir jedoch schon wenig später bei der Ausfahrt 482 wieder verlassen.

Rad- und Wanderweg Vía Verde

Rad- und Wandertipp: Vía Verde de El Maigmó

Am dortigen Kreisverkehr befindet sich auch der nördliche Einstieg zum Rad- und Wanderweg **Vía Verde de El Maigmó**.

Er verläuft über **22 Kilometer** entlang der ehemaligen Bahntrasse Agost-Alcoy, die wohl nie wirklich in Betrieb genommen wurde. Entlang der Strecke gibt es insgesamt zwei Viadukte und sechs Tunnel, die durch- und überquert werden müssen. Der Weg wird uns im weiteren Verlauf noch mehrmals begegnen. Infos unter *www.bahntrassenradwege.de*.

Wir fahren auf der CV-827 weiter bis nach **Agost**. Die Route ist nun geprägt von einer bizarr erodierten, kargen Felslandschaft. Die weißen, roten und gelben Sandstein-Schichten sehen aus, wie ein Marmorkuchenteig, in den sich Wind und Wasser Canyons gegraben haben. Eine Haltemöglichkeit, um sich die Landschaft genauer anzuschauen, bietet sich bei

Bizarr erodierte Landschaft entlang der Route

N 38°28'42" W 00°38'20". Dort gibt es auch einen Tunnel entlang des Radweges sowie eine kleine Aussichtsplattform.

In **Agost** (4.800 Einwohner) lebten bis in die 1960er Jahre die meisten Einwohner vom Töpferhandwerk und der Landwirtschaft. Heute sind noch elf Töpfereien in Betrieb. Im Ort widmet sich ein kleines **Keramikmuseum *Museo de Alfarería*** diesem Handwerk. Es ist mit viel Liebe zum Detail eingerichtet und befindet sich in einer ehemaligen Töpferfabrik. Neben Alltagsgegenständen zeigt es auch anschaulich den Prozess der Keramikherstellung.

Öffnungszeiten: Dienstag bis Samstag von 9.00 bis 15.00 Uhr, Sonntag von 10.00 bis 14.00 Uhr. Eintritt 2,50 Euro, www.turismodeagost.com.

Oberhalb des Ortes, der bei unserer Reise sehr verschlafen wirkte, sind noch die **Ruinen eine Castillos** zu sehen. Im Altstadtbereich waren zudem umfangreiche Renovierungsarbeiten im Gange. Vielleicht ist es die Erweckung aus dem Dornröschenschlaf? In Agost können Sie Ihr WOMO am südlichen Ausgangspunkt des **Vía Verde de El Maigmó** abstellen.

(082) WOMO-Parkplatz: Agost
Vía Verde de El Maigmó

GPS: N 38°25'53" W 00°38'31", 297 m. **Max. WOMOs**: 2-3.
Öffnungszeit: Ganzjährig.
Ausstattung: Mülleimer, Picknickbänke.
Beschreibung: Großer am Schotterparkplatz Stadtrand und am Ausgangspunkt zu Rad- und Wandertouren. Ins Zentrum von Agost sind es wenige Gehminuten. Am Wochenende und an Feiertagen ist tagsüber mit lebhaftem Ausflugsverkehr zu rechnen. Campingartiges Verhalten ist nicht gestattet.
Zufahrt: Den großen Kreisverkehr am Ortsausgang von Agost auf der Avenida Elda (CV-826) verlassen. Nach 200 Metern rechts halten und den Schildern *Vía Verde* folgen.

Vorbei an zahlreichen Ziegelwerken, die ebenfalls von der Töpfervergangenheit zeugen, fahren wir nun durch eine zunehmend landwirtschaftlich geprägte Ebene. Die Weinstöcke sehen anders aus und wir vermuten, dass hier nicht Wein- sondern Tafeltrauben angebaut werden.

In **Montfort del Cid** erreichen wir wieder den *Camino del Cid* (siehe Tour 4) und rollen nun die restlichen 20 Kilometer bis **Elche** auf der Autobahn A 31 und A 7. Dabei passieren wir eine der markanten Skulpturen des **Osborn-Veterano-Stieres**, der mehrfach an Spaniens Autobahnen zu finden ist.

Markenzeichen Tore Osborne

In Elche geht es nun zunächst auf Parkplatzsuche. Leider meint es die Stadt nicht allzu gut mit uns Wohnmobilisten. Unser auserkorener Parkplatz für die Stadtbesichtigung war durch einen Jahrmarkt belegt. Doch vielleicht haben Sie bei Ihrer Reise mehr Glück – er befindet sich bei N 38°16'14" W 00°41'43".

Nicht weit davon entfernt lockt zwar ein riesiger und leerer Parkplatz bei der Universität. Doch auch während vorlesungsfreien Zeiten sind WOMOs per Schild hier nicht erwünscht. Als wir uns dort neu sortieren und kurz anhalten, steht auch gleich ein Sicherheitsdienst parat, um uns den Tipp zum Parken in einer Seitenstraße bei N 38°16'26" W 00°41'34" zu geben. Vielen Dank dafür. Übernachtungsplätze sind in der Palmenstadt leider dünn gesät, so dass wir Ihnen diese Plätze nur für einen Tagesbesuch empfehlen. Wir können Ihnen jedoch versprechen, Sie zum Ende dieser Tour noch zu einem ruhigen Übernachtungsplatz zu führen.

Elche / Elx im Überblick

230.000 Einwohner, 85 m., Autonome Gemeinschaft Valencia. **Tourismusbüro**: Plaza Parque, Tel. +34 966 658 196, www.visitelche.com.

Palmen, Palmen, noch mehr Palmen

Sie werden es fast schon vermutet haben – es waren die Araber, die die Dattelpalmen aus dem afrikanischen Wüstengürtel mit nach Spanien brachten. Hier kultivierten sie die bis zu 40 Meter hohen Gewächse in so großer Zahl, dass selbst der christliche

Palmenwald in Elche

Eroberer Jaime I. 1265 befahl, die Palmen weiterhin zu hegen und zu pflegen. Wie viele es genau sind, vermag niemand zu sagen. Schätzungen zufolge sollen es mehr als 200.000 sein, die hier den größten Dattelpalmenhain Europas bilden. Grund genug, die Palmengärten mitten in der Stadt im Jahr 2000 zum UNESCO Weltkulturerbe zu erklären.

Ein weiterer Bestandteil des Weltkulturerbes ist das **Mysterium von Elche *Misteri d'Elx***. Das lyrische Drama aus dem Mittelalter wird alljährlich am 14. und 15. August in der barocken **Basílica de Santa María** von den Einwohnern Elches in valencianischer Sprache aufgeführt.

Der Legende nach wurde an der Mittelmeerküste Elches ein Sarg angespült, der neben einer Statue der Gottesmutter auch ein Textbuch mit Liedern enthielt. Es beschreibt den Tod Marias, die Himmelfahrt und ihre Krönung. Nach lokaler Tradition geht das eineinhalbtägige Mysterienspiel auf den Maurenaufstand im Jahr 1265 oder auf eine Marienerscheinung im Jahr 1370 zurück. Dank einer Sondererlaubnis von Papst Urban VIII. überstand es das Theaterverbot des Konzils von Trient und ist somit das einzige, europäische Theaterspiel, das sich seit dem Mittelalter in ununterbrochener Folge erhalten hat.

Das Mysterienspiel wird im **Museu de la Festa** mit Kostümen und Filmen thematisiert.

Gottesmutter und Schutzpatronin

Öffnungszeiten: Dienstag bis Samstag von 10.00 bis 14.00 Uhr und von 15.00 bis 18.00 Uhr. Sonntags nur am Vormittag. Eintritt: 3,00 Euro, ermäßigt 1,00 Euro, sonntags frei.

Replik der Dama de Elche

Elches Geschichte reicht jedoch noch weitaus länger zurück. Früheste Funde stammen aus der Zeit der Iberer, dem 5. Jahrhundert v. Chr. Darunter eine Dame, die Elche zu weltweiter Berühmtheit verhalf. Die **Dama de Elche** ist die Büste einer iberischen Priesterin des 3. Jahrhunderts v. Chr. Entdeckt wurde sie im Jahr 1897. In Elche werden Sie heute nur noch Replika der schönen Priesterin finden – das Original steht im Archäologischen Museum von Madrid.

Nach den Iberern hinterließen die Römer ihre Spuren, es folgten die Mauren und schließlich die Christen. Heute ist Elche eine Industrie- und Universitätsstadt. Neben der Leder- und Schuhindustrie spielt der Maschinenbau eine wichtige Rolle. Die Studierenden verleihen der Stadt zusätzlich jungen Elan.

Botanischer Spaziergang durch Elche

Es sind weniger die architektonischen Schätze, die wir uns beim Spaziergang durch Elche anschauen möchten, als vielmehr die botanischen Highlights. Dazu zählt zunächst der **Parque Municipal**. Auf breiten Wegen schlendern wir durch eine wahre Oase. Immer wieder gibt es hübsche Plätze, plätschernde Brunnen und Bänke zum Verweilen.

So gelangen wir in die überschaubare Altstadt. Dort zieht zunächst das **Archäologische Museum** ***Museo Arqueológico y de Historia de Elche*** unsere Blicke auf sich. Es befindet sich sowohl in einem zweckmäßigen Neubau als auch hinter den restaurierten, wehrhaften Mauern des **Palacio de Altamira** aus dem 15. Jahrhundert. Neben Einblicken in die lange und bewegte Stadtgeschichte ist dort auch eine Replik der Dama de Elche zu sehen. Die Einwohner hoffen, dass das Original irgendwann aus Madrid zurück nach Elche kehren wird.

Öffnungszeiten: Montag bis Samstag von 10.00 bis 18.00 Uhr, Sonntag bis 15.00 Uhr. Eintritt: 3,00 Euro, ermäßigt 1,00 Euro, sonntags frei.

Vorbei geht es an der **Basílica Menor de Santa María**, die schon von weitem an ihrer blauen Rundkuppel zu erkennen ist. Wie so oft wurde auch sie auf den Resten einer früheren Moschee errichtet und entstand zwischen 1672 und 1784.

Gleich um die Ecke steht der gut erhaltene Festungsturm **Torre de la Calaforra**. Er stammt noch aus der maurischen Epoche und gehörte einst zur Stadtmauer.

Gut zehn Gehminuten sind es nun durch die Gassen der Altstadt in östlicher Richtung zum **Botanischen Garten *El Huerto del Cura***. In diesem kunstvoll gestalteten Garten können wir tatsächlich Raum und Zeit vergessen. Ein gut beschilderter Rundweg führt durch eine schattige Oase, vorbei an exotischen Gehölzen, Kakteen, Teichen mit Fischen und lauschigen Ecken. Hauptdarsteller sind allerdings die Dattelpalmen, die teilweise prominente Paten und Patinnen haben, wie uns die Hinweisschilder verraten. Der Star unter ihnen ist die **Palmera Imperial** – die Kaiserliche Palme. Aus ihrem Stamm wachsen gleich mehrere Arme und sie ist keiner Geringeren als Kaiserin Sissi gewidmet. Sie besuchte den Garten im Jahr 1894. Damals war die Palme gerade mal 50 Jahre alt.

Öffnungszeiten: Täglich ab 10.00 Uhr. Saisonal wechselnde Schließzeiten. Im Winter um 17.30 Uhr, im Sommer um 21.00 Uhr. Eintritt: 6,00 Euro, ermäßigt 4,00 Euro inklusive eines sehr empfehlenswerten, mehrsprachigen Audioguides. Unter www.huertodelcuro.com ist auch eine online-Ticketbuchung möglich.

Wer jetzt noch nicht genug von Palmen hat, kann einen Blick ins nahe gelegene **Museu del Palmeral** werfen. Dort befasst man sich noch eingehender mit der Biologie und der Geschichte des Palmenwaldes.

Uns zieht es angesichts des fortgeschrittenen Tages jedoch weiter. Wir sind ja noch auf der Suche nach einem Übernachtungsplatz. Wie versprochen verlassen wir nun Elche und fahren 18 Kilometer zum **Naturschutzgebiet *El Fondo***. Beim kleinen Örtchen **San Felipe Neri** finden wir ein wahres Paradies für Vogelkundler.

(083) WOMO-Parkplatz: San Felipe Neri
Naturschutzgebiet Parc Natural El Fondo

GPS: N 38°11'16" W 00°47'28". **Max. WOMOs**: 5.
Öffnungszeit: Ganzjährig.
Ausstattung: Keine.
Beschreibung: Großer Schotterparkplatz beim Naturpark-Infozentrum und am Ausgangspunkt zu Wanderungen und Radtouren durch das Naturschutzgebiet. Am Ortsrand gelegen, tagsüber lebhafter Ausflugsverkehr, nachts sind nur die Geräusche der Natur zu hören. Bitte kein campingartiges Verhalten zeigen, damit dieser ruhige Ort noch möglichst lange für eine Übernachtung erhalten bleibt.
Zufahrt: Die Stadt Elche auf der N-340 nach Südwesten verlassen und auf der A 7 in Richtung Cartagena fahren. Am Autobahnkreuz A7/AP17 auf die CV-904 wechseln und parallel der AB bis nach San Felipe Neri fahren. Dort den braunen Hinweisschildern zum *Parc Natural El Fondo* folgen.

Wer Bedarf für einen Campingplatz hat – ganz in der Nähe liegt der riesige **Camping *Marjal Costa Blanca***. Er wurde von uns nicht besucht, hier aber die Koordinaten **(084)**: N 38°10'40" W 00°48'33". Durch die Nähe zur vielbefahrenen Autobahn ist es dort wahrscheinlich nicht ganz ruhig.

Wandern und Radfahren im Naturpark El Fondo

Der Naturpark besteht aus einer Reihe von Lagunen, die teilweise künstlich angelegt wurden und einen unterschiedlich hohen Salzwassergehalt haben. Das Feuchtwassergebiet war bereits unter den Römern als *Senus Illicitanus* bekannt. Im 17. Jahrhundert verlandete die Region und wurde zusätzlich mit Schlick aufgefüllt, um neue Anbauflächen für die Landwirtschaft zu schaffen. Gleichzeitig nutzte man die beiden größten Lagunen, die vom Süßwasser des Río Segura gespeist werden, für die Bewässerung.

Heute zeichnet sich der Naturpark durch seine Artenvielfalt aus und gehört zu den von der **Ramsar-Konvention** geschützten Feuchtgebieten. Auf einer Fläche von fast 2,5 Hektar tummeln sich zahlreiche Vogelarten. So zählt der Park die weltweit größte Population an Marmor- und Weißkopfenten. Es lassen sich Stelzenläufer, verschiedene Reiherarten und mit etwas Glück auch Fisch- und Seeadler beobachten.

Der Naturpark ist mit vier ausgeschilderten Rundwegen unterschiedlicher Länge und Begehbarkeit erschlossen. Sie führen über Stege und zu Beobachtungsstationen. Darunter auch eine behindertengerechte sowie eine speziell für Fahrräder ausgewiesene Route. Die beste Jahreszeit für das Birdwatching ist übrigens der Frühling. Fernglas und vor allem Mückenschutz nicht vergessen!

Naturpark El Fondo bei Elche

Tour 9: Zu den Perlen der südlichen Costa Blanca – Von Elche bis Murcia 235 km

Santa Pola – Guardmar del Segura – Torrevieja
San Pedro del Pinatar – La Manga – Cabo de Palos
Cartagena – Murcia

Stellplätze:	In Santa Pola, Guardamar del Segura, Laguna de la Mata, Cabo de Palo, Cartagena, Murcia
Campingplätze:	In Santa Pola, La Marina, La Manga
Besichtigen:	Santa Pola, Cartagena, Murcia
Ausflüge:	Bootsfahrt zur Insel Tabarca
Baden:	Strände in Santa Pola, La Marina, Cabo de Palos
Wandern:	Laguna de la Mata, Cabo de Palos
Einkehrtipps:	Restaurant *Los Curros* in Santa Pola, Restaurant *Casa del Pescador* in Cartagena, Tapas Bars in Murcia

In dieser letzten Küstentour werden wir die südliche Costa Blanca und den nördlichen Abschnitt der Costa Cálida erkunden. Auf den kommenden Kilometern erwarten uns ein romantisches Fischerstädtchen, Salinen und Lagunen, ein Binnenmeer sowie geschichtsträchtige Städte. Auch hier wollen wir uns nochmals auf Perlensuche begeben, um die Schätze zwischen den touristischen Hochburgen zu entdecken. Begleiten Sie uns also zu kulinarischen Genüssen, sandigen Dünen, einem Leuchtturm und römischen Gladiatoren. Beenden werden wir die Tour etwas weiter im Landesinneren in Murcia, wo wir dem Geheimnis der Semana Santa auf die Spur kommen wollen.

Nach einem erholsamen Aufenthalt im abgeschiedenen Naturschutzgebiet bei Elche wenden wir uns in dieser Tour noch einmal der Küste zu. 26 Kilometer sind es auf kleinen Straßen bis in das hübsche Fischerstädtchen **Santa Pola**. Die Strecke ist gesäumt von weiteren Palmenhainen, so dass wir noch einmal einen Eindruck von der Größe und Weitläufigkeit dieser Oasengärten erhalten. Zugleich lässt sich an den weiten Feldern und Weiden erkennen, wie dem Feuchtgebiet einst Anbauflächen abgerungen wurden.

Yachthafen in Santa Pola

So erreichen wir schließlich Santa Pola. Der dortige Fischereihafen ist der größte im Bereich der Costa Blanca. Wenn Sie gerne Fisch und Meeresfrüchte essen möchten, sind sie hier goldrichtig. Santa Pola kann zudem mit sandigen Stränden und touristischer Infrastruktur aufwarten, so dass sich auch mehrere Stellplatzmöglichkeiten bieten. Beginnen wollen wir mit einem Parkplatz in Zentrumslage, der sich sowohl für den Tagesbesuch als auch eine Übernachtung eignet.

(085) WOMO-Parkplatz: Santa Pola – Zentrum

GPS: N 38°11'41" W 00°33'43", Carretera Elche-Santa Pola.
Max. WOMOs: 15. **Öffnungszeit**: Ganzjährig außer an Markttagen.
Ausstattung: Müllcontainer.
Beschreibung: Großer, zentrumsnaher und asphaltierter Parkplatz, der auch für große WOMOs geeignet ist. Fußweg ins Zentrum und zum Hafen etwa fünf Minuten. Samstags findet hier ein großer Markt statt. Zudem kann der Platz bei saisonal stattfindenden Märkten gesperrt sein.
Zufahrt: Auf der CV-865 in Richtung Zentrum fahren. Dort befindet sich der Parkplatz nach Unterqueren der N-332 und nach einem Kreisverkehr auf der rechten Seite. Die Einfahrt ist ausgeschildert.

Wer länger in Santa Pola verweilen möchte, für den gibt es sowohl einen Camping- als auch einen Stellplatz.

(086) Offizieller WOMO-Stellplatz: Santa Pola *Camper Area Santa Pola*

GPS/Kontakt: N 38°12'30" W 00°34'27", Carrer Electricistas. Tel. +34 691 137 174. **Max. WOMOs**: 30.
Öffnungszeit: Ganzjährig.
Ausstattung: Ver-/Entsorgungsstation, Strom, Sanitärgebäude mit Duschen und Toiletten, Waschsalon, WLAN.
Beschreibung: Ordentlicher Stellplatz am Stadtrand in einem etwas uncharmanten Industriegebiet, der auch für größere WOMOs geeignet ist. Die weitgehend schattenlosen Stellflächen sind eben und geschottert. Der Platz ist eingezäunt, videoüberwacht und das Tor nachts verschlossen. Das Zentrum von Santa Pola befindet sich in drei Kilometern Entfernung.
Preise: €. Rabatt bei Langzeitaufenthalten.
Zufahrt: Den Kreisverkehr der CV-865 am Gartencenter *Viveros Santa Pola* einmal umrunden und etwa 500 Meter stadtauswärts zurückfahren. Dann ist die Zufahrt zum Stellplatz ausgeschildert.

Zentrumsnäher liegt der gepflegte Campingplatz von Santa Pola, der sich auch bei Überwinterern großer Beliebtheit erfreut.

(087) WOMO-Campingplatz: Santa Pola – *Camping Bahia*

GPS/Kontakt: N 38°12'08" W 00°34'10", Carretera Santa Pola – Elche, Tel. +34 965 411 012, www.campingbahiasantapola.com, info@campingbahinasantapola.com.
Öffnungszeit: Ganzjährig.
Ausstattung: Campingplatzübliche Ausstattung mit Caféteria/Bar, Brötchenservice, Pool, Supermarkt, Waschsalon, Waschanlage für WOMOs, Spiel- und Sportplätzen, Animationsprogramm, Mietunterkünften.
Beschreibung: Großer, gepflegter Campingplatz mit 450 Plätzen und vielen Annehmlichkeiten. Die gekiesten Stellflächen sind mit Wasser- und Stromanschlüssen ausgestattet, teilweise durch Sonnendächer beschattet und durch Hecken parzelliert. Durch die engen Wege und Bäume eher für kleine bis mittelgroße Fahrzeug (max. 7,50 Meter) geeignet. Der Busbahnhof für Tagesausflüge nach Elche oder Alicante ist 700 Meter entfernt, das Zentrum und der Hafen sind nach rund einem Kilometer erreicht.
Preise: €€€. Rabatt bei Langzeitaufenthalten.
Zufahrt: Der Campingplatz liegt an der CV-865 und ist ausgeschildert.

Santa Pola – Fischereihafen

Santa Pola im Überblick

33.000 Einwohner, Meereshöhe, Autonome Gemeinschaft Valencia.

Tourismusbüros: Plaza de la Constitución (Hafen) und an der Plaza Diputación (Zentrum), Tel. +34 966 696 052, www.turismosantapola.es.

Santa Pola – Ganz in der Tradition der Fischer

Wieder einmal haben viele Kulturen ihre Spuren in Santa Pola hinterlassen. Bereits unter den Iberern gab es eine befestigte Siedlung, in der sie Seehandel betrieben. Doch die Hafentradition begründeten die Römer. Sie legten in der Antike für die weiter im Hinterland gelegene Stadt Elche – damals *Ilici* genannt – einen Hafen an, der zunächst *Portus Ilicitanus* hieß. Aus dieser Zeit stammen unter anderem eine Fabrik zur Herstellung von gesalzenem Fisch sowie eine römische Villa, deren Überreste sich heute noch im Stadtpark *El Palmeral* erkennen lassen. Im Jahr 460 vernichteten die Vandalen in der Schlacht um Cartagena die letzte römische Flotte in Santa Pola.

Auf der **Plaza de la Glorieta** im Zentrum befindet sich das gut erhaltene **Castillo Fortaleza**. Felipe II. ließ die Festung zum Schutz vor Angriffen durch Piraten und Freibeuter im 16. Jahrhundert erbauen. Das Bollwerk mit mehreren Türmen beherbergt heute das Kulturzentrum der Stadt mit mehreren Museen. Unter anderem das **Meeres- und Fischereimuseum**, **Kunstausstellungen** und die **Kapelle *Virgen de Loreto***.

Öffnungszeiten: Dienstag bis Samstag von 11.00 bis 13.00 und von 18.00 bis 21.00 Uhr. Sonntags von 11.00 bis 13.00 Uhr. Eintritt: 3,00 Euro, ermäßigt 1,50 Euro, www.museodelmarsantapola.com.

Stadtspaziergang Santa Pola

Santa Pola verfügt über keine nennenswerten, kulturhistorisch interessanten Bauten. Trotzdem sollten Sie einen Bummel durch die Straßen der Altstadt rund um die Festung sowie entlang des Hafens nicht versäumen. Vor allem die Strandpromenade lädt zu einem Spaziergang ein. Zahlreiche Restaurants reihen sich aneinander, wir genießen den Blick auf die Sportboote und schlendern vorbei an den Fischtrawlern. Hier riecht es nach Salz, Fisch und Meer. In Santa Pola ist eine der größten Fischfangflotten des Mittelmeeres stationiert. Davon zeugt unter anderem das Gebäude der **Bruderschaft der Fischer *Cofradía del Pescadores*** mit der **Fischauktionshalle *Lonja***. Hier kann man wochentags ab 17.00 Uhr die Versteigerung des Tagesfangs miterleben.

Wer nicht so lange auf den frischen Fisch warten möchte, deckt sich entweder an den Ständen des Fischmarktes ein oder lässt sich die Vielfalt an Meeresfrüchten und Fisch fertig servieren.

Einkehrtipp: Im einfachen und rustikalen *Restaurante Los Curros* gleich neben der Fischauktionshalle genießt man fangfrischen Pulpo, Makrele, Tapas und Co. auf der Terrasse mit Blick auf den Strand.

Gesättigt bummeln wir weiter entlang der Uferpromenade. Dort bieten gleich mehrere Gesellschaften die Überfahrt zur **Insel Tabarca** an. Der ehemalige Unterschlupf für Piraten liegt in einem Meeresschutzgebiet und ist nur fünf Kilometer entfernt. Ein ideales Ziel für einen Tages- oder Badeausflug. Das Dorf, in dem gerade mal 50 Menschen überwiegend während der Sommermonate leben, ist von dicken Mauern umgeben und bietet von der Wasserseite einen wehrhaften Anblick. Im 18. Jahrhundert ließ König Carlos III. die Insel mit Fischerfamilien aus Genua besiedeln, die er zuvor aus tunesischer Gefangenschaft befreien ließ. Als Richtwert für die Überfahrt, die

Fährboot zur Insel Tabarca

auch in Alicante und Torrevieja angeboten wird, sollte man etwa zehn Euro einplanen.

Strandleben in Santa Pola

Eine der Attraktionen von Santa Pola sind die sandigen Strände, die sich rechts und links des Hafens und fast noch im Bereich der Stadt erstrecken. Man findet hier vor allem einheimische Gäste, die ihre Mittagspause oder das Wochenende am Strand verbringen.

Wir wollen uns nun einer weiteren Attraktion Santa Polas zuwenden, und das sind die **Salinen** südlich der Stadt. Das Salz nutzten bereits die Römer für ihre Fischfabrik und den Seehandel.

Über die Geschichte der Salzgewinnung informiert das kleine **Museo de La Sal**, dessen Zufahrt jedoch leicht übersehen wird. Falls Sie Interesse haben, fahren Sie am Kreisverkehr mit der *Cepsa-Tankstelle* nicht auf die N-332, sondern weiter in Richtung Zentrum. Auf Höhe des *Dia-Maxi-Supermarktes* zweigt rechts die Zufahrtsstraße Avenida Zaragoza zum Museum ab. Folgen Sie den zwischen Bäumen versteckten und schwer erkennbaren Hinweisschildern mit der Naturpark-Biene zum ***Parc natural de las Salinas de Santa Pola***.

Das Salzmuseum ist zugleich ein Naturparkzentrum und befindet sich in einer ehemaligen Salzfabrik. Es informiert nicht nur über die Salzgewinnung, sondern bietet auch viele Informationen rund um Flora und Fauna im Naturschutzgebiet. Für zahlreiche Vogelarten ist es ein wichtiger Lebensraum. Von den Aussichtsplattformen lassen sich unter anderem Krickenten, Seidenreiher und Flamingos beobachten. Das Zentrum bietet auch geführte Touren durch die Salinen an. *Öffnungszeiten: Täglich von 9.00 bis 14.00 Uhr. Eintritt frei.*

Auch ohne Museumsbesuch können wir entlang der N-332 einen Blick auf die großen Salinenanlage und die Lagunen werfen. Ein Fotostopp ist unter anderem an einer Haltebucht beim weithin sichtbaren **Wachturm *Torre de Tamarit*** möglich. Der Turm gehörte einst zur Festungsanlage von Santa Pola und diente dazu, den Feind noch vor Erreichen der Küste zu entdecken. Der *Salinen*- oder *Lagunenturm*, wie er auch genannt wird, wurde strategisch so platziert, dass er mit anderen Türmen in der Region Elche kommunizieren konnte. Tagsüber mit Rauchzeichen, nachts durch Feuer. Mit etwas Glück können Sie dort auch Flamingos sehen.

Lagunenturm Torre de Tamarit bei Santa Pola

Durch die Badeorte **El Pinet** und **La Marina** fahren wir auf der Nebenstrecke CV-332a. So richtig ans Meer vermögen wir nicht zu gelangen, doch bei La Marina taucht ein großer Campingplatz auf, der auch verwöhnte Camperherzen höherschlagen lassen dürfte. Strandzugang inklusive.

(088) WOMO-Campingplatz: La Marina
La Marina Resort & Camping

GPS/Kontakt: N 38°07'49" W 00°38'52", CV-332a, Tel. +34 965 419 200, www.lamarinaresort.com.
Öffnungszeit: Ganzjährig.
Ausstattung: Campingplatzübliche Ausstattung mit Restaurant, mehreren Pools, Bar, Supermarkt, Animationsprogramm, Mietunterkünften, Sportangeboten und vielem mehr.
Beschreibung: Große, gesellige, kinderfreundliche und professionell organisiertes Ferienanlage mit allen Annehmlichkeiten. Die Stellflächen sind auch für große WOMOs geeignet, mit Wasser- und Stromanschlüssen ausgestattet, teilweise durch Sonnendächer beschattet und durch Hecken parzelliert. In der Luxusvariante sind eigenes Bad sowie Grill, Picknicktische und Küche vorhanden. Glamping steht hier nichts mehr im Wege.
Preise: €€ – €€€.
Zufahrt: An der CV-332a befindet sich die Ferienanlage unübersehbar auf der linken Seite.

An der nächsten Stadt **Guardamar de Segura** mit ihrem Castillo scheitern wir bereits bei der Einfahrt. Alle Straßen sind zugeparkt oder gänzlich gesperrt. Durch eine Karfreitags-Veranstaltung ist der Ort hoffnungslos mit spanischen Osterurlaubern überfüllt. Somit können wir Ihnen nur erzählen, dass das Castillo Ende des 13. Jahrhunderts erbaut und 1829

Karibikflair bei Guardamar de Segura

durch ein Erdbeben stark zerstört wurde. Da die Burg etwas erhöht am Stadtrand liegt, bietet sich von dort sicherlich eine wunderbare Aussicht auf die Küstenlinie. Sie ist geprägt von Wanderdünen, denen man durch die Bepflanzung mit Pinien- und Eukalyptusbäumen versucht Einhalt zu gebieten.

Entlang der N-332 reizt uns auf der weiteren Strecke nichts zu einem längeren Halt. Ein Einkaufszentrum nach dem anderen, Fast-Food-Restaurants, Autowerkstätten und Freizeitparks reihen sich aneinander. Ferien-Amüsement durch und durch. Wir finden dann doch noch ein Plätzchen in Aussichtslage, das zumindest für eine Kaffeepause taugt. Der Parkplatz in Strandnähe ist leider mit Höhenbarrieren (1,90 Meter) ausgestattet. Wenn Sie also auch Kaffeedurst haben – hier die Koordinaten:

(089) WOMO-Parkplatz: Guardamar del Segura

GPS: N 38°03'42" W 00°39'20". **Max. WOMOs**: 2-3.
Öffnungszeit: Ganzjährig.
Ausstattung: Keine.
Beschreibung: Unbefestigter Parkplatz oberhalb der *Urbanización Moncayo* mit schönem Blick auf die Dünenlandschaft der Küste. Ein Fußweg führt hinunter an den Strand. Durch die nahe Küstenstraße eventuell etwas laut.
Zufahrt: Die Küstenstraße an der Ausfahrt *Urbanizatció Portic Platja* verlassen und im Kreisverkehr nach rechts auf den Parkplatz abbiegen.

Wenig später sind die **Lagunas de la Mata y Torrevieja** erreicht. Ebenfalls ein Naturschutzgebiet, das genau genommen aus zwei Lagunen besteht. Es gibt ein **Informationszentrum** mit einem großen Schotterparkplatz und Wanderwegen ins Naturschutzgebiet.

(090) WOMO-Parkplatz: Informationszentrum *Laguna de la Mata*

GPS: N 38°01'28" W 00°39'28". **Max. WOMOs**: 2-3.
Öffnungszeit: Ganzjährig.
Ausstattung: Keine.
Beschreibung: Unbefestigter Parkplatz ohne Schatten bei einem Naturschutzzentrum. Teilweise leicht schräg und am Ausgangspunkt zu Wanderungen durch die Lagunenlandschaft.
Hinweis: Wenn man den Weg bis zum Friedhof weiterfährt, gelangt man zu einem Picknickareal mit weiteren schattigen Parkplätzen.
Zufahrt: An der Küstenstraße N-332 ist die Abfahrt zum Naturschutzgebiet durch braune Hinweisschilder gekennzeichnet.

Wander-/ Radfahrtipp: Durch die rosarote Brille entlang farbenfroher Naturlandschaften

Im Informationszentrum hält man neben einer Ausstellung zu Flora und Fauna auch Kartenmaterial zu Wander- und Radwegen entlang der beiden Lagunen **Salada de la Mata** und **Salada de Torrevieja** bereit. Während die gelbe Route zu verschiedenen Beobachtungsstationen und Aussichtspunkten führt, ist die rote Route länger und eher für eine Fahrradtour geeignet. Eine Besonderheit sind die kleinen Salinenkrebse, die vor allem den Flamingos als Nahrungsgrundlage dienen sowie farbstoffproduzierende Algen, denen die Lagune Salada de Torrevieja ihre rosarote Farbe verdankt.

Tipp: Um das knallig-pinke Farbenspiel fotografisch einzufangen, sollten Sie zur Mittagszeit auf Fotosafari gehen.

Öffnungszeiten: Montag bis Freitag 9.30 bis 14.00 Uhr, Samstag und Sonntag von 9.00 bis 13.00 Uhr. Der Naturpark ist frei zugänglich.

Noch mehr Salinen gibt es im Regionalpark **Salinas y Arenales de San Pedro del Pinatar**. Der ehemalige Fischerort San Pedro del Pinatar hat sich in den vergangenen Jahrzehnten zu einem der wichtigsten Touristenziele gemausert. Er liegt am nördlichen Zipfel des **Mar Menor** und kann neben einem pulsierenden Urlaubszentrum mit Stränden, Yachthafen und zahlreichen Wassersportaktivitäten zwei natürliche Besonderheiten aufweisen.

Zum einen gilt der Heilschlamm aus den Salinen als besonders wirksam bei allen Wehwehchen rund um den Knochenapparat. Zudem gibt es mehrere Zentren für die Thalasso-Therapie, die unter anderem bei Hauterkrankungen angewandt wird.

Zum anderen bietet der Regionalpark der Salinen hervorragende Möglichkeiten zur Vogelbeobachtung. Er ist das größte Feuchtgebiet des ansonsten so trockenen Landstrichs und vereint gleich mehrere Vegetationszonen. Hohe Dünen, schattige Pinienwälder, ausgedehnte Schilfflächen, sandige Strände und feuchtes Marschland. Was will man mehr?

Salzlagune Salada de Torrevieja

Das **Informationszentrum** mit vielen Tipps zur Erkundung finden Sie an der Zufahrtsstraße zu den Salinen bei N 37°50'03" W 00°47'02". Die freundlichen Damen helfen auch mit einem Leih-Fernglas aus. Von dort geht es weiter hinein in das Naturschutzgebiet. Entlang der Straße gibt es immer wieder Haltemöglichkeiten an Aussichtsplattformen oder Wege hinein in die Lagunenlandschaft. Mit etwas Glück lassen sich hier dann große Flamingoschwärme beobachten. Die grazilen Vögel nutzen das Gebiet für die Überwinterung. Manche von ihnen fühlen sich aber auch das ganze Jahr über hier wohl.

Die Straße endet schließlich bei zwei Großparkplätzen am Yachthafen. Dort können Sie Ihr WOMO abstellen, um den Spaziergang am Strand fortzusetzen oder sich in die Fluten des Mittelmeeres zu stürzen. Übernachtung ist jedoch verboten.

WOMO-Parkplatz: San Pedro del Pinatar – *Yachthafen*

GPS: N 37°49'06" W 00°45'26". **Max. WOMOs**: 15.
Öffnungszeit: Ganzjährig.
Ausstattung: Keine.
Beschreibung: Mehrere asphaltierte Großparkplätze im Bereich des Yachthafens. In unmittelbarer Umgebung gibt es Restaurants und Bars sowie öffentliche Toiletten und Müllcontainer. Bitte achten Sie darauf, auf den eingezeichneten Parkflächen zu stehen. Von hier sind Spaziergänge an den Lagunen oder am Strand möglich.
Zufahrt: In San Pedro del Pinatar der Beschilderung zu den Salinas de San Pedro folgen.

Um den touristischen Trubel und die gesichtslosen Urbanizaciónes zu umgehen, entschließen wir uns in San Pedro del Pinatar auf die mautfreie Autobahn AP-7 zu wechseln und die knapp 50 Kilometer bis nach **La Manga del Mar Menor** auf schnellstem Weg zurückzulegen.

Das Binnenmeer **Mar Menor** umfahren wir damit auf westlicher Seite. Die 170 Quadratkilometer große **Salzwasserlagune** ist vom Mittelmeer durch die 22 Kilometer lange und teilweise nur 100 Meter breite Nehrung **La Manga** abgetrennt. Größtenteils beträgt die Tiefe der Lagune nur zwei Meter, womit sie sich hervorragend für eine Vielzahl Wassersportarten eignet. Wassersport, intensive Landwirtschaft, die dichte Bebauung und lange Hitzeperioden sind aber auch die Gründe, weshalb es immer wieder Probleme mit der Wasserqualität in Europas größter Lagune gibt. In den Jahren 2019 und 2021 kippte der See und hatte ein Massensterben der Fauna zur Folge.

Wir sind nun auch an der **Costa Cálida** angelangt. Sie erstreckt sich auf den nächsten 250 Kilometern bis nach Andalusien. Die *warme Küste*, wie sie übersetzt heißt, macht ihrem Namen alle Ehre. Hier werden die meisten Sonnenstunden im Jahr gezählt und es herrscht ein trockenheißes Klima. Zahlreiche Strände, die von verwunschenen kleinen Buchten zwischen steilen Felsklippen bis hin zu breiten Sandstränden reichen, sorgen dann für eine Erfrischung.

Eigentlich waren wir neugierig auf diesen Küstenabschnitt und das **Kleine Meer *Mar Menor***, doch die dichte Kulisse aus Hochhäusern auf der Landzunge wirkt wieder einmal eher abschreckend.

Skyline aus Hochhäusern am Kleinen Meer – Mar Menor

Der Tag ist allerdings fortgeschritten und wir benötigen einen Übernachtungsplatz. Erste Anlaufstelle ist der Campingplatz in **La Manga**. Er hat sogar eine eigene Autobahnausfahrt, ist riesig und erstreckt sich bis ans Wasser.

(091) WOMO-Campingplatz: La Manga
Camping Caravaning La Manga

GPS/Kontakt: N 37°37'30" W 00°44'37", Lugar Villas Caravaning, Tel. +34 968 563 014, www.caravaning.es, lamanga@caravaning.es.
Öffnungszeit: Ganzjährig.
Ausstattung: Campingplatzübliche Ausstattung mit Restaurant, mehreren Pools, Bar, Supermarkt, Mietunterkünften.
Beschreibung: Großer und vorwiegend von Dauercampern geprägter Campingplatz. Die Stellflächen sind auch für große WOMOs geeignet, durch Hecken parzelliert und mit Bäumen beschattet. Durch die ortsferne Lage sind die umliegenden Orte nur auf langen Fußwegen oder mit dem Fahrrad zu erreichen.
Preise: €€€.
Zufahrt: An der RM-12 befindet sich die Ferienanlage unübersehbar auf der linken Seite und hat eine eigene Ausfahrt.

Wir fahren noch ein paar Kilometer weiter. Unser Ziel ist schließlich der Ort **Cabo de Palos**. Er gilt als einer der schönsten Küstenstreifen der Region, und wir steuern für die Erkundung einen Parkplatz beim Leuchtturm an.

(092) WOMO-Parkplatz: Leuchtturm Cabo de Palos

GPS: N 37°38'01" W 00°41'29", Calle Subida al Faro. **Max. WOMOs**: 10.
Öffnungszeit: Ganzjährig.
Ausstattung: Müllcontainer.

Beschreibung: Asphaltierter Parkplatz am Leuchtturm, teilweise recht schräg und eigentlich für PKWs ausgelegt. Mit großen WOMOs über 6 Metern Länge ist das Parken problematisch. Am Wochenende ist eine Bar geöffnet und es herrscht reger Ausflugsverkehr. Nachts ist es jedoch ruhig und die Übernachtung wird – zumindest in der Nebensaison – von der Polizei toleriert. Schöne Spazierwege führen rund um das Kap, der nette Ort Cabo de Palos mit Restaurants und einem kleinen Hafen ist etwa zehn Gehminuten entfernt. Unterhalb des Leuchtturms gibt es mehrere kleine Badebuchten.
Zufahrt: In Cabo de Palos der Beschilderung zum Leuchtturm (*Faro*) folgen.

Nach dem Reisetag vertreten wir uns auf den Spazierwegen rund um den Leuchtturm noch ein wenig die Beine und genießen wunderschöne Ausblicke hinaus auf die Wellen des Mittelmeeres. Nicht weit entfernt liegen die kleinen Inseln **Islas Hormigas**. Sie gelten als eine der besten Adressen Spaniens für Tauchbegeisterte. Unter anderem lassen sich in den Tiefen des Meeres Riffe, Korallenbänke und die Überreste versunkener Schiffe entdecken. Tauchausflüge können am malerischen Hafen von Cabo de Palos gebucht werden. Auch der **Leuchtturm** aus dem Jahr 1863 kann nach vorheriger Reservierung

Leuchtturm am Cabo de Palos

besichtigt werden. Die Führungen finden in spanischer Sprache statt, Buchungen sind mindestens 48 Stunden im Voraus unter *www.visitaelfaro.com* möglich.

Nach dem eher frustrierenden Reisetag mit all dem touristischen Trubel besänftigt uns dieser Spaziergang wieder ein wenig. Es ist Abend geworden und so ein Sonnenuntergang am Cabo de Palos hat schon was. Allabendlich versammeln sich hier die Menschen am Leuchtturm, um das besondere Naturschauspiel zu genießen. Auch wir können uns nicht von der kitschigen Atmosphäre lossagen, schauen bei einem Glas Wein hinaus auf die Lagune und befinden, an diesem Punkt nach langer Suche mal wieder eine Perle gefunden zu haben.

Sehen Sie es uns nun nach, wenn wir die Landzunge des Mar Menor nicht bis zum Ende fahren. Hin und zurück sind das 40 Kilometer und angesichts der Hochhauskulisse, schreckt uns eine Erkundung eher ab.

Unser nächstes und auch letztes Ziel an der Küste ist **Cartagena**. Die Hafenstadt eroberte mit ihrem morbiden Charme unser Herz im Sturm und versöhnte uns zum Schluss auch mit den Bausünden entlang der Küste.

Der schnellste Weg nach Cartagena führt über die Schnellstraße RM-12 und die Autobahn A 30. Wer es gemütlicher angehen möchte, kann auch die Alternativroute über die **Sierra Minera** und **La Unión** nehmen. In der Gebirgskette wurde während des Bergbau-Booms bis Mitte des 20. Jahrhunderts Eisenerz abgebaut. Da dies im Tagebergbau geschah, wird die Region häufig auch als *Mondlandschaft* bezeichnet. Einige Relikte und verlassene Anlagen dieser Zeit sind ein beliebtes Ziel für Freunde sogenannter **Lost Places**. Für traurige Schlagzeilen sorgen nach wie vor die mit dem Tagebergbau verbundenen Umweltsünden. Um die 60 Millionen Tonnen hochgiftiger Abraum, der beim Waschen des Eisenerzes entstand, wurde in der **Bucht von Portmán** abgeladen. Bis heute sind die Strände dort mit Schwermetallen kontaminiert und das Gift wird immer noch aus den offenen Gruben durch Wind und Regenwasser ins Meer gespült. Keine guten Voraussetzungen, um dort einen unbeschwerten Badeaufenthalt einzulegen.

Wer diese Alternativroute wählt, kann in La Unión einen Blick ins kleine **Museu Minero** werfen. Neben der Geschichte des Bergbaus in der Region werden auch sehenswerte Mineralien gezeigt. *Öffnungszeiten: Montag bis Samstag von 9.00 bis 14.00 Uhr. Eintritt: 3,00 Euro, ermäßigt 2,00 Euro. Eine vorherige Anmeldung unter Tel. +34 968 541 614 wird empfohlen.*

Wir treffen uns also in **Cartagena** wieder und parken unser WOMO zentral am Hafen.

(093) WOMO-Parkplatz: Cartagena – Hafen

GPS: N 37°36'00" W 00°58'33", Calle Techos Bajos. **Max. WOMOs**: 5.
Öffnungszeit: Ganzjährig.
Ausstattung: Keine.
Beschreibung: Mehrere asphaltierte Parkplätze in der Nähe des Hafens. Der Platz ist auch Haltepunkt von Touristenbussen. Ein Fisch- und Meeresfrüchterestaurant befindet sich in unmittelbarer Nachbarschaft. Durch die Nähe zur Straße eventuell nicht ganz ruhig, aber ein guter Ausgangspunkt zur Stadterkundung.

Zufahrt: In Cartagena auf der CT-33 in Richtung Hafen (*Puerto*) fahren und am Kreisverkehr die erste Ausfahrt in Richtung *Centro Ciudad* nehmen. Die Einfahrt zum Parkplatz befindet sich nach rund 800 Metern auf der rechten Seite.

Für eine Ver- und Entsorgung sowie sichere Übernachtung gibt es am westlichen Stadtrand auch einen Stellplatz.

(094) Offizieller WOMO-Stellplatz: Cartagena *Area Autocaravanes*

GPS: N 37°36'54" W 01°00'20", Carretera de Tentegorra. **Max. WOMOs**: 12.
Öffnungszeit: Ganzjährig.

Ausstattung: Ver-/Entsorgungsstation, Strom, Frischwasser gegen Gebühr, Toiletten, Waschsalon, Supermarkt.
Beschreibung: Uncharmanter, aber zweckmäßiger Stellplatz hinter einer Tankstelle im Einkaufs-/Industriegebiet von Cartagena. Die Stellflächen sind eingezäunt, asphaltiert, eben und schattenlos. An der Tankstelle gibt es auch einen Waschsalon sowie eine Auto-Waschanlage für WOMOs. Das Zentrum von Cartagena ist rund drei Kilometer entfernt und über einen Radweg oder mit dem Bus erreichbar.
Preise: €. Bezahlbar an der Tankstelle.
Zufahrt: Cartagena nach Westen in Richtung Tentegorra/Mazarron verlassen. Die Einfahrt zum Stellplatz ist bei einer *Shell-Tankstelle* auf der rechten Seite.

An Cartagena hatten wir zugegebenermaßen keine allzu großen Erwartungen. Industrie- und Hafenstadt mit Erdölraffinerie, größte Marinebasis am Mittelmeer sowie bedeutender Handels- und Fischereihafen – so die Beschreibung in unserem Reiseführer. Muss man da hin? Ja, man muss. Warum, das verraten wir Ihnen gerne.

Cartagena im Überblick
215.000 Einwohner, Meereshöhe, Autonome Region Murcia.
Tourismusbüro: Plaza del Ayuntamiento, Tel. +34 968 128 955, www.turismo.cartagena.es. Geöffnet von Mai bis September Montag bis Samstag 10.00 bis 13.30 Uhr und 17.00 bis 19.00 Uhr, Sonn- und feiertags von 10.30 bis 13.30 Uhr. In den Wintermonaten sind die Öffnungszeiten am Nachmittag von 16.00 bis 18.00 Uhr.

Von Römern, Legionären und Gladiatoren
Die Stadt mit dem klingenden Namen zählt zu den ältesten Siedlungen an der spanischen Mittelmeerküste. Fünf Hügel markieren das historische Zentrum, die *Casco Antiguo*. Sie boten, zusammen mit dem natürlichen Hafen, ideale Bedingungen für den Seehandel und gleichzeitigen Schutz der befestigten Siedlung. Reich geworden ist Cartagena durch die Silber- und Erzminen in der Umgebung. Bereits die Iberer nutzten die Bodenschätze, um in der Stadt namens *Massia* oder *Mastia* erfolgreich Handel zu treiben. Um 227 v. Chr. marschierte der karthagische General

Römisches Theater in Cartagena

Hasdrubal mit seinem Heer in die iberische Siedlung ein, taufte sie in *Qart-hadašht* um und machte sie mit einem Flotten- und Militärstützpunkt zur Hauptstadt der Karthager auf der Iberischen Halbinsel. Von hier brach Hannibal am Beginn des Zweiten Punischen Krieges (218 v. Chr.) nach Italien auf.

Den Karthagern folgten die Römer, die es insbesondere auf die Silberlagerstätten abgesehen hatten. Sie eroberten die Stadt 209 v. Chr. und nannten sie *Carthago Nova*. Im Jahr 425 n. Chr. wurde die Stadt durch die Vandalen zerstört und in den folgenden Jahrhunderten gaben sich die Herrscher die Klinke in die Hand. Westgoten, Mauren und schließlich ab 1269 die Rückeroberung durch die Christen – alle hinterließen ihre Spuren und wollten am Reichtum teilhaben. Im Zuge der Reconquista gelangte die Stadt unter ihrem heutigen Namen Cartagena zum Königreich Aragón.

Jugendstil in Cartagena

Schwer in Mitleidenschaft gezogen wurde die Stadt zuletzt während des Spanischen Bürgerkrieges. Weite Teile wurden zerstört und noch heute zeigt sich vielerorts ein morbider Charme, der vom Glanz vergangener Tage zeugt. Werfen Sie bei Ihrem Bummel durch die Gassen mal einen Blick auf die alten, teilweise verfallenen Hausfassaden. Sie werden im Zuge der Sanierungsarbeiten erhalten und gesichert. In der Lücke dahinter entstehen später die neuen Gebäude. So wird das architektonische Gesamtbild der Stadt erhalten. Eine clevere Idee, wie wir finden. Das Ganze erinnerte uns ein wenig an die Kulisse einer Filmstadt.

Moderne Kreuzfahrer in Cartagena

Heute ist Cartagena eine florierende **Industrie- und Universitätsstadt**. Insbesondere in den 1950er und 1960er Jahren erstarkte die Wirtschaft durch die nahe Bergbauindustrie. Der Tourismus tut heute ein Übriges dazu, um der Stadt zu neuer Blüte zu verhelfen. Regelmäßig machen Kreuzfahrtschiffe im Hafen Halt, es gibt sehenswerte Museen und vor allem die Relikte aus römischer Zeit ziehen die Besucher in ihren Bann. Machen auch wir uns auf den Weg, um das Flair dieser besonderen Stadt zu erkunden.

Tipps für den Stadtbummel

Das Tourismusbüro bietet vier thematische Stadtspaziergänge an, die mit entsprechenden Symbolen gekennzeichnet sind. Je nach Interessenschwerpunkt kann eine Zeitreise von der Antike über Barock und Neoklassizismus bis hin zur Moderne unternommen werden. Auf dem Weg liegen mehrere interessante archäologische Stätten und Museen, für die es einen **Museumspass** gibt. Er beinhaltet wahlweise vier bis sechs Museen, ist 15 Tage lang gültig und kostet zwischen 13,00 und 19,50 Euro. Erhältlich ist er in der Tourismusinformation oder in den beteiligten Museen.

Auf archäologischen Spuren durch Cartagena

Wir haben also die Qual der Wahl und entscheiden uns für den **archäologischen Rundgang**. Von unserem Parkplatz Nr. 093 machen wir uns auf den Weg entlang der Stadtmauer in Richtung Westen. Der **Paseo Marítimo** ist die Flaniermeile am Hafen und hier sind bereits einige moderne Tempel der Kultur zu besichtigen. Das **Kongresszentrum *El Batel***, das **Museum für Un-**

Historische Stierkampfarena Cartagena

terwasserarchäologie ARQUA oder das **Seefahrtsmuseum der spanischen Marine *Museo Naval***.

Cartagena – Architektonischer Stilmix

Öffnungszeiten ARQUA: Dienstag bis Samstag von 10.00 bis 21.00 Uhr, Sonntag von 10.00 bis 15.00 Uhr. Von Mitte Oktober bis Mitte April nur bis 20.00 Uhr. Eintritt: 3,00 Euro, ermäßigt 1,50 Euro, www.culturaydeporte.gob.es.
Museo Naval: Dienstag bis Freitag von 9.00 bis 14.00 Uhr, Samstag von 10.00 bis 14.00 Uhr. Eintritt: 3,00 Euro, www.fondacionmuseonaval.com.

Wer mag, kann an der Promenade auch den **Tren Turístico** oder den Sightseeing-Bus besteigen und sich bequem zu den weiteren Sehenswürdigkeiten der Stadt chauffieren lassen. Doch die **Altstadt *Casco Antiguo*** ist überschaubar und gut zu Fuß zu bewältigen. Mit der **Barco Turisticó** lässt sich zudem eine Hafenrundfahrt unternehmen, bei der es auch vorbei an Leuchttürmen, Docks, Hafenbecken und militärischen Einrichtungen geht.

Am Obelisken, der ein Denkmal für die Helden des Spanisch-Amerikanischen Krieges 1898 darstellt, können wir bereits die weiß leuchtende Marmorfassade des Rathauses im **Palacio Consistorial** erkennen. Das exponierte Jugendstilgebäude

wurde um 1900 erbaut und beherbergt heute unter anderem das Tourismusbüro. Vom **Rathausplatz**, der ***Plaza del Ayuntamiento***, führt die **Calle Mayor** als Fußgängerzone nach Norden. Sie ist die Haupteinkaufsmeile der Stadt und wird flankiert von weiteren, eindrucksvollen Jugendstilgebäuden, wie dem **Grand Hotel** oder der **Casa Cervantes**. Beide Gebäude stammen vom Architekten **Víctor Beltrí**, der den Stil des Modernismus in Cartagena maßgeblich prägte.

Mosaike im Museo Foro Romano

Uns steht der Sinn jedoch nach den weitaus älteren Gebäuden der Stadt und da möchten wir Sie zu unseren drei persönlichen Highlights entführen.

Das Stadtviertel **Barrio del Foro Romano** ist einer der größten archäologischen Parks in Spanien. Auf der Südseite des Hügels **Molinete** liegen die Ruinen eines ganzen Wohnblocks aus dem 1. Jahrhundert v. Chr. Spannend aufbereitet lässt es sich im **Museo Foro Romano** auf einer alten Straße spazieren, die einst vom Hafen zum Forum führte. Es gibt einen Bogengang, Thermalbäder sowie Fragmente von Wandmalereien und Mosaiken zu entdecken.

Öffnungszeiten: Von Juli bis Mitte September täglich von 10.00 bis 20.00 Uhr. Von Mitte März bis Juni Dienstag bis Sonntag von 10.00 bis 19.00 Uhr, von November bis Mitte März nur bis 17.30 Uhr. Eintritt: 6,00 Euro, ermäßigt 5,00 Euro, www.cartagenapuertodeculturas.com.

Auf dem dahinter liegenden Hügel **Molinete** erstreckt sich ein öffentlicher Park mit schönen Spazierwegen, die zu weiteren Resten aus römischer, byzantinischer und arabischer Zeit führen. Bequem hinauf geht es über eine Rolltreppe in der Calle San Fernando.

Ein weiteres Museum ist das **Casa de la Fortuna** an der Plaza de Risueño. Der Eingang liegt etwas versteckt bei einer Bar. Einmal gefunden tauchen wir ab in den Untergrund Cartagenas. Dort können wir verschiedene Räume eines typischen, aristokratischen Stadthauses aus römischer Zeit entdecken. Ein Bankettsaal für Gäste, ein Schlafzimmer sowie persönliche Gegenstände gibt es zu sehen.

Antike Spuren mitten in Cartagena

Öffnungszeiten: Dienstag bis Sonntag von 10.00 bis 15.00 Uhr. Eintritt: 2,50 Euro, ermäßigt 2,00 Euro, www.cartagenapuertodeculturas.com.

Eines der eindrücklichsten Museen ist das **Museo del Teatro Romano**. Hier sind nicht nur alte Steine zu bewundern, sondern auch die moderne Gestaltung des spanischen Stararchitekten **Rafael Moneo**. Welch ein spannender Kontrast! Der Besuch beginnt am Rathausplatz. Von dort geht es unter den Ruinen der mittelalterlichen Kirche **Santa María** hindurch und über Rolltreppen zum restaurierten römischen Theater. Es ist eines der größten Spaniens und fasste 7.000 Zuschauer. Im angegliederten Museum erhalten wir Einblicke in die faszinierende Stadtgeschichte Cartagenas. Entdeckt wurde das römische Theater übrigens eher zufällig im Jahr 1987. Damals wollte man an dieser Stelle in Einkaufszentrum errichten.

Öffnungszeiten: Von Mai bis September Dienstag bis Samstag von 10.00 bis 20.00 Uhr, Sonntag von 10.00 bis 18.00 Uhr. Von Oktober bis April Dienstag bis Samstag von 10.00 bis 18.00 Uhr, Sonntag von 10.00 bis 14.00 Uhr. Eintritt: 6,00 Euro, ermäßigt 5,00 Euro, www.cartagenapuertodeculturas.com.

Noch mehr römische Geschichte gibt es im **römischen Amphitheater**, das unter der **alten Stierkampfarena *Plaza de Toros*** entdeckt wurde. Allerdings laufen hier die Ausgrabungsarbeiten und die Anlage ist noch nicht öffentlich zugänglich.

Nach dem Bummel durch die Altstadt ist es nun an der Zeit, sich einen Überblick von oben zu verschaffen. Das geht am besten vom Hügel **Cerro de la Concepción** zwischen Altstadt und Hafen. Gekrönt wird er von einer Festung, deren Ursprünge auf die maurische Zeit zurückgehen. Heute sind davon nur

Panorama-Aufzug zum Castillo

Ruinen erhalten. Dafür belohnt uns der Panoramaausblick über die Stadt, das römische Theater, den Hafen und die Bucht von Cartagena für die Mühe des kurzen Aufstieges. Hinauf geht es am Teatro Romano vorbei durch die Puerta de la Villa und eine kleine Grünanlage.

Bequem geht es auf östlicher Seite mit dem modernen **Panorama-Aufzug *Ascensor Panorámico*** an der Calle de Gisbert. Wer mag, kann hier oben das **Stadtmuseum** im **Castillo de la Concepción** besuchen. Wir schlendern nun jedoch durch die schön gestaltete Grünanlage mit prächtigen Pfauen wieder hinunter in Richtung Hafen und zu unserem WOMO-Parkplatz.

Einkehrtipp: Im Restaurant *Casa del Pescador* gleich neben dem Parkplatz genießen wir regionale, frische Fischspezialitäten. Dazu gehört unter anderem der Salzfisch, der zusammen mit getrockneten Bohnen als Gericht *Michirones* serviert wird. Und danach schmeckt ein *Asiático*. Eine Mischung aus Kaffee, Milch, Cognac, Zimt und dem bekannten spanischen *Licor 43*, der hier in Cartagena produziert wird. Getoppt wird das Ganze mit einer Zitronenscheibe. Prädikat: Lecker!

Wir hoffen, wir konnten Sie ein wenig für die wohl derzeit angesagteste Stadt an der Costa Calída begeistern. Uns hat die Stadt auf ganzer Linie überrascht. Museen, alte Mauern, die Atmosphäre einer Hafenstadt und das zugleich junge Flair zahlreicher Studenten – all das hat etwas und verdient einmal mehr eine dicke Perle.

Nach dem Besuch in Cartagena verlassen wir nun endgültig die Küste. Wenn Sie weiter in Richtung Süden unterwegs sein sollten, empfehlen wir Ihnen gerne den ***WOMO-Reiseführer Nr. 47 Andulsien*** unserer Autorenkollegen Christina und Christian Winkler.

Unser nächstes Ziel heißt nun **Murcia**. Die Hauptstadt der gleichnamigen autonomen Region liegt in der fruchtbaren Ebene des **Río Segura** und ist bekannt als *Obstgarten Europas*. Der Anbau von Obst, Gemüse und Blumen hat hier eine lange

Tradition. Gleichzeitig ist sie aber auch bekannt als eine der trockensten und heißesten Regionen Europas. Im Sommer überschreiten die Temperaturen häufig die 40-Grad-Marke. Dass hier dennoch mehrere Ernten im Jahr möglich sind, ist einem ausgeklügelten Bewässerungssystem zu verdanken, dessen Grundlagen bereits in maurischen Zeiten gelegt wurden.

Ein wenig von diesen ausgedehnten Anlagen ist bereits bei unserer Anfahrt nach Murcia zu sehen. Auf schnellstem Wege gelangen wir über die Autobahn A 30 in die Stadt. Dort steht als erstes die Stellplatzsuche auf dem Programm.

(095) Offizieller WOMO-Stellplatz: Murcia
Area Autocaravanes

GPS: N 38°01'45" W 01°08'55", Avenida Juan de Borbón, 86 m.
Max. WOMOs: 100. **Öffnungszeit**: Ganzjährig.
Ausstattung: Ver-/Entsorgungsstation, Mülleimer.
Beschreibung: Sehr großer, asphaltierter Stellplatz im Bereich eines Einkaufscenters auf der grünen Wiese im Norden der Stadt Murcia. Die Stellflächen sind teilweise durch Bäume beschattet. Sehr gute Erreichbarkeit auch für große WOMOs und gut als Zwischenstopp ab der Autobahn. Alle namhaften Einkaufsmärkte und Tankstellen befinden sich in unmittelbarer Nähe. Das Zentrum von Murcia ist mit der Straßenbahn oder mit dem Fahrrad gut erreichbar. Trotz der urbanen Lage erstaunlich ruhig. Maximale Verweildauer sind 72 Stunden.
Zufahrt: Über die Autobahn A 30 / A7 bei der Ausfahrt 134 verlassen. Ab dem IKEA-Kreisverkehr ist die Zufahrt zum Stellplatz ausgeschildert und auch gut zu sehen.

Zentrumsnäher und weitaus schöner stehen Sie hier:

(096) Offizieller WOMO-Stellplatz: Murcia
Area Camper Murcia Río

GPS/Kontakt: N37°59'21"W01°06'08", Camino de Enmedio, 41 m, Tel. +34 678 811 265, areacampermurciario@gmail.com.
Max. WOMOs: 60.
Öffnungszeit: Ganzjährig.
Ausstattung: Ver-/Entsorgungsstation, Strom, Sanitärgebäude mit Duschen und WCs, Waschsalon, WLAN, schattige Picknickzone.
Beschreibung: Kleiner, privater Stellplatz in zentrumsnaher Lage, der zum Zeitpunkt der Recherche noch im Aufbau begriffen war. Bereits komplett nutzbar mit entsprechender Infrastruktur für rund zehn kleine Wohnmobile (maximal 3,5 t) ist der Bereich beim Wohnhaus der Betreiber. Auf der gegenüberliegenden Straßenseite entstehen weitere rund 50 Stellplatzmöglichkeiten auf einem Untergrund aus Wiese/Kies, die auch sehr gut für große WOMOs geeignet sind. Zum Recherchezeitpunkt gab es dort allerdings noch keine Infrastruktur.

Das zwei Kilometer entfernte Altstadtzentrum von Murcia ist bequem auf dem Radweg entlang dem Río Segura zu erreichen.

Preise: €.

Zufahrt: Die A 30 an der Ausfahrt 144B verlassen und Murcia auf der Ronda Sur südlich umfahren. Nach Überqueren des Río Segura die zweite Straße rechts nehmen. Der Stellplatz befindet nach rund 600 Metern links und rechts der kleinen Straße.

Unser ganz persönlicher Favorit und Top-Ten-Platz liegt etwas außerhalb der Stadt beim Dorf **Alqerías**. Doch dafür lässt es sich hier auch einige Tage gut verweilen.

(097) Offizieller WOMO-Stellplatz: Murcia (Alqerías) *Huerta de Murcia*

GPS/Kontakt: N 38°00'18" W 01°02'31", Calle Conde Almodóvar, 36 Meter ü.N.N., Tel. +34 686 985 585 (spanisch) oder +34 650 533 171 (französisch), www.camperparkhuertademurcia.com, camperparkhuertademurcia@gmail.com. **Max. WOMOs**: 30.

Öffnungszeit: Ganzjährig.

Ausstattung: Ver-/Entsorgungsstation, Strom, Sanitärgebäude mit Duschen (Gebühr) und WCs, Waschsalon, WLAN, Brötchenservice.

Beschreibung: Privater und sehr ruhiger Stellplatz in idyllischer Lage inmitten eines Zitronen- und Orangenhaines. Die freundliche Betreiberin Trini ist sehr um das Wohl ihrer Gäste bemüht, die Anlage ist sauber, gepflegt und liebevoll gestaltet. Morgens kommt ein Bäcker mit frischen Backwaren vorbei, die Zentren von Murcia (8 km) und Orihuela (14 km) sind bequem auf dem Radweg entlang dem Río Segura zu erreichen. Ins Zentrum des Örtchens Alquerías mit einfachen Restaurants und Einkaufsmöglichkeiten sind es wenige Gehminuten.

Preise: €.

Zufahrt: Die leicht zu übersehende Einfahrt ist an der Calle Conde Almodóvar ausgeschildert. Die letzten 200 Meter führen über eine schmale Straße durch einen Orangenhain. Mit etwas Vorsicht auch mit einem großen WOMO zu schaffen.

Murcia im Überblick

454.000 Einwohner, 43 m, Hauptstadt der Autonomen Region Murcia.
Tourismusbüro: Plaza del Cardenal Belluga, Tel. +34 968 358 600, www.turismodemurcia.es. Geöffnet Dienstag bis Samstag und an Feiertagen von 10.00 bis 14.00 Uhr und von 16.00 bis 20.00 Uhr. Sonntag und Montag nur vormittags geöffnet.

Maurische Spuren in Murcia

Obwohl die fruchtbare Ebene bereits seit mehr als 2.000 Jahren besiedelt ist, wurde die Stadt Murcia erst 825 von den Mauren gegründet. Das arabische *Mursiya* entwickelte sich gut und mittels komplexer Bewässerungskanäle konnte reiche Landwirtschaft betrieben werden. Über 400 Jahre dauerte die arabische Herrschaft, an deren Ende die Stadt als eigenständiges Königreich eine Blütezeit erlebte. Im Jahr 1266 wurde Murcia nach einem Aufstand gegen Alfonso X. dem Königreich Kastilien zugeschlagen. Heute lassen sich noch mehrere dieser arabischen Spuren erkennen, wie etwa die Reste der arabischen Stadtmauer oder im **Museum Santa Clara**, das im 12. und 13. Jahrhundert der Palast der muslimischen Emire war. Später nutzten die kastilischen Könige das Gebäude als Festung, bevor der Klarissinnen Orden darin einzog.

Unter christlicher Herrschaft wurde Murcia 1291 zum **Bischofssitz**. **Luis de Belluga**, nach dem heute der Platz beim Bischofspalast benannt ist, verteidigte während des Spanischen Erbfolgekrieges die Stadt, indem er die fruchtbare Umgebung *Huerta* fluten ließ. In den folgenden Jahrhunderten spielte Murcia keine herausragende Rolle und wurde zudem mehrmals von verheerenden Naturkatastrophen heimgesucht. Neben Überschwemmungen

durch den Río Segura wurde die Stadt bei einem Erdbeben im März 1829 nahezu vollständig zerstört.

Eine Aufwertung erhielt Murcia 1982 als Hauptstadt der neu geschaffenen Autonomen Region. Seitdem stieg die Bevölkerungszahl stetig an. Heute ist Murcia die siebtgrößte Stadt Spaniens und zudem eine der größten Universitätsstädte des Landes.

Von allen drei genannten Stellplatzmöglichkeiten führen gut ausgebaute Fahrradwege ins Zentrum von Murcia, das wir uns nun genauer anschauen möchten. Zwar zählt Murcia nicht zu den klassischen Städtereisezielen. Trotzdem lohnt sich ein Bummel durch die Altstadt, die einige Sehenswürdigkeiten aufweist. Sie erstreckt sich nördlich des Río Segura, der im Sommer eher als dünnes Rinnsal dahinfließt. Unser Besuch in Murcia fiel hingegen auf die Osterwoche. Da war nicht nur der Fluss gut mit Wasser gefüllt, sondern die gesamte Innenstadt platzte aus allen Nähten. Grund waren die Osterprozessionen während der **Semana Santa**, weshalb wir Murcia nun im Rahmen dieser Osterfeierlichkeiten erkunden wollen.

Die Osterwoche *Semana Santa* in Murcia

Die eindrucksvollen Prozessionen in der Osterwoche zählen zu den Höhepunkten des kulturellen Kalenders in ganz Spanien. Auch wenn der Einfluss der katholischen Kirche zurückgeht – die Feierlichkeiten über Ostern sind mehr als nur eine religiöse Angelegenheit.

Die Semana Santa beginnt am Palmsonntag und endet am Ostermontag, obwohl letzterer kein offizieller Feiertag in Spanien ist. Fast täglich finden dann in vielen Regionen Prozessionen statt, die von den **Bruderschaften**, den sogenannten *Herman-*

dades oder *Cofradías* organisiert werden. Die berühmteste Prozession ist die *Madrugada* und findet am Karfreitag statt.

Ein Blickfang sind die sogenannten **Pasos**. Auf einem blumengeschmückten Holzgestell stehen die aufwändig geschnitzten Statuen einer Heiligen oder eines Heiligen. Manchmal werden auch ganze biblischen Szenen der Passion Christi dargestellt. Die Träger dieser Pasos sind die *Costaleros*. Sie haben ein tonnenschweres Gewicht auf ihren Schultern zu stemmen. Und das über mehrere Stunden hinweg, denn die Prozessionen können sich in die Länge ziehen.

In Murcia hat der Bildhauer **Francisco Salzillo** (1707-1783) viele der Figuren geschaffen, die bei den Prozessionen durch die Stadt getragen werden. Ein Museumsraum in der barocken Kapelle der **Ermita de Jesús** an der Plaza de San Agustín widmet sich dem Leben und Werk des Künstlers, der außerdem auch zahlreiche Krippenfiguren geschaffen hat.

Öffnungszeiten: Mitte Juni bis Mitte September von Montag bis Freitag 10.00 bis 14.00 Uhr. Von Mitte September bis Mitte Juni Montag bis Samstag von 10.00 bis 17.00 Uhr und Sonntag von 11.00 bis 14.00 Uhr. Eintritt: 5,00 Euro, ermäßigt 4,00 Euro, www.museosalzillo.es.

Begleitet werden die Pasos von den **Büßern**, den *Nazarenos*, die mit den charakteristischen Spitzhauben fast schon unheimlich wirken. Je nach Dauer ihrer Zugehörigkeit zur Bruderschaft gehen sie mit mehr oder weniger Abstand zu den Pasos und tragen Kerzen oder andere Insignien. Eine andere Gruppe der Büßer sind die *Penitentes*. Sie sind am Holzkreuz auf der Schulter zu erkennen.

Zu jeder Prozession gehört auch eine **Musikgruppe**, deren Repertoire aus eigens dafür komponierten Trauermärschen besteht. Mancherorts bestimmen

Trommler das Bild, wie etwa in der Region um **Alcañiz** in unserer Tour 1. Immer sind es jedoch Klagelieder, die das Leid Christi und die Trauer Marias thematisieren. Die Märsche folgen einer bestimmten, vorher festgelegten Route. In Murcia führt sie unter anderem vorbei an der Parkanlage **Glorieta de España** mit dem **Rathaus *Casa Consistorial***. Dort sind Tribünen aufgebaut, auf denen die Honoratioren der Stadt das Geschehen beobachten.

Murcia – Casa Consistorial

Gleich dahinter befindet sich die **Plaza del Cardenal Belluga**, der zentrale Platz der Altstadt. Beherrschende Bauwerke sind der **Bischofspalast Palacio Episcopal** aus dem 18. Jahrhundert, von dessen Balkon der Erzbischof über die Prozessionsteilnehmer wacht, sowie die **Kathedrale Santa María**. Sie wurde 1394 an Stelle der ehemaligen Hauptmoschee errichtet und vereint heute gleich mehrere Baustile. Anfänglich in gotischer Architektur erbaut kamen später Elemente des Barock und der Renaissance hinzu. Hier starten und enden die Osterprozessionen, begleitet vom Klang der Glocken im mächtigen Kirchturm.

Murcia hat natürlich noch weitere Sehenswürdigkeiten zu bieten. Je nach persönlichem Interesse können Sie sich im **Museo Arqueológico** weiter in die Stadtgeschichte vertiefen oder im **Museo de Bellas Artes MUBAM** an den Kunstwerken spanischer Maler des 16. bis 20. Jahrhunderts erfreuen. Wir möchten Sie zum Abschluss des Stadtbummels noch zu unserem persönlichen Murcia-Highlight entführen.

Das sehenswerte **Casino** von Murcia in der **Calle Trapería Nummer 18** ist kein Ort des Glücksspiels, sondern ein privater Club aus dem Jahr 1847. Hierher zog man sich zurück, um zu debattieren, zu politisieren, zu lesen und dabei eine

Zigarre mit einem hochprozentigen Getränk zu sich zu nehmen, während die Damen bei Portwein und Tee beisammensaßen.

Königliches Casino in Murcia

Heute zählt das Casino zu den markantesten Gebäuden der Stadt. Nach seiner umfangreichen Renovierung wurde ihm von König Juan Carlos I. höchstselbst das königliche Attribut *Real* verliehen. Nach wie vor dient das Casino als Treffpunkt für kulturelle Veranstaltungen und als Clubhaus der ***Sociedad del Real Casino***, die eine wichtige gesellschaftliche Institution Murcias darstellt. Gegen eine Eintrittsgebühr dürfen auch Nicht-Mitglieder einen Blick hineinwerfen. Und dieser lohnt sich allein schon wegen des prächtigen, maurischen Patios. Er wurde nach dem Vorbild der Alhambra in Granada erbaut. Ein Märchen aus 1001 Nacht. Weitere Räumlichkeiten sind unter anderem die Bibliothek mit 20.000 Büchern, ein eleganter Versammlungsraum und der prächtige Ballsaal mit funkelnden Kronleuchtern im aufwändigen Stil des Neobarock.

Öffnungszeiten: Täglich von 10.30 bis 19.00 Uhr. Im August täglich außer Sonntag von 10.30 bis 14.00 Uhr. Eintritt inklusive Audio-Guide 5,00 Euro, ermäßigt 3,00 Euro, www.realcasinomurcia.com.

Einkehrtipp: Wenn Sie nun noch der kleine Hunger plagt, dann gehen Sie ins Viertel rund um die **Plaza San Juan**. Dort gibt es zahlreiche Tapas-Bars, für die Murcia über die Stadtgrenzen hinaus bekannt ist. Die frischen Zutaten dafür stammen aus den umliegenden Gemüsegärten. Unsere Empfehlung: Suchen Sie mehrere Bars auf und probieren Sie sich durch das Angebot.

Traditionelles Ostergebäck aus Murcia

Tour 10: Auf den Spuren der Pilger – Von Murcia nach Elche de la Sierra 205 km

Alhama de Murcia – Mula – Bullas – Caravaca de la Cruz – Calasparra – Elche de la Sierra

Stellplätze: In Alhama de Murcia, Gebas, Mula, Caravaca de la Cruz, Calasparra, Elche de la Sierra

Campingplatz: In Bullas

Besichtigen: Alhama de Murcia, Weinmuseum in Bullas, Caravaca de la Cruz, Felsenkirche bei Calasparra, Elche de la Sierra

Baden: Salto les Usero, im Río Segura

Wandern: Am Mirador de Gebas, zum Salto les Usero in Bullas

Radfahren: Entlang dem Via Verde de Noroeste bei Mula

Einkehrtipps: Restaurant *Mirador de Gebas, Arroceria y brass Titanium* bei Calasparra

Wer über Pilgern in Spanien spricht, denkt in erster Linie an den berühmten Jakobsweg, der zur großen Kathedrale von Santiago de Compostela führt. Doch es gibt in Spanien noch weitaus mehr Pilgerwege, Kirchen und Klöster, deren Besichtigung ebenso lohnend ist wie der Weg dorthin. Einige davon wollen wir in dieser Tour entdecken. Sie führt uns von Murcia in Richtung Zentralspanien, wir besuchen bizarre Naturlandschaften und eine Heilige Stadt. Weiter geht es zu einem Felsenkloster, durch Weinanbaugebiete und – fast unmerklich – in die Autonome Region Kastilien-La Mancha, wo wir diese eher besinnliche Tour beenden werden.

Von unserer letzten Station in Murcia geht die Reise weiter in Richtung Westen nach **Alhama de Murcia**. Da der Großraum Murcia vor allem industriell mit den Lagerstätten und Betrieben des Obst- und Gemüseanbaus geprägt ist, wählen wir die Autobahn A 7. Sie bringt uns nach rund 40 Kilometern schnell an unser erstes Etappenziel. Die **Thermalwasser- und Brunnenstadt** Alhama de Murcia überrascht uns bereits bei der Anfahrt. Nahezu jeder Kreisverkehr entlang der Zufahrtsstraße – und davon gibt es etliche – ist mit Kunstwerken geschmückt. Eines schöner als das andere, und wir vergeben dem Ort das Attribut *Stadt der Kreiselkunst*. Ein zentrumsnaher Parkplatz für die Besichtigung des sympathischen Städtchens findet sich hier:

Brunnenstadt Alhama de Murcia

(098) WOMO-Parkplatz: Alhama de Murcia

GPS: N 37°50'57" W 01°25'37", Calle los Baños, 197 m. **Max. WOMOs**: 10.
Öffnungszeit: Ganzjährig außer an Markttagen.
Ausstattung: Keine.
Beschreibung: Gebührenfreier, großer und asphaltierter Parkplatz in Zentrumslage, der auch für Veranstaltungen und Märkte genutzt wird. Die Altstadt mit allen Dienstleistungen ist wenige Gehminuten entfernt. Durch die zentrumsnahe Lage muss mit einer gewissen Geräuschkulisse gerechnet werden.
Hinweis: Dienstags findet der Wochenmarkt statt. Dann kann hier nicht geparkt werden.
Zufahrt: Im Zentrum ist der Parkplatz mit dem Hinweis *Recinto* ausgeschildert.

Alhama de Murcia im Überblick

22.100 Einwohner, 192 m, Autonome Region Murcia.
Tourismusbüro: Plaza de la Constitución, Tel. +34 968 633 512, www.turismo.alhamademurcia.es. Geöffnet von Juni bis

Mitte September Dienstag bis Freitag von 8.30 bis 14.30 Uhr, samstags von 10.00 bis 13.00 Uhr. Von Mitte September bis Mai Dienstag bis Freitag von 9.00 bis 14.00 Uhr und von 17.00 bis 20.00 Uhr. Samstags von 10.00 bis 13.00 Uhr.

Thermalwasser, römische Bäder und Tor zum Naturparadies Sierra Espuña

Alhama de Murcia liegt gut geschützt umgeben von den Gebirgszügen der **Sierra de Espuña** und der **Sierra de la Muela**. Aus deren Berghängen strömt das Thermalwasser, das bereits die Römer zu schätzen wussten. *Alhama* bedeutet nichts anderes als *Thermalbad* und auch die Araber nutzten die wohltuenden Anlagen ihrer Vorgänger. Auf einem Felsen über der Stadt thront eine maurische Festung aus dem 12. Jahrhundert, an deren Fuß sich die Bevölkerung angesiedelt hatte. Heute lässt sich diese Bädervergangenheit im **Archäologischen Museum Los Baños** nachvollziehen. Es zeigt anschaulich die Überreste und Badekultur der römischen und arabischen Bäder.

Relikte der Bäderkultur in Alhama de Murcia

Öffnungszeiten: Dienstag bis Sonntag von 10.00 bis 14.00 Uhr und von 17.00 bis 19.00 Uhr. Im Sommer auch länger, sonntags nur am Vormittag. Eintritt frei, www.museoalhamademurcia.es.

Alhama de Murcia gilt auch als Tor zum **Regionalpark Sierra Espuña**. Das 18.000 Hektar große Gebirge ist Teil der **Betischen Kordillere** und durchzogen von Wanderwegen und Klettergebieten. Die höchste Erhebung ist der 1.830 Meter hohe **Morrón de Espuña**. Weite Teile sind dicht bewaldet mit Kiefern, Pappeln und Weiden. Das war jedoch nicht immer so, denn in den vergangenen Jahrhunderten wurde starker Raubbau an den Wäldern betrieben. Bau- und Brennholz waren begehrte Güter. Erst nach verheerenden Überschwemmungen im 19. Jahrhundert begann die Wiederaufforstung, so dass die Hänge heute wieder grün sind und sich darin Wildschweine, Adler und Eichhörnchen wohlfühlen. Ein ungewohntes Bild in der sonst so trockenen Region Murcia.

Eine Besonderheit der Sierra Espuña sind die auf 1.300 Metern Höhe befindlichen **Eiskeller**, deren Entstehung auf das 16. Jahrhundert zurückgeht. Die Rundbauten wurden ins Erdreich eingelassen und dienten früher als Kühlvorrichtung. Jeden Winter wurden sie mit Schnee befüllt, um im nächsten Frühjahr die umliegenden Orte mit Stangeneis zu versorgen.

All dies erfahren wir durch die freundliche Beratung im Tourismusbüro von Alhama de Murcia, wo auch Wanderkarten und Tourenempfehlungen erhältlich sind. Wir starten unsere Erkundungstour mit einem kleinen **Stadtspaziergang**. Das Zentrum ist überschaubar groß und die Sehenswürdigkeiten liegen nah beieinander. Besonders bezaubert haben uns die alten Herrenhäuser, die in bunten Farben und mit üppigem Blumenschmuck hübsch herausgeputzt sind. Lauschige Plätze, schön gestaltete Grünanlagen, plätschernde Brunnen, eine kleine Markthalle mit eindrucksvollem Portal und die **Iglesía San Lázaro** aus dem 18. Jahrhundert geben der Stadt eine gemütliche, sympathische Prägung. Uns gefällts, auch wenn der Aufstieg zur Burg aufgrund von Renovierungsarbeiten nicht möglich ist.

Iglesía San Lázaro

Wir fahren nun weiter in Richtung des Naturparkes ***Parque Régional de Sierra Espuña***. Wie uns die Dame im Tourismusbüro erklärte, sind die Bergstraßen zu den Wandergebieten für größere WOMOs eher ungeeignet. Falls Sie aber über ein wendigeres Fahrzeug verfügen, lässt sich das Naturparkzentrum ***Centro Visitantes Ricardo Codorniú*** bei N 37°51'21" W 01°30'45" nach zehn Kilometern über ein schmales, kurvenreiches Sträßchen erreichen. Die Zufahrt ist an der RM-515 ausgeschildert.

Leider erweist sich auch die RM-515 schon bald in einem recht bedauernswerten Zustand. 26 Kilometer sind auf holpriger, aber landschaftlich höchst abwechslungsreicher Strecke bis nach **Mula** zu bewältigen. Zunächst geht es noch durch das dicht bewaldete Gebiet der Sierra Espuña, dann tauchen rechts plötzlich die bizarr erodierten Felscanyons der **Barrancas de Gebas** auf. Sattes Grün und Ödland liegen in diesem Gebiet nah beieinander. Die Mondlandschaft, in deren Zentrum sich der türkisblau glitzernde Stausee **Embalse de la Ramblas de Algeciras** verästelt, wollen wir näher erkunden. Dafür gibt es mehrere Möglichkeiten. Zu Fuß, mit dem Fahrrad oder mit dem WOMO.

Wer über ein kleineres, robustes Fahrzeug verfügt, kann die RM-515 bei N 37°52'17" W 01°26'50" am Hinweisschild *Monte Publico No. 162 La Muela* verlassen. Dort führt eine wenig befahrene Schotterstraße zunächst durch lichten Pinienwald. Schon bald wird die Landschaft karger und man erreicht den parallel des Sträßchens verlaufenden **Canal del Trasvase Tajo-Segura**. Der 280 Kilometer lange Kanal mit zahlreichen Tunneln und Aquädukten speist den Stausee mit dem Wasser des weit entfernten und längsten Flusses der Iberischen Halbinsel, dem **Río Tajo**. Der Stausee wiederum dient als eine Art Zwischenlager, um damit die Felder und Gewächshäuser der tiefer gelegenen Region Murcia zu bewässern. Welch eine gigantischer Aufwand um das immer kostbarer werdende Gut.

Nach rund fünf Kilometern auf dem Schottersträßchen ist schließlich ein phänomenaler Aussichtspunkt erreicht.

(099) WOMO-Parkplatz: Mirador del Embalse de Algeciras
GPS: N 37°52'59" W 01°23'52", 348 m. **Max. WOMOs**: 1.
Öffnungszeit: Ganzjährig.
Ausstattung: Keine.
Beschreibung: Geschotterte, schattenlose und teilweise leicht schräge Parkfläche in Aussichtslage. Außerorts, nachts einsam und ruhig. Vom Parkplatz weg führen Wanderwege hinunter an den Stausee.
Zufahrt: Vom Abzweig an der RM-515 etwa fünf Kilometer auf einer Schotterstraße bis zum Parkplatz.

Eine weitere Möglichkeit, die Halbwüste Barranca de Gebas auch mit einem größeren Fahrzeug zu erkunden, gibt es bereits wenig später. Dort stellen wir unser Fahrzeug ab und unternehmen eine kleine Wanderung zu einem weiteren Aussichtspunkt.

Barranca de Gebas

(100) WOMO-Parkplatz: Mirador de Gebas

GPS: N 37°54'05" W 01°27'14", 421 m. **Max. WOMOs**: 5.
Öffnungszeit: Ganzjährig.
Ausstattung: Müllcontainer, Spielplatz, Info-Tafeln, Restaurant.
Beschreibung: Großer Wanderparkplatz beim Restaurant *Mirador de Gebas*. Teilweise Schatten, außerorts gelegen und am Ausgangspunkt zu Wanderungen in die Schluchtenlandschaft.
Zufahrt: An der RM-515 befinden sich Restaurant und Parkplatz auf der rechten Seite.

Wanderung zum Aussichtspunkt Mirador de Gebas und zum Embalse de la Rambla de Algeciras

Vom Parkplatz ist die Wanderung zum **Aussichtspunkt *Mirador de Gebas*** gut ausgeschildert. Sie führt uns zunächst noch auf einer asphaltierten Straße zu einem kleinen Weiler. Dann zweigt der Weg links ab auf eine Schotterpiste. Vorbei geht es am Friedhof und einer kleinen Ermita. Schon bald werden die bewässerten Gemüse- und Olivenbaumfelder von einer eindrucksvollen und kargen Mondlandschaft abgelöst.

Feigenbaum und gelbe Cistanche auf kargem Boden

Die Kräfte der Natur haben hier eine bizarre Halbwüste entstehen lassen. Kalk- und lehmhaltige Böden wurden durch Wasser und Wind zu einzigartigen Felsformationen, tiefen Rinnen und Canyons ausgewaschen. Dazwischen hat sich die Flora gegen diese unwirtlichen Bedingungen durchgesetzt. Immer wieder staunen wir über blühende Pflanzen auf kargem Boden. Irgendwann schimmert auch der türkisblaue **Embalse de la Rambla de Algeciras** zwischen den hellen Gesteinsformationen hervor. Welch eine eindrucksvolle Kulisse, an der wir uns gar nicht sattsehen mögen. So erreichen wir nach gemütlicher Wanderung den Aussichtspunkt, von dem aus man über einen weiteren, etwa vier Kilometer langen Weg hinunter an den Stausee gelangen kann. Zurück geht es auf gleicher Strecke. Ohne den Abstecher zum Stausee beträgt die Entfernung hin und zurück rund **sechs Kilometer**, mit dem Abstecher sind es **14 Kilometer**. Bitte denken Sie an heißen Tagen an ausreichend Flüssigkeit und einen Sonnenschutz, denn die gesamte Strecke ist schattenlos.

Wer mit einem robusten Fahrzeug unterwegs ist, kann auf der Schotterpiste auch bis zum kleinen Parkplatz beim Aussichtspunkt N 37°53'48" W 01°25'41" fahren. Aber Vorsicht bei großem Hecküberhang: Unterwegs ist eine kritische Steilpassage zu bewältigen.

Einkehrtipp: Nach der Wanderung bietet sich die Einkehr im schattigen Garten des Restaurants *Mirador de Gebas* an. Dort entscheiden wir uns für ein kühles Bier und eine deftige Vesperplatte mit regionalen Wurst-, Käse- und Schinkenspezialitäten.

Spanischer Vesperteller

Weiter geht es anschließend über die rumpelige RM-515 und durch eine überwiegend landwirtschaftlich genutzte Region bis nach **Mula**. Die Kleinstadt wird vom **Castillo de los Velez** aus dem 16. Jahrhundert überragt und hat zudem auch einen Stellplatz aufzuweisen.

(101) Offizieller WOMO-Stellplatz: Mula

GPS: N 38°02'22" W 01°28'50", Avenida de la Paz, 283 m. **Max. WOMOs**: 5.
Öffnungszeit: Ganzjährig.
Ausstattung: Ver-/Entsorgungsstation, Müllcontainer.
Beschreibung: Schattenloser, städtischer Stellplatz mit fünf asphaltierten Parkflächen für WOMOs am Rand eines Sportzentrums mit Hallenbad und Skatepark. Es kann jedoch der gesamte Parkraum genutzt werden, campingartiges Verhalten ist nicht erwünscht. Das Zentrum von Mula mit allen Dienstleistungen ist etwa zehn Gehminuten entfernt. Maximale Aufenthaltsdauer 48 Stunden.
Zufahrt: Auf der RM-516 am Lokomotiven-Kreisverkehr in Richtung Mula abbiegen. Am nächsten Kreisverkehr rechts in die *Avenida de la Paz* und dort den WOMO-Piktogrammen folgen. Die Einfahrt zum Stellplatz befindet sich nach rund 800 Metern auf der linken Seite.

Radtouren-Tipp: Der Radweg Vía Verde del Noroeste

Bei der Anfahrt zum Stellplatz umrunden wir einen Kreisverkehr mit einer Lokomotive, die uns Rätsel aufgibt. Weit und breit sind keine Gleise zu sehen. Des Rätsels Lösung erwartet uns wenig später bei unserem Stellplatz. Dort verläuft nur einige Meter entfernt der Radweg **Vía Verde del Noroeste**. Einst gab es hier eine Bahnlinie zwischen Murcia und Caravaca de la Cruz. Obwohl sie erst 1931 gebaut

wurde, bereiteten ihr wirtschaftliche Gründe 1971 ein vorzeitiges Ende. Auf der stillgelegten Bahntrasse haben heute Radler freie Fahrt. Sie verläuft auf knapp 80 Kilometern durch die kargen Landschaften der Halbwüste sowie über mehrere Viadukte und Tunnel. Unter *www.bahntrassenradwege.de* lassen sich die GPX-Daten zum Streckenverlauf kostenlos auf das Smartphone laden.

Ein Spaziergang durch Mula ist eine Zeitreise von der Gegenwart zurück ins Mittelalter. Ein Wanderweg führt hinauf auf das **Castillo** aus dem 16. Jahrhundert. Da es sich in Privatbesitz befindet, kann es nicht besichtigt werden. Doch bieten sich schöne Ausblicke von oben auf die Region. Auch die Gassen des Städtchens lohnen einen Bummel. Mehrere alte Mauern wurden für Graffiti-Künstler als Leinwand freigegeben und bringen farbenfrohes, urbanes Flair in den Ort. Samstags ist Markttag. Dann verwandeln sich die Straßen in eine Flaniermeile. Es gibt nicht nur frisches Obst und Gemüse zu kaufen. Das Angebot reicht von Kochtöpfen über Werkzeug bis hin zu Unterwäsche. Ein Fest für alle Sinne.

Skulptur eines Winzers in Bullas

Von Mula geht unsere Fahrt auf der RM-15 weiter in Richtung Westen nach **Bullas**. Der Ort ist bekannt für seine Weine, die hier in langer Tradition angebaut werden. Vorwiegend sind dies Rotweine aus der *Monastrell-Rebe*, doch auch die Weiß- und Roséweine haben eine ausgezeichnete Qualität.

Im Zentrum ist an der Avenida de Murcia ein von außen eher unscheinbares, aber innen überaus sehenswertes **Weinbaumuseum *Museo del Vino*** angesiedelt. Die Besucher werden interaktiv durch das Museum geführt und erfahren alles über die Geschichte des Weinanbaus, die Rebsorten, die Arbeit in den Weinfeldern und die Herstellungsverfahren. Was von außen nicht ersichtlich ist: Das Museum befindet sich in einem ehemaligen Weingut aus dem 19. Jahrhundert und erstreckt sich über zwei Etagen. Der Höhepunkt ist sicherlich der Abstieg in die Tiefen des alten Kellergewölbes. Dort wurden Tongefäße und Amphoren im Boden versenkt, um den

Weinkeller mit Amphoren

Wein kühl zu halten. Selbstverständlich kann am Ende der Besichtigungstour auch ein Tröpfchen verkostet und im zugehörigen Shop erworben werden.

Öffnungszeiten: Dienstag bis Samstag von 10.30 bis 14.00 Uhr und von 17.00 bis 20.00 Uhr. Sonn- und feiertags nur am Vormittag. Im Juli und August Dienstag bis Freitag von 9.00 bis 15.00 Uhr, Samstag von 10.30 bis 14.00 Uhr und von 17.00 bis 20.00 Uhr, Sonn- und feiertags nur am Vormittag. Eintritt 3,00 Euro, ermäßigt 2,00 Euro, www.bullasenruta.es.

Einen großen Parkplatz bei N 38°03'03" W 1°39'52" gibt es gleich gegenüber und das benachbarte **Touristenbüro** hält weitere Informationen zur Region bereit.

Ein Bummel durch das Weinstädtchen bietet zwar keine touristischen Highlights, doch wer seinen Weinvorrat auffüllen möchte, kann dies in mehreren Bodegas tun. Sehr hübsch fanden wir das blumengeschmückte **Rathaus** an der **Plaza de España**. Dort finden regelmäßig Weinfeste und Veranstaltungen statt. Wir genießen unseren Café Solo, bevor wir uns auf den Weg zum nächsten Ziel machen. Wer im Ort einen Übernachtungsstopp einlegen möchte, wird sich über den örtlichen Campingplatz freuen.

(102) WOMO-Campingplatz: Bullas – *Camping Rafa*

GPS/Kontakt: N 38°02'12" W 01°40'12", Calle de la Rafa, 651 m, Tel. +34 968 654 666, www.larafabullas.es, campinglarafa@gmail.com.
Öffnungszeit: Ganzjährig.
Ausstattung: Campingplatzübliche Ausstattung mit Caféteria/Bar, Pools (nur im Sommer), Supermarkt, Waschsalon, Spiel- und Sportplätzen, Mietunterkünften, Grillzonen (von November bis April).
Beschreibung: Gepflegter Campingplatz mit rund 100 Stellplätzen. Die gekiesten Stellflächen sind mit Wasser- und Stromanschlüssen ausgestattet, teilweise durch Sonnendächer beschattet und durch Hecken parzelliert. Das Zentrum ist etwa 15 Gehminuten entfernt.
Preise: €€.
Zufahrt: Im Zentrum am Springbrunnen-Kreisverkehr nach Süden in die *Avenida Luis de Los Reyes* abbiegen und am Ortsende der Beschilderung *La Rafa* und *Salto del Usero* folgen.

Wander- und Badetipp: Zum Salto del Usero

Vom Campingplatz führt eine kurze Wanderung zum **Wasserfall *Salto del Usero***. Der **Río Mula** stürzt sich dort über mehrere Kaskaden in natürliche Pools, die im Sommer zu einer erfrischenden Badepause einladen. Ein Rundwanderweg führt auf Holzbrücken und Stegen zu den verschiedenen Bassins und teilweise auch durch den Bach hindurch.

Der Río Mula, der heute so ruhig durch einen Canyon aus hellem Kalkstein dahinfließt, war einst ein reißender Fluss und konnte die Landschaft aus Grotten, kleinen Höhlen und klaren Wasserbecken durch die Kraft der Erosion erschaffen. An den Felswänden aus Travertin-Gestein lassen sich noch Muschelkalk, Fossilien und Sandschichten erkennen.

Im Sommer erfreut sich das Naherholungsgebiet so großer Beliebtheit, dass die Besucherzahl inzwischen reglementiert wurde. Von Juni bis September muss ein Zeitfenster vorab unter *www.bullas.es* reserviert werden. Ein Mitarbeiter der Parkverwaltung überwacht dann den Zugang.

Knapp 20 Kilometer sind es jetzt noch bis zur **Heiligen Stadt** der Region Murcia nach **Caravaca de la Cruz**. Ein überaus interessanter Ort, für den wir Ihnen zwei, zugegeben uncharmante, aber zweckmäßige Parkmöglichkeiten vorschlagen.

(103) WOMO-Parkplatz: Caravaca de la Cruz Sportstadion

GPS: N 38°06'20" W 01°51'23", Calle Juegos Olímpicos, 600 m.
Max. WOMOs: 5.
Öffnungszeit: Ganzjährig außer an Markt- und Veranstaltungstagen.
Ausstattung: Keine.
Beschreibung: Großer, geschotterter Parkplatz neben einem Sportstadion, der auch für Veranstaltungen genutzt wird. Durch die zentrumsnahe Lage ist mit einer gewissen Geräuschkulisse zu rechnen. Die historische Altstadt mit allen Dienstleistungen sowie den Sehenswürdigkeiten ist nur wenige Gehminuten entfernt.
Hinweis: An jedem 3. Sonntag im Monat findet hier ein großer Pilgermarkt statt. Dann ist der Parkplatz nicht nutzbar.
Zufahrt: Am östlichen Stadtrand vor einer scharfen Linkskurve der RM-517 nach rechts zum Sportzentrum *Complejo Deportivo* abbiegen.

Eine Ausweichmöglichkeit finden Sie bei der Feuerwehr und einem Messegelände am nördlichen Stadtrand.

(104) WOMO-Parkplatz: Caravaca de la Cruz Feuerwehr

GPS: N 38°06'36" W 01°51'52", Calle Pabellón, 633 m. **Max. WOMOs**: 5.
Öffnungszeit: Ganzjährig.
Ausstattung: Müllcontainer.
Beschreibung: Großer, geschotterter Parkplatz bei der Feuerwehr und einer

Messe-/Eventhalle. Auch hier ist bei Veranstaltungen mit einer gewissen Geräuschkulisse zu rechnen. Schöne Spazierwege führen durch den benachbarten Park. Die historische Altstadt mit allen Dienstleistungen sowie den Sehenswürdigkeiten ist nur wenige Gehminuten entfernt. **Zufahrt**: Das Zentrum auf der RM-715 umfahren. Am nördlichen Stadtrand im Kreisverkehr der Parkplatz-Beschilderung *Aparcamiento* folgen.

Caravaca de la Cruz im Überblick

26.000 Einwohner, 800 m, Autonome Region Murcia. **Tourismusbüro**: Calle Las Monjas, Tel. +34 968 702 424, www.turismocaravaca.com, info@caravaca.org. Geöffnet Montag bis Freitag von 10.00 bis 14.30 und 16.30 bis 19.30 Uhr, Samstag von 10.30 bis 14.00 Uhr und 16.30 bis 19.30 Uhr, Sonn- und feiertags von 10.30 bis 14.00 Uhr.

Die Heilige Stadt in der Region Murcia

Jerusalem, Rom, Santiago de Compostela, das Kloster Santo Toribio de Liébana und Caravaca de la Cruz haben eine Gemeinsamkeit: Alle sieben Jahre wird in diesen Orten das **Heilige Jahr** gefeiert. Wie kam es zu diesem Privileg, welches der Stadt 1998 durch **Papst Johannes Paul II.** verliehen wurde?

In der **Basílica de la Vera Cruz** oben auf dem Hügel über der Stadt wird ein Splitter des Kreuzes von Jesus Christus in einem prächtigen Reliquienschrein aufbewahrt. Wie dieser Holzsplitter nach Caravaca kam, und damit dem Ort den Beinamen *de la Cruz* verschaffte, darüber gibt es verschiedene Spekulationen.

Die recht pragmatische Version ist die eines Erzbischofs aus Jerusalem, der die Reliquie im Jahr 1231 mitbrachte.

Eine etwas vergeistigtere Legende berichtet hingegen vom maurischen Herrscher Abú Zeid. Er bekehrte sich zum Christentum, nachdem er zwei Engel beobachtete, die ein Kreuz vom Himmel auf der Burg niederließen. Ein darin gefangener Priester konnte nun den Gottesdienst abhalten.

Caravaca de la Cruz

Wie auch immer – eine Pilgerfahrt im Heiligen Jahr nach Caravaca de la Cruz steht bei den gläubigen Katholiken ganz weit oben im Kalender, denn für die Mühen der Wallfahrt wird ein Ablass aller Sünden gewährt. In solch einem Heiligen Jahr verzeichnet Caravaca de la Cruz gut und gerne eine Million Pilger. Wenn Sie dazugehören möchten – im Jahr 2024 ist es wieder so weit. Das Heiligtum auf dem Berg ist auch der Endpunkt eines über 900 Kilometer langen Pilgerweges, dem **Camino de la Vera Cruz**. Er verläuft von Roncesvalles in den Pyrenäen über Puente la Reina und Teruel hierher.

Stadtspaziergang Caravaca de la Cruz

Bereits von unserem Parkplatz Nr. 104 genießen wir einen Panoramablick auf das Heiligtum von Caravaca de la Cruz. Die Basilika auf dem Berg ist deshalb auch unser erstes Ziel, um uns einen Blick von oben zu verschaffen. Verlaufen können Sie sich nicht, denn das Ziel liegt eigentlich immer vor Augen und ist perfekt ausgeschildert. Als Belohnung für den kleinen Aufstieg erwartet uns zunächst ein schöner Rundblick auf die zu Füßen liegende Stadt sowie die Berge und Hügel der Umgebung. Im Norden ist die auffallend in Rot-Weiß gestaltete **Stierkampfarena** gut zu erkennen.

Im Innenhof angekommen fällt der Blick sofort auf das üppige **Barockportal der Basilika** aus

Caravaca de la Cruz und die Pfarrkirche El Salvador

rotem Marmor. Ursprünglich befand sich hier ein maurischer Königspalast. Nach der Rückeroberung wurde das Gebiet vom Templerorden regiert, der den Palast im 15. Jahrhundert erweitern ließ. Nach den Templern übernahm der Santiago-Orden das Regiment. Unter seiner Herrschaft entstand im 17. Jahrhundert die **Basílica de la Vera Cruz**. Das Barockportal kam erst ein Jahrhundert später hinzu. Der Hauptaltar im Inneren zeigt das Doppelkreuz, in dem sich der Originalsplitter des Kreuzes von Jesus Christus befinden soll. Auch wenn wir uns eher zu den *lauen Christen* zählen, wie man so schön sagt: Angesichts der Atmosphäre in diesem mächtigen Gotteshaus kommt doch so etwas wie Demut auf.

Kaum vorstellbar ist, dass der gesamte Komplex auf dem Berg nach dem Spanischen Bürgerkrieg als **Konzentrationslager** diente, in dem politische Gegner des Franco-Regimes inhaftiert waren.

Öffnungszeiten: Das Burggelände und die Basilika sind von Montag bis Samstag zwischen 8.00 und 14.00 Uhr sowie von 16.00 bis 19.00 Uhr frei zugänglich. An Sonn- und Feiertagen von 10.00 bis 14.00 Uhr und von 17.00 bis 19.00 Uhr. Fotografieren und Filmen im Innenraum sind nicht gestattet. Gottesdienste finden von Montag bis Samstag um 8.30 Uhr und 12.00 Uhr statt, Sonn- und feiertags um 12.00 und 18.00 Uhr.

Auf dem Rückweg hinunter in die Altstadt kommen wir an einer imposanten Pferdeskulptur vorbei. Sie steht für eine weitere Besonderheit der Heiligen Stadt – dem **Rennen der Weinpferde *Carrera de los Caballos del Vino***. Alljährlich Anfang Mai wird das Rennen von mehreren Vereinen organisiert. Jeder davon stellt ein Pferd und vier Läufer. Der gesamte Wettbewerb dauert drei Tage und in die Wertung gehen nicht nur Schnelligkeit und Geschick, sondern vor allem das Aussehen der Pferde ein. Sie sind mit einem aufwändig geschmückten Ledergeschirr und weiterem, üppigen Zierrat ausgestattet. Erstmals wurde der Wettbewerb im Jahr 1722 dokumentiert. Bei der Zeremonie wurden Wein und Blumen für das Kreuz von Caravaca geweiht. Das traditionsreiche Rennen der Weinpferde wurde im Jahr 2020 in die UNESCO-Liste des immateriellen Kulturerbes der Menschheit aufgenommen.

Rennen der Weinpferde

Beim Bummel durch die Altstadtgassen können wir noch einige Bauwerke aus der Blütezeit Caravacas im 16. und 17. Jahrhundert bewundern, die als Meisterwerke der Renaissance in der Region Murcia gelten. Eines davon ist die **Pfarrkirche *El Salvador*** am Fuß der Burg. Sie stammt aus dem 17. Jahrhundert. Wuchtig strebt der viereckige Glockenturm in die Höhe. Fast elegant präsentiert sich hingegen der Innenraum mit den Kapellen wohlhabender Familien der Stadt. *Geöffnet täglich von 10.00 bis 13.30 Uhr und von 17.00 bis 20.30 Uhr.*

Souvenirs aus der Heiligen Stadt

Südlich der Kirche erstreckt sich das historische Zentrum mit der **Plaza del Arco** und dem **Rathaus**. Hier genießen wir eine kleine Einkehr mit Kaffeepause. Auffallend sind die vielen, vielen Souvenirläden mit Devotionalien aller Art. Rosenkränze, Kerzen, Kreuze und vieles mehr. Wir sind eben in einer Heiligen Stadt. Zum Schluss noch ein wenig Kultur gefällig? In Caravaca de la Cruz gibt es mehrere kleine Museen, die Sie je nach Interessenlage besuchen können. Das **Museo Caballos del Vino** in der Calle Gregorio Javier greift beispielsweise die Tradition des Weinpferde-Rennens auf.

Öffnungszeiten: Montag bis Freitag von 10.00 bis 14.30 Uhr und von 16.30 bis 19.30 Uhr. Samstags von 10.30 bis 14:00

Uhr und von 16.30 bis 19.30 Uhr, Sonn und feiertags nur am Vormittag. Eintritt: 3,00 Euro, ermäßigt 2,00 Euro.

Das **Museo de la Fiesta** in der Calle Las Monjas zeigt die Kostüme, die während des Umzuges bei den Feierlichkeiten *La Santísima Vera Cruz* getragen werden. Die Parade *Moros y Cristianos* zum Gedenken an die Reconquista findet ebenfalls Anfang Mai statt. Leider war das Museum während unseres Aufenthalts wegen Renovierungsarbeiten geschlossen.

Mandelbaum am Wegesrand

Wir verlassen die Heilige Stadt auf der RM-715 in Richtung Norden. Kurvenreich windet sich die Straße hinauf in das Städtchen **Moratalla**, das ebenfalls von den Resten einer Burg gekrönt wird. Ganz in der Nähe entdeckte man prähistorische Felsmalereien, die von einer langen Besiedelungszeit künden. Heute lebt der Ort auf fast 700 Metern Höhe vom Olivenanbau sowie der Kultivierung von Mandeln und Aprikosen. Auch der Tourismus spielt eine Rolle, denn rund um Moratalla erstreckt sich ein ausgedehntes Wanderwegenetz. Wir sind jedoch auf dem Weg zu unserem nächsten Pilgerziel und wechseln auf die RM-B35 in Richtung **Calasparra**. Die Route führt uns hinauf auf eine Hochfläche, die geprägt ist von Oliven- und Mandelbäumen sowie Pinienwäldern, deren Duft durch das geöffnete Seitenfenster dringt. Bei klarer Sicht beeindruckt die schiere Weite dieser Hochfläche und der Ausblick auf die umgebenden Berge der Sierras.

Nach 13 Kilometern treffen wir auf die RM-714. An einem Verkehrsknotenpunkt kurz vor Calasparra ist unser nächstes Ziel, die Felsenkirche **Santuario de Nuestra Señora de la Esperanza**, bereits ausgeschildert. Auf dem Anfahrtsweg über eine kleine Straße entdecken wir noch einige interessante Haltepunkte. Der erste Stopp ist bei einem geologischen Wanderpfad erreicht.

(105) WOMO-Parkplatz: Calasparra – Geologischer Wanderpfad *Cerro Negro*

GPS: N 38°14'31" W 01°43'08", 357 m. **Max. WOMOs**: 1.
Öffnungszeit: Ganzjährig.
Ausstattung: Müllcontainer, Restaurant in der Nachbarschaft.
Beschreibung: Asphaltierter und ebener Besucherparkplatz am Ausgangs-

punkt eines geologischen Lehrpfades. Außerorts gelegen, ohne Schatten und durch die Nähe zur Hauptverkehrsstraße eventuell nicht ganz ruhig. **Zufahrt**: Ab dem Verkehrsknotenpunkt der RM-714 der Beschilderung zur Felsenkirche folgen. Der Parkplatz befindet sich nach einem Kreisverkehr der RM-510 auf der rechten Seite beim Restaurant

Spaziergang zum Vulkankrater Cabezo Negro

Vom Parkplatz führt ein kurzer Spaziergang zum Vulkankrater **Cabezo Negro**. Diese geologische Besonderheit zeigt die vulkanischen Aktivitäten auf, die in der Erdgeschichte rund sieben Millionen Jahre zurückreichen. Der ehemalige Vulkankrater hat einen Durchmesser von rund 80 Metern. Wegen seines robusten Gesteins wurde der *Schwarze Berg* als Steinbruch für den Straßenbau genutzt. Dadurch kann man jetzt sein Inneres mit den verschiedenen Sedimentablagerungen und wunderschöne Basaltsäulen des Lavagesteins gut erkennen. Lehrtafeln informieren über die Entstehungsgeschichte des Vulkanes. Leider nur in spanischer Sprache.

Einkehrtipp: Nach dem kurzen Spaziergang stärken wir uns im angrenzenden Restaurant *Arroceria y brass Titanium*. Dort gibt es auf der schattigen Terrasse leckere Reisgerichte.

Auf der Weiterfahrt fällt uns ein Hinweis zum Campingplatz *Los Viveras* auf. Er ist jedoch nahezu vollständig von Dauercampern belegt und für WOMOs ungeeignet. Der nächste Stopp ist deshalb an einem Aussichtspunkt, der für eine Kaffeepause sehr gelegen kommt. Von der Plattform können wir die terrassierten Felder am Ufer des Río Segura gut erkennen. Dort wird der Reis angebaut, den wir soeben als Mahlzeit auf den Tisch bekommen haben. Nach dem Ebrodelta und Valencia ist Calasparra das dritte **Reisanbaugebiet** Spaniens mit kontrollierter Herkunftsbezeichnung.

Reisanbaugebiet bei Calasparra

(106) WOMO-Parkplatz: Calasparra *Mirador de las Lomas*

GPS: N 38°15'23" W 01°42'27", 370 m. **Max. WOMOs**: 1.
Öffnungszeit: Ganzjährig. **Ausstattung**: Keine.
Beschreibung: Kleiner Parkplatz, außerorts und teilweise schattig am Zufahrtsweg zu einem Aussichtspunkt. Von dort genießt man einen schönen Blick auf die fruchtbare Ebene entlang des Río Segura.
Zufahrt: An der Zufahrtsstraße befindet sich der Parkplatz auf der rechten Seite.

Vom Aussichtspunkt ist es nur noch ein Katzensprung bis zur **Felsenkirche *Santuario de Nuestra Señora de la Esperanza***. Das große Parkplatzangebot lässt auf ein reges Besucheraufkommen schließen und auch wir finden uns urplötzlich inmitten einer spanischen Hochzeitsgesellschaft wieder.

(107) WOMO-Parkplatz: Felsenkirche *Santuario de Nuestra Señora de la Esperanza*

GPS: N 38°15'47" W 01°42'39", 278 m. **Max. WOMOs**: 5.
Öffnungszeit: Ganzjährig.
Ausstattung: Müllcontainer, Toiletten und ein Restaurant an der Felsenkirche, Picknickzonen.
Beschreibung: Großer, asphaltierter Besucherparkplatz an der Felsenkirche. Außerorts gelegen, teilweise schattig und sehr schräg. Der Parkplatz ist Ausgangspunkt zu Wanderungen entlang dem Río Segura.
Zufahrt: Ab dem Verkehrsknotenpunkt der RM-714 und RM-510 bei Calasparra ist die Felsenkirche ausgeschildert. Folgen Sie den braunen Hinweisschildern.

Das Höhlenkloster Santuario Virgen de la Esperanza

Ein palmenbestandener Fußweg inmitten einer grünen Auenlandschaft führt uns zum geheimnisvollen Höhlenkloster. Unter uns rauscht der Río Segura, der hier eine scharfe Kehre macht. In den schattigen Picknickzonen tummeln sich Schulklassen und Familien mit Kindern. Die Kraft des Wassers hat hier im Laufe der Jahrhunderte eine Höhle in das felsige Ufer gegraben, die einst den Hirten als Unterschlupf diente. Heute ist hier eine Felsenkirche mit rußgeschwärzter Decke und zwei geheimnisvollen Statuen der ***Virgen de la Esperanza***. Wie die beiden Figuren, eine Kleine – *La Pequeñica* und eine Große – *La Grande* in die Höhle kamen, darüber gibt es wieder einmal

Eindrucksvolles Höhlenkloster

verschiedene Deutungen. Eine davon erzählt, dass die kleine Figur von einem Hirten gefunden wurde und er sie nach Calasparra bringen wollte. Doch sie erwies sich so schwergewichtig, dass sie fortan in der Grotte verehrt wurde.

Die benachbarte **Einsiedelei** wurde erstmals im 17. Jahrhundert unter dem Namen ***Ermita de la Fuensanta*** erwähnt. Ritter des Johanniterordens berichteten auf ihrem Pilgerweg von Caravaca de la Cruz nach Albacete über die Existenz dieser religiösen Enklave. Ursprünglich stand das Kloster wohl unten am Flussufer. Doch die Wassermassen gruben sich immer tiefer ins Gestein, so dass Kirche und Kloster heute am Felsen zu hängen scheinen. Lange Zeit lag das Kloster im Dornröschenschlaf. Erst eine große Dürre brachte im 18. Jahrhundert eine Rückbesinnung. Die Bevölkerung von Calasparra zog hinaus zum Kloster, trug die *Virgen de la Esperanza* samt ihrer kleinen Schwester in einer Bittprozession ins Dorf und bat um Regen. Seitdem ist die Jungfrau Schutzpatronin von Calasparra.

Heute bezeugen die Pilger ihre Verehrung und Dankbarkeit gegenüber der Virgen mit Kerzenopfern, Votivtafeln und Kleidungsstücken, die für die Geburt eines gesunden Kindes niedergelegt wurden. Kaum ist die Hochzeitsgesellschaft entschwunden, kehrt Ruhe an diesen besonderen Ort ein und wir genießen den Zauber der Stille und der Natur.

Öffnungszeiten: Die Felsenkirche und das Kloster sind ganzjährig von 8.30 bis 18.00 Uhr, im Sommer bis 19.00 Uhr frei zugänglich. Gottesdienste werden am Samstag Sonntag um 13.00 Uhr gefeiert. Eine große Pilgerwallfahrt mit mehreren tausend Besuchern findet am 7. und 8. September statt, www.santuario-virgenesperanza.com.

Nach dem besinnlichen Besuch der Felsenkirche kehren wir zurück zum Kreisverkehr und nehmen dort die RM-510 in Richtung **Socovos**. Zunächst geht es vorbei an schmucken Vorort-Siedlungen, dann durch lichten Pinienwald. Nach etwa acht Kilometern wird unsere Straße zur C-3211. Wieder einmal begleiten uns nun ausgedehnte Plantagen mit Mandelbäumen, die im Frühjahr eine rosarote Blütentracht tragen. Bei **Tazona** haben wir fast unmerklich die Grenze zur **Autonomen Region Kastilien-La Mancha** überquert. Wir merken es nur daran, dass unsere Straße nun CM-3217 heißt. Die Region ist ungefähr so groß wie Tschechien und erstreckt sich über rund 15

Prozent der spanischen Landmasse. Gleichzeitig ist sie jedoch sehr dünn besiedelt und nur 4,3 Prozent der Einwohner Spaniens leben in Kastilien-La Mancha. Berühmt ist die Region für ihre Kulturschätze, einzigartige Naturlandschaften und für den wohl bekanntesten literarischen Vertreter Spaniens. Die La Mancha ist Schauplatz der Abenteuer des **Don Quijotes**. Dem Ritter von der edlen Gestalt werden wir uns in der nachfolgenden Tour 11 noch ausführlicher widmen. Vorerst liegt jedoch ein riesiges Gebiet vor uns, das in den nächsten Touren erkundet werden will.

Nach dem Städtchen Socovos biegen wir ab nach **Férez**. Auch **Elche da la Sierra**, das Tourenziel, ist im Kreisverkehr bereits ausgeschildert. Die Route ist nun landschaftlich überaus reizvoll. Immer wieder durchqueren wir kleine Schluchten mit beeindruckenden Felsformationen. In der Region wurden **Höhlenmalereien** entdeckt und beim kleinen Örtchen **El Gallego** bietet sich sogar die Möglichkeit zu einer Erfrischung im Río Segura an. Leider gibt es kaum Parkmöglichkeiten. Am besten stellen Sie Ihr WOMO nach der Brücke über den Fluss in der Nähe des Restaurants am Straßenrand ab und steigen die Holztreppen an der Brücke hinunter ans Wasser.

Die Landschaft der **Sierra de Segura** wird nun zunehmend gebirgiger. Kurz vor unserem Ziel lädt ein hübsch gestalteter Picknickplatz bei N 38°26'08" W 02°02'26" zu einer letzten Rast ein. Vom **Aussichtspunkt *Mirador Amílcar Barca*** genießt man einen schönen Blick auf den markanten, 871 Meter hohen Berg **Peña de San Blas**. Gleichzeitig bekommen wir an den liebevoll gestalteten Sitzbänken und Steintischen eine kleine Geschichtslektion. Gewidmet ist der Platz einem Helden der Antike, dem **karthagischen General *Amílcar Barca*** (275-228 v. Chr.). Der Vater Hannibals, dem einer Legende zufolge die Gründung Barcelonas zugeschrieben wird, soll beim Versuch den Río Segura zu überqueren, hier ertrunken sein.

Mirador Amílcar Barca

Bereits zwei Kilometer später ist in **Elche de la Sierra** das Tourende erreicht. Auch der Tag neigt sich zu Ende, so dass wir uns hier über einen ruhigen und noch relativ neuen Stellplatz beim örtlichen Fußballplatz freuen.

(108) Offizieller WOMO-Stellplatz: Elche de la Sierra

GPS: N 38°27'11" W 02°02'45", 654 m. **Max. WOMOs**: 10.
Öffnungszeit: Ganzjährig.
Ausstattung: Ver-/Entsorgungsstation, Mülleimer, Picknickbänke.
Beschreibung: Der Stellplatz befindet sich am Ortsrand neben einem Fußballplatz und dem Schwimmbad. Er ist auch für größere Fahrzeuge geeignet, die Stellflächen sind gekiest und bieten kaum Schatten. In den kleinen Ort mit Restaurant und Einkaufsmöglichkeiten sind es nur wenige Gehminuten.
Hinweis: Die Trinkwasserentnahme ist im Winter abgestellt.
Zufahrt: Im Zentrum von Elche de la Sierra den WOMO-Piktogrammen folgen.

Das 4.000-Einwohner-Örtchen Elche de la Sierra ist einer der touristischen Ausgangspunkte, um die Sierra de Segura auf verschiedenen Wanderwegen zu erkunden. Im Ort gibt es noch eines der größten öffentlichen Waschhäuser der La Mancha, das ***Lavadero público La Puentecilla*** zu entdecken. Außerdem beherbergt die Pfarrkirche ***Santa Quiteria*** eine historische Orgel. Eine weitere Attraktion des Ortes ist das Museum ***Museo de las Alfombras de Serrin***. Es zeigt eine ganz besonders vergängliche Kunst, nämlich die Herstellung aufwändiger Bodenteppiche aus farbigen Sägespänen. An Fronleichnam schmücken die bunten Teppiche mit floralen und religiösen Motiven die Straßen der Stadt. Vergänglich deshalb, weil schon nach der Prozession nichts mehr davon übrigbleibt.

Öffnungszeiten: Montag bis Freitag von 10.00 bis 14.00 Uhr und von 17.30 bis 19.30 Uhr. Samstag bis 20.30 Uhr, Sonntag nur am Vormittag, www.museoalfombrasdeserrin.com.

In der nachfolgenden Tour 11 werden wir uns nun dem Helden der La Mancha zuwenden. Auf den Spuren von Don Quijote geht es in die weiten Hochebenen mit ihrer teils kargen Landschaft und den legendären Windmühlen.

Bergdorf Villares

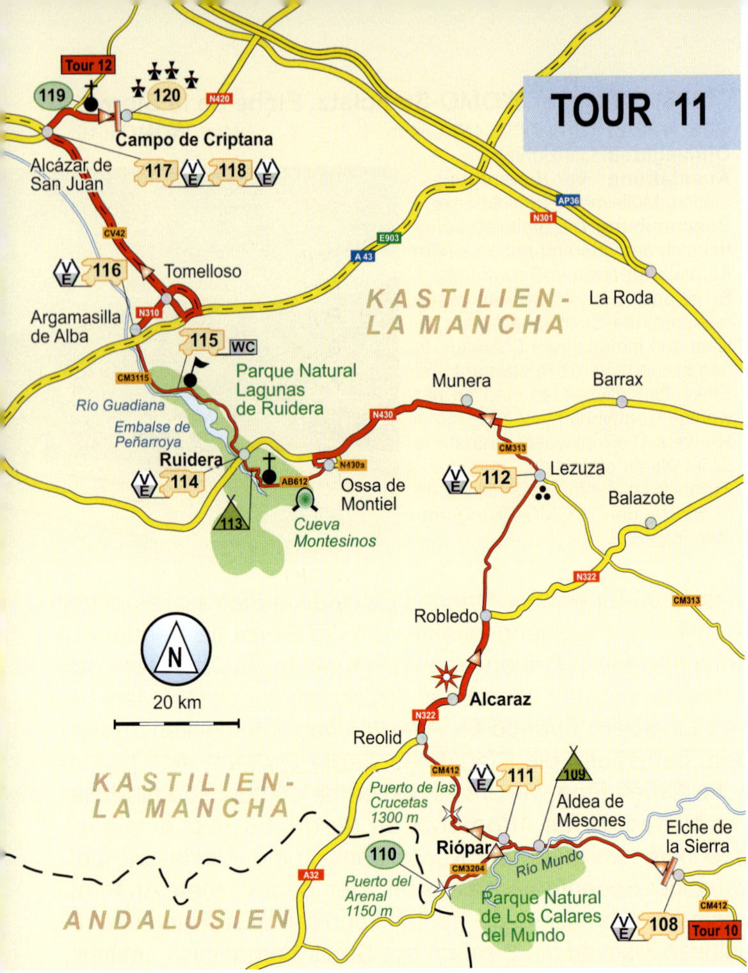

Tour 11: Auf den Spuren des Don Quijote durch die La Mancha 271 km

Riópar – Alcaraz – Lezuza – Ruidera – Argamasilla de Alba – Tomelloso – Alcázar de San Juan Campo de Criptana

Stellplätze: Am Pass Puerto del Arenal, in Riópar, Lezuza, Ruidera, am Castillo de Peñarroya, in Argamasilla de Alba, Alcázar de San Juan, Campo de Criptana

Campingplätze: Am Río Mundo, in Lagunas de Ruidera

Besichtigen: Alcaraz, Archäologiepark in Lezuza, Cueva de Montesinos, Castillo de Peñarroya, Argamasilla de Alba, Alcázar de San Juan, Campo de Criptana

Wandern: Zum Wasserfall Nacimiente del Rio Mundo, zur Ausgrabungsstätte in Lezuza, Radweg Via Verde de la Sierra de Alcaraz, Ruta de Don Quijote

Baden:	Lagunas de Ruidera
Einkehrtipps:	*Asador Los Olivas* bei Salobre, Restaurant *Asador Alfonso VII.* in Alcaraz, Restaurant *Las Musas* in Campo de Criptana

Wer kennt ihn nicht – den Ritter von der traurigen Gestalt. Don Quijote und sein Knappe Sancho Pansa samt der schönen Dulcinea sind die wohl berühmtesten Romanfiguren Spaniens. Erschaffen wurden sie vom Dichter Miguel de Cervantes. Die La Mancha ist der Schauplatz all ihrer teilweise sehr kuriosen Abenteuer. Wir begeben uns in dieser Tour auf Spurensuche. Bis wir allerdings in die weiten Hochebenen der La Mancha gelangen, gilt es noch einige äußerst imposante Berglandschaften zu überqueren. Folgen Sie uns also zu schneebedeckten Gipfeln und den eindrucksvollen Wasserfällen des Río Mundo, staunen Sie über archäologische Funde und erfrischen Sie sich mit uns in einer ausgedehnte Seenlandschaft. Es geht hinauf zu Castillos, zu einsamen Einsiedeleien und schließlich zu den berühmten Windmühlen der La Mancha.

Waldreiche Sierra de Alcaraz

Nach einem erholsamen Aufenthalt in Elche de la Sierra machen wir uns auf den Weg in Richtung **Riópar**. Die CM-412 bringt uns zunächst hinein in die Bergwelt der **Sierra de Alcaraz**. Der Gebirgszug mit seinen bis zu fast 1.800 Meter hohen Gipfeln gehört zur **Betischen Kordillere**, die auch als *Andalusisches Faltengebirge* bekannt ist. Es erstreckt sich über 600 Kilometer von Cadíz im Süden bis in die Region Valencia. So erreichen wir nach gemütlicher Fahrt durch eine zunächst noch von Aprikosen- und Mandelbäumen geprägte, später bewaldete Region den 1.100 Meter hohen Pass **Puerto del Paralejo**. Immer wieder öffnet sich der Blick auf die Kulisse schneebedeckter Berggipfel. Wenig später entdecken wir rechts den Hinweis zu einem Campingplatz. Wenn Sie also bereits Bedarf haben, hier wäre er:

(109) WOMO-Campingplatz: Aldea de Mesones *Campingred Río Mundo*

GPS/Kontakt: N 38°29'21" W 02°20'43", Carretera Comarcal, 917 m, Tel. +34 967 433 230, www.campingriomundo.es, info@campingriomundo.es.
Öffnungszeit: März bis Oktober.
Ausstattung: Campingplatzübliche Ausstattung mit Restaurant, Bar, Pool (ab Juni), Shop, Spiel- und Sportplatz, WLAN, Waschsalon und Mietunterkünften.
Beschreibung: Ordentlicher Campingplatz mit teilweise schattigen Stellflächen am Río Mundo und mit Wandermöglichkeiten in die Region. Die Stellplätze sind mit Stromanschlüssen ausgestattet und auf einem Untergrund aus Kies, teilweise auch Gras.
Preise: €€ – €€€.
Zufahrt: Die Einfahrt zum Campingplatz ist an der CM-412 ausgeschildert.

Uns zieht es jedoch weiter. Kurz vor dem Ort **Riópar** ist bei einer Tankstelle der Abzweig auf die CM-3204 zu den **Wasserfällen des Río Mundo** erreicht. Nach weiteren sechs Kilometern auf einer wald- und kurvenreichen Straße sind wir am Ziel im Naturpark ***Parque Natural de los Calares del Mundo y de la Sima*** angekommen. Auf der Passhöhe des **Puerto del Arenal** erwartet uns ein weiträumiger Wanderparkplatz.

(110) WOMO-Parkplatz: Passhöhe Puerto del Arenal

GPS: N 38°28'05" W 02°27'21", 1.150 m. **Max. WOMOs**: 10.
Öffnungszeit: Ganzjährig.
Ausstattung: Müllcontainer, Trinkwasserbrunnen.

Beschreibung: Großer, teilweise leicht schräger Schotterparkplatz mit schattigen Picknickzonen. Außerorts am Ausgangspunkt mehrerer Wanderwege gelegen. Unter anderem zu den Wasserfällen des Río Mundo. Keine Verpflegungsmöglichkeiten oder Restaurants. Tagsüber lebhafter Ausflugsverkehr, insbesondere am Wochenende. Nachts ruhig und je nach Jahreszeit sehr einsam. Trotz der Lage in einem Naturpark wird eine Übernachtung geduldet, Naturpark-Ranger sind anwesend und fahren Streife. Campingartiges Verhalten sollte jedoch nicht an den Tag gelegt werden.
Zufahrt: Auf der Passhöhe an der CM-3204.

Einen Tagesparkplatz, der allerdings je nach Besucherandrang von den Naturpark-Rangern reglementiert wird, gibt es bereits vorher bei N 38°28'19" W 02°26'49".

Besuchermagnet Río Mundo

Wanderung zur Quelle des Río Mundo

Der **Nacimiento del Río Mundo** wird in unseren Reiseunterlagen mit sehr großen Vorschusslorbeeren bedacht. Einer der schönsten Wasserfälle Spaniens soll er sein. Und als Geburtsort für einen Fluss – nichts anderes bedeutet nämlich das Wort *Nacimiento* – sogar die schönste Quelle weltweit. Das wollen wir uns natürlich genauer anschauen und schnüren deshalb die Wanderstiefel.

Von unserem Parkplatz ist der **acht Kilometer** lange Rundwanderweg gut ausgeschildert. Er führt uns durch den schattigen Wald zunächst noch auf einem schmalen Pfad, später auf einem Forstweg, an den oberen Zugang zu den Wasserfällen. Schon von weitem hört man das Wasser rauschen und je näher wir kommen, desto lauter wird das Getöse. Und dann stehen wir auch schon sprachlos vor der Geburtsstätte des Río Mundo.

Der 150 Kilometer lange Nebenfluss des Río Segura entspringt in der Grotte **Cueva de los Chorros** oberhalb einer fast 300 Meter hohen Steilwand. Dort stürzt er sich als 100 Meter hoher Wasserfall über mehrere Kaskaden in die Tiefe. Welch ein beeindruckender und majestätischer Anblick.

Oberhalb der Quellgrotte erstreckt sich eine gebirgige Hochfläche, genannt **Calar del Mundo**. Das wasserdurchlässige Karstgestein ist verantwortlich für dieses eindrucksvolle Naturphänomen. Regenwasser kann eindringen und sammelt sich in einem weitverzweigten Höhlenlabyrinth, von dem bisher erst rund 30 Kilometer erforscht sind.

Nach starken Niederschlägen oder nach der Schneeschmelze zeigt sich ein einzigartiges Phänomen. Dann schießen aus der Höhle unglaubliche Wassermassen hervor. Ein Naturschauspiel sondergleichen. Die Vorschusslorbeeren sind also voll und ganz gerechtfertigt. Der Wasserfall ist über Brücken und Stege, die teilweise recht glitschig sind, mit zwei Aussichtsplattformen erschlossen. Es lohnt sich beide *Miradors* aufzusuchen, denn jede bietet eine andere Perspektive auf das in 1.045 Metern Höhe gelegene Naturschauspiel.

Nachdem wir gut durchfeuchtet sind – die Gischt der Wassermassen ist unglaublich – steigen wir über Treppen und kleine Pfade entlang weiterer Kaskaden hinunter zum Besucherparkplatz. Dort gibt es Toiletten und Picknickmöglichkeiten. Dann geht es auf einem kurzen Stück entlang der Zufahrtsstraße bergauf, bis ein Forstweg rechts abzweigt. Er verläuft in etwas Entfernung parallel zur Straße hinauf zur CM-3204. Wir halten uns vor Erreichen der Straße an einem Gebäude links und marschieren auf einem Waldweg zurück zu unserem WOMO-Parkplatz.

Tipp: Nehmen Sie ausreichend Flüssigkeit und ein Rucksackvesper mit. Es gibt keine Verpflegungsmöglichkeiten. Außerdem sollten Sie auf festes Schuhwerk mit rutschfesten Sohlen achten. Die Wege sind durch die Nässe teilweise recht schlüpfrig.

Nach diesem spektakulären Ausflug kehren wir wieder zurück zur CM-412 und in den Ort **Riópar**. Das Bergdorf ist voll und ganz auf den Tourismus ausgerichtet. Neben Restaurants und Einkaufsmöglichkeiten ist dort auch ein Stellplatz ausgeschildert.

(111) Offizieller WOMO-Stellplatz: Riópar

GPS: N 38°29'48" W 02°25'18", Calle Arroyo del Rosario, 950 m.
Max. WOMOs: 6. **Öffnungszeit**: Ganzjährig.
Ausstattung: Ver-/Entsorgungsstation, Müllcontainer.
Beschreibung: Am Ortsrand gelegen mit ebenen, geschotterten Stellflächen und Blick auf die umliegenden Berge. Ohne Schatten. Das Zentrum mit Restaurants und Einkaufsmöglichkeiten ist nur wenige Gehminuten entfernt. Der Platz liegt am Ausgangspunkt mehrerer Wanderwege (Informationstafel). Weitere Infos erteilt das Tourismusbüro im Ort, *www.riopar.com*.
Zufahrt: Am Ortsausgang von Riópar den WOMO-Piktogrammen an der CM-412 nach links folgen.

Die CM-412 schraubt sich nun Kilometer für Kilometer weiter in die Höhe. Am **Puerto de las Crucetas** ist eine weitere Passhöhe auf 1.300 Metern erreicht. Danach geht es nur unwesentlich bergab und wir bewegen uns auf Höhen zwischen 800 und 1.000 Metern. Bei **Salobre** weitet sich das Tal und die Olivenbäume nehmen wieder merklich zu. Allmählich meldet sich auch der kleine Hunger. Da kommt uns diese Rastmöglichkeit sehr gelegen.

Einkehrtipp: Beim Restaurant *Asador Los Olivos* gibt es einen kleinen Hofladen mit regionalen Produkten. Das Restaurant ist am Wochenende geöffnet und auf der schattigen Terrasse mit schönem Ausblick mundete uns das traditionelle Gericht ***Migas***. Es ist ein typisches Arme-Leute-Essen, das hauptsächlich aus Brotkrümeln besteht. Sie werden mit reichlich Olivenöl und Knoblauch angebraten. Je nach Region kommen dann würzige Chorizos, ein Spiegelei, Speck oder Paprika dazu. Köstlich!

Nach etwa fünf Kilometern mündet die CM-412 in die N-322, der wir nach Norden folgen. Inzwischen hat sich die Landschaft zu einer weiten Hochebene geöffnet, die Wiesen stehen in voller Frühjahrsblüte und bilden einen sattgrünen Kontrast zur tiefroten Erde der Sierra de Alcaraz. Auf den Weiden sehen wir die ersten schwarzen Stiere.

Radtouren-Tipp: Vía Verde de la Sierra de Alcaraz

Die Hochebene wird durchzogen von einem weiteren Radweg. Hier ist es der **Vía Verde de la Sierra de Alcaraz**, der auf 78 Kilometern von Albacete nach Alcaraz entlang der nie fertiggestellten Bahnstrecke Baeza-Utiel verläuft. Ausführliche GPX-Daten gibt es auf *www.bahntrassen-radwege.de.*

Wir erreichen nun auch das Bergdorf **Alcaraz**. Da die engen Gassen eher ungeeignet für das WOMO sind, parken wir bereits am Ortseingang bei N 38°40'22" W 02°29'30", gut bewacht von der benachbarten Guardia Civil. Dann machen wir uns auf den kurzen Fußweg in das pittoreske Städtchen.

Alcaraz im Überblick

1.400 Einwohner, 953 m, Autonome Region Kastilien-La Mancha. **Tourismusbüro**: Calle Mayor, Tel. +34 967 380 827, www.turismoalcaraz.com. Geöffnet Montag bis Samstag von 10.30 bis 13.30 Uhr, Sonn- und feiertags von 11.00 bis 13.30 Uhr.

Renaissance-Kunst und eine schöne Plaza Mayor

Der wichtigste Grund für einen Abstecher nach Alcaraz ist die wunderschöne Plaza Mayor, um die herum sich die wichtigsten Sehenswürdigkeiten auf kleinem Raum gruppieren. Die Altstadt schmiegt sich malerisch an den Hügel des 1.028 Meter hohen

Plaza Mayor in Alcaraz

San Cristóbal, auf dessen Gipfel die Reste einer ehemaligen Festungsanlage aus dem 13. Jahrhundert thronen. Ebenfalls zu sehen sind die Ruinen eines Aquäduktes aus dem 15. Jahrhundert. Wer den Weg hinauf nicht scheut, kann einen schönen Ausblick auf die Region genießen.

Uns bezaubert hingegen bereits der Bummel entlang der **Calle Mayor**. Schmiedeeiserne Balkone und hübsche Hauseingänge mit fantasievollen Türklopfern schmücken die Fassaden der Gebäude.

Dann ist auch schon die Plaza Mayor erreicht. Das komplette Ensemble aus sakralen und weltlichen Gebäuden steht unter Denkmalschutz. So bieten die beiden sich gegenüberliegenden Türme **Torre del Tardó** und der Kirchturm der **Iglesía de la Santísima Trinidad y Santa María** beim Betreten des Platzes eine einzigartige Kulisse. Die Kirche wurde Ende des 15. Jahrhunderts vollendet und beeindruckt durch ein spätgotisches, zweigeteiltes Portal. Einen Blick ins Innere konnten wir leider nicht werfen, denn die Türen öffnen sich nur während den Gottesdienstzeiten. Vielleicht haben Sie ja Glück. *Öffnungszeiten: Samstag von 19.00 bis 20.00 Uhr, Sonntag von 11.00 bis 14.00 Uhr.*

Der gegenüberstehende **Torre del Tardón** mit seinem sechseckigen Grundriss wurde zwischen 1555 und 1568 erbaut. Einst gehörte er zu einem Dominikanerkonvent, das bereits im 16. Jahrhundert zur Warenbörse **Lonja de Santo Domingo** umgewandelt wurde. Die ebenfalls am Platz stehende langgestreckte **Lonja de la Regatería o del Corregidor** mit ihrem Säulengang zeugt von der einstigen wirtschaftlichen und politischen Bedeutung des Ortes. Heute beherbergt sie das Rathaus.

Einkehrtipp: Nach dem gemütlichen Rundgang beschließen wir den Besuch mt einer Kaffeepause in schöner Aussichtslage im *Restaurant Asador Alfonso VIII.* Von den Mauern können wir den Blick auf die Berghänge der Sierra de Alcaraz werfen, die im Süden nun hinter uns liegen.

Vor uns liegen die schier unendlichen Weiten der La Mancha. Auf der N-322 fahren wir bis nach **Robledo** und wenig später geradeaus auf der CM-3133 weiter in Richtung **El Ballestero / Lezuza**. Zunächst ist die Strecke noch gesäumt von Steineichen-Wäldchen und Trockenmauern auf steinigen Böden. Dann führt uns die fast schnurgerade Straße vorbei an riesigen Getreidefeldern und Windrädern. Der Blick reicht bis zum Horizont und wir begegnen auf den nächsten Kilometern keiner Menschenseele. Unser Ziel ist nach rund 37 Kilometern erreicht. Das Dörfchen **Lezuza** hat auf dem ehemaligen Fußballplatz einen zwar etwas charmefreien, aber zweckmäßigen und ruhigen Stellplatz für WOMOs eingerichtet.

(112) Offizieller WOMO-Stellplatz: Lezuza

GPS: N 38°56'51" W 02°21'13", Plaza las Bochas, 905 m. **Max. WOMOs**: 10.
Öffnungszeit: Ganzjährig.
Ausstattung: Ver-/Entsorgungsstation, Müllcontainer.

Beschreibung: Zentrumsnaher, großer Parkplatz, der auch für kommunale Zwecke genutzt wird. Die WOMO-Stellflächen befinden sich im rückwärtigen Bereich vor einer hohen Zypressen-Hecke. Der Untergrund ist sandig und bei Nässe ist Vorsicht geboten. Dann sind verschiedene Bereiche sehr weich und lehmig. Ins Zentrum sind es nur wenige Gehminuten. Dort gibt es einen Bäcker und einen kleinen Supermarkt.
Zufahrt: An der Hauptstraße von Lezuza bei einer Bushaltestelle den Hinweisschildern zur Ausgrabungsstätte *Libisosa* folgen. Die Einfahrt zum Stellplatz befindet sich wenig später auf der linken Seite.

Ländliches Lezuza

Zurecht werden Sie sich fragen, warum wir Sie an diesen scheinbar gottverlassenen Ort entführen. Hier die Gründe: Die von der Landwirtschaft geprägte 1.300-Seelen-Gemeinde war bereits Schauplatz einer modernen Variante des Westernklassikers *Karawane der Frauen* oder – vielleicht eher den jüngeren Leserinnen und Lesern ein Begriff – der Reality-Show *Bauer sucht Frau*. Sie werden vielleicht schmunzeln, doch der Hintergrund ist ernst. Landflucht und Entvölkerung machten auch vor Lezuza nicht Halt, so dass ein findiger Unternehmer Vermittlungstouren in die ländlichen Regionen Spaniens anbietet, um heiratswillige Frauen aus der Stadt – bevorzugt Lateinamerikanerinnen – mit ebensolchen Männern vom Land zusammenzubringen. Ob das Unterfangen in Lezuza glückte, vermögen wir nicht zu sagen. Wir möchten Sie auch nicht verkuppeln – doch wer weiß: Vielleicht wird Lezuza ja eine Liebe auf den ersten Blick?!

Es gibt auch unverfänglichere Gründe, warum wir diesen Abstecher unternehmen. Zum einen begegnen wir hier zum ersten Mal dem Titelhelden dieser Tour.

Lezuza und die Ruta de Don Quijote

Wer auf den Spuren des legendären Ritters von der traurigen Gestalt wandeln möchte, der sollte Ausschau nach der **Ruta de Don Quijote** halten. Sie startet in **Toledo** und verbindet verschiedene Ortschaften, die im Roman vermutlich eine Rolle spielten.

An einem Ort in der Mancha, an dessen Namen ich mich nicht mehr erinnere….

Mit diesen Worten beginnt der berühmte Roman, den **Miguel de Cervantes** (1547-1616) ab 1605 veröffentlichte. Dessen Held, Don Quichote, sieht sich als edler Ritter nach Vorbildern des mittelalterlichen, höfischen Ritterromans. In Wahrheit ist er jedoch ein größenwahnsinniger Wicht, der gegen Windmühlen kämpft, weil er in ihnen gefährliche Riesen sieht. Der das Waschbecken eines Barbiers als Helm trägt, von dem er glaubt, dass er ihn unbesiegbar mache. Er verliebt sich in das Bauernmädchen Dulcinea und reitet hinaus in die Weiten der zentralspanischen Ebene, um gegen Unrecht und Unterdrückung zu kämpfen. Begleitet wird er von seinem pummeligen Knappen Sancho Pansa und dem alten Gaul Rosinante. Zusammen sind sie weltbekannt.

Der Held der La Mancha

Die teils aberwitzigen Abenteuer spielen vor allem in der Autonomen Region Kastilien-La Mancha. Im Roman werden nur wenige Orte namentlich genannt. Literaturwissenschaftler versuchen seit dem 18. Jahrhundert, die Schauplätze genauer zu lokalisieren. Zum 400jährigen Erscheinen des ersten Bandes wurde schließlich im Jahr 2005 eine **europäische Kulturroute** mit zehn Abschnitten von über 2.000 Kilometern Länge ausgewiesen. Beginnend in Toledo lassen sich die Etappen zu Fuß oder mit dem Fahrrad erkunden. Es handelt sich dabei jedoch nicht um einen linearen Weg, sondern vielmehr um ein Netz verschiedener Rundwege oder Streckenwanderungen. Wer alle Etappen bewältigen möchte, hat **2.386 Kilometer** vor sich. Einzelheiten erfährt man bei den Fremdenverkehrsinformationen vor Ort oder auf der spanischen Website *www.rutaquijote.es.*

Lezuza liegt auf einem Streckenabschnitt dieser Ruta de Don Quijote. Wir werden unserem Ritter von der traurigen Gestalt auf den kommenden Kilometern also noch mehrfach begegnen. Ein weiterer Grund für den Abstecher aufs Land ist die **archäologische Ausgrabungsstätte *Libisosa*.** Sie befindet sich auf dem **Cerro del Castillo**, den wir nun in einer kleinen Wanderung ab unserem Stellplatz erklimmen.

Lezuza und die Römer

Für den knapp **einen Kilometer** langen Aufstieg halten wir uns auf der kleinen Straße vor dem Stellplatz nach links und an der nächsten Weggabelung wieder links. Entlang einer Zypressen-Allee gelangen wir hinauf zum Friedhof. Diesen umrunden wir auf der rechten Seite. Der weitere Weg ist schon bald ausgeschildert und das Ziel gut zu erkennen. Schon

Archäopark Libisosa in Lezuza

beim Aufstieg wird klar, dass sich das Ruinenfeld an einer strategisch günstigen Position befindet. Der Blick reicht weit hinaus in die fruchtbare und wasserreiche Region. Bereits die Iberer nutzten die Nähe von Salinen und die landwirtschaftlichen Ressourcen, um sich hier niederzulassen. Einst lag der Ort am Schnittpunkt wichtiger Handelsrouten nach Andalusien und Portugal. Das machten sich auch die Römer zunutze, die ab 180 v. Chr. die wohlhabende, iberische Siedlung befestigten und sie zum Stützpunkt für die Eroberung des Südens machten. Fortan war dies die römische Kolonie ***Libisosa Forum Augustana***.

Seit mehreren Jahrzehnten wird der Berghügel archäologisch erforscht. Früheste Funde reichen zurück bis in die Bronzezeit, es wurden Waffen und Gräber aus iberischer Zeit freigelegt und die Römer hinterließen Mauerreste, Amphoren und ein Oppidium. Aus dem Mittelalter stammen die Burg auf der Spitze des Hügels sowie die Ruinen eines Wachturms und eines religiösen Komplexes. Auch bei unserem Besuch waren Ausgrabungs- und Instandsetzungsarbeiten im Gang. Seit 2021 laufen Bemühungen, die gesamte Anlage zu einem Archäologiepark mit entsprechenden Erklärungstafeln und Führungen auszubauen. Wir konnten noch frei zwischen den alten Mauern umherstreifen und den Geist der Vergangenheit auf uns wirken lassen.

Einige Funde sowie weitere Erläuterungen gibt es in einem modern wirkenden **Museum an der Hauptstraße** von Lezuza, in dem auch das **Tourismusbüro** untergebracht ist.

Öffnungszeiten: Samstag und Sonntag von 10.00 bis 14.00 Uhr und von 16.00 bis 18.30 Uhr.

Wir verlassen das Dörfchen auf der CM-313 in Richtung **Munera**. Dort geht es auf der Schnellstraße N-430 weiter bis nach **Ossa de Montiel**. Unser Ziel ist der rund 50 Kilometer entfernte **Naturpark *Lagunas de Ruidera*** mit seiner ausgedehnten Seenlandschaft. Die Landschaft ist anfänglich noch von riesigen Getreidefeldern geprägt. Später folgen die im Frühjahr sattgrünen Wiesen mit einem wogenden, gelb-weißen Blütenmeer, die bald von einem dichten Macchia-Bewuchs abgelöst werden. Der würzige Duft von Ginster- und Rosmarinbüschen weht durch die geöffneten Seitenfenster. Die Weite der Landschaft ist unglaublich. Fast meinen wir, in der Ferne bis nach Madrid sehen zu können. Dann ist auch schon das Städtchen Ossa de Montiel erreicht.

Wichtig: Verlassen Sie die N-430 erst westlich der Stadt und folgen Sie dort der N-430a sowie der AB-612. Die Anfahrt durch den Ort ist insbesondere für größere Fahrzeuge zu eng. Der Naturpark *Lagunas de Ruidera* ist dort auch mit braunen Hinweisen ausgeschildert.

Wenige Kilometer außerhalb des Ortes passieren wir das **Informationscenter** bei N 38°57'37" W 02°45'21". Dort gibt es neben Unterlagen zum Naturpark auch die Eintrittskarten zur **Fledermaushöhle *Cueva Montesinos***. Leider waren wir außerhalb der Öffnungszeiten da und können Ihnen nicht verraten, ob sich der Besuch dort lohnt.

Öffnungszeiten: Mittwoch bis Sonntag von 9.00-14.00 Uhr, www.cuevademontesinos.es.

Die Höhle selbst erreichen wir nach weiteren fünf Kilometern. Folgen Sie dazu der **Beschilderung zur *Cueva Montesinos / Ermita de San Pedro***. Der Parkplatz bei N 38°56'24" W 02°48'28" eignet sich nur für einen Tagesbesuch. Übernachten ist dort verboten.

Don Quijote und die Höhle Cueva Montesinos

Auch hier wandeln wir wieder auf des Ritters Spuren. Im Roman wird erzählt, dass sich Don Quijote mit Hilfe seines Knappen in die finstere Tiefe der Höhle abseilte. Schon in der ersten Kammer wurde er müde und schlief ein. In seinem Traum sah er einen unterirdischen, durchsichtigen Kristallpalast, aus dem ein Greis namens *Montesinos* hervortrat. Er wurde vom Zauberer Merlin in die Höhle verbannt und gab ihr diesen Namen. Wenig später wurde Don Quijote von Fledermäusen geweckt und glaubte, drei Tage in der Höhle verbracht zu haben. Dabei dauerte sein Nickerchen, das er kampflos verbrachte, gerade einmal eine Stunde.

Zeichnung auf Wandertafel

Heute befindet sich im unteren Teil der 18 Meter tiefen Karsthöhle ein kleiner See, der durch unterirdische Bäche mit dem Naturpark Ruidera verbunden ist. Es empfiehlt sich, beim Besuch eine Taschenlampe mitzunehmen.

Die Fahrt geht noch etwa zwei Kilometer weiter zum kleinen Weiler **Ermita de San Pedro**. Bis hierher ist es auch für größere WOMOs problemlos. Dann verengt sich die Straße schlagartig zu einem einspurigen Sträßchen.

Was nun folgt, ist landschaftlicher Genuss pur. Rechts verstecken sich private Ferienhäuser und schmucke Villen hinter hohen Hecken, links gibt es auf den folgenden Kilometern immer wieder Haltebuchten und Ausblicke auf die türkisblauen Seen, die sich wie Perlen auf einer Kette aneinanderreihen.

Ein Kind mit Schwimmreifen und sein Vater planschen vergnügt im Wasser, dazwischen ziehen Kanuten ihre Bahnen. Die La Mancha hat keine Sandstrände am Meer, doch die Ufer der insgesamt **16 Lagunen von Ruidera** sind ein adäquater Ersatz. Der Naturpark ist Teil der **Mancha Húmeda**, die von der UNESCO zum **Biosphärenreservat** erklärt wurde. Die Lagunen sind teilweise mit kleinen Wasserfällen, Kaskaden und Wasserschnellen miteinander verbunden und werden von unterirdischen Bächen und Quellen gespeist. Je nach Tageszeit und Lichteinfluss wechselt die Farbe des glasklaren Wassers von türkis zu blau und grün. Neben Karpfen, Hechten und Barben fühlen sich hier auch Wasserschildkröten wohl.

So cruisen wir durch die grüne Landschaft, genießen die Ausblicke, halten immer wieder an, um die entspannte Atmosphäre bildhaft einzufangen. Es gibt einige Restaurants und Cafés an den Lagunen. Auch das Freizeitangebot ist groß: Schwimmen, Angeln, Paddeln, Segeln, Tauchen und Golf. Eine Urlaubsregion par excellence, in der Nebensaison still und erholsam.

Wer sich die schmale Straße nicht zutraut, sollte am obigen Abzweig zur Höhle einfach geradeaus weiterfahren. Wir treffen uns in **Lagunas de Ruidera** wieder. Dort bietet sich für einen längeren Aufenthalt ein Campingplatz an.

(113) WOMO-Campingplatz: Lagunas de Ruidera
Campingred Los Batanes

GPS/Kontakt: N 38°56'13" W 02°50'51", Carretera Lagunas de Ruidera, 827 m., Tel. +34 926 699 076 oder +34 926 699 020, www.losbatanes.com, camping@losbatanes.com.
Öffnungszeit: März bis Oktober.
Ausstattung: Campingplatzübliche Ausstattung mit Restaurant, Bar, Pool (ab Juni), Shop, Spielplatz, Animationsprogramm, Mietunterkünften.
Beschreibung: Gepflegter Campingplatz in ortsnaher Lage mit Ausflugs- und Wandermöglichkeiten in der Seenlandschaft. Leider sind die Wege innerhalb des Platzes sehr eng. Die schattenspendenden Bäume sind ebenfalls ein Hindernis für größere WOMOs ab einer Höhe von 3,00 Metern. Insgesamt also eher geeignet für Vans, kleinere Kastenwagen oder Dachzelter. Für das Preis-Leistungsverhältnis leider auch recht teuer.
Preise: €€€.
Zufahrt: Die Einfahrt zum Campingplatz befindet sich zentral im Ort und ist gut ausgeschildert.

Ab hier verläuft die AB-613 als Kombination aus Radweg, Fußweg und einspuriger Straße weiter. Langsam und mit gegenseitiger Rücksichtnahme ist aber genügend Platz für alle vorhanden. Immer wieder gibt es Aussichtsplattformen und kleine Strände für eine Rast. Übernachten ist innerhalb des Naturparkes aber überall verboten. Dafür müssen wir bis nach **Ruidera** fahren, das voll und ganz auf die Feriengäste eingestellt ist. Restaurants, Läden und ein nagelneuer Stellplatz erwarten uns. Der im Ort noch ausgeschilderte Campingplatz *Los Molinos* existiert hingegen nicht mehr.

Seenlandschaft Lagunas de Ruidera

(114) Offizieller WOMO-Stellplatz: Ruidera

GPS: N 38°58'38" W 02°53'25", Calle Cenagosa, 779 m. **Max. WOMOs**: 18.
Öffnungszeit: Ganzjährig.
Ausstattung: Ver-/Entsorgungsstation, Strom, Müllcontainer, Dusche, WC.
Beschreibung: Neu eingerichteter Stellplatz mit noch junger Bepflanzung und daher wenig Schatten am Ortsrand von Ruidera. Die gekiesten Stellflächen sind weitgehend eben. Das Gelände ist eingezäunt und mit einem Tor versehen. Die Anmeldung erfolgt am Kassenautomaten, wo die jeweiligen Serviceleistungen gebucht werden können. Das Tor öffnet sich durch automatische Kennzeichen-Erkennung. Die Ortsmitte mit Läden und Restaurants ist etwa einen Kilometer entfernt.
Tipp: Von hier aus lässt sich die Lagunenlandschaft auf schönen Rad- und Wanderwegen gut zu Fuß oder mit dem Fahrrad erkunden.
Preise: € – €€ je nach Serviceumfang.
Zufahrt: Der Stellplatz befindet sich am nordwestlichen Ortsausgang auf der linken Seite der CM-3115 in Richtung *Argamasilla de Alba*.

Wir fahren auf der CM-3115 weiter ans nördliche Ende der Seenlandschaft. Die Straße entfernt sich dabei vom unmittelbaren Ufer und verläuft weiter im Landesinneren. Nach 18 Kilometern ist die Staumauer des **Embalse de Peñarroya** erreicht, die vom gleichnamigen **Castillo** überragt wird. Einen schattigen Stellplatz gibt es ebenfalls.

(115) Offizieller WOMO-Stellplatz: Castillo de Peñarroya

GPS: N 39°03'47" W 03°00'29", CM-3115, 745 m. **Max. WOMOs**: 30.
Öffnungszeit: Ganzjährig.

Ausstattung: Müllcontainer, Picknickbänke, Imbiss und Bar mit Toiletten auf der gegenüberliegenden Straßenseite während der Öffnungszeiten beim Castillo.
Beschreibung: Große, schattige Parkplätze auf einem Untergrund aus Erde/Wiese. Lage außerorts, tagsüber besteht eine gewisse Geräuschkulisse durch die nahe Straße und Besucherverkehr. Nachts vermutlich eher ruhig. Maximale Verweildauer 48 Stunden.
Hinweis: Das Gelände rund um das Castillo wird an manchen Wochenenden auch für Veranstaltungen und Mittelalter-Festivals genutzt.
Zufahrt: Die Parkplätze für WOMOs befinden sich rechts der CM-3115 und sind ausgeschildert.

Über die genaue Entstehungsgeschichte des Castillos ist nicht allzu viel bekannt. Vermutet wird, dass es maurischen Ursprungs ist. Verbrieft ist hingegen in einer kastilischen Chronik die Beschlagnahmung der Burg durch christliche Truppen im Jahr 1198. Die Festung, die an strategisch günstiger Stelle über dem Flusstal des **Río Guadiana** liegt, ging zunächst an den Santiago-Orden und im 13. Jahrhundert an den Johanniterorden über. Die Burg hatte vor allem eine wirtschaftliche

Castillo de Peñarroya

Funktion. Von hier aus wurden Steuern erhoben, Weiden verpachtet und landwirtschaftliche Erzeugnisse gelagert. Außerdem diente sie dem Schutz der Bevölkerung.

Heute ist die Festung in einem guten Erhaltungszustand. Neben verschiedenen Innenhöfen und Außenmauern, von denen sich ein wunderschöner Ausblick auf die Region und die Talsperre bietet, ist noch die **Wallfahrtskirche *Nuestra Señora de la Encarnación de Peñarroya*** aus dem 17. Jahrhundert zu sehen. Die Marienstatue ist die Schutzpatronin der Orte Argamasilla de Alba und La Solana.

Öffnungszeiten: Das Castillo ist ganzjährig von 10.00 bis Sonnenuntergang frei zugänglich.

Unsere Fahrt geht auf der CM-3115 weiter bis nach **Argamasilla de Alba**, das ebenfalls mit einem Stellplatz aufwarten kann. Das Betreiber-Modell ist identisch mit dem Stellplatz Nr. 114 in Ruidera.

(116) Offizieller WOMO-Stellplatz: Argamasilla de Alba

GPS: N 39°08'01" W 03°04'56", Camino del Campo, 672 m. **Max. WOMOs**: 8.
Öffnungszeit: Ganzjährig.
Ausstattung: Ver-/Entsorgungsstation, Strom, Müllcontainer, Dusche, WC.
Beschreibung: Neu eingerichteter Stellplatz mit noch junger Bepflanzung und daher wenig Schatten am Ortsrand. Die Stellflächen bei einem Sportzentrum sind eben und auf Kies. Das Gelände ist eingezäunt, mit einem Tor versehen und die Anmeldung erfolgt am Kassenautomaten, wo die jeweiligen Serviceleistungen gebucht werden können. Die Ortsmitte mit Läden und Restaurants ist etwa 800 Meter entfernt, ganz in der Nähe befindet sich eine Bar.
Preise: € – €€ je nach Serviceumfang.
Zufahrt: Von der CM-3115 kommend die N-310 am Kreisverkehr überqueren und zwischen Grünanlage und Stierkampfarena geradeaus weiter auf dem Camino Rural fahren. Der Stellplatz befindet sich nach 400 Metern auf der rechten Seite.

Don Quijote und Argamasilla de Alba

Gemäß einer lokalen Legende soll der Schöpfer Don Quijotes Miguel de Cervantes in Argamasilla de Alba gefangen gehalten worden sein. Zudem gilt Argamasilla de Alba als der Ort in der La Mancha, an den sich Cervantes nicht erinnern wollte.

Ob dem tatsächlich so war, darüber gibt es wieder einmal verschiedene Deutungen. Das lokale Tourismusbüro jedenfalls ist in dem wiederaufgebauten **Höhlenhaus** untergebracht, in dem auch die ***Cueva de Medrano*** liegt. Dort soll Cervantes inhaftiert gewesen sein und den Beginn seines Romanes geschrieben haben. Im 19. Jahrhundert – so viel ist sicher – wurde hier in einer Druckerei eine Ausgabe des Don Quijotes gedruckt. Die Vereinigung der Cervantes-Freunde *Asociación de Cervantistas* hielt zudem 1995 und 2005 ihr jährliches Treffen in Argamasilla de Alba ab.

Öffnungszeiten: Dienstag bis Sonntag von 10.00 bis 14.00 Uhr, Mittwoch bis Samstag auch am Nachmittag von 16.00 bis 18.30 Uhr, von Mai bis September 17.00 bis 19.00 Uhr.

Auf der N-310 fahren wir nur acht Kilometer weiter nach **Tomelloso**. Wir sind unübersehbar in der ***Stadt des Weines*** angekommen. Skulpturen, Weinfässer, Brunnen – sie alle haben den Wein zum Thema. Bereits Mitte des 18. Jahrhunderts löste der Weinanbau nach und nach den Anbau von Getreide ab. Was zunächst zaghaft begann, erreichte Ende des 19. Jahrhunderts einen wahren Boom. Grund war die verheerende Reblausplage, von denen die französischen Weinfelder heimgesucht wurden. An ihre Stelle traten die Weinberge der La Mancha, die kontinuierlich erweitert und ausgebaut wurden. Um die enormen Weinmengen lagern zu können, entstanden in und um Tomelloso mehr als 4.000 unterirdische Keller und Höhlen. Sie erinnern daran, wie wichtig der Weinbau schon immer für diese Stadt und die Region war und noch ist. Mitte des 20. Jahrhunderts war Tomelloso weltweit führender Weinproduzent. Heute hat die Stadt die **größte Weingenossenschaft**

Weinregion Tomelloso

Europas und auch einige große Weingüter haben hier ihren Sitz. Sie haben also gute Möglichkeiten, Ihren Weinvorrat aufzustocken. Rund um die Stadt gibt es etliche Bodegas, die ihre guten Tropfen zum Kauf anbieten. Ins Zentrum sollten Sie sich jedoch nur mit einem kompakten Fahrzeug wagen. Durch eine komplizierte Einbahnstraßenregelung geht es mit Fahrzeugen über sieben Metern Länge nicht mehr weiter. Parken Sie bei einem Besuch der Stadt deshalb lieber außerhalb.

Typisches Steinhäuschen – Bombo

Wir verlassen Tomelloso in Richtung Norden und wechseln auf die vierspurige Straße CM-42 in Richtung **Alcázar de San Juan**. Dabei fallen uns schnell die merkwürdigen Gebäude in den Weinfeldern auf, die typisch für die Region sind. Die runden Steinhäuschen – ***Bombo*** genannt – wurden verwendet, um Hirten, Bauern und Tieren Schutz vor Wind und Wetter zu bieten. Heute sind sie häufig Lagerstätte für landwirtschaftliches Gerät.

Die Schnellstraße verlassen wir an der Ausfahrt 89. Eigentlich, um die Stadt Alcázar de San Juan nur nördlich zu umfahren. Doch hier beweist man ein großes Herz für Wohnmobilisten und wir können Ihnen gleich zwei erfreuliche Stellplatzmöglichkeiten anbieten. Die erste befindet sich an der Einfallsstraße CM-420. Normalerweise zeichnen sich viele spanische Supermärkte durch Höhenbarrieren am Parkplatz-Eingang aus, die selbst einen ganz normalen Einkauf für viele Wohnmobilisten vereiteln. Hier geht es auch anders.

(117) Offizieller WOMO-Stellplatz: Alcázar de San Juan *Carrefour-Supermarkt*

GPS: N 39°23'07" W 03°14'14", CM-420, 636 m. **Max. WOMOs**: 5.
Öffnungszeit: Ganzjährig.
Ausstattung: Ver-/Entsorgungsstation, Strom, Müllcontainer.
Beschreibung: Am Ende des Supermarkt-Parkplatzes befinden sich fünf asphaltierte Stellflächen für WOMOs. Fastfood-Restaurants, Tankstelle und Supermarkt in der Nachbarschaft.
Zufahrt: Am ersten Kreisverkehr rechts auf den Carrefour-Parkplatz abbiegen.

Einen weiteren, zentrumsnahen Stellplatz gibt es knapp zwei Kilometer später.

(118) Offizieller WOMO-Stellplatz: Alcázar de San Juan
GPS: N 39°23'17" W 03°13'03", Calle Tomelloso, 639 m. **Max. WOMOs**: 11.
Öffnungszeit: Ganzjährig.
Ausstattung: Ver-/Entsorgungsstation, Strom, Müllcontainer, Dusche, WC.
Beschreibung: Im Bereich eines öffentlichen Parkplatzes ist ein separater Bereich für WOMOs ausgewiesen. Das Gelände ist eingezäunt und mit einem Tor versehen. Die Anmeldung erfolgt am Kassenautomaten, wo die jeweiligen Serviceleistungen gebucht werden können. Das Tor öffnet sich durch automatische Kennzeichen-Erkennung. Die Stellflächen sind mit Knochensteinen befestigt, Bäume bieten ausreichend Schatten. Die Stadtmitte mit Läden und Restaurants ist nur wenige Gehminuten entfernt. Maximale Verweildauer 48 Stunden.
Preise: € – €€, je nach Serviceleistung.
Zufahrt: Am Kreisverkehr mit der Lokomotive vor dem großen Stadtpark geradeaus auf der *Avenida Herencia* in Richtung *Centro Urbano* weiterfahren. Der Stellplatz befindet sich auf Höhe der Stierkampfarena rechts der Straße.

Alcázar de San Juan, oft nur kurz *Alcázar* genannt, ist eine Stadt mit 30.600 Einwohnern und hatte einst eine zentrale Funktion als Eisenbahn-Knotenpunkt. Ein Kreisverkehr mit Lokomotive erinnert vermutlich an diese Zeiten. Im Zentrum sind noch einige der typischen Herrenhäuser aus dem 16. bis 18. Jahrhundert zu sehen. Darunter das ***Casa del Rey*** in der Calle Cautivo, in dem sich heute das **Museo del Hidalgo** befindet. Darin lässt sich multimedial nachvollziehen, wie sich das Leben der Edelmänner abspielte, die Miguel de Cervantes zu seiner Figur Don Quijote inspirierten.

Öffnungszeiten: Donnerstag bis Sonntag von 10.30 bis 13.30 Uhr und von 17.00 bis 20.00 Uhr. Eintritt: 3,60 Euro, ermäßigt 1,30 Euro.

Uns interessieren jedoch die legendären **Windmühlen**, gegen die Don Quijote ankämpfte. An den Berghängen über Alcázar de San Juan können wir sie bereits ausfindig machen. Wir ver-

Wallfahrtsziel von Pilgern – Ermita del Cristo de Villajos

Schneekeller Pozo de Nieve

lassen die Stadt also in nördlicher Richtung auf der CM-310. Nach etwa acht Kilometern zweigt rechts die CM-3105 nach **Campo de Criptana** ab.

Schon kurz darauf weckt links die **Ermita del Cristo de Villajos** unsere Neugier. In der kleinen Kapelle wird das Bild des Christus von Villajos aufbewahrt. Er ist der Schutzpatron von Campo de Criptana, zu dem am 24. August eine große Pilgerwallfahrt stattfindet. Außerhalb dieser Zeit ist dies ein gepflegter, hübscher Ort der Stille und Einkehr. Hinter der Kirche gibt es noch einen **Schneekeller**, den ***Pozo de Nieve***. Dort wurde während der Wintermonate Schnee für die Kühlung im Sommer gelagert.

Der weiträumige Parkplatz der Ermita bei [**119**: N 39°26'36" W 03°08'20"] wäre auch übernachtungstauglich. Im hinteren Bereich treffen wir wieder auf den **Rad-/Wanderweg *Ruta de Don Quijote***, an dem es eine Picknickzone gibt.

Wir fahren noch vier Kilometer weiter zu unserem eigentlichen Tourenziel – den **Windmühlen in Campo de Criptana**.

(120) WOMO-Parkplatz: Campo de Criptana *Los Molinos*

GPS: N 39°24'40" W 03°07'22", 760 m. **Max. WOMOs**: 10.
Öffnungszeit: Ganzjährig. **Ausstattung**: Keine.
Beschreibung: Großer, unbefestigter Parkplatz in herrlicher Aussichtslage bei den Windmühlen von Campo de Criptana. In einer der Windmühlen gibt es eine Touristeninformation. Teilweise können die Mühlen auch besichtigt werden. In unmittelbarer Nähe mehrere Restaurants und Souvenirshops.
Zufahrt: Am Ortseingang zweigt aus Richtung Norden kommend auf Höhe einer Schule links ein steiler Weg ab, der in eine gut befahrbare Schotterpiste übergeht. Die Calleja de los Molinos führt zum Parkplatz bei den Windmühlen.

Wichtiger Hinweis: Die Anfahrt durch den Ort Campo de Criptana aus Richtung Süden ist für WOMOs nicht ratsam, da die Gassen sehr eng und steil sind.

Windmühlen-Dorf Campo de Criptana

Hier oben befinden sich insgesamt zehn von ursprünglich mehr als 30 der legendären Windmühlen, deren Anblick so charakteristisch für die La Mancha ist. Don Quijote widmete sich auf seiner Reise vor allem dem aussichtslosen Kampf gegen die Windmühlen, da er sie für Riesen hielt. Ihr genauer Standort ist unbekannt, doch zwei Orte sind heute die touristischen Hotspots schlechthin. Einer davon ist eben hier in Campo de Criptana, der zweite liegt rund 50 Kilometer westlich in **Consuegra**. Dort thronen neun der Windmühlen unübersehbar auf einem Bergkamm. Wenn Sie also noch nicht genug haben – die CM-42 bringt Sie hin.

Wir genießen diesen eindrucksvollen Ort in bestechender Aussichtslage hoch über der Stadt. Einer Legende zufolge soll Miguel de Cervantes in der dortigen **Iglesía de Santa María** getauft worden sein. Ob Legende oder wahr – der Sonnenuntergang hier oben ist in jedem Fall traumhaft und absolut Top-Ten-verdächtig.

Einkehrtipp: Wir beschließen den Tag mit einer Einkehr auf der schönen Aussichtsterrasse des Restaurants *Las Musas*. Bei einem Glas Wein und einem Teller Iberico-Schinken bleiben keine Wünsche mehr offen.

Tour 12: Ritter, Römer und hängende Häuser Von Campo de Criptana nach Cuenca 215 km

Mota del Cuervo – Belmonte – Garcimuñoz – Alarcón Valeria – Cuenca

Stellplätze:	In Miguel Esteban, El Toboso, Mota del Cuervo, Belmonte, Garcimuñoz, Alarcón, Cuenca
Campingplätze:	In Olmedilla de Alarcón, Cuenca
Besichtigen:	El Toboso, Castillo de Belmonte, Castillo Garcimuñoz, Alarcón, Archäologiepark in Valeria, Cuenca
Wandern:	Lagune Charcones del Miguel Esteban, in Alarcón
Einkehrtipps:	Bodega *Mont Rega,* Quesera Campó Rus, Tapas-Bar *Pícaro Tapas y Copa* in Cuenca

Don Quijote und seine Gefährten bleiben auch auf dieser Tour noch ein wenig unsere Begleiter. Wir besuchen weitere Schauplätze ihrer Abenteuer und entdecken weitere Windmühlen. Dann wird es allmählich mittelalterlich. Unser Weg ist gesäumt von eindrucksvollen Schlössern und Castillos. Auch die weite Ebene der La Mancha wird abgelöst von bergigeren Regionen. Spektakuläre Ausblicke in tiefe Schluchten erwarten uns, wir entdecken eindrucksvolle Zeugnisse aus römischer Zeit und beenden die Tour schließlich in der Stadt der hängenden Häuser Cuenca, mit ihrem einzigartigen UNESCO-Weltkulturerbe.

Von den Windmühlen auf dem Campo de Criptana kehren wir zurück zur CM-310, der wir bis nach **Miguel Esteban** folgen. Dort biegen wir ab in Richtung **El Toboso**. Die Straße verläuft nun nahezu schnurgerade durch die landwirtschaftliche Region. Bereits wenige Kilometer außerhalb des kleinen Ortes lohnt sich ein erster Stopp bei einem Vogelschutzgebiet.

(121) WOMO-Parkplatz: Charcones del Miguel Esteban

GPS: N 39°31'26" W 03°02'57", CM-3162, 670 m. **Max. WOMOs**: 5.
Öffnungszeit: Ganzjährig.
Ausstattung: Keine.
Beschreibung: Geschotterte Parkplätze bei einer großen Picknickzone mit Sitzbänken und teilweise Schatten. Außerorts am Ausgangspunkt zu Spazierwegen in ein Vogelschutzgebiet.
Zufahrt: An der CM-3162 befindet sich der Parkplatz etwa anderthalb Kilometer östlich von Miguel Esteban.

Seidenreiher im Vogelschutzgebiet

Spaziergang ins Vogelschutzgebiet

Die Seen **Charcones del Miguel Esteban** sind ein Feuchtgebiet, welches fast schon wie eine Oase in der staubigen Ebene der La Mancha wirkt. Die sumpfige Vegetation mit Tamarisken, Binsen und Lilien ist ein ideales Rückzugsgebiet für zahlreiche Vogelarten. Darunter Rebhühner, Stockenten und Flussgänse. Beim Spaziergang um den See, der auch bei Anglern ein beliebtes Revier ist, lassen sich mit etwas Glück sogar Flamingos beobachten. Welch seltsamer Anblick weitab der Küste. Immer wieder gibt es Aussichtsplattformen und Kinder werden sich über die vielen Kaninchen freuen, die sich hier tummeln.

Nachdem wir uns ein wenig die Beine vertreten haben, geht es weiter nach **El Toboso**. Auch dieser Ort schmückt sich mit dem Cervantes-Prädikat, denn er ist einer der wenigen Schauplätze, die tatsächlich namentlich im Roman erwähnt werden. El Toboso ist die Heimat von Dulcinea, der platonischen Liebe des Ritters von der traurigen Gestalt. Man begegnet den beiden dann auch auf Schritt und Tritt. Es gibt mehrere kleine Museen sowie eine schöne Statue auf dem Marktplatz, die den Don ritterlich vor seiner Angebeteten kniend zeigt. Das **Museo Cervantino** lohnt einen Besuch nicht nur für bibliophile Menschen. Es zeigt eine Sammlung mit mehr als 700 Ausgaben des legendären Romanes. Signiert wurden die teilweise in exotische Sprachen übersetzten Werke von berühmten Personen aus aller Welt. Unter anderem ist dort auch ein schwergewichtiger Wälzer zu bestaunen. Satte 120 Kilogramm wiegt die größte, existierende Ausgabe.

Don-Quijote-Dorf El Toboso

Öffnungszeiten: Dienstag bis Samstag von 10.00 bis 14.00 Uhr und von 16.00 bis 18.30 Uhr. Sonntag von 10.00 bis 14.00 Uhr. Eintritt: 2,00 Euro, ermäßigt 1,00 Euro.

Im alten Ortskern befindet sich das **Casa de Dulcinea**. Ein typischer Bau der La Mancha aus dem 16. Jahrhundert. Der Überlieferung nach gehörte dieses Haus einer Bekannten von Cervantes, die wohl als Vorbild für die fiktive Dulcinea diente. Das Gebäude hat ein herrschaftliches Portal mit zwei steinernen Wappen und beherbergt im Inneren ein Museum für Gebrauchsgegenstände der Mancha. Das Mobiliar stammt aus dem 17. Jahrhundert, also der Zeit von Don Quijote. Im Innenhof kann man noch eine der größten bekannten Ölpressen der Region bestaunen.

Öffnungszeiten: Dienstag bis Samstag von 10.00 bis 14.00 Uhr und von 15.00 bis 18.30 Uhr. Sonntag von 10.00 bis 14.00 Uhr. Eintritt: 3,00 Euro, ermäßigt 1,50 Euro.

Wir verlassen El Toboso auf der CM-3162. Nach knapp vier Kilometern entdecken wir nach dem Überqueren der Autobahn auf der linken Seite eine **Ermita mit zwei Windmühlen**. Zu unserer Überraschung erwartet uns dort eine schöne Rastmöglichkeit abseits der Straße und mit Blick auf die nahen Weinfelder.

Windmühle bei El Toboso

(122) WOMO-Parkplatz: El Toboso – *Ermita San Isidro*

GPS: N 39°32'28" W 02°57'54", CM-3162, 706 m.
Max. WOMOs: 1-2.
Öffnungszeit: Ganzjährig.
Ausstattung: Mülleimer, Grillstellen, Picknickbänke, Toiletten.
Beschreibung: Picknickzone auf einer Wiese bei der Ermita San Isidro. Im hinteren Bereich gibt es ebene Stellflächen. Von dort bietet sich ein schöner Ausblick auf die Olivenhaine und Weinfelder. In der Windmühle befinden sich Toiletten, die bei unserem Besuch jedoch verschlossen waren.
Zufahrt: An der CM-3162 befindet sich die Zufahrt zur Ermita auf der linken Seite.

So erreichen wir wenig später die N-301, der wir bis nach **Mota del Cuervo** folgen. Den Ort durchqueren wir und steuern – Sie werden es ahnen – weitere Windmühlen auf dem Hügel an. Auch hier bietet sich ein wunderbarer Übernachtungsplatz in Aussichtslage an.

(123) WOMO-Parkplatz: Mota del Cuervo – *Los Molinos*

GPS: N 39°30'21" W 02°51'45", 770 m. **Max. WOMOs**: 5.
Öffnungszeit: Ganzjährig.
Ausstattung: Mülleimer, Picknickbänke, Spielplatz.

Beschreibung: Große Parkfläche, teilweise asphaltiert, teilweise auf Wiese, außerorts in Aussichtslage. Vereinzelt gibt es Schatten. Die Windmühlen mit einer Touristeninformation sind nur am Wochenende und in Ferienzeiten geöffnet.
Zufahrt: Am Ortsende nach links auf die N-420a, Calle Carretera del Belmonte abbiegen und der Beschilderung zu den *Molinos de Artisania El Gigante* folgen.

Mota del Cuervo – Balkon der La Mancha

Mota del Cuervo ist bekannt als ***Balkon der La Mancha.*** Zurecht, wie wir finden, denn vor unseren Füßen erstreckt sich die weite kastilische Ebene. Wir blicken hinunter auf das Land des Don Quijote. Karges Terrain mit rötlicher Erde und blassgrünen Olivenbäumen. Ein wenig geraten wir hier oben ins Träumen und fast scheint der dürre, lange Don in der selbstgebastelten Rüstung mit seinem klapprigen Gaul Rosinante weit unter uns durch den Staub zu trotten. Ein perfekter Ort für Sonnenuntergänge. Doch zurück in die Realität: Auf dem Bergkamm verteilen sich

sechs schön restaurierte Windmühlen mit so klangvollen, literarischen Namen wie *El Goethe, El Franz Grillparzer* oder *El Cervantes.* Dazwischen entdecken wir amüsant gestaltete Kunstwerke mit den Skulpturen der Gefährten Don Quijotes. In den Roman fand der Ort Eingang, da hier ein Kumpel Sancho Pansas lebte. Wo der Kampf des Ritters gegen die Windmühlen stattgefunden hat, ist indes bis heute ungeklärt. Viele der *grimmigen Riesen* – wie Don Quijote sie bezeichnete – stammen überhaupt erst aus dem 19. Jahrhundert. Also weit nach Erscheinen des Romanes 1605. Doch an der Bauweise und Technik der Windmühlen dürfte sich über die Jahrhunderte nichts geändert haben.

Wir rufen uns zum Abschied nochmals die Schlüsselszene des Windmühlenkampfes in Erinnerung, deren Worte da lauteten: *Entfleucht mir nicht, ihr feigen, schändlichen Kreaturen. Ein einzelner Ritter greift euch an…* und machen uns auf die Weiterfahrt nach **Belmonte**.

Knapp 20 Kilometer sind auf der N-420 zu bewältigen. Unterwegs stocken wir unseren Weinvorrat in der **Bodega *Mont Reaga*** auf. Die freundlichen Damen geben gerne Einblick in die Weinproduktion und der eine oder andere Tropfen kann auch verkostet werden.

Öffnungszeiten: Täglich außer Sonntag von 9.00 bis 14.00 Uhr und von 16.00 bis 19.00 Uhr, www.montreaga.com. Führung und Verkostung 10,00 Euro nach vorheriger Anmeldung.

So erreichen wir Belmonte, wo sich inmitten der kargen Ebene der La Mancha auf einem sanft ansteigenden Hügel das imposante **Castillo de Belmonte** erhebt. Das Bauwerk zählt zu den am besten erhaltenen Schlössern Spaniens. Grund genug, es sich genauer anschauen.

(124) WOMO-Parkplatz: Belmonte – Castillo

GPS: N 39°33'27" W 02°41'42", 803 m. **Max. WOMOs**: 5.
Öffnungszeit: Ganzjährig.
Ausstattung: Müllcontainer, Toiletten im Schloss.
Beschreibung: Besucherparkplätze auf einer großen, teilweise schrägen Erdfläche am Ortsrand und in Aussichtslage. Tagsüber lebhafter Besucherverkehr, nachts ruhig. Bei Veranstaltungen eher nicht für eine Übernachtung geeignet.
Zufahrt: Für die Anfahrt biegen Sie in Belmonte nach rechts auf die CM-3102 ab. Nach etwa 750 Metern ist das Castillo dort ausgeschildert.

Belmonte – Eine Burg wie aus dem Bilderbuch

Mal ganz ehrlich – so haben wir uns doch schon immer eine Burg vorgestellt. Sternförmiger Grundriss, dicke Mauern mit Zinnen und sechs mächtige, wehrhafte Rundtürme. Dazu eine beherrschende Lage hoch über der Stadt. Das **Castillo de Belmonte** hat alles, was eine richtige Burg aus dem Mittelalter ausmacht. Und so wundert es auch nicht, dass hier spektakuläre Mittelalter-Festivals stattfinden und die Burg bereits mehrfach als Filmkulisse diente. Unter anderem – Sie erinnern sich – für den Film *El Cid* (siehe Tour 2).

Das Castillo de Belmonte hat aber auch eine Geschichte zu erzählen. So stammt die Burg aus dem 15. Jahrhundert. Der **Markgraf von Villena**, Juan Pacheco, ließ das Schloss in seiner Heimatstadt als einstöckige Burganlage im Mudéjarstil errichten. Im 19. Jahrhundert war die Burg das Zuhause der **französischen Kaiserin Eugénie**, nachdem ihr Ehemann Napoleon III. im Jahr 1871 den französischen Thron verloren hatte. Sie finanzierte den Ausbau der Burg und ließ ein weiteres Stockwerk aufsetzen. Die letzten, umfangreichen Restaurierungsarbeiten fanden im Jahr 2010 ihren Abschluss. Seitdem gehört das Castillo de Belmonte, das heute im Besitz der Herzöge von Alba ist, zu den am besten erhaltenen Schlössern Spaniens.

Beim Rundgang durch das eindrucksvolle Gemäuer lassen sich die Schlafräume, Küche, Waffensaal und Kerker entdecken. Im ersten Stock finden sich Gemächer, die ganz im Stil des 19. Jahrhunderts eingerichtet sind. Von den Mauern bietet sich ein unvergleichlicher Ausblick auf die Weite der La Mancha und das ma-

Innenhof des Castillo de Belmonte

lerisch zu Füßen der Burg liegende Örtchen Belmonte. Hölzerne Kassettendecken, offene Kamine, Rüstungen und versteckte Gänge – die Burg ist ein MUSS für alle Mittelalterfans.

Öffnungszeiten: Von Mai bis Mitte September Dienstag bis Sonntag von 10.00 bis 14.00 Uhr und von 16.30 bis 20.30 Uhr. Von Mitte September bis April verschieben sich die Nachmittagszeiten auf 15.30 bis 18.30 Uhr. Eintritt inklusive Audioguide: 10,00 Euro, ermäßigt 6,00 Euro. Unter www.castillodebelmonte.com sind auch Online-Ticketreservierungen möglich. Letzter Einlass jeweils 45 Minuten vor der Schließung.

Kastilisches Dorf Belmonte

Für die Weiterfahrt kehren wir nicht zurück in den Ort Belmonte, sondern halten uns auf der *Calle Eugenia de Montijo* nach links ortsauswärts. Das Sträßchen wird wenig später zur gut befahrbaren Schotterpiste und führt uns nach knapp 900 Metern in einer Linkskurve hinunter zur einsamen Landstraße. Ihr folgen wir nach rechts. Auf neuem Asphalt rollen wir durch eine liebliche, leicht hügelige Landschaft, die mit Weiden, Feldern und Steineichenwäldchen gesäumt ist. Wieder einmal wird uns deutlich, wie dünn besiedelt die Region ist, denn bis zum Ort **La Alberca de Záncara** begegnet uns keine Menschenseele. Dort geht es weiter auf der CM-3110 bis nach **Santa Maria del**

Campo Rus. Die Reklameschilder zum Direktverkauf (*venta direct*) einer Käserei lassen uns auf eine Spezialität der La Mancha hoffen – den berühmten **Manchego-Käse**.

Der Käse hat hier seinen Ursprung und wird aus der Milch des Manchego-Schafs gewonnen. Diese robuste Schafsrasse, die bereits von den Mauren mit auf die Iberische Halbinsel gebracht wurde, sieht man häufig auf den Weiden Zentralspaniens. Sie liefert die Basis für den halbfesten Käse, dessen Rinde ein charakteristisches Fischgrätmuster aufweist.

Die Geschmackspalette ist groß und reicht von mild-nussig bis würzig-pikant. Verfeinert wird er häufig mit Rosmarin, getrockneten Kräutern und anderen Gewürzen. Je nach Reifegrad verändern sich auch der Geschmack und dic Konsistenz des Manchegos. Je reifer er wird, desto körniger ist die Textur und desto intensiver sein Aroma. Am besten genießt man ihn bei einem Glas Rotwein mit einer Feigenmarmelade, Honig und Mandeln.

Öffnungszeiten Quesera Campo Rus: Montag bis Freitag 9.00 bis 14.00 Uhr und 16.30 bis 19.30 Uhr, Samstag von 9.00 bis 14.00 Uhr, www.queseracamporus.com.

Nach dem Käse-Einkauf geht es weiter nach **Garcimuñoz.** Ein kleines Dorf, das hauptsächlich aus einem **Castillo** besteht, neben dem man einen Stellplatz für uns Wohnmobilisten bereithält.

(125) Offizieller WOMO-Stellplatz: Garcimuñoz – Castillo

GPS: N 39°39'42" W 02°23'00", Calle Santiago, 936 m. **Max. WOMOs**: 6.
Öffnungszeit: Ganzjährig.
Ausstattung: Ver-/Entsorgungsstation, Müllcontainer.
Beschreibung: Sechs ausgewiesene Stellplätze auf einem Untergrund aus Schotter am Ortsrand neben dem Castillo. Bäume bieten Schatten und man genießt eine schöne Aussicht in die Ebene. Sehr ruhig und auch der Ort wirkte bei unserem

Besuch wie ausgestorben. Maximale Aufenthaltsdauer 96 Stunden, campingartiges Verhalten ist verboten.
Zufahrt: Folgen Sie an der CM-3110 dem Abzweig mit der Beschilderung zum *Castillo de Garcimuñoz* (CM-3110a). Die Stellplätze befinden sich neben dem Castillo auf der rechten Seite.

Bereits die Römer hatten die Anhöhe, die damals *Ségar* genannt wurde, besiedelt. Das Castillo wurde jedoch erst in maurischer Zeit errichtet. Die Araber gaben dem Ort den Namen *Al-Borch Jamal* und nutzten die Festung im Rahmen ihres Verteidigungssystems, das die La Mancha mit mehreren Türmen und kleineren Alcazars durchzog. Damit wurde der Süden gegen das Vorrücken christlicher Truppen abgesichert. Die Burg hielt bis ins Jahr 1177 Stand. Dann erfolgte die Rückeroberung durch König Alfonso VIII. und das Castillo erhielt den Namen des erobernden Ritters *García Muñoz*. Im Laufe der folgenden Jahrhunderte wurde das Castillo zu einem Wohnpalast im spanisch-flämischen Stil ausgebaut und erhielt ein gotisches Eingangsportal.

Ab dem 17. Jahrhundert verließen die letzten Bewohner die Burg und sie war dem Verfall preisgegeben. In den letzten Jahren fanden aufwändige Renovierungsarbeiten statt. Dabei wurde auch ein Friedhof entdeckt, der wohl zur angrenzenden Pfarrkirche aus dem Jahr 1656 gehörte. Heute dient das historische Gemäuer unter anderem als Veranstaltungsbühne.

Öffnungszeiten: Von Mittwoch bis Sonntag von 11.00 bis 14.00 Uhr und von 16.00 bis 20.00 Uhr, www.castillogarciamunoz.es.

Wir nehmen nun ein kurzes Stück die mautfreie Autobahn A3 in Richtung Valencia, verlassen sie aber bereits bei **Honrubia** wieder und folgen der recht stark befahrenen N-III. Nach etwa 15 Kilometern ist die Talsperre am **Embalse de Alarcón** erreicht. Hier wurde der **Río Júcar** zu einem See aufgestaut, der sowohl der Trinkwasserver-

Staumauer am Embalse de Alarcón

sorgung als auch der Energiegewinnung dient. Ein Aussichtspunkt bei N 39°33'51" W 02°06'59" bietet einen Blick auf die Staumauer und das Elektrizitätswerk.

Fünf Kilometer später ist der Abzweig in die Festungsstadt **Alarcón** erreicht. Bereits bei der Anfahrt wird deutlich, dass es hier eng werden könnte. Größeren WOMOs empfehlen wir, das Fahrzeug bereits vor den Toren der Stadt abzustellen. Hier lässt sich mit Duldung der Gemeinde auch problemlos die Nacht verbringen. Und das in phänomenaler Aussichtslage.

(126) WOMO-Parkplatz: Alarcón – Mirador de Alarcón

GPS: N 39°32'50" W 02°04'40", Carretera de Alarcón, 816 m.
Max.WOMOs: 2-3.
Öffnungszeit: Ganzjährig.
Ausstattung: Müllcontainer.
Beschreibung: Teilweise unebene Parkfläche auf einem Untergrund aus Erde und Fels, außerorts in Aussichtslage. Die Altstadt ist etwa 15 Gehminuten entfernt. Dort gibt es Einkaufs- und Einkehrmöglichkeiten. Ausgangspunkt zu Wanderungen durch das Tal des Río Júcar. Campingartiges Verhalten ist nicht erwünscht.
Zufahrt: An der Zufahrtsstraße zum Ort befindet sich der Parkplatz bei Resten der Stadtbefestigung auf der rechten Seite.

Für einen Tagesbesuch gibt es im Zentrum einen kleinen Parkplatz bei N 39°32'45" W 02°05'20", den auch Touristenbusse ansteuern. Eine Übernachtung ist dort jedoch verboten.

Alarcón im Überblick
148 Einwohner, 831 m, Autonome Region Kastilien-La Mancha. **Tourismusbüro**: Calle Dr. Agustín Tortosa, Tel. +34 969 330 323, www.alarconguiado.com.

Bereits der Anblick von unserem Parkplatz Nr. 126 ist atemberaubend. Eingebettet in die Schluchten des Río Júcar liegt das Festungsstädtchen Alarcón. Soweit man auch schaut – überall gibt es Reste der Stadtmauer und Zinnen bewehrte Türme zu entdecken, die von einer langen Vergangenheit erzählen könnten. Unter uns windet sich der Fluss in einer malerischen, türkisblauen Schleife um die Felsnase. Zweifellos zählt das mittelalterliche Alarcón zu einem der interessantesten Dörfer in der Region Kastilien-La Mancha. Wir wollen uns dem pittoresken Städtchen zu Fuß nähern und schnüren deshalb die Wanderstiefel.

Mittelalterstädtchen Alarcón

Stadtspaziergang und Rundwanderung *Sendero Hoz de Júcar*

Wir machen uns also auf den Weg entlang der Straße und gelangen durch das Tor der Stadtmauer, die **Puerta del Calabozo**, in den Ort. Die Region war schon seit Jahrtausenden besiedelt, aber es waren die Mauren, welche die strategische Lage dieses Ortes erkannten. Sie errichteten über der Schlucht eine Festung und gaben ihr den Namen Alarcón. Nach der Reconquista ließ König Alfonso VIII. von Kastilien weitere Verteidigungsanlagen auf den Trümmern der maurischen Vorgängerburg errichten. Der zentrale Wohnturm an der höchsten Stelle wurde erst später um 1460 errichtet. Heute ist in dieser exponierten Lage eines der staatlichen **Parador-Hotels** untergebracht.

Der in der Nähe gelegene **Aussichtspunkt *Mirador La Peña*** bietet einen guten Blick auf die Landschaft mit dem Stausee **Henchidero** sowie die vorgelagerten Wehrtürme. Und wir können bereits den Rundwanderweg erkennen, der uns später in Ufernähe um die Flussschleife führen wird. Zunächst schlendern wir aber noch ein wenig durch den Ort und gelangen zum zentralen Platz. Er wird von dem arkadengesäumten **Rathaus** und der ehemaligen **Kirche *San Juan Bautista*** beherrscht. Die vom Verfall bedrohte Kirche wurde durch ein engagiertes Kunstprojekt des 1971 in Cuenca geborenen Künstlers **Jesús Mateo** gerettet. In den Jahren 1995 bis 2002 bemalte er die Innenwände der Kirche und schuf so ein Werk, welches 1997 von der UNESCO ausgezeichnet und gefördert wurde.

Öffnungszeiten der Kunstkirche: Freitag bis Sonntag von 11.30 bis 14.00 Uhr und von 16.00 bis 18.30 Uhr. Von Juni bis September ist die Nachmittags-Öffnung von 18.00 bis 20.30 Uhr.

Flussschleife des Río Júcar bei Alarcón

Leider waren sowohl die Ausstellung, als auch weitere Kirchen, kleine Geschäfte und Restaurants während unseres Besuches an einem Wochentag geschlossen. Offenbar lebt der Ort nur am Wochenende und in Ferienzeiten auf. Schade eigentlich, denn selbst ein Café war nicht zu finden. Bei aller Schönheit wirkte das Ganze dann eher wie ein Museumsdorf.

Somit machen wir uns ohne Kaffeepause auf den **Rundwanderweg *Sendero Hoz de Alarcón***. Er ist ab dem Tages- und Busparkplatz an der *Carretera de Alarcón* mit dem Wanderzeichen **PR-CU 71** gut markiert. Es geht dabei durch das **Stadttor *Puerta de Chinchilla*** hinunter in Richtung Fluss, den wir auf der ***Puente del Picazo*** überqueren. Danach halten wir uns rechts und folgen der Wegmarkierung durch lichte Waldgebiete, vorbei an Getreidefeldern und zu verschiedenen Aussichtspunkten. Immer wieder können wir den Ort aus einer anderen Perspektive genießen.

So gelangen wir wieder an eine Brücke, die uns zurück über den Fluss bringt. Wenn Sie ihr Fahrzeug im Ort geparkt haben, gehen Sie danach rechts zurück ins Dorf. Wenn Sie – wie wir – außerhalb am **Torre de Armas** stehen, können Sie den Weg nach links wählen. Er führt in einem Bogen hinauf zur Hauptstraße, entlang der wir zurück zum Parkplatz gehen. Insgesamt sollten Sie für diese gemütliche, **acht Kilometer** lange Wanderung etwa **2,5 Stunden Gehzeit** einplanen.

Tipp: Denken Sie an ausreichend Flüssigkeit und eventuell ein Rucksackvesper. Zumindest wenn Sie außerhalb der Hauptsaison unterwegs sind, sind die Einkehrmöglichkeiten im Ort eher überschaubar.

Am Abend können wir an unserem Parkplatz noch zahlreiche Geier bei ihrem Gleitflug über der Schlucht bewundern. Welch ein Schauspiel!

Gut ausgeruht geht es zurück zur N-III, der wir rund acht Kilometer bis zum Abzweig der CM-2100 folgen. Diese Straße führt uns nun entlang dem **Embalse de Alarcón** gen Norden, wobei vom See nicht viel zu sehen ist. Die Route verläuft eher oberhalb im Landesinneren. Bei **Olmedilla de Alarcón** ist ein Campingplatz ausgeschildert, der allerdings etwas in die Jahre gekommen ist. Außerdem ist er wegen der Schattendächer für höhere WOMOs eher ungeeignet. Sollten Sie Bedarf haben, hier die notwendigen Informationen.

(127) WOMO-Campingplatz: **Olmedilla de Alarcón** – ***Camping Pantapino***. **GPS**: N 39°36'34" W 02°05'55", ganzjährig geöffnet, www.camping-pantapino.eu.

Wir fahren weiter und verlassen bei **Valverde de Júcar** den See. Hier passieren wir eine Industrieansiedlung, die von Möbel-, Küchen- und Türenherstellern geprägt ist. Interessant, dass sich fast alle Handwerker demselben Metier der Holzverarbeitung gewidmet haben.

Fast urplötzlich wandelt sich jetzt auch die Landschaft und wir finden uns in einem wildromantischen Canyon mit grünem Tal und schroffen Felsen wieder. Der **Río Gritos** hat ihn geformt und gute Voraussetzungen für eine Besiedelung geschaffen. Erst waren die Kelten hier, später die Römer und im Mittelalter wurde die Region gegen die Mauren verteidigt. Eine sehr eindrucksvolle **Ausgrabungsstätte** mit den Relikten vergangener Zeiten befindet sich in **Valeria**. Parken Sie Ihr WOMO für einen Besuch im Zentrum an der *Calle Los Charcos*. Eine Anfahrt an die Ausgrabungsstätte ist leider nicht möglich, doch der kurze Fußweg zum Besucherzentrum ist gut ausgeschildert.

Ruinas Romanas de Valeria

Einem ehemaligen Bürgermeister Valerias ist es zu verdanken, dass wir heute durch diese eindrucksvolle Anlage spazieren können. Der archäologisch interessierte Lehrer und Rathauschef veranlasste in den 1950er Jahren, dass die Region um sein Heimatdorf systematisch auf antike Hinterlassenschaften hin erforscht wurde. Mit Erfolg, wie sich rasch zeigte. Schon bald konnte ein Schatz in Form von Silbermünzen gehoben werden, der auf das Jahr 180 v. Chr. datiert wurde. Nach und nach konnten weitere antike Bauwerke freigelegt werden, die von der einstigen Blütezeit Valerias zeugen. Grund dafür war unter anderem die Lage auf einer Anhöhe am Fluss Río Gritos mit einer Anbindung durch einen Handelsweg an die Mittelmeerküste. Gegründet wurde die Stadt vermutlich zwischen 93 und 82 v. Chr. auf dem Land, das zuvor von den Keltiberern besiedelt war.

Heute lässt sich beim Streifzug durch die stille, weitläufige Anlage eine Zeitreise zurück in römische Zeiten unternehmen. Zu sehen sind unter anderem noch die Reste der alten Römerstraße und das ausgeklügelte Wasserversorgungssystem mit Aquädukt, Zisternen, Brunnen und Thermenanlagen. Das Zentrum des Geländes umfasst eine Reihe öffentlicher Gebäude, die um eine große, quadratische Plattform errichtet wurden, in dessen Mitte sich das Forum befand. Weiterhin zu sehen sind eine Basilika, die später von den Westgoten genutzt wurde.

Aussichtspunkt Miradores de Las Valeras

Die einst riesige Stadt, von der noch längst nicht alles erforscht ist, zog sich über einen ganzen Berghang. Gekrönt wird dieser von den Resten eines mittelalterlichen Castillos. Der kurze Aufstieg lohnt sich. Dort, wo die Flusstäler des Río Gritos und des Río Zahorras zusammentreffen und die Region gut bewacht werden konnte, herrscht heute ein Paradies für Vögel. Es gibt einen Fußweg entlang mehrerer Aussichtspunkte, die den spektakulären Blick in die Schlucht freigeben. In den Höhlen der Felsen nisten Wanderfalken und je nach Tageszeit können die majestätischen Flüge von Gänsegeiern beobachtet werden.

Wie die gesamte La Mancha ist auch diese Ausgrabungsstätte touristisch eher wenig besucht. Wir konnten völlig allein durch diese Anlage streifen, die große Ruhe ausstrahlt, viele Geschichten erzählen kann und eine sehr friedvolle Atmosphäre erzeugt.

Öffnungszeiten: Von Mitte März bis Juni täglich von 10.30 bis 14.00 Uhr und von 16.00 bis 19.30 Uhr. Mittwochnachmittag geschlossen. Im Juli und August täglich von 10.00 bis 13.30 Uhr und 17.30 bis 21.00 Uhr. Von September bis Mitte März täglich von 10.30 bis 14.00 Uhr, Dienstag sowie Donnerstag bis Samstag auch von 16.00 bis 19.00 Uhr. Eintritt: 5,00 Euro, ermäßigt 3,50 Euro, www.valeriaromana.es.

Bis zu unserem letzten Ziel dieser Tour nach **Cuenca** sind rund 35 Kilometer zu bewältigen, die uns noch einmal hinauf auf 1.100 Meter Höhe führen. Die Strecke ist geprägt von Stein- und Korkeichenwäldern, Macchia und dann wieder weiten Feldern auf der Hochebene. Auch das ist die La Mancha.

In Cuenca stellt uns die Parkplatzsuche vor einige Herausforderungen. Die auserkorenen Flächen waren hoffnungslos zugeparkt. Eine Chance, das Wohnmobil für einen Stadtbesuch abzustellen, gibt es in der Nähe eines Festplatzes bei der Feuerwehr. Wenn auch etwas weit vom Zentrum entfernt.

(128) WOMO-Parkplatz: Cuenca – Feuerwehr *Bomberos*

GPS: N 40°03'58" W 02°08'31", Camino Viveros, 908 m. **Max. WOMOs**: 5.
Öffnungszeit: Ganzjährig.
Ausstattung: Keine.
Beschreibung: Asphaltierter Parkplatz gegenüber der Feuerwehr hinter einem Wohngebäude und nahe der Straße. Der etwas weiter südlich gelegene, große Messeparkplatz erschien uns aufgrund zweifelhafter Besucher wenig vertrauenserweckend. Fußweg in die Altstadt rund zwei Kilometer.
Zufahrt: Nehmen Sie am Ortseingang im Kreisverkehr die Ausfahrt zu Westumfahrung *Ronda Oueste.* Am Kreisverkehr fahren Sie in Richtun-*Zentrum* und orientieren Sie sich an der Beschilderung zum *Recinto Ferial.*

Unser Favorit für Cuenca ist allerdings dieser absolut zentrumsnahe Platz beim Theater.

(129) Offizieller WOMO-Stellplatz: Cuenca *Parking Auditorio*

GPS: N 40°04'34" W 02°07'46", Paseo del Huecar, 931 m. **Max. WOMOs**: 5.
Öffnungszeit: Ganzjährig.
Ausstattung: Müllcontainer, Toiletten im Parkhaus.

Beschreibung: Asphaltierter Parkplatz mitten im Zentrum von Cuenca beim Theater. Es handelt sich dabei um einen Bus- und Wohnmobilparkplatz, der über eine Schrankenzufahrt zugänglich ist. Die Gebühr wird am Kassenautomaten im Parkhaus entrichtet. Durch die zentrumsnahe Lage tagsüber etwas laut, nachts jedoch überraschend ruhig. Die Altstadt ist nur wenige Gehminuten über Treppen und steile Gassen erreichbar. Tagsüber hält hier auch ein Touristenzug, mit dem Sie für eine geringe Gebühr die wichtigsten Sehenswürdigkeiten der Stadt erkunden können.
Preise: €.
Zufahrt: Bitte sehen Sie es uns nach, dass wir an dieser Stelle auf eine Anfahrtsbeschreibung en Detail verzichten. Füttern Sie Ihr Navigationssystem mit den obigen Koordinaten und orientieren Sie sich an der Beschilderung zum *Parking Auditorio*. Die Anfahrt führt durch eine verwirrende Einbahnstraßenregelung und enge Straßen. Doch auch Reisebusse kommen hier durch – nehmen Sie sich einfach Zeit.

Wer länger in der Region verweilen möchte, für den gibt es neun Kilometer nördlich der Stadt einen großen Campingplatz.

(130) WOMO-Campingplatz: Cuenca *Camping Caravaning Cuenca*

GPS/Kontakt: N 40°07'35" W 02°08'21", Carretera Cuenca-Tragacete, 928 m, Tel. +34 969 231 656 oder +34 674 298 868, www.campingcuenca.com, info@campingcuenca.com.
Öffnungszeit: Ganzjährig.

Ausstattung: Campingplatzübliche Ausstattung, Pool, Restaurant, Bar, Waschsalon, Spiel- und Sportplätze, WLAN kostenpflichtig, Animationsprogramm im Sommer, Mietunterkünfte.
Beschreibung: Großer, familienfreundlicher Campingplatz mit rund 450 Stellplätzen. Die Parzellen befinden sich in einem schattenspendenden Wäldchen und sind unterschiedlich groß. Ausgestattet mit 6-Ampere-Stromanschluss. Über den Platz verteilt gibt es mehrere Trinkwasserstellen. Der Campingplatz befindet sich etwa neun Kilometer außerhalb von Cuenca inmitten grüner Natur und am Ausgangspunkt von Rad- und Wanderwegen. An der Rezeption werden auch Ausflüge, wie Rafting- oder Mountainbike-Touren angeboten.
Preise: €€ – €€€.
Zufahrt: Der Campingplatz ist an der CM-2110 ausgeschildert.

Gewitterstimmung über den Casas Colgadas in Cuenca

Cuenca im Überblick

55.000 Einwohner, 946 m, Autonome Region Kastilien-La Mancha, Provinzhauptstadt.
Tourismusbüro: Calle Alfonso VIII, Tel. 34 969 241 051, www.visitacuenca.es. Geöffnet täglich von 10.00 bis 20.00 Uhr.

Tiefe Schluchten und hängende Häuser

Das heutige Stadtgebiet von Cuenca war während der Römerzeit kaum besiedelt. Erst die Mauren erkannten Anfang des 8. Jahrhunderts die strategisch günstige Lage auf einem Felssporn zwischen den Schluchtentälern des Río Júcar. Sie erbauten dort unter dem Namen *Kunka* eine Festung. Noch heute sind die arabischen Einflüsse in der Stadt erkennbar.

Cuenca – Sarkophag in der Kathedrale

Im Jahr 1177 übernahm König Alfonso VIII. im Zuge der Rückeroberung die Geschicke der Stadt. Kurz danach begann der Bau der mächtigen, gotischen **Kathedrale *Catedral Nueastra Señora de Gracia***, die auf den Resten der einstigen Hauptmoschee errichtet wurde. Im Laufe der Zeit hat sie einiges von ihrem ehemaligen Aussehen verloren. So stürzte im Jahre 1902 ein Turm ein und führte zu erheblichen Beschädigungen der Fassade.

Weitere wichtige Bauwerke sind das **Rathaus** aus dem 18. Jahrhundert, der **Bischofspalast** und die **Burg**, die als Erweiterung einer arabischen Festung aus dem 10. Jahrhundert entstanden ist. Die gesamte Altstadt von Cuenca wurde 1996 zum UNESCO-Weltkulturerbe erklärt.

Heute zeichnet sich Cuenca als moderne **Universitätsstadt** aus, die sich in die Altstadt auf dem Felssporn und die Neustadt im Tal des Río Júcar aufteilt. Damit bildet Cuenca den Übergang zwischen der Cuenca-Gebirgsregion und der La-Mancha-Ebene. Moderne Wohngebäude, Industrieansiedlungen und der Universitätscampus prägen das Bild der Neustadt.

Stadtspaziergang Cuenca

Bereits von unserem Stellplatz wird die außergewöhnliche Lage der Altstadt von Cuenca auf einem Felsenhügel deutlich. Über uns hängen sprichwörtlich die mehrstöckigen Häuser und wir hoffen, dass die Statiker hier alles richtig gemacht haben.

Cuenca gehört zweifellos zu den reizvollsten Zielen im Osten der La Mancha und hat mühelos auch unsere Herzen erobert. Machen wir uns also auf den steilen und wahrlich atemberaubenden Weg hinauf.

Cuenca – Stadt der hängenden Häuser

Auf den kopfsteingepflasteren Gassen bewundern wir einmal mehr das fahrerische Geschick der Einheimischen. Sie manövrieren ihre Karossen mit schleifender Kupplung hinauf und finden nach mehrmaligem Rangieren durch enge Kurven auch in der kleinsten und schiefsten Lücke einen Parkplatz für SUVs und Co. Schrammen im Lack gehören zur Patina.

Die faszinierendste Sehenswürdigkeit in Cuenca sind die hängenden Häuser **Las Casas Colgadas**. Ihr Bau begann im 14. Jahrhundert und sie dienten unter anderem als herrschaftliche Sommerresidenzen in luftiger Höhe. Schon immer war der Wohnraum auf dem von den beiden Schluchten des **Río Júcar** und **Río Húecar** umgebenen Felsplateau knapp. Dementsprechend wuchsen die Häuser in die Höhe und scheinen sprichwörtlich über dem Abgrund zu schweben. Heute gibt es noch drei historische Exemplare, die mit ihren hölzernen Balkonen scheinbar aus dem Fels herauswachsen. In einem von ihnen ist das **Museum für abstrakte Kunst *Museo de Arte Abstracto Español*** untergebracht.

Öffnungszeiten: Dienstag bis Freitag von 11.0 bis 14.00 Uhr und von 16.00 bis 18.00 Uhr. Samstag bis 20.00 Uhr, Sonntag von 11.00 bis 14.30 Uhr. Eintritt frei.

Cuenca – Brücke Puente de San Pablo

Den besten Blick auf die hängenden Häuser hat man übrigens von der Brücke **Puente de San Pablo**. So gelangen wir hinauf zur eindrucksvollen, von Bogengängen gesäumten **Plaza Mayor**, die das Zentrum der Altstadt bildet. Beherrscht wird der Platz von der mächtigen **Kathedrale** mit ihrer Fassade im neogotischen Stil. Einen Blick hinein sollten Sie nicht versäumen. Begleitet von einem ausgezeichneten Audio-Guide erkunden wir den Mix verschiedener Stilrichtungen von romanisch über gotisch bis hin zur Renaissance. Die Pracht der aufwändigen

Schmuckdekorationen aus Holzschnitzereien und Stuck in den Kapellen ist schier unglaublich.

Öffnungszeiten: Von Juli bis Oktober täglich von 10.00 bis 19.30 Uhr. Von November bis März Sonntag bis Freitag von 10.00 bis 17.30 Uhr, Samstag und an Feiertagen bis 19.30 Uhr. Von April bis Juni Sonntag bis Freitag von 10.00 bis 18.30 Uhr, Samstag und an Feiertagen bis 19.30 Uhr. Eintritt: 5,50 Euro, ermäßigt 4,50 Euro, www.catedralcuenca.es.

Tipp: Wer auch die **Schatzkammer**, den **San Pedro Turm** und das **Triforio** im Chorumgang besuchen möchte, für den lohnt sich der Kauf des **Kombitickets** zum Preis von 10,50 Euro, ermäßigt für 9,50 Euro.

Wir verlassen die Plaza Mayor und spazieren in nördlicher Richtung hinauf ins **Burgviertel *Barrio del Castillo***. Es sind nur noch Reste davon erhalten, doch bietet sich von den Mauern nochmals ein wunderschöner Ausblick auf die Stadt. Für den Weg zurück wählen wir die Treppen an der Plaza del Trabuco durch ein Tor der Stadtmauer auf einen Fußweg oberhalb der Schlucht des Río Júcar. Er führt uns hinter den Häusern zu weiteren Aussichtspunkten zurück in Richtung Plaza Mayor.

Je nach Interesse können Sie noch weitere Museen in der Stadt besuchen oder zu Ihrem individuellen Streifzug durch die Gassen von Cuenca starten. Rund um die Stadt gibt es zudem eine ganze Reihe von Wanderwegen, wie etwa zum **Mirador Cerro del Socorro** mit der nachts beleuchteten **Christusfigur**.

Was wäre der Stadtspaziergang ohne den passenden **Einkehrtipp**. Wir runden den Tag in einer Tapas-Bar hinter der Kathedrale beim Reiterstandbild Alfonsos VIII. ab. In der Bar *Pícaro Tapas y Copas* genießen wir die köstlichen Häppchen bei einem Glas Cerveza.

Hier in Cuenca teilen sich auch die Wege. In unserer nachfolgenden Tour 13 nehmen wir Sie mit in Richtung Westen mit Kurs auf die **Landeshauptstadt Madrid**. Am Ende der Tour haben Sie die Möglichkeit zur Fortsetzung Ihrer Reise mit unserem **WOMO-Reiseführer *Zentralspanien – Der Westen Band Nr. 100***. Darin werden wir Ihnen sowohl die Region Madrid als auch die Regionen Extremadura und Kastilien-León vorstellen.

Tour 14 führt von Cuenca in Richtung Norden in die Bergwelt der **Serranía de Cuenca**. Sie haben nun also die Qual der Wahl.

UNESCO-Weltkulturerbestadt Cuenca

Tour 13: Zu den Großmeistern des Santiago-Ordens nach Uclés 98 km

Carrasco de Campo – Saelices – Segóbriga – Uclés

Stellplätze: Am Embalse Campos del Paraíso, in Uclés

Besichtigen: Römische Ausgrabungsstätte Segóbriga, Kloster Uclés

Unser Abstecher in den Westen führt zu einer weiteren römischen Ausgrabungsstätte. In Segóbriga lässt sich das Erbe Roms in einer großartigen Landschaft genießen. Ein weiteres Highlight der Region ist das sogenannte El Escorial der La Mancha in Uclés. Dort haben die Ritter des Santiago-Ordens ihre Spuren hinterlassen. In exponierter Lage beeindruckt die Klosterburg aus dem 16. Jahrhundert mit ihrer prächtigen Architektur und einer modernen, multimedialen Ausstellung.

Diese Tour empfehlen wir unseren Leserinnen und Lesern, die weiter auf dem Weg ins Landesinnere in die **Region Madrid** sind und die ein Faible für archäologische Parks haben. Sie lässt sich von Cuenca auch gut als Tagesausflug unternehmen.

Wir verlassen die Stadt der hängenden Häuser in westlicher Richtung über die Schnellstraße N-400 bis nach **Carrascosa del Campo**. Weiter geht es dort auf der CM-310 in Richtung **Saelices**. Nach etwa fünf Kilometern zweigt links ein kleines Sträßchen ab, das in ein Naherholungsgebiet und zum Stausee **Embalse de Campos del Paraíso** führt. Beschildert ist es nicht, deshalb hier die Koordinaten des Abzweigs: N 39°59'55" W 02°44'10".

Der **Río Valdejudíos** wurde zu diesem See aufgestaut, der jahreszeitlich bedingt auch mal leer sein kann.

(131) WOMO-Parkplatz: Embalse de Campos del Paraíso
GPS: N 39°59'26" W 02°44'15", 865 m. **Max. WOMOs**: 5.
Öffnungszeit: Ganzjährig.
Ausstattung: Müllcontainer, Picknickpavillons, Grillstelle, Spielplätze.
Beschreibung: Großer Parkplatz auf Schotter, schattenlos, weitgehend eben und außerorts. Rund um den See führen Spazierwege auf einem Naturlehrpfad. Ob der See auch badetauglich ist, vermögen wir nicht zu beurteilen. Tagsüber an schönen Wochenenden lebhafter Besucherverkehr, nachts eher einsam und ruhig.
Zufahrt: Von der CM-310 bei N 39°59'55" W 02°44'10" auf ein kleines Sträßchen mit Stopp-Schild abzweigen. An der nächsten Möglichkeit links abbiegen, um zum Parkplatz zu gelangen.

Die **römische Ausgrabungsstätte** ***Parque Arqueológico de Segóbriga*** südlich von Saelices ist nach weiteren 15 Kilometern schnell erreicht. Leider ist der große Besucherparkplatz bei N 39°53'34" W 02°48'30" nicht übernachtungstauglich, da der Zugang nachts mit einem Tor verschlossen wird.

Bevor wir uns auf die Erkundung des Archäologieparkes machen, folgende **Tipps**: Bequeme Schuhe, Sonnenschutz und ausreichend zu Trinken mitnehmen. Das Gelände ist riesig und die Besichtigung kommt schon einer kleinen Wanderung gleich. Unterwegs gibt es nur wenig Schatten.

Unseren Rundgang starten wir im **Besucherzentrum**, dem auch eine kleine Caféteria angegliedert ist. Dort erhält man einen ersten, groben Überblick über die alte Römerstadt Segóbriga. Zudem sind hier zahlreiche Funde und Skulpturen ausgestellt. Ausgerüstet mit einem deutschsprachigen Audioguide und einigen Vorinformationen kann es losgehen.

Römerstadt Segóbriga

Die alte Römerstadt Segóbriga

Obwohl Segóbriga als Römerstadt bezeichnet wird, gehen die Ursprünge bis in das 5. Jahrhundert v. Chr. zurück. Die antike Stätte wurde unter anderem von Plinius dem Älteren etwa um 74. n. Chr. als *Caput Celtiberiae* erwähnt. Lange Zeit ging die Altertumsforschung deshalb davon aus, dass Segóbriga die einstige Hauptstadt der Keltiberer war und sie der Stadt zu einer ersten Blüte verhalfen.

Relikte aus römischer Zeit

Die Römer kamen also erst später. Sie waren vor allem am kostbaren **Spiegelstein** interessiert, der im Umland in Minen abgebaut wurde. Das Gestein ist beinahe so durchsichtig wie Glas und konnte daher als Fensterglas zum Schutz vor Regen, Wind und Wetter genutzt werden. Aber auch als Spiegel in repräsentativen Wohnhäusern. Bei Ausgrabungen fand man den Spiegelstein aus Segóbriga unter anderem in den Villen Pompejis und Roms.

Der Handel mit dem Luxusgut trug wesentlich zum Wohlstand der Stadt bei und machte sie zum beliebten Wohnsitz reicher Aristokraten. Viele römische Inschriften berichten vom luxuriösen Leben in Segóbriga.

Die Ausgrabungen begannen in den 1980er Jahren. Heute ist der Großteil der Ruinenstadt freigelegt und teilweise rekonstruiert worden. Man fand ein **Amphitheater**, **Thermen**, eine **Basilika** und das **Forum** mit einem Gerichtsgebäude. Außerhalb der Stadt wurde im Jahr 2004 ein Circus entdeckt, der Austragungsort der beliebten Wagenrennen war. Außerdem fand man ganz in der Nähe auch eine **Nekropole** mit Gebeinen und Grabbeigaben.

Ein Glück für die Archäologen war, dass das Gelände der alten Römerstadt kaum überbaut wurde. Bereits während der Maurenherrschaft und der Rückeroberung war die einst reiche Stadt aufgegeben worden und verfiel. Im 16. und 17. Jahrhundert wurden die Ruinen als Steinbruch für den Bau des nahe gelegenen Klosters Uclés verwendet. Wir werden den alten Steinen also bald wieder begegnen.

Öffnungszeiten: Von Oktober bis März Dienstag bis Sonntag von 10.00 bis 18.00 Uhr. Von April bis September bis 19.30 Uhr. Letzter Einlass eine Stunde vor Schließung. Eintritt: 6,00 Euro, ermäßigt 3,00 Euro. Empfehlenswert ist der Audioguide mit Erklärungen zu den Besichtigungspunkten, www.segobriga.org.

Mindestens zwei Stunden sollten Sie sich für den Rundgang Zeit nehmen. Wir waren bei unserem Besuch die einzigen Gäste und konnten die Weite der kastilischen Landschaft, die bereits von den Römern landwirtschaftlich genutzt wurde, in aller Ruhe genießen.

Da wir hier leider nicht übernachten können, geht die Fahrt noch rund 23 Kilometer weiter nach **Uclés**. Die 200-Seelen-Gemeinde verdankt ihre heutige Bedeutung dem **Santiago-Orden**, der das Dörfchen zur Hauptstadt seines Ordensgebietes erkor. Um Uclés eingehend zu würdigen, können wir Ihnen folgende Stellplatzmöglichkeiten anbieten: Bereits bei der Anfahrt lässt sich die eindrucksvolle Kulisse der Klosterburg von diesem Parkplatz aus genießen.

(132) WOMO-Parkplatz: Uclés – Klosterblick

GPS: N 39°58'54" W 02°52'02", Carretera Rozalen del Monte, 849 m.
Max. WOMOs: 2. **Öffnungszeit**: Ganzjährig.
Ausstattung: Keine.
Beschreibung: Schotterparkplatz an einem Aussichtspunkt mit Blick auf die Klosterburg. Am Ortsrand gelegen, nahe der wenig befahrenen Straße und nur wenig Schatten. Die Stellflächen sind teilweise recht uneben und man benötigt Auffahrkeile.
Zufahrt: An der Zufahrtsstraße nach Uclés auf der rechten Seite.

Uclés bietet noch einen offiziellen Stellplatz, auf dem sich eine ruhige Nacht verbringen lässt.

(133) Offizieller WOMO-Stellplatz: Uclés

GPS: N 39°59'09" W 02°51'34", 837 m. **Max. WOMOs**: 10.
Öffnungszeit: Ganzjährig.
Ausstattung: Ver-/Entsorgungsstation, Müllcontainer.
Beschreibung: Unbefestigter, weitgehend schattenloser Schotterparkplatz hinter einem Sportzentrum. Am Ortsrand gelegen mit schönem Blick auf die Felder der Umgebung. Einfach, aber zweckmäßig und ruhig. Das Zentrum von Uclés ist etwa zehn Gehminuten entfernt, zum Kloster sind es rund 20 Minuten zu Fuß.
Zufahrt: An der Durchgangsstraße nach links in Richtung Paredes abbiegen. Die Einfahrt zum Stellplatz befindet sich nach rund 500 Metern hinter einem grauen Gebäude und ist ausgeschildert.

Für einen Tagesbesuch empfiehlt sich der **Besucherparkplatz** oben am Kloster. Die Zufahrt auf einem schmalen Sträßchen ist am Ortseingang von Uclés ausgeschildert.

Zugegeben, von außen betrachtet wirkt die imposante Kirchenburg ein wenig baufällig. Der Putz bröckelt, das Unkraut wuchert und ein wenig Farbe könnte nicht schaden. Doch lassen Sie sich vom eher ungepflegten Äuße-

Kloster und Festung von Uclés

ren nicht abschrecken – dieses Bauwerk hat es sprichwörtlich in sich.

Das El Escorial der La Mancha

Das Kloster von Uclés liegt inmitten einer Festungsanlage, die auf maurische Zeiten zurückgeht. Sie wies die gigantischen Maße von einem Quadratkilometer auf und war ein Bollwerk aus Zinnen, Türmen und Wehrmauern. Errichtet wurde sie in den Jahren ab 890 von einem abtrünnigen Berberfürsten. Innerhalb der Kasbah entstand eine Stadt mit Moschee, Bädern und Märkten. Heute sind davon nur noch Reste zu sehen, doch die Mauern lassen die einstigen Ausmaße erahnen.

Insignien des Santiago-Ordens

Nach der Rückeroberung der Stadt im Jahr 1157 übergab der kastilische König Alfonso VIII. die Festung zunächst dem **Johanniterorden**. Gut zehn Jahre später bestimmte er Uclés zum Hauptsitz des von ihm gegründeten **Santiago-Ordens**. Einer Legende zufolge war der Orden entstanden, um Pilger zu beschützen, die damals auf dem Jakobsweg von Madrid nach Santiago de Compostela unterwegs waren, denn auch nach der Reconquista blieben viele Wege für Christen gefährlich. Wahrscheinlicher ist jedoch, dass der

Ritterorden für den Kampf gegen die Sarazenen gegründet wurde. Die Festung in Uclés diente dabei als Zentrum der militärischen Ausbildung und Verteidigung.

Nach dem Ende des Konflikts zwischen Christen und Muslimen verlor die Burg allmählich ihre Militärfunktion und wurde während der Regierungszeit **Karls I**. ab 1529 einer großen Renovierung unterzogen. Sie zog sich über mehrere Epochen, so dass im heutigen Klostergebäude Baustile von der Renaissance bis zum Barock zu erkennen sind. Während der ersten Bauphase wurden auch Steine der römischen Ruinenstadt Segóbriga verwendet. Schauen Sie sich die Ostfassade genau an. Dort sind noch zwei Mauersteine mit römischen Inschriften zu sehen.

Die kommenden Jahrhunderte waren keine einfache Zeit für das Kloster. Im 19. Jahrhundert von napoleonischen Truppen stark beschädigt und im Zuge der Säkularisierung vom Santiago-Orden verlassen, diente das Kloster als Krankenhaus und nach dem Bürgerkrieg als Gefängnis. Danach ging es in die Hände der Diözese von Cuenca über, die wesentliche Renovierungsarbeiten finanzierte und dafür sorgte, dass Uclés heute auch das ***El Escorial der La Mancha*** genannt wird.

Der Rundgang durch das Klostergebäude ist ein multimediales Erlebnis. Begleitet von gregorianischen Gesängen, ausgeklügelten Beleuchtungstechniken und virtuellen Inszenierungen ist es ein Streifzug durch Raum und Zeit. Angesichts des bröckelnden äußeren Erscheinungsbildes hätten wir so eine moderne Innenausstattung nicht erwartet. Ein lohnendes Erlebnis, dem wir die volle Punktzahl geben.

Öffnungszeiten: Von April bis Oktober Dienstag bis Sonntag von 10.00 bis 14.00 Uhr und von 16.00 bis 19.00 Uhr. Von November bis März sind die Nachmittagszeiten von 15.00 bis 18.00 Uhr. Eintritt: 8,00 Euro, ermäßigt 4,00 Euro, www.monasterioucles.com.

In Uclés endet unser Abstecher in den Westen. Sie können nun auf schnellstem Wege über die Autobahn gut 75 Kilometer nach **Aranujez** fahren. Die ehemalige Königsstadt gehört bereits zur **Autonomen Region Madrid** und damit zu unserem **WOMO-Reiseführer *Zentralspanien – Der Westen, Band 100***. Sie können Ihre Reise dort mit der Tour 5 fortsetzen.

Wir kehren an dieser Stelle zurück nach **Cuenca**, um in Tour 14 einige eindrucksvolle Natur-Highlights zu *er*-fahren und zu *er*-wandern.

TOUR 14

Tour 14: Felsen, Felsen, noch mehr Felsen Durch die Serranía de Cuenca nach Molina de Aragón 163 km

Ciudad Encantada – Uña – Tragacete – Nacimiento Río Cuervo – Molina de Aragón

Stellplätze:	Bei der Ciudad Encantada, in Uña, am Nacimiento Río Cuervo, in Molino de Aragón
Campingplätze:	Bei Cuenca, in Uña, bei Peralejos de las Truchas
Besichtigen:	Molina de Aragón
Wandern:	Ciudad Encantada, in Uña, zum Nacimiento Río Cuervo
Einkehrtipps:	Restaurant *Camping Cuenca*, Restaurant *Zaballos* in Uña, Restaurant *La Tejera* am Nacimiento Río Cuervo

Nach dem Besuch der Stadt Cuenca geht die Reise weiter in Richtung Norden. Wir durchqueren den ausgedehnten Naturpark Serranía de Cuenca. Geprägt ist diese Landschaft von außergewöhnlichen Kalkstein-Formationen und tief eingeschnittenen Schluchten, die durch Erosion gebildet wurden. Wir blicken durch das Fenster des Teufels und entführen Sie in eine verzauberte Stadt, in der Fabelwesen aus Stein entdeckt werden wollen. Weiter geht es zur Lagune von Uña, die wir in einer abenteuerlichen Wanderung umrunden. Auf landschaftlich höchst reizvoller Route entlang dem Río Júcar schlängeln wir uns ins Quellgebiet des Río Tajo – dem längsten Fluss der Iberischen Halbinsel. Die Tour endet schließlich in Molina de Aragón, das uns mit einer phänomenalen Kulisse aus Stadtmauer, Wachtürmen und Zinnen erwartet.

Eines können wir Ihnen gleich zu Beginn dieser Tour versprechen. Sie ist ein Highlight für alle Naturliebhaber und Freunde von Outdoor-Aktivitäten. Wandern, Klettern, Mountainbiken oder Wildwasser-Rafting – hier wird alles geboten, was den Adrenalinspiegel ansteigen lässt. Doch auch wer es eher gemütlich angehen möchte, kommt auf seine Kosten. Begleiten Sie uns durch die **Serranía de Cuenca**!

Aussichtspunkt Ventano del Diabolo

Wir verlassen die Stadt Cuenca zunächst in Richtung Westen und wählen am Verkehrsknotenpunkt der N-400 die Ausfahrt auf die CM-2110. Dort ist unser nächstes Ziel, die **Ciudad Encantada** bereits mit braunen Touristikhinweisen ausgeschildert. Wir empfehlen Ihnen hier in der Vorstadt auch einen Einkaufsstopp bei einem der großen Supermärkte, denn die Versorgungsmöglichkeiten sind bis Molina de Aragón eher dünn gesät.

Nach knapp neun Kilometern durch eine zunehmend waldreichere Region zweigt rechts die CM-2105 ab. Hier ist auch der **Campingplatz Nr. 130** angezeigt, den wir Ihnen in Tour 12 bereits beschrieben haben. Sollten Sie dort Quartier bezogen haben, fahren wir nun gemeinsam weiter nach

Villalba de la Sierra. In dem Örtchen versprechen nahezu an jedem Gebäude Schilder das ultimative Outdoor-Abenteuer. *Aventura* ist das Stichwort und wer sich einer entsprechenden Veranstaltungs-Agentur anvertrauen möchte, ist hier genau richtig.

Sonnenaufgang am Río Júcar

Wir schonen unsere Nerven, überqueren den Río Jucár auf einer Brücke und halten uns weiter in Richtung **Tragacete**. Die Strecke entlang dem Flusstal schraubt sich nun Meter für Meter hinauf in eine immer eindrucksvollere Berglandschaft, die auch bei uns den Puls beschleunigt. Links im Tal liegt das imposante Gebäude eines **historischen Elektrizitätswerkes**. Bei N 40°14'12" W 02°04'17" erreichen wir schließlich einen kleinen Parkplatz am Aussichtspunkt **Ventano del Diablo**.

Am *Teufelsfenster* – einer in den Felsen gehauenen Höhle – bietet sich ein atemberaubender Ausblick auf die Schlucht des Río Júcar. Besonders schön ist dieser im Licht der Morgensonne, wenn an der gegenüberliegenden Felswand die Gänsegeier zu ihren eindrucksvollen Flügen starten. Wir können uns nur schwer von diesem Ausblick lösen, doch es gibt hier noch mehr zu entdecken. Bereits nach wenigen Kilometern zweigt die CM-2104 rechts ab zur **Ciudad Encantada**. Stellplätze im Naturpark sind rar gesät, doch auf dem großen Besucherparkplatz dürfen Sie auch eine Nacht verbringen.

(134) WOMO-Parkplatz: Ciudad Encantada

GPS: N 40°12'22" W 02°00'19", CM-2104, 1.420 m. **Max. WOMOs**: 5.
Öffnungszeit: Ganzjährig. **Ausstattung**: Keine.

Beschreibung: Großer Besucherparkplatz auf Sand/Kies, teilweise schräg und von schattigen Bäumen umgeben. In unmittelbarer Nähe gibt es Einkehrmöglichkeiten sowie Toiletten im Bereich der *Ciudad Encantada*. Lage außerorts, tagsüber lebhafter Besucherverkehr, nachts eher einsam und ruhig.

Zufahrt: An der CM-2104 links der Straße.

Die verzauberte Stadt aus Stein

Die **Ciudad Encantada** gehört zweifelsohne zu den Highlights der Serranía de Cuenca und zieht an schönen Wochenenden zahlreiche Ausflügler an. Dann ist es mit der verzauberten und mystischen Atmosphäre nicht mehr allzu weit her. Wer kann, sollte den Ort also eher wochentags und gerne auch bei schlechtem Wetter besuchen. Wenn sich die fantastischen Felsformationen in Nebelwolken hüllen, wenn die Stille nur vom leisen Tropfen des Regenwassers unterbrochen wird, dann kann man sich der Magie dieses Ortes nur schwer entziehen.

Wahrzeichen der Ciudad Encantada

Doch zunächst einmal die nüchternen Fakten: Die Ursache für die hier zu bewundernde, gestalterische Kraft der Natur ist die spezifische Zusammensetzung des Karstgesteins. Während die obere Decke aus grauem, härterem Gestein besteht, befinden sich darunter die rötlichen Sandsteinschichten, die durch die Kraft von Wind, Wasser und Eis schneller erodieren. So sind im Lauf der Jahrtausende Felsformationen entstanden, in denen sich auch ohne eine ausgeprägte Fantasie reale Figuren entdecken lassen.

Gleich beim Eingang beeindruckt ein rund 20 Meter hoher Monolith – das Wahrzeichen der Ciudad Encantada. Hier startet ein etwa **drei Kilometer** langer **Rundwanderweg** durch die märchenhafte Welt aus Stein. Ein besonderes Abenteuer ist dies für Familien mit Kindern. Hier lassen sich untergehende Schiffe, ein Kloster, das Gesicht eines Menschen oder Elefanten, die mit Krokodilen kämpfen entdecken. Schildkröte und Bär, die Liebenden von Teruel, ein Meer aus Stein, verborgene Grotten und kleine Höhlen –

hinter jeder Ecke der verschlungenen Pfade gibt es neue Überraschungen. Bei unserem Spaziergang durch die bizarre Felsenwelt fallen wir völlig aus Raum und Zeit. Wir tauchen ein in eine andere – verzauberte – Welt. Gäbe es die gut markierten Wege und Beschilderungen nicht, wir würden uns vollkommen in diesem Labyrinth verlieren. Doch verlaufen ist kaum möglich und nach gut **anderthalb Stunden** sind wir zurück am Ausgangspunkt, erwachen aus dem Traum und tauchen wieder ein ins reale Leben. Wir empfehlen für den Ausflug gute Wanderschuhe und im Sommer etwas zu trinken.

Öffnungszeiten: Die Felsenwelt ist in der Regel täglich ab 10.00 Uhr geöffnet. Geschlossen wird je nach Jahreszeit zwischen 18.00 und 20.00 Uhr. Im Winter und bei schlechter Witterung auch kürzer. Letzter Einlass ist 90 Minuten vor Ende der Öffnungszeit. Eintritt: 5,00 Euro, ermäßigt 4,00 Euro. Aktuelle Informationen unter www.ciudadencantada.es.

Wer nach dem Besuch der Felsenwelt auf der CM-2104 weiterfährt, gelangt wieder zurück nach Cuenca. Auch dieser Streckenabschnitt ist überaus reizvoll und atemberaubend.

Wir kehren jedoch zurück zur CM-2105 und fahren dort weiter nach **Uña**. Das 150-Seelen-Dörfchen ist eine Wanderdestination und guter Ausgangspunkt für Kletter- und Rafting-Touren auf dem Río Júcar sowie der **Laguna de Uña**. Dafür gibt es auch einen sehr naturnahen Campingplatz.

(135) WOMO-Campingplatz: Uña
Albergue La Cañadilla

GPS/Kontakt: N 40°13'15" W 01°58'28", 1.132 m, Tel. +34 608 055 575 oder 34 663 189 326, www.uñaventura.com.

Öffnungszeit: Ganzjährig.

Ausstattung: Ver-/Entsorgungsstation, Duschen, Toiletten, Müllcontainer, Spiel- und Sportplatz, Rad- und Kanuverleih.

Beschreibung: Bei diesem Platz handelt es sich um eine Kombination aus Zeltlager und Hostel, dem ein Bereich mit 20 Wohnmobilstellplätzen angegliedert ist. In den Ferien wird er von Jugendgruppen genutzt, wodurch es unter Umständen lebhaft sein kann. Die Stellplätze befinden sich am Rand des Camps auf einer Wiesenfläche, die nach starken Regenfällen jedoch recht weich ist. Es gibt ausreichend Stromsäulen sowie eine separate Ver- und Entsorgungsstation an der Zufahrt. Dem Camp angegliedert ist die Freizeitagentur *Uñaventura*, bei der Touren zu Land und zu Wasser gebucht werden können. Das Zentrum von Uña ist etwa zehn Gehminuten entfernt. Dort gibt es einen kleinen Supermarkt und mehrere Restaurants. Am Platz starten mehrere Wanderwege in die Region.

Preise: €.

Zufahrt: Am Ortseingang von Uña noch vor der Brücke nach rechts auf die schmale Zufahrtsstraße abbiegen und der Beschilderung zum Camp folgen.

Eine weitere Übernachtungsmöglichkeit in Uña finden Sie am Ortsrand unterhalb der überragenden Felswand und an Spazierwegen rund um die Lagune.

(136) WOMO-Parkplatz: Uña

GPS: N 40°13'35" W 01°58'53", Lugar Laguna, 1.128 m. **Max. WOMOs**: 3.
Öffnungszeit: Ganzjährig.
Ausstattung: Keine.
Beschreibung: Ruhige und teilweise schattige Parkplätze auf einem Untergrund aus Erde/Kies am Ausgangspunkt zu Wanderungen. In den Ort sind es nur wenige Gehminuten.
Zufahrt: Am Ortseingang nach Überqueren der Brücke links auf ein schmales Sträßchen abbiegen und bis zum Ende durchfahren.

Für einen Tagesbesuch können Sie Ihr WOMO auch im Zentrum parken, von wo aus wir nun zu unserer aussichtsreichen Wanderung rund um die Lagune von Uña starten. Wer es gemütlicher und weniger abenteuerlich möchte, kann die Lagune auch auf der Talsohle umrunden.

Unter Geiern – *Sendero El Escalarón y la Raya*

Am Parkplatz in der Ortsmitte von Uña ist die rund **zehn Kilometer** lange Rundwanderung *Sendero El Escalarón y la Raya* gut ausgeschildert. Wir folgen den **weiß-gelben** Wegzeichen des **PR-37** ortsauswärts entlang der Lagune. Dabei passieren wir schon kurz darauf ein **Informationscenter** zum Naturpark, das auch einen schönen Ausblick auf die steil aufragenden Felswände über dem Ort bietet. Die Felsen werden auch als *Burg von Uña* bezeichnet, da sie dem Dörfchen hervorragenden Schutz vor Wind und Wetter bieten.

Das Naturparkcenter ist im Juli und August von Freitag bis Sonntag 9.30 bis 14.00 Uhr und von 16.30 bis 19.00 Uhr geöffnet. Darüber hinaus zwischen April und Juni sowie September und Oktober zu unterschiedlichen Zeiten jeweils am Samstag und Sonntag.

Vorbei an einer Feriensiedlung mit hübschen Holzhäuschen geht es zu einem weiteren **Aussichtspunkt** mit einem kleinen Pavillon und einer Beobachtungsstation für Sterngucker. Der dortige kleine Parkplatz [**137**: N 40°13'29" W 01°58'22"] wäre auch übernachtungstauglich.

Aussicht auf die Burg von Uña

Wir folgen nun dem Asphaltsträßchen, von dem unsere weiß-gelbe Wegmarkierung nach rund zehn Minuten rechts auf einen steilen Waldpfad abzweigt. Der Aufstieg ist kurz und knackig, verläuft aber überwiegend auf schattigem Weg. So kommen wir nach rund 20 Minuten zwar ziemlich kurzatmig, aber noch nicht schweißgebadet oben an.

Am **Mirador El Refrentón** können wir bei eindrucksvollen Ausblicken wieder Atem schöpfen und die ersten Gänsegeier beobachten. Sie nisten in der zerklüfteten Felswand und segeln fast zum Greifen nah an uns vorüber. Welch ein Schauspiel!

Danach geht es den Großteil des sehr gut markierten Weges durch herrlich duftenden Kiefernwald. Die Route verläuft auf breiten, als Feuerschneisen angelegten Forstwegen rund um den Talkessel. Wir bewegen uns hier auf rund 1.300 Metern Höhe. Immer wieder erreichen wir Aussichtspunkte, an denen wir eine Rast einlegen und den Blick auf Uña mit der Lagune genießen können. Vereinzelt blühen Mitte September noch die Lavendelsträucher. Ein würziger Duft nach Kiefernadeln und Bergkräutern begleitet unseren eher gemütlichen Spaziergang entlang der Hangkante.

Auf den letzten rund zwei Kilometern erwartet uns dann doch noch das Abenteuer. Nun sind Trittsicherheit und Schwindelfreiheit gefragt. Am Wegzeichen ***La Raya*** verlassen wir unseren breiten Weg und steigen durch eine enge Schlucht hinunter in die Felswand. Wir müssen die Hände zu Hilfe nehmen, um die steilen Felsstufen hinabzuklettern. Dann erreichen wir eine Rinne in der Felswand, die uns wahrlich den Atem raubt. Ohne Netz und doppelten Boden geht es nach links entlang dieser Rinne. Überragt werden wir von mächtigen Felstürmen, rechts neben uns geht es fast senkrecht in die Tiefe. Nach rund 400 Metern führt uns die

Ausblick auf die Lagune von Uña

Geier-Beobachtungen unterwegs

Wegmarkierung nach rechts auf einen steilen, mit losem Geröll übersäten Pfad talwärts. Dies ist nochmals eine echte Herausforderung, aber das Ziel liegt vor uns. Notfalls rutschen wir auf dem Hosenboden hinunter. Diese Notlösung ist jedoch nicht erforderlich und wir erreichen sicher den Talweg, der als Alternative auch in einer bequemen Variante als Spaziergang rund um die Lagune führt. Vorbei am Parkplatz Nr. 136 gelangen wir zurück zu unserem Ausgangspunkt im Zentrum von Uña. Dort haben wir uns nun eine zünftige Einkehr verdient.

Einkehrtipp: Im Restaurant *Asador Zaballos* werden köstliche regionale Gerichte serviert. Probieren sollten Sie das Milchlamm aus dem Backofen oder Forelle. Beides köstlich!

Insgesamt waren wir inklusive Aussichts- und Fotostopps rund **vier Stunden** unterwegs. Fernglas nicht vergessen! Wir empfehlen Ihnen für diese Wanderung festes Schuhwerk und eventuell Wanderstöcke. Zudem sind Trittsicherheit und Schwindelfreiheit ratsam. **Bei feuchter Witterung würden wir diese Tour nicht empfehlen!**

Von Uña geht es nun weiter auf der CM-2105 entlang dem Río Júcar. Die Landschaft ist spektakulär. Über uns die bizarren Felsformationen, die wie mächtige Kathedralen das Tal beherrschen. Neben uns der Flusslauf, der unter anderem zum **Embalse de la Toba** aufgestaut wurde. Hier zeigt sich am erschreckend niedrigen Pegelstand der Wassermangel nach dem langen, trockenen Sommer sehr deutlich, und auch der Fluss ist nur noch ein dünnes Rinnsal.

Bei **Tragacete** ist ein weiterer, netter Ferienort mit Unterkünften und rustikalen Restaurants erreicht. Wenn Sie hier eine Rast einlegen möchten, nur zu. Ganz in der Nähe des Ortes entspringt der Río Júcar, der uns auf den zurückliegenden Kilometern begleitete. Wir wollen uns jedoch der Quelle eines weiteren Flusses zuwenden, wechseln hier auf die die CM-2106 und erreichen nach zwölf Kilometern den Parkplatz für unsere nächste Wanderung.

(138) WOMO-Parkplatz: Nacimiento del Río Cuervo

GPS: N 40°25'38" W 01°53'43", 1.449 m. **Max. WOMOs**: 5.
Öffnungszeit: Ganzjährig. **Ausstattung**: Picknickzone.
Beschreibung: Großer, teilweise schattiger Parkplatz auf Kies/Erde am Ausgangspunkt zu Wanderwegen an die Quelle des Río Cuervo. Tagsüber lebhafter Verkehr durch die Nähe zu einem beliebten Ausflugs-Restaurant, nachts jedoch ruhig und einsam gelegen.
Zufahrt: An der CM-2106 ist die Einfahrt zum Parkplatz rechts ausgeschildert.

Wanderung zum Nacimiento del Río Cuervo

Vom Parkplatz starten wir zu einem gemütlichen Spaziergang an die Wasserfälle und die Quelle des **Río Cuervo**. Der Weg ist mit einer **grün-weißen Markierung** gut ausgeschildert und auf Teilen sogar behindertengerecht über Rampen ausgebaut. Die Quelle gilt als Naturdenkmal und ist ein vielbesuchter Ort. Wir befinden uns hier auch im Quellgebiet des **Río Tajo**, der mit 1.007 Kilometern der längste Fluss der Iberischen Halbinsel ist.

Neugieriges Rotkehlchen

Über einen Holzpfad gelangen wir zwischen hohen Weiden und Haselnusssträuchern hindurch zu zwei Kaskaden. Die Wasserfälle sind bei unserem Besuch im Spätsommer eher spärlich, doch können wir uns gut vorstellen, dass sie nach der Schneeschmelze ein beeindruckendes Schauspiel abgeben. Der erste, kleinere Wasserfall ist nur ein Vorgeschmack auf das, was uns wenig später erwartet. Je nach Jahreszeit und Regenmenge rauscht das Wasser über mehrere moosbewachsene Sinterterrassen herab.

Um hinauf zur eigentlichen Quelle zu gelangen, müssen wir noch einige Meter über Felstreppen emporsteigen. Der Río Cuervo entspringt in einer Höhle des **Cerro San Felipe**. Von dort sucht sich das Wasser seinen Weg hinaus ins Freie, wurde zu einem kleinen Quelltopf gefasst und stürzt sich dann in mehreren Wasserfällen den Berghang hinunter. Durch die Lage in einem Bergkessel ist hier ein besonderes Mikroklima entstanden, in dem je nach Jahreszeit zahlreiche wilde Orchideen gedeihen.

Wir wählen ab einer großen Lichtung den etwas weiteren, nun der **weiß-gelben** Markierung folgenden Weg, zurück zum Parkplatz. Am Ende verzeichnen wir einen rund **einstündigen Spaziergang** von **drei Kilometern Länge**.

Einkehrtipp: Die Wanderung können Sie im nahe gelegenen Ausflugsrestaurant *La Tejera* abschließen. Wir haben zwar nicht dort gegessen, doch die Anzahl der zur Mittagszeit eintreffenden Gäste lässt darauf schließen, dass man hier sehr gut verköstigt wird.

Unsere Fahrt geht auf einsamer und kurviger Strecke weiter in Richtung Norden. Die karstige Hochfläche auf rund 1.500 Metern erinnert uns an einen Mix aus Schwarzwald und Schwäbischer Alb. Mal bewaldet, dann wieder karg und einsam ohne Spuren von Besiedelung.

Fast urplötzlich tut sich ein atemberaubendes Panorama vor uns auf. Wir blicken hinunter in einen tiefen Canyon, den sich der Río Tajo im Laufe von Jahrtausenden in die Landschaft gegraben hat. Auf spektakulärerer Strecke winden wir uns nun in vielen Kurven hinunter ins Tal, wo wir den Fluss vor eindrucksvoller Felskulisse überqueren. Zeit für einen Fotostopp.

Tief unter uns das blaue, glasklare Wasser des Flusses, über uns an der Felswand kreisen wieder einmal die Geier, die in der gegenüberliegenden Felswand nisten.

Wir sind nun im **Naturpark *Alto Tajo*** angekommen, der sich durch ein weitläufiges Schluchtensystem auszeichnet. Geschaffen wurde es nicht nur vom Tajo, sondern weiteren Wasserläufen, die ihre Spuren ins Karstgestein gegraben haben. Kurz nach unserem Fotostopp passieren wir bei **Peralejos de las Truchas** einen kleinen Campingplatz unmittelbar am Fluss, der jedoch eher für kleine WOMOs und Vans geeignet ist.

Naturpark Alto Tajo

(139) WOMO-Campingplatz: *Camping La Serradora*

GPS: N 40°35'39" W 01°55'44". 1.166 m. Geöffnet von Mitte April bis Ende Oktober, *www.laserradora.es.*

Für uns geht es kurvig wieder bergauf, wir verlassen den Flusslauf und gelangen auf der CM-210 und erneut über eine Hochebene nach **Molina de Aragón**. Und erneut eröffnet sich uns urplötzlich hinter der letzten Kurve ein atemberaubender Ausblick. Vor uns liegt das mittelalterliche Städtchen im Tal des **Río Gallo**, darüber wacht auf einem markanten Burgberg eine eindrucksvolle Stadtmauer mit Wachtürmen und Zinnen. Ganz oben thront der **Torre de Aragón**. Die beste Aussicht über das gesamte Ausmaß der Anlage haben Sie von einer Haltebucht bei N 40°50'10" W 01°54'07". Diesen Ort müssen wir uns näher anschauen. Dafür steht ein zentrumsnaher Stellplatz zur Verfügung.

(140) Offizieller WOMO-Stellplatz: Molina de Aragón

GPS: N 40°50'51" W 01°53'28", Calle Soledad, 1.065 m. **Max. WOMOs**: 8.

Öffnungszeit: Ganzjährig.

Ausstattung: Ver-/Entsorgungsstation, Müllcontainer.

Beschreibung: Zentrumsnaher, asphaltierter und neu eingerichteter Stellplatz. Eventuell sind weitere Serviceeinrichtungen geplant. Bei unserem Besuch waren Stromanschlüsse in Vorbereitung. Die Altstadt mit allen Dienstleistungen ist fünf Gehminuten entfernt.

Zufahrt: Molina de Aragón auf der Hauptstraße CM-210 durchqueren und den Stellplatz über die N-211 anfahren.

Achtung! Das Navigationsgerät lockt gerne mitten durch die engen Altstadtgassen.

Molina de Aragón im Überblick

3.300 Einwohner, 1.065 m, Autonome Region Kastilien und León. **Tourismusbüro**: Calle de las Tiendas, Tel. +34 949 832 098, www.turismomolinadearagon.com, turismo@molinadearagon.es. Geöffnet täglich von 10.00 bis 14.00 Uhr und von 16.00 bis 19.00 Uhr.

Ein Blick in die Geschichte

Der Burgfelsen, der sich heute mit den mittelalterlichen Resten der Stadtbefestigung so eindrucksvoll präsentiert, war vermutlich bereits von den Keltiberern besiedelt. Doch erst die Mauren, die im 8. Jahrhundert bis weit in den Norden der Iberischen Halbinsel vorgedrungen waren, errichteten dort eine imposante Festungsanlage. Nach der Reconquista wurde sie unter König Alfonso I. vergrößert und erneuert.

Während des Spätmittelalters war Molina de Aragón eine Grenzstadt und lange zwischen den Königreichen Aragón und Kastilien umstritten. Erst im ausgehenden 14. Jahrhundert fiel die Stadt als Mitgift Katharina von Lancasters endgültig an Kastilien. Sie war die Gattin Heinrichs III. und Königin von Kastilien und León.

Stadtspaziergang in Molina de Aragón

Heute zeigt sich die Altstadt eher von einer verschlafenen, provinziellen Seite, in der es jedoch noch allerhand zu entdecken gibt. Lassen Sie sich einfach zu einem Streifzug durch die engen Gassen verleiten. Sehenswerte Gebäude sind unter anderem die **romanischen Kirchen *San Martín*** und ***Santa Clara*** sowie die **Kirche *Santa María la Mayor de San Gil*** aus dem 15.-17. Jahrhundert. Mit etwas Glück stehen die Türen offen und Sie können einen Blick hineinwerfen.

Im **Kloster *San Francisco*** mit dem markanten **Giraldo-Turm** im Renaissancestil sind heute ein Kulturzentrum und das **städtische Museum** untergebracht. Es zeigt eine beeindruckende naturkundliche Sammlung, unter anderem mit Mineralien und Schmetterlingen, sowie archäologische Funde.

Öffnungszeiten: Täglich von 10.00 bis 14.00 Uhr und von 16.00 bis 19.00 Uhr. Eintritt: 2,00 Euro, ermäßigt 1,00 Euro.

Häkelkunst in Molina de Aragon

Unweit überquert eine **romanische Brücke** den Río Gallo, entlang dem noch zahlreiche **Adelspaläste** aus dem 16. bis 18. Jahrhundert zu sehen sind. An der Hauptstraße Paseo Adarves reihen sich mehrere Bars und Restaurants aneinander. Wir lassen uns hier zu einem Glas Bier mit Tapas nieder, bevor wir entlang dem Río Gallo durch das **jüdische Viertel** wieder zurück zu unserem WOMO spazieren.

Hier, im beschaulichen Molina de Aragón endet unsere Tour. Da wir nach dem Altstadtbummel müde geworden sind und uns der Aufstieg zu mühsam ist, verschieben wir den Besuch auf den markanten **Torre de Aragón** auf den Start der nachfolgenden Tour 15.

Historische Adelspaläste in Molina de Aragón

Tour 15: Kraniche, Klöster, Keltiberer – Von Molina de Aragón nach Soria 260 km

Laguna de Gallocanta – Daroca – Calatayud – Nuévalos Ateca – Cervera de la Cañada – Soria

Stellplätze:	An der Laguna de Gallocanta, in Daroca, Calatayud, Soria
Campingplatz:	In Soria
Besichtigen:	Daroca, Calatayud, Soria, Ausgrabungsstätte Numantia
Wandern:	An der Laguna de Gallocanta
Einkehrtipps:	*Bar Daroca* in Daroca, Restaurant *Piedra Vieja* am Kloster Piedra, *Pasteleria Nueva York* in Soria

In dieser Tour nehmen wir Sie mit in eine sehr einsame und dünn besiedelte Region Spaniens. Nur wenige Touristen verirren

Ausblick auf die kastilische Hochebene und Molina de Aragón

sich hierher. Und doch lohnt sich diese landschaftlich und kulturell so kontrastreiche Route auf unausgetretenen Pfaden. Wir starten zunächst in östlicher Richtung und besuchen einen der größten natürlichen Seen Spaniens. Die Laguna de Gallocanta zählt zu den wichtigsten Rastplätzen für Kraniche in Europa. Danach entdecken wir mit Daroca ein mittelalterliches Kleinod, bevor es in die Stadt Calatayud geht. Hier kommen Freunde der Mudéjar-Architektur auf ihre Kosten und Weinliebhaber dürfen sich auf einen guten Tropfen freuen. Das Kloster de Piedra bei Nuévalo ist ein echter Geheimtipp. Warum? Dazu später mehr. Beenden werden wir die Tour mit einem Abstecher in die Autonome Region Kastilien und León. In Soria erwartet uns eine zauberhafte Altstadt auf 1.000 Metern Höhe. Hier haben nicht nur die Keltiberer ihre Spuren hinterlassen.

Wie in der letzten Tour versprochen, verlassen wir Molina de Aragón mit einem Abstecher zum **Torre de Aragón**. Er lohnt sich, denn von hier oben bietet sich zum Abschied noch einmal eine fantastische Aussicht auf die Stadtmauer, die Weiten Kastiliens und den **Naturpark *Alto Tajo***. Zu erreichen ist der Torre recht bequem mit dem WOMO. Wir verlassen die Stadt auf der CM-210 in Richtung Norden. Nach einigen Kurven bergauf zweigt links eine beschilderte und gut befahrbare Schotterpiste zum Torre de Aragón ab.

In seinem Inneren ist eine kleine Ausstellung zur Geschichte des Turmes mit Keramiken und archäologischen Funden zu sehen. Oben auf dem Turm bietet sich dann die wunderbare Fernsicht.

Öffnungszeiten: Täglich von 10.00 bis 14.00 Uhr und von 16.00 bis 19.00 Uhr. Eintritt: 2,00 Euro, ermäßigt 1,00 Euro.

Wir kehren zurück zur CM-210, der wir jetzt nach Norden in Richtung **Cillas** folgen. Dort könnten sich unsere Wege zumindest kurzzeitig trennen. Wer schneller unterwegs sein möchte, fährt einfach 36 Kilometer geradeaus weiter nach **Nuévalos** und zum **Monasterio de Piedra**. Wir treffen uns dann dort wieder.

Unsere Route zweigt in Cillas rechts ab auf die CM-213. Bei dem Örtchen **Embid**, das von den Resten eines Castillos überragt wird, überqueren wir wieder die Grenze zur **Autonomen Region Aragonien** und unsere Straße wird damit zur A-211. Das erste Etappenziel ist der Kranichsee **Laguna de Gallocanta**. Der Abzweig ist an der A-211 gut ausgeschildert und wir steuern in Gallocanta das **Naturpark-Informationszentrum** an.

(141) WOMO-Parkplatz: Gallocanta
Centro de Interpretación Laguna de Gallocanta

GPS: N 40°59'36" W 01°30'23", 1.006 m. **Max. WOMOs**: 2.
Öffnungszeit: Ganzjährig.
Ausstattung: Keine.
Beschreibung: Asphaltierte, leicht schräge Parkfläche mit Ausblick auf den See. Im Informationscenter gibt es während der Öffnungszeiten Toiletten. Ausgangspunkt zu Wanderungen und Radtouren zu verschiedenen Beobachtungsstationen rund um die Lagune. Ins Zentrum des kleinen Orts mit einer Bar sind es nur wenige Gehminuten.
Zufahrt: Den Ort durchqueren und den Hinweisschildern zum Naturpark *Laguna de Gallocanta* folgen.

Laguna de Gallocanta – Ein Paradies für Vogelbeobachtungen

Steppensee auf 1.000 Metern Höhe, bedeutendes Brut- und Überwinterungsgebiet für Wasservögel, größter Kranich-Rastplatz Europas – braucht es noch mehr Superlative, um neugierig auf diesen Schatz der Natur zu machen? Schauen wir uns die Laguna de Gallocanta also genauer an.

Mit dem spanischen Begriff *Laguna* wird eine meist abflusslose Senke beschrieben, in der sich das Regenwasser aus der höher gelegenen Umgebung sammelt. Da die Niederschlagsmengen nicht immer ausrei-

Lagune der Kraniche – Gallocanta

Vogelparadies Laguna de Gallocanta

chen und die Verdunstung im Sommer hoch ist, können manche dieser Lagunen mit ihren Feuchtgebieten auch austrocknen. Bei der Laguna de Gallocanta tritt eine weitere Besonderheit auf. Die Zuflüsse in die Lagune sind mit gelösten Salzen angereichert. Fällt der See trocken, lässt sich dies an einer weißen Salzkruste erkennen. Bei unserer Anfahrt konnten wir im Spätsommer links der Straße einen dieser kleinen, ausgetrockneten Salzseen entdecken.

Normalerweise hat die Lagune eine Ausdehnung von etwa 15 Quadratkilometern und eine Tiefe von weniger als drei Metern. Das ist jedoch nur der Rest eines früher viel größeren Sees. Mit zunehmenden Trockenperioden besteht irgendwann die Gefahr, dass auch dieser Rest verlandet.

Noch ist es aber nicht so weit und wir können uns im ansprechend aufgemachten Informationscenter einen Überblick über die Flora und Fauna der Lagune verschaffen. Neben den Kranichen, die hier vor allem durch das reiche Nahrungsangebot aus der Getreidesaat der umliegenden Felder angelockt werden, lassen sich eine Vielzahl anderer Wasservögel beobachten. Je nach Jahreszeit sind dies Flamingos, Lachmöwen, Stockenten oder Kiebitze. Im Informationscenter werden Ferngläser ausgeliehen, so dass man selbst auf die Pirsch gehen kann. Die besten Monate für die Beobachtung sind ab Mitte Oktober bis Mitte Juni. In diese Zeit fällt der Zug der Kraniche sowie die Winterrast der Wasservögel.

Rund um die Lagune führt ein schmales, teilweise unbefestigtes Sträßchen zu verschiedenen Beobachtungsstationen und Aussichtspunkten. Am besten lassen Sie also Ihr WOMO stehen und steigen um aufs Fahrrad. Entsprechendes Kartenmaterial gibt es ebenfalls im Informationszentrum.

Öffnungszeiten: Von Oktober bis März täglich von 9.00 bis 13.30 Uhr und von 15.30 bis 18.30 Uhr. Die restlichen Monate Freitag bis Dienstag von 10.00 bis 14.00 Uhr und 16.00 bis 19.30 Uhr. Eintritt: 2,00 Euro, ermäßigt 1,00 Euro.

In nur 20 Kilometern Entfernung lohnt sich bereits der nächste Stopp. Bei der Anfahrt müssen wir noch einmal eine Bergkette auf 1.300 Metern überqueren, dann liegt das mittelalterliche Städtchen **Daroca** vor uns. Mit seinen verwinkelten Gassen und zinnenbewehrten Türmen gleicht es einem Freilichtmuseum. Hinein kommen Sie mit Ihrem WOMO nicht, doch Parkplätze gibt es entweder entlang der Zufahrtsstraße oder am nördlichen Stadtrand bei [**142**: N 41°06'56" W 01°24'31"] an der Avenida Escuelas Pías.

Daroca im Überblick

2.000 Einwohner, 800 m, Autonome Region Aragonien.
Tourismusbüro: Calle Mayor, Tel. +34 976 800 129, www.daroca.es/turismo. Geöffnet täglich von 10.00 bis 14.00 Uhr und von 16.00 bis 20.00 Uhr.

Ein Blick in die Geschichte

Vermutlich waren es die Mauren, die das Städtchen um 800 gründeten, denn Spuren der Vorgänger-Dynastien Kelten, Römer oder Goten, wurden in der Region nicht gefunden. Allzu viel aus dieser Zeit ist allerdings nicht bekannt. Erwiesen ist jedoch, dass das **Castillo Mayor** auf einem Hügel im Norden der Stadt auf einer ursprünglich maurischen Festung erbaut worden ist. Die Burg überdauerte zahlreiche Kriege und Wiederaufbauten. Militärisch genutzt wurde sie bis zu den Karlisten-Kriegen im 19. Jahrhundert.

Mudejar-Portal in Daroca

Der Ort begann sich erst ab dem Jahr 1100 nach der Rückeroberung Aragóns durch die Christen zu entwickeln. Dabei wurde Daroca zum Zankapfel zwischen den Königreichen Kastilien und Aragón, weshalb man den Ort im 13./14. Jahrhundert mit einer imposanten Stadtbefestigung sicherte. Zu ihr zählten drei Burgen und mehr als 100 Türme. Der Territorialstreit zwischen Aragón und Kastilien endete erst mit der Hochzeit der Katholischen Könige Isabella I. von Kastilien und Fernando II. von Aragón im Jahr 1469. Seine Blütezeit erlebte Daroca schließlich im 16. Jahrhundert.

Tipps für den Stadtspaziergang

Heute verbirgt sich innerhalb der 3,5 Kilometer langen Stadtmauer auf dichtem Raum ein Stilmix unterschiedlichster Epochen. Nicht umsonst wird Daroca auch die *Stadt der sieben Sieben* ge-

Über den Dächern von Daroca

nannt. Neben romanischen Zeugnissen des Nordens sind auch solche des Mudéjarstils aus dem Süden zu bewundern. So etwa die romanische ***Iglesia de San Miguel*** aus dem 12. Jahrhundert und die ***Iglesia de San Juan de la Cuesta*** aus dem 13. Jahrhundert, die als frühestes Beispiel des Mudéjarstils in Aragonien gilt. Der Bau einiger Gotteshäuser wurde noch im romanischen Stil begonnen und im Mudéjarstil vollendet.

Wenn Sie sich für die Besonderheiten der Kirchenarchitektur interessieren, empfehlen wir Ihnen einen geführten, spanischsprachigen Stadtrundgang, der in der Touristeninformation angeboten wird. Die Tour **Ruta de Monumental** ermöglicht dabei auch einen Blick ins Innere mehrerer Kirchen und Bauwerke, die sonst nicht zugänglich sind.

Offen stehen die Türen hingegen in der Stiftskirche ***Basilica de Santa María de los Sagrados Corporales***. In der dreischiffigen Kirche an der Plaza España überwiegen Elemente aus der Spätgotik und der Renaissance.

Öffnungszeiten: Mitte September bis Mai Dienstag bis Sonntag von 11.00 bis 13.00 Uhr und von 17.30 bis 19.00 Uhr. Montags nur am Nachmittag. Im Sommer verschiebt sich die Nachmittags-Öffnungszeit auf 18.30 bis 20.00 Uhr.

Wir entlassen Sie nun zu Ihrem ganz persönlichen Bummel durch Daroca. Lassen Sie sich einfach verzaubern von diesem malerischen Städtchen, wo sich nahezu hinter jedem Winkel eine neue Überraschung bietet. Ob Sie nun hinauf zum Castillo Mayor steigen oder nur unten im Ort verweilen, bleibt Ihnen überlassen. Neben den sakralen Gebäuden gibt es dort auch noch einige alte **Herrenhäuser** sowie ein **jüdisches Viertel** zu entdecken.

Einkehrtipp: Abschließen können Sie den Bummel durch Daroca an der Ecke Plaza de Santiago – Calle Mayor in der *Bar Daroca*. Unter schattigen Sonnenschirmen und begleitet vom Plätschern eines Brunnens genießt man gerne ein erfrischendes Getränk.

Weiter geht es nun auf der N-234 mit Kurs auf die Stadt **Calatayud**. Bei der Umfahrung auf der Nationalstraße genießen wir noch einmal einen schönen Blick auf Daroca. Wenig später durchqueren wir eine merkwürdig terrassierte Landschaft. Einerseits karg, dann wieder mit grünen Äckern. Dazwischen meinen wir, ehemalige Mülldeponien und Kieswerke zu erkennen. Wie es scheint, ist diese Landschaftsformation menschengemacht.

Nun geht es hinunter ins Tal des **Río Jiloca**. Wir sind nun im ***Obstgarten Aragoniens*** angekommen. Überall gedeihen Mandel-, Apfel- und Pflaumenbäume, es gibt Fabriken zur Herstellung von Obstkisten und Häuser mit grünen Vorgärten. **Paracuellos-de-Jiloca** ist ein kleines Kurstädtchen mit mondänen Wellness-Hotels. Dann sind wir nach knapp 40 Kilometern auch schon in Calatayud angekommen.

Am Stadtrand gibt es mehrere Supermärkte, doch *Mercadona* verärgert uns Wohnmobilisten wieder einmal mit einer Höhenbarriere. Parken geht nur an der *Vía Servicio*. Dafür entschädigt uns die Stadt mit einem sehr zentrumsnahen Wohnmobilstellplatz.

(143) Offizieller WOMO-Stellplatz: Calatayud

GPS: N 41°21'02" W 01°38'47", Paseo Ramón y Cajal, 531 m.
Max. WOMOs: 6.
Öffnungszeit: Ganzjährig, außer in der letzten März- und der ersten Septemberwoche.
Ausstattung: Ver-/Entsorgungsstation, Müllcontainer, Spielplatz.

Beschreibung: Asphaltierte, ebene und teilweise schattige Parkflächen für WOMOs im Bereich eines Großparkplatzes bei einem Messe- und Kongresszentrum. Zentrumsnah, nachts ruhig und durch regelmäßige Kontrollfahrten der Polizei auch sicher. Die Innenstadt mit allen Dienstleistungen ist nur wenige Gehminuten entfernt. Die maximale Verweildauer beträgt 48 Stunden, campingartiges Verhalten ist verboten.
Hinweis: Wenn die offiziell ausgewiesenen Stellplätze belegt sind, kann auch (platzsparend) auf den PKW-Parkplätzen übernachtet werden.
Zufahrt: Im Zentrum von Calatayud den Hinweisen zum *Recinto Ferial* und den WOMO-Piktogrammen folgen.

Calatayud – wohl kaum eine andere Stadt hat derart zwiespältige Gefühle in uns hinterlassen. Einerseits UNESCO-gekürte Mudéjar-Architektur vom Feinsten, ein hervorragendes Weinanbaugebiet und die Ruinen der **römischen Stadt *Bilbilis***. Andererseits eine Altstadt, die an Verwahrlosung und Trostlosigkeit kaum zu überbieten ist. Baufälligkeit wohin das Auge schaut. Das auf Plakaten versprochene Sanierungskonzept scheint eine Herkulesaufgabe zu sein. Zumal der Grund für die marode Bausubstanz in Bodenabsenkungen liegt. Hervorgerufen durch Auswaschungen im gipshaltigen Untergrundgestein. Viele Bewohner haben deshalb ihre Häuser in der Altstadt verlassen und sich außerhalb in neuen Stadtvierteln angesiedelt.

Und trotzdem: Calatayud zählt zum unbekannten Teil Aragoniens, steht nicht auf dem klassischen Rundreiseprogramm und bietet ein unverfälschtes, authentisches Bild Spaniens. Gründe genug, dem hässlichen Entlein einen Besuch abzustatten.

Mudéjar-Architektur in Calatayud

König Alfonso I. – El Batallador

Calatayud im Überblick

20.000 Einwohner, 536 m, Autonome Region Aragonien.
Tourismusbüro: Plaza de España, www.calatayud.es.
Geöffnet Montag bis Samstag von 9.30 bis 13.30 Uhr und von 16.00 bis 20.00 Uhr. Sonntag nur am Vormittag.

Ein Blick in die Geschichte

Die Ursprünge der Kleinstadt in der fruchtbaren Ebene des Río Jalón gehen zurück auf die römische Stadt *Augusta Bilbilis*, deren Reste noch heute im Norden der Stadt zu besichtigen sind. Die Mauren errichteten im 8. Jahrhundert ganz in der Nähe der römischen Siedlung eine Burg mit dem Namen *Qal'at Ayyub*, der die heutige Stadt ihren Namen verdankt. Die namensgebende Festung gilt heute als die älteste, noch in Teilen erhaltene arabisch-maurische Burg der Iberischen Halbinsel.

Im Jahr 1120 eroberte König Alfonso I. die Stadt und verlieh ihr auch die Stadtrechte. Nach Zaragoza entwickelte sich Calatayud zur zweitwichtigsten Stadt Aragoniens. Unter anderem wurde hier im Jahr 1481 die *Carta de Calatayud* unterzeichnet, mit der die Insel Gran Canaria in den Herrschaftsbereich Spaniens eingegliedert wurde.

Stadtspaziergang Calatayud

Heute gehört Calatayud neben Daroca, Tarazona und Teruel zu den **Mudéjar-Städten Aragoniens**. Als exemplarisch für diesen Baustil gelten die zahlreichen Kirchtürme im Zentrum der Altstadt, die wir uns nun genauer anschauen möchten.

Eindrucksvollstes Beispiel ist der **achteckige Turm** der ***Colegiata de Santa María la Mayor***. Die Kirche wurde an Stelle einer ehemaligen Moschee erbaut und von der UNESCO zum Weltkulturerbe erklärt.

Kirchturm Santa María la Mayor

In die ehemalige **Jesuitenkirche *Iglesia de San Juan el Real*** aus dem 17. Jahrhundert sollten Sie ebenfalls einen Blick werfen. Sie enthält einige Deckenmalereien des jungen **Goya**.

Bereits außerhalb der Stadtmauer befindet sich an der Plaza Santa Teresa das **Stadtmuseum**. Dort sind unter anderem archäologische Funde der nahen **Ausgrabungsstätte *Bilbilis*** zu sehen. Sie befindet befindet sich rund drei Kilometer nördlich der Stadt und ist ganzjährig frei zugänglich. Einen kleinen Parkplatz am Eingang finden Sie bei N 41°22'53" W 01°36'41".

Öffnungszeiten Stadtmuseum: Im Mai und von Oktober bis Dezember Dienstag bis Donnerstag von 17.00 bis 20.00 Uhr. Von Juni bis September auch vormittags von 10.00 bis 13.00 Uhr. Ganzjährig ist Freitag und Samstag von 10.00 bis 13.00 Uhr und von 17.00 bis 20.00 Uhr geöffnet, sonntags nur am Vormittag.

Wir verlassen Calatayud mit dem Wunsch, dass es den Fachleuten der Bauwissenschaften gelingen möge, die Altstadt vor dem endgültigen Verfall zu retten.

Die A-202 bringt uns nach knapp 30 Kilometern an unser nächstes Ziel. Das **Monasterio de Piedra** bei **Nuévalos** ist gut ausgeschildert und kaum zu verfehlen. Die Strecke windet sich wieder hinauf in bergige Regionen. Zunächst noch entlang von Obstplantagen, die später von Weinfeldern abgelöst werden. Wir sind nun auf der **Ruta de Viño Calatayud**. Ein Weinanbaugebiet mit geschützter Herkunftsbezeichnung, über das wir im Kloster noch mehr erfahren werden.

Weinstraße von Calatayud

Kurvig geht es weiter durch eine waldreiche Region. Es wird zunehmend grüner und im Städtchen Nuévalos ist eindeutig ein touristischer Hotspot erreicht. Hotels, Restaurants und ein Ausblick auf den im Spätsommer fast ausgetrockneten Stausee **Embalse de la Tranquera**. Man merkt anhand der touristischen Infrastruktur deutlich die Nähe zum wohl meistbesuchten Kloster Aragoniens. Auf dem großen Besucherparkplatz bei N 41°11'40" W 01°47'00" ist eine Übernachtung leider nicht möglich. Es wäre auch gar zu schön hier. Aber es gibt ganz in der Nähe Alternativen, die wir Ihnen nach dem Klosterbesuch verraten.

Zisterziensermönche, Forellen und ein üppiger Park

Zugegeben – das Kloster allein wäre nicht unbedingt einen Besuch wert. Während in den intakten Mauern heute die Hotelgäste residieren, ist von der restlichen Klosteranlage nicht allzu viel übrig. Ursprünglich geht sie auf das Jahr 1194 zurück, als König Alfonso II. von Aragón und seine Gattin Sancha den Zisterziensermönchen eine ehemals arabische Burg schenkten, um darin ein Kloster zu gründen. Ziel war es, den christlichen Glauben in der Gegend zu konsolidieren. Die Mönche betrieben Viehzucht und Landwirtschaft in der ansonsten sehr kargen Region.

Kloster Piedra

Das Kloster bestand bis 1835, bevor es während der Karlistenkriege zur Klosteraufhebung kam. In den Folgejahren wurden die Gebäude samt der Abteikirche geplündert und zerstört. Heute sind Teile wiederaufgebaut und man kann noch Ruinen der alten Abteikirche, des Kreuzgangs und des Refektoriums besichtigen.

In der ehemaligen Klosterküche soll die erste Schokolade Spaniens produziert worden sein. Außerdem ist ein kleines **Weinmuseum** untergebracht, in dem sich die Historie der Weinbauregion Calatayud nachvollziehen lässt.

Forellenteiche am Río Piedra

Wanderung durch den Klosterpark

Das eigentliche Highlight des Klosters de Piedra ist sein angrenzender **Park**. Im Jahr 1840 kamen die Reste der Klosteranlage in Privatbesitz. Die neuen Eigentürmer ließen Teile wiederaufbauen, führten Forst- und Landwirtschaft weiter und eröffneten 1867 das erste Fischzuchtzentrum Spaniens.

Gespeist vom Wasser des **Río Piedra** wurden Forellen und Iberische Flusskrebse angesiedelt. Das Zentrum versorgt die Flüsse Aragoniens bis heute mit Jungfischen.

Spektakuläre Wasserfälle und ...

... abenteuerliche Grotten

Zudem entstand ein Park mit Wegen, Grotten, Seen und unzähligen Wasserfällen, die vom Río Piedra gespeist werden. Ein etwa **vier Kilometer** langer **Rundweg** erschließt diesen üppig grünen Dschungel. Der Weg führt treppauf und treppab zu großen und kleinen Kaskaden.

Mal plätschert das Wasser sanft über kleine Absätze, dann donnert es rauschend und spektakulär in die Tiefe. Wir spazieren entlang von Bachläufen und vorbei an kleinen Teichen und Seen. Immer wieder eröffnen sich Ausblicke auf die waldreiche Region. Eine wahre Oase in der ansonsten eher kargen Landschaft Aragoniens.

Im Park laden mehrere Picknickzonen und Spielplätze zur Rast ein. Wer nicht die gesamte Runde gehen kann oder will, für den gibt es eine Kurzversion, die zu den wichtigsten Sehenswürdigkeiten führt. Ein echtes Highlight, für das Sie sich ausreichend Zeit nehmen sollten. Außerdem empfiehlt sich festes Schuhwerk mit rutschfesten Sohlen. Für uns eines der Top-Ten-Ziele.

Öffnungszeiten: Kloster täglich von 10.00 bis 19.30 Uhr, letzter Einlass 19.00 Uhr. Park täglich von 9.00 bis 19.30 Uhr. Letzter Einlass um 18.30 Uhr. Eintritt: 16,00 Euro, ermäßigt 11,00 Euro, www.monasteriopiedra.com.

Einkehrtipp: Nach dem Besuch des Parks knurrt uns doch vernehmlich der Magen. Da kommt uns das Restaurant *Piedra Vieja* am Parkeingang sehr gelegen. Zwar wirkt es auf den ersten Blick sehr touristisch und nach Massenabfütterung, doch das Tagesmenü für 15,00 Euro kann sich sehen lassen. Natürlich sollten Sie sich hier die bereits erwähnten Forellen munden lassen.

Nun steht noch die Stellplatzsuche auf dem Programm. Als erstes können wir Ihnen einen Campingplatz bei Nuévalos anbieten. Problem: Ihr Fahrzeug sollte nicht höher als 3,50 Meter sein.

(144) WOMO-Campingplatz: Nuévalos *Camping Lago Resort*

GPS/Kontakt: N 41°13'05" W 01°47'34", A-2503, 712 m, Tel. +34 976 849 038, www.lagoresort.com, lagoresort@gmail.com.
Öffnungszeit: Ganzjährig.
Ausstattung: Campingplatzübliche Ausstattung mit Restaurant, Bar, kleinem Shop, Pool (von Juni bis September), Waschsalon, Grillzone, Spielplatz, WLAN, Mietunterkünften.
Beschreibung: Familienfreundlicher und gepflegter Campingplatz der *Campingred*-Kette mit unterschiedlich großen und schattigen Stellflächen auf einem Wiesenuntergrund. Die Einrichtungen wirken etwas veraltet, sind aber weitgehend sauber. Die Einfahrt zum Campingplatz erfolgt durch ein Tor mit maximal 3,50 Metern Durchfahrtshöhe, das Zentrum von Nuévalos ist etwa zwei Kilometer entfernt.
Preise: €€ – €€€.
Zufahrt: Der Campingplatz ist in Nuévalos ausgeschildert und befindet sich links der A-2503.

Falls Ihnen der Platz nicht zusagt, kein Problem. Bereits wenige Meter weiter befindet sich rechts der Straße ein geräumiger Parkplatz mit schönem Ausblick auf den Stausee **Embalse de la Tranquera**.

(145) WOMO-Parkplatz: Stausee-Blick zum Ersten

GPS: N 41°13'15" W 01°47'33", A-2503, 700 m. **Max. WOMOs**: 2.
Öffnungszeit: Ganzjährig. **Ausstattung**: Picknickbank.
Beschreibung: Weitgehend ebener Parkplatz in Aussichtslage, außerorts, teilweise schattig und auf einem Untergrund aus Erde/Kies. Die vorbeiführende Straße ist nachts wenig befahren, daher ist es recht ruhig.
Zufahrt: Rechts der A-2503 etwa drei Kilometer nördlich von Nuévalos.

Zum guten Schluss hätten wir noch ein besonderes Schmankerl für Sie. Fahren Sie dazu weiter auf der A-2503 entlang dem Stausee und in Richtung **Alhama**

de Aragón. An der Staumauer gilt es zwei Tunnels zu durchqueren. Der erste hat eine Durchfahrtshöhe von 3,80 Metern. Schön mittig fahren, dann ist das auch für höhere Fahrzeuge kein Problem. Der zweite ist mit 4,00 Metern dann ohnehin unkompliziert. Nach den beiden Tunneldurchfahrten zweigt rechts die A-1501 in Richtung **Castejón de las Armas** ab. Nach wenigen Metern ist unser Übernachtungsplatz erreicht.

(146) WOMO-Parkplatz: Stausee-Blick zum Zweiten

GPS: N 41°15'02" W 01°48'28", A-1591, 700 m. **Max. WOMOs**: 5.
Öffnungszeit: Ganzjährig. **Ausstattung**: Keine.
Beschreibung: Weitgehend ebener und sehr großer Parkplatz in Aussichtslage, außerorts, teilweise schattig und auf einem Untergrund aus Erde/Kies. Sehr ruhig und einsam, aber mit großartigem Ausblick auf den Stausee und die Umgebung.
Zufahrt: An der A-1591 rechts der Straße, wie im Text beschrieben.

Stausee Embalse de la Tranquera

Für die Weiterfahrt bleiben wir auf der A-1591, die uns entlang dem Río Piedra durch eine wildromantische und waldreiche Landschaft führt. Das Sträßchen ist schmal und kurvenreich. Bei **Castejón de las Armas** fühlen wir uns fast wie in einem Garten Eden. Das Tal ist fruchtbar mit kleinen Feldern, Walnuss- und Feigenbäumen am Wegesrand sowie üppig grünen Hausgärten.

So erreichen wir das geschäftige Städtchen **Ateca**, in dem spanischen Rentner beim morgendlichen Kaffee in den Bars sitzen. Zu unserer Überraschung hält die Gemeinde auch einen Stellplatz bereit, der jedoch hoffnungslos mit PKWs zugeparkt ist. Falls Sie Bedarf haben, können Sie hier Ihr Glück versuchen.

(147) Offizieller WOMO-Stellplatz: Ateca

GPS: N 41°19'55" W 01°47'27", Paseo Manubles, 586 m. **Max. WOMOs**: 4.
Öffnungszeit: Ganzjährig.
Ausstattung: Ver-/Entsorgungsstation, Müllcontainer.
Beschreibung: Ebene, schattenlose Parkfläche am Ortsrand bei einem Schulzentrum. Der Untergrund ist teilweise befestigt, teilweise Kies/Erde. Ins Zentrum sind es nur wenige Gehminuten.
Hinweis: Mittwochs ist Wochenmarkt. Dann ist der Parkplatz häufig von Marktbesuchern und PKWs belegt.
Zufahrt: Von der Hauptstraße nach Überqueren der Brücke links in die *Paseo Manubles* abbiegen und den WOMO-Piktogrammen folgen.

Wir verlassen Ateca auf der CP-001 in Richtung **Villalengua**. Entlang der weiteren Route bekommen wir zum ersten Mal auf unserer Spanien-Reise einen Eindruck davon, wie verheerend die Waldbrände im Dürresommer 2022 gewütet haben. Verbrannte Erde, ganze Berghänge mit verkohlten Bäumen, zerstörte Obstplantagen und in der Luft immer noch der Geruch nach Ruß und Rauch. Der Ort **Moros**, der malerisch auf einem Felssporn thront, scheint wie durch ein Wunder verschont geblieben zu sein. Doch wir sehen noch die Reste einer ausgebrannten Fabrik und beschädigte Bauernhäuser. Dazwischen steht bizarr ein einziger Apfelbaum mit grünen Blättern, an dem die reifen Früchte auf die Ernte warten. Auch zartes Grün sprießt immer wieder hervor. Ein Hoffnungsschimmer in einer ansonsten sehr trostlosen und erschreckenden Szenerie.

Romanische Dorfkirche in Cervera de la Cañada

Kurz vor Villalengua biegen wir rechts ab nach **Cervera de la Cañada**. Kaum ist der Hügel überquert, befinden wir uns wieder in einer intakten Landschaft und inmitten der Weinbauregion von Calatayud. Die Weinlese hat begonnen und die grünen Felder bilden einen farbigen Kontrast zur roten Erde. So gelangen wir zur N-234, der wir nun bis nach **Soria** folgen.

Wer sich noch von der Qualität der Calatayud-Weine überzeugen möchte, kann einen Einkaufsstopp in **Villarroya de la Sierra** einlegen. Dort ist im Zentrum die **Bodega *Virgen de la Sierra*** links der Nationalstraße ausgeschildert.

Geöffnet ist Montag bis Samstag von 9.00 bis 13.00 Uhr. Führungen und Verkostungen sollten vorab unter Tel. +34 976 899 015 reserviert werden, www.rutadelvinocalatayud.com.

Die restlichen knapp 80 Kilometer bis nach Soria legen wir auf der Nationalstraße ohne weitere Stopps zurück. Es geht hinauf auf 1.100 Meter Höhe und wir durchqueren eine weite Hochebene mit riesigen Getreidefeldern. Dörfer oder Ansiedlungen gibt es nur wenige. Wir sind nun in der **Autonomen Region Kastilien und León**.

Parallel der Straße können wir einen **Rad-/Wanderweg** erkennen. Der **Vía Verde Santander-Mediterráneo** verläuft auf der ehemaligen Bahntrasse von Soria nach Calatayud. Wer mehr über diese Wege erfahren möchte: Informationen und GPX-Daten gibt es unter *www.bahntrassenradwege.de*.

So gelangen wir allmählich an unser Etappenziel und das Ende dieser Tour, in die Provinzhauptstadt **Soria**. Dort stehen gleich mehrere Übernachtungsmöglichkeiten zur Verfügung. Zentrumsnah und auch für einen Tagesbesuch geeignet geht es hier:

(148) WOMO-Parkplatz: Soria – Sportstadion

GPS: N 41°45'20" W 02°28'13", Calle Ramón de la Orden, 1.051 m.
Max. WOMOs: 5. **Öffnungszeit**: Ganzjährig.
Ausstattung: Keine.

Beschreibung: Asphaltierte, ebene Parkfläche im Bereich des Sportstadions und der Universität. Charmefrei und zumindest tagsüber ist mit einer Geräuschkulisse zu rechnen. Aber bestens geeignet, um in die historische Altstadt zu gelangen, die man in etwa 15 Gehminuten erreicht.

Zufahrt: Die Umgehungsstraße SO-20 aus Richtung Süden kommend an der Ausfahrt 9, Soria (Sur) verlassen und der *Carretera Madrid* in Richtung Zentrum folgen. Nach etwa einem Kilometer hinter einer Grünanlage nach rechts der *Calle Dionisio Ridruejo* folgen, dann wieder rechts zu den Parkplätzen.

Bei Ver- und Entsorgungsbedarf stehen Sie auch hier ganz gut:

(149) Offizieller WOMO-Stellplatz: Soria *Leclerc-Supermarkt*

GPS: N 41°46'21" W 02°29'07", Calle C, 1.087 m. **Max. WOMOs**: 10.
Öffnungszeit: Ganzjährig.
Ausstattung: Ver-/Entsorgungsstation, Frischwasser gegen Gebühr.
Beschreibung: Charmefreier Parkplatzcharakter beim Leclerc-Supermarkt in einem Industrie- und Einkaufsviertel. Mehrere Supermärkte und Fastfood-Restaurants in der Nähe. Stellflächen asphaltiert und eben. Gute Erreichbarkeit auch für größere WOMOs. Bushaltestelle für einen Stadtbesuch unmittelbar am Stellplatz, zu Fuß sind es etwa 30 Gehminuten oder 2,5 Kilometer ins Zentrum.
Zufahrt: Die Umgehungsstraße SO-20 aus Richtung Süden kommend an der Ausfahrt 12, Soria (Oeste) verlassen und den Hinweisen zum *pol. Industrial Las Casas* folgen. Nehmen Sie die Via Servica parallel zur Schnellstraße. Nach etwa 500 Metern, bei markanten Silos, rechts in die Calle C abbiegen. Der Supermarkt Leclerc ist ausgeschildert.

Für ein paar Tage Erholung steht Ihnen in Soria auch ein ordentlicher Campingplatz zur Verfügung.

(150) WOMO-Campingplatz: Soria *Camping Fuente de la Teja*

GPS/Kontakt: N 41°44'45" W 02°29'05", Carretera del Madrid, 1.032 m, Tel. +34 975 222 967, www.fuentedelateja.es, camping@fuentedelateja.es.
Öffnungszeit: März bis November.
Ausstattung: Campingplatzübliche Ausstattung, Restaurant, Bar, Pool (von Juni bis September), Waschsalon, Grillzone, Spielplatz, WLAN.
Beschreibung: Familienfreundlicher und gepflegter Campingplatz mit unterschiedlich großen Stellplätzen auf einem Wiesenuntergrund. Teilweise Schatten, jeder Platz mit Strom- und Wasseranschluss. Sehr hilfsbereite Betreiber und auch das Restaurant lohnt einen Besuch. Die Altstadt von Soria ist etwa vier Kilometer entfernt. Durch die Nähe zur Schnellstraße und der Bahnlinie ist tagsüber mit einer gewissen Geräuschkulisse zu rechnen.
Preise: €€€.
Zufahrt: Die Umgehungsstraße SO-20 aus Richtung Süden kommend an der Ausfahrt 9, Soria (Sur) verlassen. Der Campingplatz ist hier ausgeschildert.

Soria – Provinzhauptstadt auf 1.000 Metern Höhe

Soria ist eine eher kleine Provinzhauptstadt in einem Hochtal des **Río Duero** und ganz im Osten der **Autonomen Region Kastilien und León**, die aber ihren ganz eigenen Charme hat. Auf mehr als 1.000 Metern Höhe gelegen ist die Umgebung Sorias karg und schroff. Die Winter können hier richtig kalt werden. Ausländische Touristen verirren sich nur selten hierher. Doch in der kompakten Altstadt lässt sich das Flair einer alten, kastilischen Stadt erleben, und es gibt eine Reihe beeindruckender Baudenkmäler zu entdecken. Freunde romanischer Kirchen kommen hier ebenso auf ihre Kosten wie Leckermäuler bei süßen Sünden. Begleiten Sie uns auf unsere Entdeckungstour in und um Soria herum.

Löwenbrunnen in Soria

Soria im Überblick

39.000 Einwohner, 1.065 m, Autonome Region Kastilien und León. **Tourismusbüro**: Plaza Mariana Granados, Tel. +34 975 222 764, turismo@soria.es, www.turismosoria.es.
Geöffnet Ostern und von Juli bis Mitte September Dienstag bis Sonntag von 10.00 bis 14 Uhr und von 16.00 bis 20.00 Uhr. Ansonsten Dienstag bis Samstag von 10.00 bis 14.00 Uhr und von 16.00 bis 19.00 Uhr. Sonntags nur am Vormittag.

Hauptstadt der Kelitiberer und eine tragische Liebesgeschichte

Die eigentlichen Wurzeln Sorias liegen etwa acht Kilometer nördlich des heutigen Stadtgebietes. Dort, beim Ort **Garray**, befand sich die keltiberische Siedlung *Numantia*. Der **Cerro del Castillo** war bereits seit der Bronzezeit besiedelt und wir werden uns der Geschichte Numantias später noch eingehender widmen.

Über die maurisch-islamische Zeit Sorias ist nur wenig bekannt. Erste Bestrebungen zur Rückeroberung der Stadt gab es bereits im 10. Jahrhundert, doch erst 1079 übergab der letzte maurische Herrscher die Stadt an König Alfonso VI.

Palacio des los Condes de Gomára

In den folgenden Jahrhunderten blieb Soria eine umstrittene Grenzstadt an der Duero-Linie. Zunächst zwischen den christlichen und islamischen Einflussbereichen, später zwischen den Königreichen Kastilien und Aragón. Unter dem kastilischen König Alfonso VIII., der 1155 in Soria geboren wurde, entstanden zahlreiche Kirchen und Klöster in der Stadt.

Während des Mittelalters wurde Soria zu einem bedeutenden Zentrum des Wollhandels. Vom 13. bis ins 19. Jahrhundert hinein überwachte eine Vereinigung wohlhabender Schafzüchter die Wanderung der Herden von der Extremadura in die gemäßigteren Gebiete im Osten Spaniens. Damit stellten sie eine gewichtige politische und wirtschaftliche Macht dar. Beeindruckendes Zeugnis davon ist noch heute der **Palacio de los Condes de Gomára** aus dem 16. Jahrhundert. Der Renaissancebau dient heute als Justizgebäude.

Anfang des 20. Jahrhunderts war Soria ein literarisches Zentrum. Mehrere von der Romantik beeinflusste Dichter lebten hier und stellten die Menschen und Landschaften der kastilischen Hochebene in den Mittelpunkt ihrer Werke. Der berühmteste von ihnen war **Antonio Machado**, an dem niemand in Soria vorbeikommt. Mit ihm ist eine tragische Liebesgeschichte verbunden.

Die tragische Geschichte von Leonor und Antonio

Antonio Machado heiratete im Jahr 1909 in der Kirche Santa María la Mayor die 15jährige Tochter seines Pensionswirtes Leonor Izquierdo. Er selbst war 34 Jahre alt und die Hochzeit wurde zu damaligen Zeiten als skandalös empfunden. Wegen der Anfeindungen zog das Paar 1911 nach Paris, wo Leonor an Tuberkulose erkrankte. Die Ärzte empfohlen ihr, in das gesündere Klima von Soria zurückzukehren. Doch die junge Frau kam nicht mehr zu Kräften und nur drei Jahre später fanden in der Hochzeitskirche die Trauerfeierlichkeiten anlässlich ihres frühen Todes statt. Untröstlich und in tiefer Trauer verließ Antonio Machado Soria und zog nach Andalusien.

Heute erinnert eine Statue der Leonor Izquierdo mit einem leeren Stuhl vor der Kirche an der Plaza Mayor an diese wahre Begebenheit.

Stadtspaziergang Soria

Das Zentrum der Altstadt bildet die Achse Plaza Mayor im Osten, die verkehrsberuhigte Einkaufsstraße El Collado und die große Plaza Mariano Granados im Westen. Dazwischen befinden sich die wichtigsten Sehenswürdigkeiten, die Sie je nach Lust und Interesse ansteuern können.

Gute Stube der Stadt ist – wie in nahezu allen spanischen Städten – die **Plaza Mayor**. Sie wird umgeben von der bereits erwähnten **Kirche *Santa María la Mayor***, dem **Stadtpalast,** dem arkadengesäumten **Rathaus** und dem zentralen Blickfang, dem **Löwenbrunnen *Fuente de los Leones***.

Markttag in Soria

An der nordwestlichen Ecke des Platzes beginnt die beliebte **Einkaufsstraße *Calle el Collado***. Hier befindet sich auch das verführerische Café *Pasteleria Nueva York*. Entweder merken Sie sich das Café für eine spätere Rast oder Sie lassen sich gleich zu einer kleinen Stärkung nieder. Eine Spezialität sind die *Mantequilla dulce.*

Wenig später passieren wir das **Casino *Círculo de la Amistad de Numancia***. Ein beliebter Treffpunkt für Freunde der Literatur und erkennbar an der entspannten Dichterstatue davor. Dann folgt auch schon das Delikatessengeschäft *Muñoz* mit regionalen Produkten der Region. Weine aus dem Duero-Tal, Käse und Wurst – hier werden Genießerherzen schwach.

Ganz am Ende der Straße treffen wir auf die große **Plaza Mariano Granados**. Dort finden Sie das Touristenbüro, auf westlicher Seite lädt der **Stadtpark *Alameda de Cervantes*** zum Flanieren ein und nördlich des Platzes zeigt das **Museo Numantino** Ausgrabungsfunde der Archäologischen Stätte von Numantia.
Öffnungszeiten: Dienstag bis Samstag von 10.00 bis 14.00 Uhr und von 16.00 bis 19.00 Uhr. Von Juli bis September sind die Nachmittagszeiten von 17.00 bis 20.00 Uhr. Sonntag nur am Vormittag. Eintritt frei.

Soria ist auch noch bekannt für seine **romanischen Kirchen**. Sehenswert sind unter anderem die ***Iglesia de Santo Domingo*** aus dem 12. Jahrhundert im nördlichen Bereich der Altstadt. Hier schmücken Szenen des alten und neuen Testamentes das prächtige Eingangsportal.

Zurück im südlichen Bereich der Altstadt steigen wir auf der ***Paseo de Fortún López*** hinauf auf den Hügel des ehemaligen Kastells. Der Weg lohnt sich wegen des Ausblicks vom **Mirador del Sagrado Corazón** auf die Stadt und die Umgebung. Bei gutem Wetter lässt sich im Westen der **Moncayo** erkennen. Mit 2.314 Metern der höchste Berg des Iberischen Randgebirges.

Zwei der wichtigsten Sehenswürdigkeiten Sorias befinden sich außerhalb der Altstadt. Zum einen sind dies die Ruinen des **Klosters *San Juan de Duero*** aus dem 12. Jahrhundert. Es liegt am östlichen Ufer des Flusses, über den die **Puente de Piedra** führt. Diese mittelalterliche Bogenbrücke brachte der Stadt einst beträchtliche Mauteinnahmen. Heute können Sie den Fluss kostenfrei überqueren. Einen kleinen Parkplatz finden Sie bei N 41°46'03" W 02°27'14". Vom Kloster sind noch die gut erhaltenen Bögen des Kreuzgangs mit romanischen Elementen sowie die ehemalige Klosterkirche zu sehen.

Zum anderen befindet sich ebenfalls außerhalb Sorias die bereits erwähnte, archäologische **Ausgrabungsstätte Numantia** im Örtchen **Garray**. Dort hat man sich voll und ganz auf die Besucher eingestellt und offeriert uns sogar einen schönen Stellplatz, den wir für den Besuch ansteuern.

(151) Offizieller WOMO-Stellplatz: Garray

GPS: N 41°48'48" W 02°26'55", Camino Peña Judío, 1.015 m.
Max. WOMOs: 12.

Öffnungszeit: Ganzjährig.
Ausstattung: Ver-/Entsorgungsstation, Müllcontainer, Picknickbänke.
Beschreibung: Neuangelegter und noch im Aufbau befindlicher Stellplatz am Ortsrand und am Ausgangspunkt von Rad- und Wanderwegen. Die noch schattenlosen Stellflächen auf Kies sind weitgehend eben. Unter Umständen sind weitere Serviceeinrichtungen geplant. So waren bei unserem Besuch Strominstallationen und Bepflanzungen in Vorbereitung. Das Zentrum von Garray mit Restaurants/Bars ist wenig Gehminuten entfernt. Die Ausgrabungsstätte erreicht man zu Fuß in etwa 15 Minuten. Durch die nahegelegene Straße kommt es tagsüber zu einer gewissen Geräuschkulisse, nachts ist es jedoch ruhig.
Zufahrt: Soria auf der N-111 nach Norden verlassen. Die Ausgrabungsstätte *Numantia* ist ausgeschildert. Der Stellplatz befindet sich am Ortseingang vor der Brücke über den Duero rechts.

Numantia – mehr als nur alte Steine

Die Legenden um die furchtlosen keltiberischen Krieger von Numantia kennt in Spanien sprichwörtliche jedes Kind. Sie stehen als Beispiel für den **spanischen Freiheitskampf** gegen fremde Mächte und werden bis heute lebendig gehalten. Die Ruinen von Numantia sind also mehr als nur ein Haufen alter Steine.

Einst war Numantia die **Hauptstadt der Keltiberer**. Während der Iberischen Kriege (154 – 133 v. Chr.) war die Stadt ein stark befestigtes Widerstandszentrum. Der erste römische Angriff scheiterte daran, dass die von den Römern eingesetzten Elefanten das eigene Lager niedertrampelten, nachdem sie von den Keltiberern mit Steinen beworfen wurden. Auch mehrere weitere Versuche der römischen Truppen, die Stadt einzunehmen, blieben erfolglos. Erst nach langer Belagerung und einer Hungersnot gelang

es den Römern 149 v.Chr., Numantia zu erobern. Dabei soll es zu einem Massenselbstmord unter der verbliebenen Bevölkerung gekommen sein, um der römischen Sklaverei zu entgehen. Die Eroberung Numantias bedeutete auch das Ende der Iberischen Kriege.

Die Stadt wurde später unter Kaiser Augustus neugegründet und war auch in der Spätantike eine bedeutende Römerstadt an einer vielgenutzten Heer- und Handelsstraße. Heute sind in der weitläufigen Anlage zahlreiche Ruinenreste zu sehen. Einige Gebäude aus keltiberischer Zeit wurden rekonstruiert und ein kurzer Film in spanischer Sprache informiert über die Ausgrabungsgeschichte. An der Kasse ist zudem ein englischsprachiger Audioguide erhältlich, der auf das Smartphone heruntergeladen werden kann.

Wir sind bei unserem Besuch die einzigen Gäste. Während der Wind über das einsame Hochplateau des Cerro de Castillo pfeift und unser Blick in die Ferne schweift, können wir ein wenig den keltiberischen Geist spüren. Wenn Steine sprechen könnten, hätten sie eine spannende Geschichte zu erzählen.

Wichtiger Hinweis für Drohnenpiloten: Da sich die Anlage im Bereich eines militärischen Gebietes befindet, sind Drohnenaufnahmen nicht gestattet.

Öffnungszeiten: Dienstag bis Samstag von 10.00 bis 14.00 Uhr und ab 16.00 Uhr. Geschlossen wird je nach Jahreszeit zwischen 18.00 und 20.00 Uhr. Sonn- und feiertags nur am Vormittag. Eintritt: 6,00 Euro, ermäßigt 4,00 Euro, dienstags freier Eintritt.

Hier in Numantia endet nun unsere Tour. Mit der nachfolgenden, letzten Tour dieses Buches nehmen wir Sie mit zum Ausgangspunkt dieser Rundreise durch den Osten Zentralspaniens. Auf dem Weg dorthin gibt es aber noch einiges zu entdecken. Bleiben Sie also gespannt.

Tour 16: Mudéjar-Städte und eine Halbwüste Von Soria nach Sos del Rey Católico 236 km

Tarazona – Tudela – Valtierra – Arguedas
Bardenas Reales – Layana – Sos del Rey Católico

Stellplätze:	In Tarazona, Tudela, Valtierra, Arguedas, Carcastillo, Layana, Sos del Rey Católico
Besichtigen:	Tarazona, Tudela, Sos del Rey Católico
Wandern:	Bardenas Reales
Einkehrtipps:	Bäckerei *Del Río* in Tarazona, Restaurant *Mallén* in Argueadas, Restaurant *Landa* in Sos del Rey Católico

In der letzten Tour dieses Buches möchten wir Sie noch zu einem Abstecher in die Halbwüste Bardenas Reales entführen. Uns erwartet dort eine bizarre und zugleich faszinierende Landschaft. Einsam, karg und trotzdem voller Leben. Kulisse für Filme und ein fantastisches Kunstwerk der Natur. Auf dem Weg dorthin besuchen wir noch zwei reizende Mudéjar-Städtchen. Tarazona und Tudela sind unbedingt einen Halt wert.

Beenden werden wir diese Tour schließlich in einem der schönsten Dörfer Spaniens – in Sos del Rey Católico.

Nach unserem Besuch in Soria kehren wir zurück auf die N-122, der wir ostwärts bis nach **Tarazona** folgen. 75 Kilometer sind dafür zu bewältigen. Die Nationalstraße ist mal zwei-, mal vierspurig ausgebaut und recht stark von Schwerlastverkehr befahren. Dazwischen gibt es einige Höhenwechsel und wir pendeln zwischen 1.170 und 680 Metern.

Rechts von uns erstreckt sich der **Naturpark del Moncayo**. In ihm befinden sich mit 2.374 Metern die höchsten Erhebungen des **Iberischen Scheidegebirges**. Landschaftlich zeichnet er sich durch üppige Wälder mit Steineichen und Aleppokiefern aus. Auch zahlreiche Tierarten, wie Rebhühner, Dachse und Steinadler fühlen sich dort wohl. Der Naturpark bildet zudem die Grenze zwischen den Autonomen Regionen Kastilien und León sowie Aragonien, in der wir uns nun wieder befinden.

So erreichen wir das malerisches Städtchen **Tarazona**, das gerne auch als *Klein-Toledo* bezeichnet wird. Es liegt am Nordhang des Moncayo-Gebirges und an der Kreuzung wichtiger Wege zwischen den Autonomen Regionen Aragonien, Navarra und Kastilien und León.

Um das Städtchen zu würdigen, steuern wir den Stellplatz für WOMOs an. Für einen Tagesbesuch können Sie Ihr Fahrzeug auch auf dem Parkplatz an der Durchgangsstraße bei N 41°54’04” W 01°43’37” abstellen.

(152) Offizieller WOMO-Stellplatz: Tarazona

GPS: N 41°53’51” W 01°43’30”,Calle Ronda de la Faceda, 511 m.

Max. WOMOs: 4. **Öffnungszeit**: Ganzjährig.

Ausstattung: Ver-/Entsorgungsstation, Müllcontainer.

Beschreibung:

Großer, asphaltierter Parkplatz in einer ruhigen Wohngegend mit einem kleinen Park. Vier geräumige Stellflächen sind für WOMOs reserviert, kleinere Fahrzeuge können auch auf den PKW-Plätzen parken. Das Zentrum mit Sehenswürdigkeiten, Restaurants und Geschäften ist etwa zehn Gehminuten entfernt.

Zufahrt: Von der N-122 auf Höhe einer kleinen Grünanlage rechts in die Calle Ronda de la Faceda abbiegen. Dann links und wieder rechts zur Einfahrt auf den Parkplatz.

Tarazona im Überblick

10.500 Einwohner, 480 m, Autonome Region Aragonien
Tourismusbüro: Plaza de San Francisco, Tel. +34 976 640 074, turismo@tarazona.es, www.tarazona.es.
Geöffnet täglich von 9.30 bis 14.00 Uhr und von 16.00 bis 19.00 Uhr.

Tarazona – Bischofs- und Mudéjar-Stadt

Tarazona war bereits zu römischer Zeit eine aufstrebende Stadt und ab dem 5. Jahrhundert auch Bischofssitz des Bistums Tarazona. Dies endete vorübergehend im 8. Jahrhundert, als maurisch-arabische Heere bis ins obere Ebro-Tal vordrangen. Nach der Reconquista wurde die Stadt erneut Sitz eines Bistums und erhielt die **Kathedrale *Nuestra Señora de la Huerta***. Ein Stilmix unterschiedlichster Epochen, mit deren Besichtigung wir später auch unseren Stadtspaziergang beginnen werden.

Kathedrale von Tarazona

Durch seine Lage im Grenzgebiet der historischen Königreiche Navarra, Kastilien und Aragón hatte Tarazona immer schon eine enorme strategische Bedeutung. Die weitere Stadtgeschichte ist deshalb geprägt von Kriegen, königlichen Hochzeiten, Versammlungen der Cortes und der spanischen Ständevertretungen. Bis ins späte Mittelalter hinein lebten Christen, Juden und Muslime friedlich in Tarazona zusammen, weshalb die Stadt auch *Klein-Toledo* genannt wird. Alle Religionen haben ihre architektonischen Spuren in der

Altstadt hinterlassen. Diese Epoche endete um 1610 mit der Vertreibung der sogenannten *Moriscos*, den zum Christentum konvertierten Moslems.

Im 19./20. Jahrhundert wurde Tarazona zu einem wichtigen Hersteller von Streichhölzern und Textilien. Heute sind der Wein- und Obstanbau sowie der Tourismus die bedeutendsten Wirtschaftsfaktoren.

Tomatenschlacht im August

Eines der wichtigsten Stadtfeste Tarazonas findet am 27. August statt. Beim **San Atilano-Fest** wird eine glücklose Clowns-Figur namens *Cipotegato* durch die Gassen Tarazonas gejagt und von den Zuschauern mit überreifen Tomaten beworfen.

Stadtspaziergang Tarazona

Erstes Ziel unseres Bummels durch Tarazona ist die **Kathedrale**. Sie zählt zu den wohl eigentümlichsten und zugleich eindrucksvollsten Bauten der Stadt. Gerade erst aufwändig renoviert gibt sie Einblicke in unterschiedlichste Stilrichtungen.

Ursprünglich wurde sie als eine der ersten gotischen Kirchen Spaniens im Jahr 1235 eingeweiht. Zu erkennen sind die gotischen Ursprünge noch am Gewölbe und den Bögen im Hauptschiff.

Maurischer Kreuzgang in der Kathedrale

Die Kriege zwischen den Königreichen Kastilien und Aragón setzten dem Gotteshaus arg zu, so dass es im 15./16. Jahrhundert zahlreiche bauliche Veränderungen erfuhr. Der Wiederaufbau erfolgte zunächst im Mudéjar-Stil mit kunstvoll verzierten Kuppeln und Türmen. In der **Capilla Mayor** zeigen sich prächtige Elemente der Renaissance, über dem Hauptportal kommt üppiger Barock zum Ausdruck. Es lohnt sich, den mehrsprachigen Audioguide auszuleihen, um Erklärungen zu den architektonischen Details und der Baugeschichte zu erfahren.

Öffnungszeiten: Dienstag bis Samstag von 11.00 bis 14.00 Uhr und von 16.00 bis 19.00 Uhr, sonntags nur bis 18.00 Uhr. Eintritt: 4,50 Euro, ermäßigt 3,50 Euro, www.catedraldetarazona.es.

Nur wenige Schritte nordöstlich der Kathedrale befindet sich die **Plaza de Toros Vieja**. Die ehemalige Stierkampfarena stammt aus dem 18. Jahrhundert und ist von mehrstöckigen Wohnhäusern mit Balkonen geformt. Diese wurden von den Eigentümern während der Stierkämpfe und anderer Feierlichkeiten gewinnbringend an die Besucher untervermietet. Die Häuser werden noch heute bewohnt.

So gelangen wir an den etwas spärlich dahinfließenden **Río Queiles**, dessen Ufer von zahlreichen Restaurants und Bars gesäumt wird. Auf der gegenüberliegenden Seite zieht sich die Altstadt malerisch den Hang empor und bietet mit dem **Bischofspalast** und dem Turm der **Kirche *La Magdalena*** eine eindrucksvolle Kulisse. Die steile Gasse **Calle de los Recodos** führt uns hinauf.

Tarazona – Altstadt und Bischofspalast

Der imposante **Bischofspalast *Palacio Episcopal*** wurde im Stil der Renaissance auf einer ehemals maurischen Zitadelle errichtet. Später diente er den Königen von Aragón als Residenz. Im Inneren sind unter anderem ein hübscher Renaissance-Patio sowie eine prächtige Holzdecke im Mudéjar-Stil zu bewundern.

Öffnungszeiten: Freitag von 11.00 bis 13.00 Uhr und von 16.00 bis 17.00 Uhr, Samstag von 11.00 bis 12.00 Uhr und sonntags nur von 11.00 bis 12.00 Uhr. Führungen finden um 13.00 Uhr sowie Freitag und Samstag auch um 18.00 Uhr statt. Eintritt: 1,50 Euro.

Gleich daneben befindet sich die **Kirche *Santa María Magdalena***. Sie stammt aus dem 12. Jahrhundert und ist eines der ältesten Gebäude in Tarazona. Der markante, quadratische Glockenturm im Mudéjar-Stil kam erst im 15. Jahrhundert dazu und ist heute das Wahrzeichen der Stadt. Zu besichtigen ist die Kirche nur im Rahmen einer Führung, die Sie im Tourismusbüro buchen können.

Durch ein Tor geht es nun hinein ins Altstadtviertel. Links entlang erreichen wir über enge Gassen die Kirche **Iglesia de la Concepción** sowie Reste der Stadtmauer und einen Aussichtspunkt mit schönem Blick auf die unteren Stadtteile. Manches hier wirkt recht baufällig und erinnert uns ein wenig an die Altstadt von Calatayud (Tour 15). Dennoch ist es sehr atmosphärisch, durch das Labyrinth der schmalen Gassen zu schlendern.

Hängende Häuser – Alt und Neu

Bergab gelangen wir wieder zurück zum Bischofspalast. Dort führt uns links am Eingangstor vorbei eine schmale Gasse hinunter ins **jüdische Viertel *Juderia***. Es zählt zu den besterhaltenen ganz Spaniens und wir lassen uns nun einfach durch das Viertel treiben. Ausgeschildert sind die Wege und Gebäude mit mehrsprachigen Infotafeln.

Hoch über uns an einer Felswand ragen dabei die **Casas Colgadas** empor. Ähnlich den hängenden Häusern, die wir bereits in Cuenca (siehe Tour 12) kennengelernt haben. Ein Teil davon sieht bedrohlich absturzgefährdet aus, andere Gebäude hingegen sind wunderschön renoviert.

Köstliches aus der Bäckerei

So gelangen wir wieder zurück ans Ufer des Río Queiles. Halten Sie auf dem Weg hinunter Ausschau nach der kleinen Bäckerei *Del Río* in der Calle Marrodán. Hier erhalten Sie köstlich frisches Gebäck für die Kaffeepause, die Sie in einer der Bars am Ufer einlegen können.

Von Tarazona geht es auf der N-121 nur 20 Kilometer weiter in Richtung Norden. **Tudela** heißt unser nächstes Ziel. Die Strecke wird zunehmend mediterran und ist geprägt von Olivenbäumen und Weinfeldern. Zwischen Tarazona und Tudela verläuft durch die grüne Landschaft ein weiterer Rad-/Wanderweg entlang einer ehemaligen Bahntrasse. Informationen dazu gibt es unter *www.bahntrassenradwege.de*.

Im Örtchen **Cascante** scheint ein Sammler von Schrott und Steinskulpturen zu leben. Ein riesiges Gelände mit einem Sammelsurium unterschiedlichster Figuren und Gerätschaften. Außerdem ein Autofriedhof, in dem einige der liebenswerten Oldtimer bereits von hohem Gras überwuchert sind.

Schon bald überqueren wir die Grenze zur **Autonomen Region Navarra** und erreichen damit das fruchtbare Schwemmland des **Río Ebro**. Mit etwa 910 Kilometern ist er nach dem Río Tajo der zweitlängste Fluss der Iberischen Halbinsel.Der Ebro entspringt im Kantabrischen Gebirge und mündet in einem breiten Becken, dem Ebro-Delta, ins Mittelmeer. In Tudela steuern wir einen Stellplatz an, der zugleich auch ein perfekter Ausgangspunkt für einen Tagesbesuch in der Stadt ist.

(153) Offizieller WOMO-Stellplatz: Tudela

GPS: N 42°03'30" W 01°36'42", Avenida de la Argentina, 282 m.
Max. WOMOs: 11. **Öffnungszeit**: Ganzjährig.
Ausstattung: Einfache Ver-/Entsorgungsmöglichkeit ohne Bodeneinlass, Müllcontainer.
Beschreibung: Großer, asphaltierter Parkplatz in zentrumsnaher Lage am Rand eines Sportstadions mit reservierten Stellflächen für WOMOs. Teilweise leicht schräg und schattig, umgeben von Wohn- und Geschäftsgebäuden. Trotz der zentralen Lage ist es nachts ruhig. Die Altstadt mit Sehenswürdigkeiten, Restaurants und Geschäften ist etwa zehn Gehminuten entfernt.
Zufahrt: Den Kreisverkehr mit Wasserspielen in Richtung *Ciduad de Tudela/Sportstadion* verlassen. Nach wenigen Metern bei einer Motorradwerkstatt rechts in die Avenida de la Argentina abbiegen. Der Parkplatz befindet sich auf der linken Seite.

Tudela im Überblick

35.000 Einwohner, 264 m, Autonome Region Navarra
Tourismusbüro: Plaza Los Fueros, Tel. +34 948 848 058, www.turismotudela.com. Geöffnet Montag bis Samstag von 10.00 bis 17.00 Uhr, an Sonn- und Feiertagen von 10.00 bis 14.00 Uhr.

Tudela einst und heute

Im Jahr 802 begannen die Mauren mit der Befestigung der bislang unbedeutenden Siedlung am Ufer des Río Ebro. Seine Blütezeit erlebte Tudela jedoch erst nach der Reconquista, als auch hier Christen, Juden und Mauren friedlich zusammenlebten. Ähnlich wie in der aragonischen Nachbarstadt Tarazona kam die Wende im Jahr 1609, als König Felipe III. die Vertreibung der *Moriscos* verfügte.

Heute ist Tudela mit nur etwas mehr als 35.000 Einwohnern die zweitgrößte Stadt Navarras und lebt vor allem durch den Wein- und Gemüseanbau. Lokale Spezialitäten sind der weiße und grüne Spargel *espárrago* sowie roter Paprika und Artischocken *alcachofa*. Wenn Ihnen in den Restaurants der Gemüseeintopf *Menestra* angeboten wird, sollten Sie zugreifen. Ebenso bei den vorzüglichen Ribera-Weinen der Umgebung.

Stadtspaziergang Tudela

Auch wenn das Städtchen auf den ersten Blick keine spektakulären Sehenswürdigkeiten vorzuweisen hat, lohnt sich doch ein Bummel durch die charmanten Altstadtgassen. Alles wirkt hier gepflegt und aufgeräumt, es gibt kleine Läden mit Kunsthandwerk, alte Kirchen und Klöster sowie einige eindrucksvolle Paläste. Überragt wird die Stadt zudem von einer weithin sichtbaren Christusstatue auf dem **Cerro de Santa Barbará**. Hier fand man die archäologischen Spuren einer ersten Besiedlung des Ortes und hier befand sich auch eine maurische Burganlage.

Ausgangspunkt für unseren Rundgang ist die gute Stube Tudelas, die **Plaza de los Fueros**. Umgeben von mehrstöckigen, wappengeschmückten Häusern und Arkadengängen treffen sich hier die Einheimischen zum abendlichen Aperó. Kinder spielen Fußball und Familien flanieren über den Platz, dessen Mitte ein Pavillon ziert.

Cerro de Santa Barbara

Auf der Stirnseite befindet sich die **Casa del Reloj** mit hübscher Fassade. Früher wurde der Platz als Stierkampfarena genutzt, wovon noch viele Wandmalereien mit Stierkampfszenen zeugen.

Mitten in der Altstadt erhebt sich die **Kathedrale *Santa María de Tudela***. Wie so oft wurde auch sie auf den Resten einer vormaligen Moschee im spätromanischen Stil errichtet. Es gibt noch weitere Kirchen zu entdecken, wie die ebenfalls romanische Kirche ***Santa María Magdalena*** am Rand des jüdischen Viertels oder die ehemalige **Klosterkirche *San Jorge***.

Kunstliebhaber sollten einen Blick in das **Casa del Almirante** in der Calle Rúa werfen. Eine Kunststiftung zeigt kleine Wechselausstellungen. Vor allem ist hier jedoch ein Blick ins Innere eines ehemaligen Adelspalastes möglich.

Öffnungszeiten: Montag bis Freitag von 9.30 bis 13.30 Uhr und von 17.30 bis 20.30 Uhr. Samstag erst ab 10.30 Uhr, Sonntag von 10.30 bis 13.30 Uhr.
Eintritt frei.

Streetart an den Mauern in Tudela

Gleich gegenüber widmet sich das **Museo Muñoz Sola** der modernen Kunst. Erkennbar an mehreren farbenfrohen Streetart-Gemälden, die sich auch außerhalb des Museums bewundern lassen.

Öffnungszeiten:
Donnerstag bis Samstag von 10.00 bis 13.30 Uhr und von 17.00 bis 19.00 Uhr. Samstags sind die Nachmittagsöffnungen von 18.00 bis 20.30 Uhr, sonntags von 10.30 bis 13.30 Uhr. Eintritt frei, www.castelruiz.es.

Lassen Sie sich nun noch ein wenig durch die Altstadtgassen treiben, gehen Sie hinunter ans Ufer des Río Ebro und schlendern Sie durch das jüdische Viertel. Wir treffen uns an der Plaza de los Fueros zum Feierabendbier wieder.

Nach den Kultur-Highlights wenden wir uns nun der Natur zu. Einer der Höhepunkte dieser Tour ist ein Besuch in der **Halbwüste Bardenas Reales**. Sollte Ihr WOMO-Kühlschrank leer sein, empfehlen wir Ihnen noch einen Einkaufsstopp in den gut sortierten Supermärkten Tudelas. Auch der Tank sollte gefüllt sein. Auf den kommenden Kilometern werden Sie zwar nicht verhungern und verdursten, aber sicher ist sicher.

Ausgangspunkt zur Besichtigung des Naturparkes **Bardenas Reales** ist der kleine Ort **Arguedas** in rund 15 Kilometern Entfernung. In der kleinen Gemeinde hat man sich voll und ganz auf den Halbwüsten-Tourismus eingestellt. Es gibt Agenturen für sportliche Abenteuertouren durch die Bardenas, einen Fahrradverleih, Restaurants und einen kleinen Supermarkt. Da eine Übernachtung innerhalb des Biosphärengebietes nicht erlaubt ist, hält man hier auch Stellplatzangebote bereit. Unmittelbar vor der Kulisse bizarrer **Felsenwohnungen**, die bis in die 1960er Jahre genutzt wurden, können Wohnmobilisten eine ruhige Nacht vor oder nach der Wüstentour verbringen.

(154) Offizieller WOMO-Stellplatz: Arguedas

GPS: N 42°10'25" W 01°35'29", Calle Val, 266 m. **Max. WOMOs**: 16.
Öffnungszeit: Ganzjährig.
Ausstattung: Ver-/Entsorgungsstation etwa 50 Meter vom Parkplatz entfernt, Müllcontainer.
Beschreibung: Schotterparkplätze am Ortsrand und am Rad-/Wanderweg in die Halbwüste Bardenas Reales gelegen. Teilweise gibt es Schatten. Man steht dort recht eng, die Parzellen sind in einigen Bereichen durch Grünstreifen und Holzstämme abgeteilt.

Preise: Übernachtung kostenlos, Frischwasser gegen Gebühr. Die Jetons sind in den Geschäften/Restaurants im Ort erhältlich.
Hinweis: Bereits vor den offiziellen Stellplätzen gibt es eine große, unbefestigte und schattenlose Ausweichmöglichkeit zur Übernachtung mit deutlich mehr Platz. Der Parkplatz mit vereinzelten Wiesenflächen kann bei längerer Trockenheit recht staubig sein.
Zufahrt: Ab der NA-134 der Beschilderung Bardenas Reales folgen. Dann Richtung Arguedas fahren und den WOMO-Piktogrammen folgen.

Ein weiterer Stellplatz befindet sich etwa vier Kilometer weiter östlich im Örtchen **Valtierra**. Er befand sich während unserer Rechercheгeise noch im Aufbau. Nicht alle Einrichtungen waren bereits nutzbar, weshalb noch keine Gebühren angefallen sind. Er stellt eine gute Alternative zum saisonal mitunter recht überfüllten Platz in Arguedas dar.

(155) Offizieller WOMO-Stellplatz: Valtierra

GPS: N 42°11'35" W 01°37'42", Calle Santa Cruz, 287 m. **Max. WOMOs**: 25.
Öffnungszeit: Ganzjährig.

Ausstattung: Ver-/Entsorgungsstation, Toiletten und Duschen im Recherchejahr noch nicht in Betrieb, Picknickplätze. Eventuell gibt es künftig auch Stromanschlüsse.
Beschreibung: Großer und gut anzufahrender Parkplatz am Ortsrand neben einem Schulzentrum/Kindergarten. Noch ohne Schatten und mit schönem Sonnenuntergangs-Blick ins Ebro-Tal. Im Ortszentrum von Valtierra gibt es einen Supermarkt und Restaurants. Der Platz ist mit einer Schranke gesichert. Wenn alle Einrichtungen funktionieren, wird hier eine Gebühr erhoben.
Preise: €. Zahlbar über die App *PVerde*.
Zufahrt: In Valtierra ist die Zufahrt zum Stellplatz mit WOMO-Piktogrammen ausgeschildert.

Halbwüste, Biosphärengebiet, Militärzone und Hollywood-Kulisse

Bizarre Felsformationen aus ockerfarbenem Kreide- und Tongestein, erschaffen über Millionen von Jahren durch Erosion. Tafelberge, von denen die Geier zu ihren Gleitflügen starten. Verlassene Steingebäude, ausgewaschene Canyons und eine scheinbar endlose Einsamkeit. Beim Anblick dieser unwirklichen Landschaft fühlt man sich auf die Oberfläche des Mondes versetzt und gerät ins Staunen. Tatsächlich ist diese unwirtliche

Region Heimat von mehr als 20 Vogelarten, wie Steinadler und Schmutzgeier. Tatsächlich gibt es Füchse, Wildkatzen, Reptilien und Amphibien. Tatsächlich sammelt sich Wasser in Senken und im Herbst ziehen Schäfer mit ihren Herden aus den Pyrenäen zum Überwintern hierher. Eine Landschaft, die es zu entdecken gilt.

Zunächst die nüchternen Fakten: Der **Parque Natural de las Bárdenas Reales** umfasst eine Fläche von etwa 415 Quadratkilometern. Seit 1999 ist ein Großteil der Region als Naturpark ausgewiesen und im Jahr 2000 zum **UNESCO-Biosphärenreservat** erklärt worden. Geformt wurde diese sonnenverbrannte Wüste von Wasser, Wind und Bodenerosion. Der ockerfarbene Lehm ist das Sedimentgestein eines urzeitlichen Meeres, das durch die tektonische Hebung der Iberischen Platte nach und

Biosphärengebiet und Halbwüste Bardenas Reales

nach verlandete. Die härteren Kalk- und Sandsteinschichten erodierten durch den Abfluss von Wasser aus den Pyrenäen unterschiedlich stark, so dass sich die für die Bardenas charakteristischen ***Barrancos*** – ausgetrocknete Flusstäler – und bizarren Felsformationen ausbildeten.

Das Schutzgebiet ist von Wander- und Radwegen sowie ausgewiesenen und auch von WOMOs befahrbaren Schotterpisten durchzogen. Das Verlassen dieser Wege ist streng verboten. Zum einen besteht die Gefahr, dass die trockene Erde abbricht, zum anderen befindet sich auf dem Gebiet auch eine militärische Sperrzone. Teile der Bardenas werden von der spanischen Armee und der NATO als *Bombodrom* genutzt und da wollen wir natürlich nicht in die Schusslinie geraten.

Rundfahrt durch die Bardenas Reales – 35 km

Wir starten unsere Wüsten-Erkundung am **Informationszentrum** *Centro de información de Bardénas Reales* etwa fünf Kilometer nordöstlich von Arguedas. Es bietet einen großen Parkplatz bei N 42°10'44" W 01°32'00". Dort können Sie entscheiden, ob Sie Ihren Weg mit dem WOMO, zu Fuß oder mit einem Fortbewegungsmittel Ihrer Wahl fortsetzen möchten. Fahrräder, Quads, Motorräder – hier tummelt sich alles, was Räder hat. Das freundliche Personal im Informationszentrum hält Kartenmaterial bereit und erklärt Ihnen gerne die Strecke durch den Naturpark. Außerdem gibt es hier letztmalig Toiletten.

Halbwüste Bardenas Reales

Nur wenige Meter nach dem Informationszentrum bietet sich von einem ersten Aussichtspunkt ein grandioses Panorama über die karge Landschaft, die uns nun erwartet. Am Horizont sind helle Bergzüge zu erkennen, in der Ebene kleinere Tafelberge. Wenn Ihnen die Kulisse eventuell bekannt vorkommt, ist dies durchaus möglich. Hier wurden unter anderem Hollywood-Blockbuster wie *Game of Thrones* oder *Die Welt ist nicht genug* gedreht.

Im Infocenter erhalten wir auch die Empfehlung, den etwa 30 Kilometer langen Rundkurs entgegen dem Uhrzeigersinn zu starten. Also biegen wir auf Höhe der Militärbasis auf der Schotterpiste rechts ab. Ab jetzt lassen wir uns von der Piste leiten. Es gibt immer wieder Haltebuchten und kleinere Parkplätze für Fotostopps oder Pausen. Auch kürzere Spaziergänge zu Aussichtspunkten sind möglich. Nach rund 20 Kilometern ab dem Informationszentrum zweigt rechts die Piste nach **Carcastillo** und zum nördlichen Eingang in den Naturpark ab. Diesen Abzweig sollten Sie sich merken, wenn Sie den Park auf unserer **Alternativroute** verlassen möchten.

Vorerst fahren wir jedoch geradeaus weiter und erreichen etwa fünf Kilometer später das Highlight und Wahrzeichen der Bardenas Reales: Den bizarr erodierten Monolith **Castildetierra**. Ein Kegelberg aus hellem Gestein, auf dessen Spitze, wie ein Deckel, eine Felsplatte zu balancieren scheint. Das wohl meistfotografierte Objekt in dieser Landschaft, welches zugleich das Entstehungsprinzip verdeutlicht. Die Felsplatte schützt wie ein Regenschirm das darunter liegende Sedimentgestein vor den Kräften der Erosion.

Wahrzeichen der Bardenas Reales – Monolith Castildetierra

Von hier geht die Piste weiter in Richtung Osten, wo bereits nach wenigen Metern einer der wohl schönsten Aussichtspunkte der Bardenas erreicht wird. Ein recht steiler Treppenweg führt hinauf zum **Mirador Cabezo de las Cortinillas**, von dem aus wir noch einmal einen abschließenden Blick auf das hinter uns liegende Wüstenabenteuer haben.

Unser Tipp:
Die Rundtour durch den Naturpark ist ab 8.00 Uhr möglich. Im Park darf man sich bis Sonnenuntergang (etwa 20.00 Uhr) aufhalten. Um die besondere Atmosphäre abseits der Besucherströme zu genießen, starten Sie den Ausflug am besten gleich frühmorgens. Halten Sie an einem der Parkplätze und machen Sie Frühstückspause. Belohnt werden Sie mit einzigartigem Morgenlicht, Ruhe und der Einsamkeit einer großartigen Landschaft.

Für die Weiterfahrt gibt es nun zwei Optionen. Entweder Sie kehren südlich des Naturparks auf der N-134 und ab **Tudela** auf der Autobahn A-68 zurück nach **Zaragoza**. 95 Kilometer sind dafür zu bewältigen und dort schließt sich auch der Kreis unserer Rundreise durch den Osten Zentralspaniens. Die jeweiligen Stellplätze und die Stadt Zaragoza haben wir Ihnen in unserer Tour 1 beschrieben.

Alternativ dazu können Sie Ihre Reise auch in Richtung Norden fortsetzen und dabei auch noch Neues entdecken. Dazu kehren wir nicht zurück nach Arguedas, sondern steuern das oben beschriebene, **nördliche Tor** des Naturparkes an. Auch diese Schotterpiste ist gut befahrbar und zeigt sehr eindrücklich den Übergang zwischen kargem Wüstenland und beginnender, landwirtschaftlicher Nutzung.

Nach etwa 13 Kilometern taucht wie eine Fata Morgana das Denkmal **Pastor Bardenero** am Horizont auf. Es zeigt die Statue eines Bardenero-Hirten, die vom spanischen Bildhauer *Antonio Loperena Eseverri* geschaffen wurde. Das Denkmal markiert zugleich das nördliche Tor zum Naturpark. Bei der Schutzhütte gibt es einen Parkplatz, der zu einer Rast einlädt.

Denkmal Pastor Bardenero

Wenig später erreichen wir wieder eine asphaltierte Straße und treffen auf die NA-128. Wenn Sie ihr nach links folgen, erreichen Sie wenig später das Dörfchen **Carcastillo** mit einem Stellplatz.

(156) Offizieller WOMO-Stellplatz: Carcastillo

GPS: N 42°22'40" W 01°26'19", Calle Carretera, 366 m. **Max. WOMOs**: 9.
Öffnungszeit: Ganzjährig.
Ausstattung: Ver-/Entsorgungsstation, Müllcontainer.
Beschreibung: Gut erreichbarer und weitgehend schattenloser Kiesparkplatz am Ortsrand bei einer Sporthalle und einem Freibad. Die Einrichtungen sind gepflegt und der Platz befindet sich in einer (nachts) sehr ruhigen Umgebung. Tagsüber bei Sportbetrieb eher lebhaft. Das Ortszentrum ist etwa fünf Gehminuten entfernt, dort gibt es Restaurants und einen kleinen Supermarkt.
Zufahrt: Carcastillo auf der NA-534 in Richtung Cáseda verlassen. Der Stellplatz befindet sich am Ortsrand auf der linken Seite und ist mit WOMO-Piktogrammen ausgeschildert.

Weitaus schöner und ruhiger stehen Sie allerdings, wenn Sie auf der NA-128 rechts in Richtung **Sádaba/Layana** abbiegen. Im kleinen Dörfchen Layana wurde ein neuer und sehr ruhiger Stellplatz in der Nähe einer römischen Ausgrabungsstätte eingerichtet.

(157) Offizieller WOMO-Stellplatz: Layana

GPS: N 42°17'42" W 01°14'36", Calle Ronda, 479 m. **Max. WOMOs**: 6.
Öffnungszeit: Ganzjährig.
Ausstattung: Ver-/Entsorgungsstation, Müllcontainer.
Beschreibung: Recht neu eingerichteter Schotterparkplatz am Ortsrand in der Nähe des Friedhofes und eines soziokulturellen Zentrums mit kleinem Freibad. Die Plätze sind weitgehend schattenlos, aber in wunderbar ruhiger Aussichtslage.

Zufahrt: An der A-1202 ist die Zufahrt bei Layana ausgeschildert.

Römische Ausgrabung Los Bañales

Am Stellplatz vorbei führt eine 2,5 Kilometer lange Schotterpiste zur **römischen Ausgrabungsstätte *Los Bañales***. Das beeindruckend weitläufige Gelände umfasste einst die römische Stadt *Tarraca*. Sie lag damals an der Straße zwischen Zaragoza *Caesaraugusta* und Pamplona *Popaelo*. Erste Ausgrabungen fanden in den 1940er und 1970er Jahren statt. Bis heute ist noch längst nicht alles erforscht und man kann auf dem frei zugänglichen Gelände am Nordrand der Bardenas Reales zwischen Relikten eines Aquäduktes, Thermenanlagen, einem Forum und zahlreichen Mauerresten umherstreifen. Wer den kurzen Aufstieg bis auf den Berg auf sich nimmt, genießt zudem eine wunderbare Aussicht, bei der man häufig von ganzen Geierschwärmen umgeben ist.

Von Layana kehren wir zurück ins Städtchen **Sádaba** und fahren dort auf der A-127 rund 30 Kilometer nach **Sos del Rey Católico**. Wir sind nun wieder in der **Autonomen Region Aragonien**, überqueren auf kurviger Straße einen weiteren Gebirgskamm und dann liegt der Blick auf die Pyrenäen vor uns. Sos del Rey Católico zählt zu den **schönsten Dörfern Spaniens** und zieht sich malerisch an einem Hügel der Pyrenäenausläufer empor. Für die Besichtigung des Schmuckstücks steht sogar ein Stellplatz bereit.

(158) Offizieller WOMO-Stellplatz: Sos del Rey Católico
GPS: N 42°29'28" W 01°12'49", Calle Letra A, 627 m. **Max. WOMOs**: 11.
Öffnungszeit: Ganzjährig.
Ausstattung: Ver-/Entsorgungsstation, Müllcontainer, Picknickbänke.
Beschreibung: Asphaltierte Stellflächen am Ortsrand im Bereich eines Sportzentrums und neben einem kleinen Freibad. Es gibt teilweise Schatten, die Altstadt mit Restaurants ist wenige Gehminuten entfernt. Morgens kommt ein Mitarbeiter der Gemeinde vorbei und kassiert eine kleine Gebühr.
Preise: €.
Zufahrt: An der A-127 den WOMO-Piktogrammen und den Hinweisen zum *Hotel Triskel* folgen.

Sos del Rey Católico im Überblick

600 Einwohner, 652 m, Autonome Region Aragonien
Tourismusbüro: Plaza Hispanidad im Palacio de Sada, Tel. +34 948 888 524, turismo@sosdelreycatolico.com, www.turismosos-delreycatolico.com. Geöffnet täglich außer Montag von 10.00 bis 13.00 Uhr und von 16.00 bis 19.00 Uhr.

Altes Festungsstädtchen und Geburtsstätte von König Fernando II.

Das nur knapp 600 Einwohner zählende Bergdorf **Sos** bekam den Namenszusatz *del Rey Católico*, weil hier im **Palacio de los Sada** im Jahre 1452 der spätere König **Fernando II. von Aragón** das Licht der Welt erblickte.

Einer Legende zufolge soll seine hochschwangere Mutter die 14 Kilometer von Sangüesa in Navarra auf dem Pferd zurückgelegt haben, als die Wehen bereits eingesetzt hatten. Gerade noch rechtzeitig, damit ihr Sohn im Königreich Aragón zur Welt kommen konnte.

Die weitere Geschichte ist hinlänglich bekannt und lässt sich an seiner Geburtsstätte nachvollziehen. Neben der Touristeninformation ist im Sada-Palast auch eine kleine Ausstellung über das ereignisreiche Leben Fernandos zu sehen. Während der Herrschaft mit seiner Frau **Isabella von Kastilien** wurde Spanien zur Weltmacht. Christoph Kolumbus entdeckte Amerika, die letzten maurischen Herrscher wurden in Granada besiegt und das Königreich Neapel gesichert. Darüber hinaus wurde unter den ***Katholischen Königen*** die Inquisition verschärft und die Vertreibung der jüdischen und maurischen Bevölkerung eingeleitet.

Rathaus Sos del Rey Católico

Öffnungszeiten: Täglich außer Montag von 10.00 bis 13.00 Uhr und von 16.00 bis 19.00 Uhr. Samstag und Sonntag bis 14.00 Uhr. Eintritt: 3,00 Euro, ermäßigt 1,50 Euro.

Begeben Sie sich nun auf Ihren ganz persönlichen Streifzug durch das berühmte Bergdorf und lassen Sie sich von seinem Charme verzaubern. Das Gassengewirr ist von hübschen Steinhäusern mit blumengeschmückten Balkonen gesäumt, es gibt noch einige alte Adelspaläste zu sehen und im Zentrum liegt das sehenswerte **Renaissance-Rathaus *Casa de la Villa***.

Nicht versäumen sollten Sie den Aufstieg zum ehemaligen **Castillo** und der alten **Wehrkirche**. Vom Bergfried aus dem 12. Jahrhundert ist nicht mehr allzu viel übrig, doch von hier bietet sich eine wunderbare Aussicht auf das Dorf, die ländliche Umgebung und die nahen Pyrenä-

enberge. Einst wurde von dort oben die Grenze zwischen den beiden christlichen Königreichen Aragón und Navarra bewacht.

Einkehrtipp: Den Bummel durch das romantische Dorf schließen wir mit einer Einkehr im Restaurant *Bar Landa* in der Calle Emilio Alfaro ab. Es gibt eine bodenständige, regionale Küche oder einen Café auf der Terrasse.

Nach dem Besuch in Sos del Rey Católico sind es noch knapp 20 Kilometer bis nach **Liédana**, wo Sie auf die Schnellstraße A-21 zwischen **Pamplona/Iruña** und **Huesca** treffen. Dort endet auch unsere Reise und wir verabschieden Sie an dieser Stelle in Richtung Heimat oder Weiterfahrt. Gerne verweisen wir dazu auf die **WOMO-Reiseführer *Nord-Spanien Band 2*** und ***Pyrenäen Band 20***.

Zum Abschluss hoffen wir nun, dass wir 16 abwechslungsreiche Touren für Sie zusammenstellen und Sie für eine Entdeckertour mit dem Wohnmobil durch den Osten Zentralspaniens begeistern konnten.

Uns bleibt jetzt nur noch Ihnen
Gute Reise* und *Buen Viaje
zu wünschen!

Bergdorf Sos del Rey Católico

Tipps und Infos

Unsere abschließenden Tipps und Infos sollen Ihnen dabei helfen, Ihre Reise auf die Iberische Halbinsel vorzubereiten. Wie sind die Straßenverhältnisse? Wie sieht es mit der Sicherheit im Land aus? Was dürfen Sie von den Camping- und Stellplätzen erwarten? Welches sind die typischen Spezialitäten? Hier finden Sie Antworten auf die meistgestellten Fragen. Alle Angaben waren zum Zeitpunkt der Drucklegung dieses Reiseführers aktuell, können sich aber natürlich ändern.

Adressen und Auslandsvertretungen

Deutsche Botschaft in Madrid:
Calle de Fortuny 8, 28010 Madrid
Telefon: +34 91 557 9000
Telefax: +34 91 557 9027
Bereitschaftsdienst im Notfall: +34 661 611 104
www.spanien.diplo.de

Österreichische Botschaft in Madrid:
Paseo de la Castellana 91/9°, 28046 Madrid
Telefon: +34 91 556 5315
Telefax: +34 91 597 3579
www.bmeia.gv.at/oeb-madrid/

Schweizer Botschaft in Madrid:
Calle Núñez de Balboa 35A, 7°, 28001 Madrid
Telefon: +34 91 436 3960
Telefax: +34 91 436 3980
E-Mail: madrid@eda.admin.ch
www.eda.admin.ch

Viele Hinweise zu Reise- und Sicherheitsfragen gibt es beim **Auswärtigen Amt** in Berlin, *www.auswaertiges-amt.d*e, Telefon: +49 30 5000 0.

Darüber hinaus hat das Auswärtige Amt die nötigen Informationen für eine sichere und möglichst reibungslose Auslandsreise in einer Reise-App für Android- und iOS-Geräte zusammengefasst. Die App ist kostenlos über die Internet-Seite des Auswärtigen Amtes erhältlich und Sie erhalten hierüber auch die jeweils aktuell gültigen Corona-Verordnungen im jeweiligen Reiseland.

Wir empfehlen zudem, sich in die **Krisenvorsorgeliste ELEFAND** *https://krisenvorsorgeliste.diplo.de* einzutragen. Über diese Liste ist es der Auslandsvertretung möglich, in Krisen- oder sonstigen Ausnahmesituationen mit Deutschen, die sich auch nur vorübergehend im Ausland aufhalten, in Kontakt zu treten oder Angehörige im Heimatland zu informieren. Selbst wenn Spanien auf den ersten Blick nicht unter die Kategorie eines riskanten Katastrophenlandes fällt, sind Notsituationen wie Naturkatastrophen, Terroranschläge oder Ähnliches überall auf der Welt nicht komplett auszuschließen.

Architekturstile Spaniens

Spaniens Kultur- und Architekturlandschaft zählt zu den großartigsten Europas. Die Vielfalt des Landes und seine bewegte Geschichte spiegeln sich nicht nur in den Gebäuden der Metropolen, sondern auch in den kleinen Städten wider. Traumhafte maurische Bauwerke mit dem

Flair aus 1001 Nacht, himmelwärts strebende Kathedralen, trutzige Burgen, romanische Kirchen, modernistische Stadthäuser bis hin zu den avantgardistischen Gebäuden der Neuzeit. Jede Epoche hat ihre Spuren hinterlassen und wir möchten Ihnen nachfolgend einige der wichtigsten Architekturstile in alphabetischer Reihenfolge stichwortartig vorstellen.

Barockes Portal am Kloster von Uclés

- **Churriguerismus**: Barockstil mit reichen Ornamenten. Benannt wurde dieser Baustil nach *José Benito Churriguera* (1665-1725). Kennzeichnend ist ein überladenes, kleinteiliges Dekor, das sich überwiegend an Portalfassaden und auf Altarretabeln befindet. Seine Blütezeit erlebte der Stil in den Kirchen und Klöstern des spanischen und portugiesischen Kolonialbarock in Mittel- und Südamerika. Auf unsere Touren lässt er sich unter anderem an der Portalfassade des *Klosters Uclés* (Tour 13) erkennen.
- **Herrera-Stil**: Architekturstil der Spätrenaissance in der Zeit der Gegenreformation (1560–1620). Benannt ist er nach dem Baumeister *Juan de Herrera*. Kennzeichnend ist ein strenger und ornamentloser Stil, bei dem die Architektur der Bettelorden (Franziskaner, Dominikaner) Pate gestanden haben könnte. Bauwerke dieser Epoche sind unter anderem das *Convento de las Trinitarias* in El Toboso (Tour 12) und die Kirche des *Klosters Uclés* (Tour 13).
- **Isabellinische Gotik**: Unter diesem Baustil versteht man Gebäude oder Gebäudeteile aus der Regierungszeit der Katholischen Könige *Isabella von Kastilien* und *Fernando von Aragón*. Der Isabellinische Stil gilt als Übergangsstil zwischen der Spätgotik und der Renaissance. Charakteristische Merkmale sind unter anderem Ornamente der flämischen Spätgotik. Besonders markant sind die persönlichen Wappen- und Namenssymbole von Joch (*yugo*) für Ysabella und Pfeilbündel (*flechas*) für Fernando.

Symbole Isabellinischer Gotik

- **Modernisme**: International bekannt wurde der Architekturstil, der sich von etwa 1885 bis 1920 in Katalonien und hauptsächlich in Barcelona entwickelte, durch dessen Hauptvertreter *Antoni Gaudí*. Der Modernisme war Teil einer Strömung, die aus einem Überdruss an der neogotischen und neoromanischen Ästhetik des 19. Jahrhunderts heraus entsprang. Auch in anderen Ländern Europas verstärkte sich die Tendenz, mit den traditionellen Merkmalen der Architektur zu brechen und für das 20. Jahrhundert angemessene Bauformen zu suchen. Selbst wenn Barcelona als Zentrum des Modernisme gilt, so finden sich bedeutende Bauten der modernistischen Architekten auch in anderen Städten, wie Valencia (Tour 4) und Cartagena (Tour 9).

- **Mozarabischer Stil**: Damit wird der Baustil präromanischer Gebäude bezeichnet, die von Mozarabern errichtet wurden. Mozaraber waren Christen, die von der Kultur des Islam geprägt waren. Mozarabische Architektur findet man sowohl im maurischen Spanien (Andalusien) als auch in den zurückeroberten Gebieten, die mit Christen aus al-Andalus wiederbesiedelt wurden. Im Spanischen wird die mozarabische Kunst auch als *Arte de Repoblación*, die Kunst der Wiederbesiedlungszeit, bezeichnet. Häufig wiederkehrende Motive sind Flechtbänder sowie stilisierten Blattformen oder Medaillons mit Löwen und Vögeln.

- **Mudéjar-Stil**: Der Mudéjarstil ist durch das Zusammenleben von Juden, Mauren und Christen entstanden und war auf der Iberischen Halbinsel der prägende architektonische Stil des 12. Jahrhunderts. Charakteristisch ist der Gebrauch von mehrfach gebrannten Ziegelsteinen, farbigen Kacheln (*azulejos*), Mosaiken, Stuckarbeiten, monumentalen Holzdecken und hufeisenförmigen Eingängen. Ihre Blütezeit erreichte die Mudéjar-Architektur im 14. bis 16. Jahrhundert. Herausragende Beispiele finden Sie im Palast *La Aljafería* und der alten Kathedrale *La Seo* in Zaragoza (Tour 1) sowie in den Mudéjar-Städten Tarazona und Tudela (Tour 16).
- **Platéresker Stil**: Dieser Architekturstil der spanischen Frührenaissance tritt Ende des 15. Jahrhunderts erstmals auf und vermischt sowohl spätgotisch-isabellinische als auch Mudéjar-Elemente mit Einflüssen aus der italienischen Frührenaissance. Seinen Namen erhielt der Stil aufgrund seiner überreich verzierten Altarretabel und Fassaden, die an filigrane Silberschmiedearbeiten erinnern.

Im Eventjahr 1992, das durch die EXPO in Sevilla, die Olympiade in Barcelona und die Kulturhauptstadt Madrid geprägt war, begann in Spanien ein neuer Bauboom mit einem Facelifting für zahlreiche Städte. Es entstanden futuristische Stadtviertel, avantgardistische Gebäude und hypermoderne Museen in teilweise gewagter Architektur. Beispiele dafür finden Sie auf dem ehemaligen EXPO-Gelände in Zaragoza (Tour 1) und in der Wissenschaftsstadt Valencia (Tour 4).

Trendsetter in der spanischen Architektur ist neben *Santiago Calatrava* (Valencia) der Kalifornier *Frank O. Gehry*. Das von ihm entworfene Guggenheim-Museum in Bilbao ist ein besonders spektakuläres Beispiel **moderner Gegenwarts-Architektur**.

Autofahren und Verkehrsregeln

Das Reisen innerhalb Spaniens und der Transitländer bei der Anreise ist weitgehend unkompliziert und sie dürfen sich über ein gut ausgebautes Straßenverkehrsnetz freuen. Die Verkehrsregeln entsprechen den international üblichen. So gelten eine 0,5-Promille-Grenze, Anschnallpflicht auf allen Sitzen, mobil telefonieren am Steuer sollten Sie nur mit einer entsprechenden Freisprecheinrichtung und bei Autopannen muss eine Warnweste getragen werden. Dann gibt es noch ein paar Besonderheiten zu beachten.

Frankreich:

Seit 2021 benötigen alle Fahrzeuge über 3,5 Tonnen drei magnetische oder selbstklebende Warntafeln, die Radfahrer und Fußgänger vor den **toten Winkeln *Angles morts*** warnen sollen. Dabei ist es ganz egal, ob LKW, Kastenwagen oder Wohnmobil. Diese Warntafeln sind rechts am Heck sowie an beiden Fahrertüren in einer Höhe zwischen 90 und 150 Zentimetern anzubringen. Wer lieber auf Landstraßen unterwegs ist, sollte zudem folgende **Tempolimits** beachten:

	PKW/Van	WOMO bis 3,5 t	WOMO > 3,5 t
Innerorts	50 km/h	50 km/h	50 km/h
Außerorts	80 km/h	80 km/h	80 km/h
Schnellstraßen	110 km/h	110 km/h	100 km/h
Autobahnen	130 km/h	130 km/h	110 km/h

Spanien:

Auch für Spanien gelten einige Besonderheiten. So gibt es eine **Kennzeichnungspflicht für überstehende Ladung**, wie beispielsweise den Fahrradträger oder eine Gepäckbox. Hier ist eine rot-weiß-schraffierte Warntafel in der Größe von 50x50 Zentimetern erforderlich. Achten Sie beim Kauf darauf, dass es unterschiedliche Tafeln für Italien und Spanien gibt. Im Land gelten folgende **Tempolimits**, sofern nicht durch Schilder anders geregelt:

	PKW/Van	WOMO bis 3,5 t	WOMO > 3,5 t
Innerorts	20-50 km/h	20-50 km/h	20-50 km/h
Außerorts	90 km/h	80 km/h	80 km/h
Schnellstraßen	100 km/h	90 km/h	80 km/h
Autobahnen	120 km/h	100 km/h	90 km/h

Eine Besonderheit sind die Geschwindigkeitsbegrenzungen innerorts. Gibt es nur eine Fahrspur für beide Richtungen ohne Mittelstreifen gilt 20 km/h. Sind zwei Fahrspuren aber kein Mittelstreifen vorhanden, darf 30 km/h gefahren werden. 50 km/h gelten bei zwei, durch einen Mittelstreifen getrennte Fahrspuren für beide Richtungen.

Gelbe Markierungen am Straßenrand bedeuten ein absolutes Parkverbot. Blaue Markierungen kennzeichnen ein gebührenpflichtiges und/oder zeitlich begrenztes Parken. Bei einer weißen Markierung darf das Fahrzeug kostenlos geparkt werden.

Um beim **Linksabbiegen** Staus zu vermeiden, sind auf vielbefahrenen Straßen an Kreuzungen **Abbiegeschleifen** ausgewiesen. Das heißt: Man biegt zunächst rechts ab, fährt eine Schleife und kreuzt die Hauptstraße, sobald es der Verkehr zulässt.

Es gibt zwar keine **Winterreifenpflicht** in Spanien, doch können gerade in Zentralspanien heftige Wintereinbrüche für ein Verkehrschaos sorgen. Wer in der kalten Jahreszeit in bergigen Regionen unterwegs ist, sollte zumindest Schneeketten im Gepäck haben. Abgelegene Berg- und Passstraßen können auch komplett gesperrt sein.

Campingplätze, Stellplätze, freies Campen und Vanlife

In Spanien dürfen Sie sich über ein gutes Netz an Camping- und offiziellen Wohnmobilstellplätzen mit entsprechender Infrastruktur freuen. Um dem Campingboom gerecht zu werden, sind neue Einrichtungen für Wohnmobilisten auf dem Vormarsch. So wurden insbesondere in Küstennähe neue Stellplätze für Wohnmobilisten eingerichtet. Nicht immer Urlaubsparadiese, aber doch zweckmäßig und gut für einen Etappenstopp und/oder eine Stadtbesichtigung geeignet.

Viele Camping- und Wohnmobilstellplätze sind nicht nur während der Sommermonate rappelvoll. Die Küstenregionen Spaniens sind wegen ihres milden Klimas auch in der kalten Jahreszeit bei vielen Langzeiturlaubern als Überwinterungsziel äußerst beliebt. Um eine Reservierung kommt man deshalb häufig nicht herum. Um eine entsprechende Langzeit-Belagerung offizieller Stell- und Parkplätze zu verhindern, gibt es inzwischen in beliebten Ferienregionen Vorgaben hinsichtlich der **maximalen Aufenthaltsdauer** sowie dem **Campingverhalten**. Einige Regionalregierungen in Spanien arbeiten derzeit an einer neuen, einheitlichen Benutzungsordnung für Wohnmobil-Stellplätze. Neben Mindeststandards sehen diese gesetzlichen Vorschriften unter anderem vor, die maximale Aufenthaltsdauer pauschal auf 72 Stunden zu begrenzen. Auch campingartiges Verhalten, wie das Ausfahren der Markise und das Aufstellen von Klappstühlen, ist auf einigen offiziellen Stellplätzen unerwünscht. Wo diese Verordnungen bereits in Kraft sind, wurde es in den Stellplatz-Kästen vermerkt.

Campingverbot in Naturparks

Auch **Wildcampen und freistehen** ist in Spanien nicht uneingeschränkt möglich und nicht überall gerne gesehen. Das **Parken auf einem Parkplatz** ist in der Regel für maximal drei Nächte problemlos möglich, sofern es nicht anders beschildert ist. Gerade in Küstennähe gibt es jedoch häufig Verbotsschilder und Höhenbarrieren, die die Einfahrt auf strandnahe Parkplätze für Wohnmobile verhindern. Auch in Wohngebieten oder in der Nähe von Campingplätzen existieren regional unterschiedliche Verbote. Ein generelles Übernachtungsverbot gilt für National- und einige Naturparks.

Es gibt also – wie nahezu überall in Europa – eine gewisse Grauzone in Sachen freistehen und es liegt in Ihrem eigenen Ermessen, ob und wo Sie in Ihrem Fahrzeug übernachten möchten. Dabei sollten Sie einige Grundregeln des Campens beherzigen. Dazu zählt, dass man niemanden stört, weder die Natur noch die Bewohner, dass die Naturschutzgebiete respektiert werden, dass man diese Plätze nur mit autarken Fahrzeugen aufsucht und dass der Übernachtungsplatz sauber hinterlassen wird.

Auch sollte an solchen Plätzen kein campingartiges Verhalten an den Tag gelegt werden. Will heißen: Markise, Tisch, Grill und Stühle bleiben im Fahrzeug. Wer sich über längere Zeit häuslich einrichten möchte, ist auf einem Campingplatz immer noch am besten aufgehoben. Die Einhaltung solcher Regeln versteht sich eigentlich von selbst und sollte keiner besonderen Erwähnung bedürfen. Leider gibt es aber immer wieder – und leider auch immer mehr – schwarze Schafe unter den Wohnmobilisten. Die Entsorgung der Campingtoilette im benachbarten Gebüsch zählt bei einigen Zeitgenossen leider zu den lässlichen Sünden.

Egal wo – gegenseitige Rücksichtnahme ist und bleibt das oberste Gebot. Ansonsten fördern Wohnmobilisten und Vanlife-Enthusiasten mit ihrem Verhalten immer mehr Verbotsschilder anstatt legaler Übernachtungsmöglichkeiten in freier Natur.

Wir beschreiben Ihnen deshalb in diesem WOMO-Führer nur Stellplätze, die wir persönlich besucht oder die uns verlässlich empfohlen wurden und auf denen wir sicher, legal und unbehelligt übernachten konnten. Dabei ist die Auswahl der Stellplätze subjektiv und wir erheben keinen Anspruch auf Vollständigkeit. Dieses Buch ist nicht als reiner Stellplatzführer zu verstehen. Davon gibt es sowohl in gedruckter als auch digitaler Form schon mehr als genug. Stattdessen wollen wir Ihnen interessante Reisewege vorstellen, auf denen Sie sowohl die Kultur der interessanten Städte als auch die Ruhe und Großartigkeit der Landschaften *er*-fahren können. Am Wegesrand empfehlen wir Ihnen dabei Plätze, die auch mit großen WOMOs anzufahren sind, die strategisch günstig liegen oder landschaftlich reizvoll sind.

Apropos WOMO-Größe: Alle Touren wurden mit einem geländegängigen Expeditionsmobil im LKW-Format befahren. Zugegeben – nicht gerade ein übliches Fortbewegungsmittel. Alle Sehenswürdigkeiten Spaniens sind problemlos auch ohne Allradantrieb und manchmal sogar besser mit einem Standardwohnmobil zu erreichen. Dennoch dient unsere WOMO-Größe Besitzern ähnlicher Fahrzeuge oder größerer Standardwohnmobile eventuell als Anhaltpunkt dafür, was machbar ist und was nicht. Wo es Gewichts- oder Höhenbeschränkungen gibt oder wo ein kleineres Fahrzeug für die Übernachtungsplätze sinnvoll ist, haben wir es in den jeweiligen Tourenbeschreibungen vermerkt.

Dokumente

Sehr hilfreich sind (digitale) Kopien von Pass und Dokumenten, um bei einem eventuellen Verlust jederzeit und überall Zugriff auf die entsprechenden Daten zu haben. Wir haben gute Erfahrungen mit dem Hinterlegen der digitalen Kopien in einer Cloud gemacht. Werden Pass und/oder andere Dokumente im Ausland gestohlen, muss dies umgehend bei der nächsten Polizeidienststelle zur Anzeige gebracht werden.

Als Wohnmobilist mit dem eigenen Fahrzeug müssen Sie eine **gültige Fahrerlaubnis** und den **Fahrzeugschein** (Zulassungsbescheinigung Teil I.) mit sich führen. Der deutsche Führerschein ist ausreichend.

Als Nachweis für eine gültige Kfz-Haftpflichtversicherung reicht in der Regel das deutsche Autokennzeichen. Dennoch wird die Mitnahme der **Grünen Versicherungskarte** empfohlen, da mithilfe der Karte die Schadensabwicklung erleichtert wird.

Einkaufsparadies – Markthalle in Valencia

Einkaufen

In Spanien gibt es insbesondere im Bereich der Küste ein dichtes Netz der gängigen, internationalen Supermarkt-Ketten. Je weiter man ins Hinterland fährt, desto mehr beschränkt sich das Angebot an Supermärkten auf die größeren Städte. Die Grundversorgung ist aber flächendeckend mit kleinen Einkaufsmärkten und Tante-Emma-Läden gesichert. Darüber hinaus finden Sie auch in kleineren Orten Metzgereien *carnicería* und Bäckereien *panadería,* in denen Sie sich mit frischen Produkten versorgen können.

Ein ganz besonderes Erlebnis sind die lokalen **Märkte** und **Markthallen** *Mercado Central*. Hier genießt man nicht nur ein gut sortiertes, frisches Angebot samt Lokalkolorit, sondern vielfach auch eine sehenswerte Architektur, wie etwa den Hauptmarkt von Valencia. Ein Fest für alle Sinne.

Ein-/Ausreise

Trotz entfallener Grenzkontrollen ist ein gültiges Reisedokument (Reisepass oder Personalausweis) immer mitzuführen, Kinder und Jugendliche unter 16 Jahren benötigen einen eigenen Ausweis.

Wer mit minderjährigen Kindern ohne Begleitung eines erziehungsberechtigten Erwachsenen unterwegs ist, benötigt eine schriftliche Einverständniserklärung der Eltern. Diese sollte möglichst auch in spanischer Sprache verfasst sein und eine beglaubigte Unterschrift enthalten.

Entsorgungsstationen

Eine Entsorgungsstation mit Bodeneinlass für größere WOMOs mit Grau- und Fäkaltanks ist nahezu überall Standard. Auch Einrichtungen für die Entsorgung von Chemietoiletten sind in der Regel auf den beschriebenen Stell- und Campingplätzen vorhanden. Die Entsorgung ist meist kostenlos, der Bezug von Strom oder Wasser kann dagegen gebührenpflichtig sein.

Essen und Trinken

Zu einem der schönsten Erlebnisse auf Reisen gehört für uns ein Blick in die Töpfe des jeweiligen Urlaubslandes. Ein gutes Essen ist bekanntlich Balsam für die Seele. Neben Restaurantbesuchen tragen die Einkaufsmöglichkeiten auf den regionalen Märkten dazu bei.

Wo wir gut gegessen haben, wo wir frische Lebensmittel einkaufen konnten und wo man besser Vorsicht walten lassen sollte, all dies wurde in den jeweiligen Tourenbeschreibungen unter dem Stichwort **Einkehrtipp** vermerkt. Auch viele der regionalen Spezialitäten sind direkt bei den Touren beschrieben. Dennoch möchten wir Ihnen hier ein wenig den Mund wässrig machen. Spanien gehört zurecht zu den Genießer-Regionen Europas und verwöhnt unseren Gaumen mit einer Vielzahl regionaler Köstlichkeiten.

Spartanisch sind die Spanier beim **Frühstück** *desayuno*. Da begnügen sie sich gerne mit einem **café solo** oder einem **café cortado** und einem spanischen Croissant.

Ein spanisches **Mittag- oder Abendessen** besteht hingegen aus mindestens drei Gängen und nimmt entsprechend Zeit in Anspruch. Beide Mahlzeiten werden deutlich später eingenommen als in nordeuropäischen Ländern. Somit setzen sich die meisten Spanier erst gegen 14.00 Uhr zu Beginn der Siesta an den Mittagstisch, das Abendmenü wird gerne auch mal erst ab 21.00 Uhr eingenommen.

Wir empfehlen Ihnen gerne die Einkehr zur Mittagszeit. Da haben ohnehin die meisten Geschäfte und Sehenswürdigkeiten geschlossen, so dass Sie sich einem ausgiebigen Mittagsmahl hingeben können. Preiswert ist es obendrein und mit begleitenden Getränken kostet das **Menú del día** selten mehr als 15 Euro pro Person.

Den Auftakt machen dabei die Vorspeisen *inicio*. Zu den Klassikern zählt das ursprüngliche Arme-Leute-Essen **Migas**. Es besteht aus gerösteten Weißbrotkrümeln mit viel Olivenöl und Knoblauch. Getoppt mit der würzigen Paprikawurst **Chorizo** oder Speckwürfeln und gekochten Eiern sehr lecker.

Eine ebenso einfache, wie leckere Salatvariation ist **Picadillo**. Tomaten, klein geschnittene Zwiebeln, Gurken und Gemüsepaprika werden mit einer Marinade aus Olivenöl und gutem Essig gemischt. Zur Verfeinerung können hart gekochte Eier und Makrelenfilets hinzugegeben werden. Beide Gerichte lassen sich übrigens auch in der Campingküche gut nachkochen.

Köstlich erfrischend ist an heißen Sommertagen die kalte Gemüsesuppe **Gazpacho**, bestehend aus Gurken, Tomaten, Paprika und Knoblauch. Eine weitere Vorspeise ist das Kartoffelomelette **Tortilla de patata**. Ein landesweiter Klassiker, bei dem Kalorienzählen überflüssig ist.

Die **Costas** sind von der mediterranen Küche geprägt. Fisch und Meeresfrüchte spielen eine ebenso wichtige Rolle wie fremde Gewürze und Rezepte. Kein Wunder, denn als Nation von Seefahrern und Entdeckern brachten die Spanier Lebensmittel aus der ganzen Welt mit ins Land.

Seit Jahrhunderten ist die **Paella** das spanische Nationalgericht. Daran hat sich bis heute nichts geändert. Inzwischen wird sie in fast allen Ländern der Welt gegessen. Ursprünglich stammt sie jedoch aus der **Region Valencia**, wo auch die Grundzutat Reis angebaut wird.

Eine weitere Spezialität ist der getrocknete oder in Salz eingelegte Fisch **Bacalao**. Bereits die Römer kannten diese Konservierungsmethode.

Im **Hinterland** dominiert hingegen die herzhafte, deftige Küche. Nicht jedermanns Geschmack sind dabei Eintöpfe mit Kutteln *callos*, Blutwurst oder anderen Innereien. Doch bei einer **pastel del carne** sollten Sie zugreifen. Die Fleischpastete wird häufig in der **Region Murcia** serviert und besteht aus Hackfleisch, Ei und Safran.

Kaninchenfleisch wird in Spanien sehr gerne für verschiedene Gerichte verwendet. Beim Gericht **Conejo en salmorejo** wird es mit einer Marinade aus Knoblauch, Salz, Paprika und Olivenöl eingerieben und anschließend gebraten. Ursprünglich stammt das Gericht von den Kanarischen Inseln, doch wir konnten es auch auf den Speisekarten des Festlandes entdecken.

Die **kastilische Küche** ist von einfachen Bauern- und Hirtengerichten geprägt. Vor allem Eintöpfe mit Bohnen, Kichererbsen und anderen Hülsenfrüchten sowie gegrilltes Schweine- und Lammfleisch kommen auf den Tisch. Bekannt ist die La Mancha aber auch für den **Manchego-Käse**, der aus Schafsmilch gewonnen wird.

Süß können die Spanier auch und bei den Desserts steht die **Crema catalana** ganz hoch im Kurs. Mit der knusprigen, zartschmelzenden Krokantschicht ist sie einfach ein Gedicht. Beim spanischen Nougat **Turrón** und anderen süßen Sünden lässt sich der maurische Einfluss erkennen. Zutaten wie Mandeln, Honig und Nüsse sowie Kardamom, Anis und Zimt lassen die Herzen von Leckermäulern höherschlagen. Vielfach werden Sie auch das Fettgebäck **Churros** finden. In der Region Valencia tunkt man es entweder in heiße Schokolade oder genießt es mit der Erdmandelmilch **Horchata**.

Bei den **Getränken** greifen die Spanier gerne zu **Wein** *Vino* und **Bier** *Cerveza.* Es gibt mehrere heimische Biersorten und zu den bekanntesten zählen *San Miguel* und *Mahou*. Wer es frisch gezapft haben möchte, bestellt *caña.*

Die spanischen Weine genießen weltweit einen ausgezeichneten Ruf. Neben den bekannten Rotweinsorten *Vino Tinto* wird auch vermehrt auf qualitativ hochwertige Rosé- und Weißweine gesetzt, *Rosado* und *Vino blanco*. Von eher fragwürdiger Qualität ist die **Sangría**. Die Bowle aus Rotwein, Weinbrand, Orangensaft und Eiswürfeln ist unter Touristen das Partygetränk schlechthin. Da häufig minderwertige Weine verwendet werden, ist die Kopfschmerzgarantie gleich inklusive.

Prickelnd serviert wird hingegen der **Cava**. Er darf sich nicht Champagner nennen, wird aber nach ähnlichen Verfahren hergestellt.

In Spanien zieht man am Abend gerne von Bar zu Bar, um bei einem kühlen Glas Cava die köstlichen **Tapas** zu verkosten. Die kleinen Häppchen heißen im Baskenland auch **Pintxos** und sind wahrhaft ein Genuss. Jede Kneipe hat ihre eigenen Spezialitäten. Fast jede größere Stadt hat ein Ausgehviertel mit zahlreichen Tapas-Bars. Oliven *aceitunas*, Schinken *jamón* und Kartoffeln *patatas* spielen immer eine Rolle. Durchfuttern ist angesagt.

Feiertage und Feste

Die Spanier sind ein feierfreudiges Volk und in wohl kaum einem anderen Land gibt es rund ums Jahr einen so prall gefüllten Festkalender. Das beginnt im Frühjahr mit den **Las Fallas**, für die insbesondere die

Stadt Valencia berühmt ist. Im März werden riesige Figuren aus Pappmaché begleitet von Feuerwerk und Böllern durch die Straßen getragen.

Weiter geht es mit den berühmten Osterprozessionen in der Karwoche **Semana Santa**. Im April/Mai wird mit dem Mauren- und Christenfest **Moros y Cristianos** die Reconquista mit historischen Kostümen und dem Klirren der Schwerter in einem Schlachtengetümmel nachgestellt. Im ganzen Land gibt es zudem bunte Volksfeste, die **Ferias**. Sie sind begleitet von Jahrmärkten, Stierläufen, Umzügen und vielem mehr.

Folgende **gesetzliche Feiertage** gelten in Spanien:

1. Januar:	Neujahr *Año Nuevo*
6. Januar:	Dreikönigstag *Reyes Magos*
März/April:	Karfreitag *Viernes Santo*
	Ostersonntag *Domingo de Resurrección*
1. Mai:	Tag der Arbeit *Día del Trabajo*
23. Juni:	Johannestag *San Juan*
15. August:	Mariä Himmelfahrt *Asunción*
12. Oktober:	Entdeckung Amerikas *Día de la Hispanidad* und Spanischer Nationalfeiertag *Fiesta Nacional de España*
1. November:	Allerheiligen *Todos los Santos*
6. Dezember:	Verfassungstag *Día de la Constitución*
8. Dezember:	Mariä Empfängnis *Inmaculada Concepción*
25. Dezember:	Weihnachten *Navidad*

Darüber hinaus gibt es noch zahlreiche **regionale Feiertage**, deren genaue Termine häufig jedes Jahr neu festgelegt werden. Für die hier beschriebenen Regionen gelten folgende Feiertage.

19. März:	Josefstag *San José* in Murcia und Valencia
März/April:	Gründonnerstag *Jueves Santo* in Aragonien, Kastilien-La Mancha und Murcia
	Ostermontag *Lunes de Pascua* in Valencia
9. Juni:	Tag der Region Murcia
Juni:	Fronleichnam *Fiesta del Corpus Christi* in Kastilien-La Mancha
9. Oktober:	Tag von Valencia

Fällt ein Feiertag auf einen Sonntag, wird er oft am Montag nachgeholt.

Freizeit und Sport

In Spanien sind eine Vielzahl an Freizeitsportarten möglich. Von A wie Angeln bis hin zu Z wie Zip-Line. Eine entsprechende Ausrüstung kann fast überall vor Ort gemietet werden.

Angeln: Wer die Angelrute ins Wasser werfen möchte, muss in Spanien einige Auflagen beachten. Jede Autonome Region hat eigene Lizenzen *Licencia de Pesca*, die zuvor ohne Sachkundenachweis aber gegen Vorlage eines Ausweisdokumentes käuflich erworben werden können. Die Lizenzen unterscheiden sich darin, ob Sie an Flüssen und Seen *Pesca en Agua Dulce* oder am Meer *Pesca de Mar* angeln möchten. Informationen unter *www.licenciadepesca.online*.

Baden: Spanien ist das klassische Ziel für Badeurlauber. Mehr als 2.000 Kilometer Küste hat das Land und die Strände reichen von kleinen Kiesbuchten an Steilküsten bis hin zu breiten, sandigen Badestränden. Beste Voraussetzungen also für Surfer, Kiter, Strandsegler und alle Arten von Wassersport. Die Wasserqualität wird mit der Blauen Flagge *Bandera Azul* ausgezeichnet. Viele Strände an der Küste sind zudem auch überwacht

Im Hinterland sind in zahlreichen Stauseen und Flüssen nahezu uneingeschränkte Badevergnügen möglich. In den bergigen Regionen von Aragonien, Murcia und der La Mancha hat die Kraft des Wassers natürliche Pools geschaffen, die Erfrischung in glasklarem Wasser bieten. Stand-up-Paddling und Kanutouren sind ebenso möglich wie rasantes und abenteuerliches Wildwasser-Rafting.

Auch wenn man bei Spanien nicht unbedingt an **Wintersport** denkt – in mehreren Regionen ist alpiner Skisport und Langlauf möglich. Schnee fällt sowohl in den Pyrenäen und der Sierra Nevada, als auch in den hier beschriebenen Bergregionen Kastiliens.

Für **Wanderer** steht ein ausgedehntes und bestens markiertes Wanderwegenetz zur Verfügung. Das ganze Land ist durchzogen von **Pilger- und Fernwanderwegen**. Unsere Wanderungen, die wir in diesem Buch beschreiben, sind für normal ambitionierte Freizeitwanderer gedacht und ohne größere Ortskenntnis gut in Eigenregie durchzuführen. Bei unseren Lesetipps geben wir Ihnen Empfehlungen für entsprechende Wanderführer. Darüber hinaus halten die Tourismusbüros Informationen und Kartenmaterial bereit.

Vorsorglich weisen wir darauf hin, dass Sie selbst bei kürzeren Wanderungen über ein gewisses Maß an Orientierungssinn und Eigenverantwortlichkeit verfügen sollten. Ordentliches Schuhwerk, Sonnenschutz und ausreichend Flüssigkeit gehören ausnahmslos dazu.

Freizeitradler finden in Spanien ebenfalls beste Bedingungen. Das Angebot reicht von gut ausgebauten Radwegen auch in vielen Städten über ambitionierte Bergetappen für Radrennsportler bis hin zu anspruchsvollen Mountain-Bike-Trials. Auch hierzu finden Sie entsprechendes

Vía Verde – Alte Bahntrassenradwege

Material in den einschlägigen Outdoor-Apps sowie in den Tourismusbüros. Eine Besonderheit Spaniens sind die **Vía Verde**. Es handelt sich dabei um ein ausgedehntes Netz von Radwegen auf ehemaligen Bahntrassen. Derzeit ausgewiesen sind über 100 Radwege mit einer Gesamtlänge von mehr als 2.400 Kilometern. Die Steigungen dieser Strecken sind in der Regel moderat und wer keine Lust zum Radfahren hat, kann hier selbstverständlich auch Wandern. Die Grünen Wege verlaufen meist in landschaftlich schönen Gegenden. Spannende Akzente werden durch zahlreiche Brücken und unbeleuchtete Tunnel gesetzt. Beschrieben sind die Strecken auf der spanischen Internetseite *www.viaverdes.com*. Deutschsprachige Informationen bietet unter anderem das Portal *www.bahntrassenradwege.de*. Hinweise auf die Bahntrassenwege finden Sie dann auch in unseren jeweiligen Tourenbeschreibungen.

Empfehlenswerte **Outdoor-Apps** mit Routenvorschlägen und Navigationsmöglichkeit sind sowohl für Wanderungen als auch Radtouren *komoot, www.komoot.de* und *wikiloc, www.wikiloc.com.*

Gas

Für einen durchschnittlichen Spanien-Urlaub von zwei bis drei Wochen sollte in der Regel eine volle 11-Kilogramm-Gasflasche ausreichend sein. Wenn Sie dann noch eine volle Ersatzflasche mit sich führen, sind Sie auf der sicheren Seite.

Wenn Sie länger bleiben oder gar Überwintern möchten, kaufen Sie sich bereits in Deutschland ein **Adapterset** für spanische Gasflaschen. Ein Befüllen oder Tauschen deutscher Gasflaschen ist in Spanien nicht möglich. Die wichtigsten Anbieter für Gasflaschen sind die **Repsol-** und **Cepsa-Tankstellen**. Einige Camping- und Stellplätze bieten ebenfalls Unterstützung beim Kauf oder Tausch einer spanischen Gasflasche an. Wer einen fest installierten Gastank besitzt, kann ihn an einer LPG-Tankstelle auffüllen lassen, von denen es inzwischen eine große Zahl gibt. Eine interaktive Landkarte mit dem aktuellen Tankstellen-Netz gibt es unter *www.mylpg.eu* auch in deutscher Sprache.

Geld

Die Landeswährung ist der Euro. Bankautomaten (ATM) finden sich nahezu an jeder Ecke. Weit verbreitet ist selbst bei Kleinbeträgen die Bezahlung mit Kreditkarte. Akzeptiert werden in der Regel die Euro- und Mastercard sowie die VISA-Card.

Falls die Karte weg ist: der zentrale **Sperr-Notruf** +49 116 116 gilt für Deutschland. Man kann hier neben Kreditkarten und Online-Banking-Zugängen auch Handykarten und die elektronische Identitätsfunktion des neuen Personalausweises bei Verlust sperren lassen.
Für **Österreich** gilt die Nummer +43 1717 01 45 00. Die wichtigsten Notfallnummern für die **Schweiz** sind +41 04 46 59 69 00 (Swisscard) oder +41 04 48 28 35 01 (UBS Card Center).

Geschichte und Gegenwart im Überblick

Bereits vor mehr als 800.000 Jahren zogen Jäger und Sammler über die Iberische Halbinsel. Ihnen folgten Phönizier und Römer. Mehr als 800 Jahre lang bestimmten die Muslime die Geschicke der Halbinsel. Reconquista, Kolonialzeit und Spanischer Bürgerkrieg – die Geschichte des Landes gleicht einem wechselvollen Epos. Viele historische Zusammenhänge haben wir bereits in unseren Touren beschrieben, so dass wir Ihnen hier nur einen kurzen Abriss mit einigen historischen Daten und Fakten geben.

1. Jahrtausend v. Chr.	Die Iberer wandern von Nordafrika aus auf die Iberische Halbinsel ein. Von Norden überqueren keltische Völkergruppen die Pyrenäen
ab 264 v. Chr.	Die Karthager erobern weite Teile Spaniens
201 v. Chr.	Nach dem **Zweiten Punischen Krieg** wird das gesamte Land römisch
4.– 7. Jahrhundert n. Chr.	Germanische Stämme fallen in Spanien ein
9.– 11. Jahrhundert n. Chr.	Unter der Herrschaft der Mauren erlebt Spanien eine kulturelle und wirtschaftliche Blütezeit. Im Norden des Landes wächst gleichzeitig der Widerstand der Christen gegen die arabische Fremdherrschaft
1212	Durch den Sieg der Christen in Las Navas de Tolosa (Andalusien) ist die Vorherrschaft der Mauren gebrochen
1218	Alfonso IX. König von León gründet die Universität Salamanca. Die älteste und bis heute renommierteste Universität des Landes
1469	Durch die Heirat von Isabella von Kastilien und Fernando von Aragón wird Spanien zum mächtigsten, christlichen Staat vereint.
1478	In blindem, religiösem Eifer führen die katholischen Könige Isabella und Ferdinand die spanische Inquisition ein, durch die tausende Menschen einen qualvollen Tod finden.

1492	Durch die Eroberung Granadas findet die Reconquista ihren Abschluss und der letzte muslimische Herrscher Boabdil wandert nach Marokko aus.
1492	Christoph Kolumbus landet auf den Bahamas und ebnet den Weg für die spanische Kolonisierung Amerikas.
1494	Im Vertrag von Tordesillas wird die Aufteilung Amerikas zwischen Spanien und Portugal geregelt.
1517	Der **Habsburger** und Kaiser des Heiligen römischen Reiches **Karl V.** erbt das Königreich Spanien.
1556 bis 1598	Unter der Herrschaft **Felipe II.** ist Spanien auf dem Zenit als Kolonialmacht. Mit dem erbeuteten Gold und Silber der hoch entwickelten Inka- und Azteken-Kulturen entstehen monumentale Bauwerke.
1561	Madrid wird zur Hauptstadt ernannt
1580 bis 1660	Spanien erlebt mit dem Literaten **Miguel de Cervantes** und den Künstlern **El Greco**, **Velázques** und **Zurbarán** eine kulturelle Blütezeit. Gleichzeitig wird mit dem Untergang der spanischen Armada 1588 vor Calais der Niedergang des spanischen Weltreiches eingeläutet
1700 bis 1713	Spanischer Erbfolgekrieg zwischen den Habsburgern und den Bourbonen. 1713 wird der Franzose **Felipe V.** neuer König von Spanien.
1808 bis 1814	**Napoleon** erobert Spanien und setzt seinen Bruder **Joseph I.** als König ein. 1814 endet der spanische Unabhängigkeitskrieg mit der Rückkehr von **Ferdinand VII.**
1873/74	Die erste spanische Republik währt nur ein Jahr. Danach kehrt die Monarchie nach dem zweiten Karlistenkrieg zwischen den Lagern dreier Könige zurück. **Alfonso XII.** besteigt den Thron.
1898	Spanien verliert im Spanisch-Amerikanischen Krieg seine restlichen Kolonien.
1923 bis 1930	Putsch und Militärdiktatur des **Generales Miguel Primo de Rivera**
1931	Zweite Republik Spaniens
1936 bis 1939	Spanischer Bürgerkrieg in dessen Folge **General Francisco Franco** eine rechtsgerichtete Diktatur etabliert
1939 bis 1975	Epoche der Franco-Diktatur
1975	Nach dem Tod Francos entsteht in Spanien eine parlamentarische Monarchie mit König **Juan Carlos I.** als Staatsoberhaupt.

ab 1982	Unter Führung von **Ministerpräsident Felipe González** erlebt das Land einen Wirtschaftsboom und tritt der NATO bei. Doch die Regierung gerät auch durch Korruption und Skandale in die Schlagzeilen.
1992	Mit der Ausrichtung der Olympischen Sommerspiele in Barcelona, Madrid als Kulturhauptstadt und Sevilla als Schauplatz der Weltausstellung ist Spanien im internationalen Blickpunkt.
2004	Am 11. März detonieren bei Madrid zehn Sprengsätze in Pendlerzügen. 193 Menschen sterben bei dem islamistischen Terroranschlag, viele werden verletzt.
2008	Schwere Wirtschaftskrise mit hoher Arbeitslosenquote, Bankenkrise und Platzen der Immobilienblase.
2014	König Juan Carlos dankt nach einer Reihe von Skandalen im Königshaus ab. Sein Sohn **Felipe VI.** besteigt den Thron.
2017	Katalonien erklärt seine als verfassungswidrig eingestufte Unabhängigkeit und verliert daraufhin seine regionale Autonomie. Es kommt zu schweren Ausschreitungen.
2020	Die Corona-Pandemie erfasst auch Spanien. Die Zahl der Todesfälle geht in die Hunderttausend.

Gesundheitsvorsorge und Impfungen

Neben den Standardimpfungen (Tetanus, Diphterie etc.) sind für Reisende keine speziellen Impfungen notwendig. Bei Kindern wird dringend ein ausreichender Schutz gegen Masern angeraten.

Hinweis zur Corona-Pandemie: Zum Zeitpunkt der Recherche waren verschiedene Impfstoffe zur Eindämmung der Corona-Pandemie im Einsatz. Bitte informieren Sie sich vor Ihrem Reiseantritt über die aktuellen Bestimmungen und achten Sie auf einen ausreichenden Impfschutz gegen das Virus.

Hunde

Viele Wohnmobilisten schätzen es, den eigenen Hund mit auf Reisen nehmen zu können. Die Einfuhr eines Hundes nach Spanien ist grundsätzlich unproblematisch. Tierhalter benötigen dafür den EU-Heimtierausweis,

in den alle Impfungen eingetragen sind, inklusive einer gültigen Tollwutimpfung (mindestens 21 Tage vor der Einreise). Zudem muss das Tier durch einen Mikrochip gekennzeichnet sein.

Nicht überall sind Hunde gerne gesehene Gäste. In der Hochsaison dürfen die Tiere häufig nicht mit an den Strand genommen werden. Manchmal gibt es jedoch Bereiche, die als Hundestrand ausgewiesen sind. In vielen Restaurants, öffentlichen Gebäuden und Verkehrsmitteln sind Hunde ebenfalls verboten.
In Nationalparks und Naturschutzgebieten herrscht eine Leinenpflicht, die regional unterschiedlich geregelt wird. Gleiches gilt für das Tragen eines Maulkorbes. Sicherheitshalber sollte er mitgeführt werden und Ihr Hund daran gewöhnt sein.

Internet und Telefonieren

Seit dem Wegfall der Roaminggebühren im Jahr 2017 kann innerhalb der EU zum Heimattarif telefoniert und gesurft werden. Das Mobilfunknetz ist flächendeckend gut ausgebaut.

Für Telefonate aus Spanien gelten folgende Vorwahl-Nummern:
0049 nach Deutschland
0043 nach Österreich
0041 in die Schweiz
Für Anrufe nach Spanien gilt die Vorwahlnummer 0034.

In Spanien finden Sie in größeren Orten die bekannten Mobilfunkanbieter, um sich gegebenenfalls mit einer lokalen SIM-Karte zu versorgen. Das Datenvolumen für das Smartphone lässt sich auch in Tabakläden oder an Zeitungskiosken aufstocken. Die Länderkennung im Internet ist *.es.*

Kostenloses Surfen mittels WLAN (WiFi) ist auf den meisten Campingplätzen, in Restaurants und in öffentlichen Einrichtungen möglich. Größere Städte verfügen über WLAN-Hotspots in den Innenstadtbereichen.

Kinder und Familien

Spanien ist ein sehr kinderfreundliches Reiseziel und Familien mit Kindern sind in der Regel überall Willkommen. Hinsichtlich der Urlaubs- und Freizeitgestaltung gibt es unendlich viele Möglichkeiten. An der Küste laden flache Buchten und feinsandige Strände zum sicheren Buddeln und Baden ein. In vielen kleineren Ortschaften gibt es Freibäder, in denen man sich abkühlen kann. Darüber hinaus sorgen Themenparks für Spiel und Spaß. Im Hinterland warten zahlreiche Burgen und tiefe Höhlen auf große und kleine Entdecker. Viele Museen bieten interaktive Ausstellungen, die sich mit mehrsprachigen Audioguides erkunden lassen. Familienfreundliche Wander- und Fahrradwege tun ein Übriges dazu, um einen abwechslungsreichen Familienurlaub zu verbringen.

Innerhalb unsere Tourenbeschreibungen haben wir aus unserer Sicht empfehlenswerte Tipps für Familien aufgenommen.

Klima und beste Reisezeit

Grundsätzlich hat Spanien ganzjährig Saison. Doch es gibt einige klimatische Besonderheiten, die zur Vielfalt des Landes beitragen und die man bei der individuellen Reiseplanung berücksichtigen sollte.

Das Klima an der spanischen Mittelmeerküste ist mediterran geprägt. Mit langen, warmen und trockenen Sommern sowie milden, feuchten Wintern. Baden ist von Mai bis November möglich. Die meisten Niederschläge fallen hier in den Wintermonaten und die können – nicht zuletzt im Zuge des Klimawandels – auch heftig ausfallen. Im Recherchejahr 2022 sorgten beispielsweise starke Regenfälle bis in den Mai hinein für Überschwemmungen in den Regionen Valencia und Murcia. Im Hochsommer wüteten dort verheerende Waldbrände.

Extreme Temperaturunterschiede kennzeichnen das Klima in Zentralspanien. Viele Regionen befinden sich in Höhenlagen von über 800 Metern, so dass die Winternächte eisig kalt und die Sommertage brütend heiß sein können. In der kargen, kastilischen Hochebene weht häufig ein böiger Wind, der den Sand aufwirbelt.

Mimosen-Blüte im Frühling

Besonders angenehm empfanden wir als **Reisezeit** den Frühling mit den Monaten **April bis Juni**. Dann sprießt das zarte Grün auf den Wiesen und Feldern, Klatschmohn, Ginster und Schopflavendel blühen um die Wette. Auch die Mandel- und Aprikosenbäume tauchen die kargen Landschaften in ein weißes und zartrosa Blütenmeer. Die Temperaturen sind angenehm und laden zum Wandern und Radfahren ein. Selbst der kulturelle Stadtbummel fällt deutlich erholsamer aus als bei glühender Sommerhitze. Gleichzeitig kann es im Frühjahr aber auch nochmals zu Wintereinbrüchen kommen und die Bergregionen in ein Winter-Wonderland verwandeln.

Ebenfalls angenehme Reisemonate sind **September bis November**. Dann fallen die Temperaturen, der Wind weht kräftiger und an der geschäftigen Küste kehrt allmählich Ruhe ein. Die Strände sind leerer und an den Promenaden lässt es sich entspannt bummeln. Nachteil: Viele Einrichtungen haben geschlossen und mancher Ort wirkt eher wie ein Geisterdorf. Das Hinterland präsentiert sich trotz der abgeernteten Felder in einem Farbenmeer aus Terracotta-Tönen. Im Spätsommer leuchten zudem riesige Sonnenblumenfelder vor blauem Himmel. Für Wandertouren in den Bergregionen und Stadtbesichtigungen sind dies ebenfalls ideale Reisemonate.

Im Internet liefern *www.wetteronline.de* und *www.eltiempo.es* die aktuellen Wetterinformationen.

Kriminalität und Sicherheit

Spanien ist – wie das Auswärtige Amt betont – ein politisch stabiler Staat und eine Reise dorthin ist nicht gefährlicher oder ungefährlicher als in andere Urlaubsziele Europas. Dennoch kann es in den Großstädten, insbesondere in Barcelona und Madrid, zu spontanen und mitunter gewaltsamen Demonstrationen kommen. Halten Sie sich in diesem Fall von großen Menschenansammlungen fern.

Wie überall in Europa ist das größere Problem **Kleinkriminalität und Diebstahl**. Insbesondere in den touristischen Regionen der Küste, im Gedränge der Innenstädte und in überfüllten Verkehrsmitteln kommt es häufig zu Taschen- oder Trickdiebstählen.

Achten Sie beim Abstellen Ihres Fahrzeuges darauf, Wertsachen nicht offen liegenzulassen. Nehmen Sie nicht unnötig viel Bargeld mit und tragen Sie Schmuck und teure Elektronikgeräte nicht allzu offensichtlich zur Schau. Pass, Kreditkarte und größere Geldsummen sind in einem Brust- oder Hüftgürtel gut aufgehoben. Suchen Sie in Großstädten nach Möglichkeit bewachte Parkplätze auf. Auch auf Supermarkt-Parkplätzen sollten Sie Vorsicht walten lassen und Ihr Fahrzeug möglichst nicht unbeaufsichtigt lassen.

Wenn Sie mit dem Fahrrad unterwegs sind, sollten Sie dieses ebenfalls gut sichern. Entweder in einer Transportbox, abschließbaren Heckträgern und beim Abstellen mit einem ordentlichen Fahrradschloss.Die meisten Campingplätze beschäftigen einen Sicherheitsdienst und auch viele offizielle Stellplätze sind eingezäunt und/oder videoüberwacht.

Für Spanien kursieren im Internet vielfach Berichte über Diebesbanden und Gasüberfälle an der Autobahn. Bevorzugt entlang der Strecke AP-7 zwischen Frankreich und Barcelona werden vermeintliche Autopannen vorgetäuscht, bei denen das Fahrzeug der hilfsbereiten Touristen von Komplizen ausgeräumt wurde. Wir selbst haben solche trickreichen Ablenkungsmanöver nicht erlebt, doch ein wenig Vorsicht ist sicherlich angebracht. Zudem würden wir die Übernachtung auf einem Autobahn-Rastplatz möglichst vermeiden.

Für uns persönlich gibt es auf Reisen sogenannte *No-Go-Areas*, um die wir einen großen Bogen machen. Dazu zählen Slums und Ghettos, dunkle und unbeleuchtete Stadtviertel, Parks mit herumlungernden Junkies. Solche No-Go-Areas gibt es natürlich auch in Spanien. Diese vermeiden wir hier wie andernorts.
Wir haben Spanien als sehr sicheres Reiseland erlebt und hatten zu keiner Zeit etwas zu befürchten.

Landkarten und Orientierung / Navigation

Trotz aller technischen Finessen halten wir nach wie vor die klassische Landkarte im Papierformat zur Routenplanung und besseren Übersicht für unverzichtbar. Empfehlenswert sind aus unserer Sicht der Reiseatlas Spanien-Portugal (1:300 000) von *Marco Polo*, die Karte *Spanien-Portugal* (1:900 000) aus dem *Reise Know-How Verlag*, die *Michelin Straßenkarte* Spanien-Portugal (1:1 000 000) und die Spanien-Portugal Autokarte (1:700 000) von *Freytag & Berndt*.

Darüber hinaus haben wir mit einem Tablet-PC und diversen Navigations-Apps gearbeitet. Sehr gut finden wir folgende Anwendungen, die auch offline gut funktionieren. Die entsprechenden Länderkarten muss man sich allerdings zuvor online herunterladen.

Maps Me, Pocket Earth Pro, Sygic GPS Navigation und Google Maps.
Ein zusätzliches Navigationsgerät hatten wir nicht in Gebrauch.

Lesetipps

Um sich vertiefend mit dem Land, den Menschen und der Kultur zu befassen, legen wir Ihnen folgende Reiseführer ans Herz:

Spanien
Erschienen im Lonely Planet Verlag, ISBN 978-3-8297-4853-8.
Umfassender Kult-Reiseführer für Individualreisende in Gesamt-Spanien. Mit City-Plänen und vielen nützlichen Adressen.

S – Spanien
Erschienen im Baedeker Verlag, ISBN 978-3-8297-4707-3.
Die wichtigsten Sehenswürdigkeiten Gesamt-Spaniens werden im Klassiker der Kultur-Reiseführer kurz und knapp beschrieben.

Costa Blanca mit Valencia von Hans-Jürgen Fründt
Erschienen im Reise Know-How Verlag, ISBN 978-3-8317-3242-5.

Für alle, die unterwegs auch die Wanderstiefel schnüren möchten, empfehlen wir diese Bücher im praktischen Hosentaschenformat:

Costa Blanca von Gill Round
Erschienen im Rother-Verlag, ISBN 978-3-7633-4327-0
Dieses Büchlein beschreibt 50 Wandertouren unterschiedlicher Schwierigkeitsgrade im Hinterland der Costa Blanca zwischen Dénia und Alicante mit GPS-Daten zum Download.

Mit der *App des Rother-Bergverlages* können die Wandertouren kostenlos auf das Smartphone heruntergeladen und offline nachgewandert werden. Das kostenpflichtige Gold-Abo erlaubt den Zugriff auf alle Karten und Guides des Rother-Verlages.

Wer sich mit **erzählender Reiselektüre** auf Spanien einstimmen möchte, der kann sich den Klassiker *Don Quijote* von **Miguel de Cervantes** zu Gemüte führen. Zu den zeitgenössischen Autoren zählen **Javier Marías** und **Carlos Ruiz Zafón**, die es auch in Deutschland auf die Bestsellerlisten geschafft haben.
Eher leichte und entspannende Urlaubslektüre versprechen die Historien-Schmöker von **Christopher W. Gortner**. Zwar ein Amerikaner,

doch seine Bücher haben die spanischen Königshäuser und die einflussreiche Familie der Borgia zum Thema. Amüsant mit Land und Leuten befasst sich schließlich die *Gebrauchsanweisung für Spanien* von **Paul Ingendaay**.

Maut

Anbei finden Sie eine Übersicht über die wichtigsten Maut-Bestimmungen in Spanien und den Anreiseländern:

Belgien und Luxemburg:
Hier ist die Nutzung der Autobahnen mautfrei.

Schweiz:
Auf Schweizer Autobahnen brauchen Wohnmobile bis 3,5 Tonnen und auch der eventuell mitgeführte Motorradanhänger eine Jahresvignette. Zusätzlich sind Tunnel und Autoverladungen gebührenpflichtig. Fahrzeuge über 3,5 Tonnen müssen bei der Einreise eine Schwerlastabgabe beim Zoll entrichten.

Frankreich:
Das französische Autobahnnetz wird zu etwa 75 Prozent von Privatgesellschaften betrieben, die eine streckenabhängige Maut erheben. Ausnahmen gibt es bei Teilen der Stadtautobahnen in Paris, Lyon, Bordeaux, Marseille und Toulouse. Zudem sind einige autobahnähnlich ausgebaute Fernstraßen mautfrei. Ob eine Gebühr entrichtet werden muss, ist am Hinweis *péage* zu erkennen.

Spanien:
In unserem Reiseland Spanien bietet sich hingegen ein sehr erfreuliches Bild. Dort werden gegenwärtig immer mehr Mautstationen demontiert und seit 2021 sind zwei wichtige Autobahnen in den Süden mautfrei. So gelangt man mittlerweile kostenfrei von der französischen Grenze bis nach Alicante, aber auch von Barcelona bis nach Zaragoza. Hintergrund der Mautfreiheit ist das Auslaufen der staatlichen Konzessionen für die privaten Autobahnbetreiber. Dadurch fallen die Straßen zurück in die öffentliche Hand, die ihr Streckennetz gebührenfrei betreibt. Pläne für eine Neuvergabe der Konzessionen gibt es derzeit nicht.

Generell gibt es in Spanien zwei Typen von Autobahnen: Die mautpflichtigen, meist privat betriebenen ***Autopistas*** (AP) und die mautfreien staatlichen ***Autovias*** (A). Ob Sie für einen Streckenabschnitt bezahlen müssen, erkennen Sie am Hinweis *peaje/toll*. Mittlerweile ist die Mehrheit der Autobahnen in Staatshand und damit gebührenfrei. Die **Bezahlung** erfolgt sowohl in Frankreich als auch Spanien an den Mautstationen in bar (Münzgeld bereithalten) oder mit Kreditkarte. Immer verbreiteter sind **elektronische Abrechnungssysteme (*Télépéage* oder *Télépéaje*)**.

Wohnmobile bis 3,5 Tonnen können dazu den gebührenpflichtigen Transponder der französischen Firma *bip&go, www.bipandgo.com* nutzen. Er wird online bestellt, die Abrechnung der Einzelbeträge erfolgt über Bankeinzug und man kann ihn auch für die Länder **Italien**, **Spanien** und **Portugal** freischalten.

Wohnmobile über 3,5 Tonnen und 3,00 Metern Höhe können sich seit Juli 2022 über die neue **Camper-Mautbox** freuen, die der ADAC in

Kooperation mit DKV Mobility anbietet. Die Mautbox wird bislang in den Ländern **Frankreich, Italien, Spanien** und **Portugal**, aber auch in **Bulgarien, Österreich** und **Polen** akzeptiert. Für eine Jahresgebühr von 99,00 Euro kein ganz preiswerter Spaß, aber eine Erleichterung im europäischen Dschungel der Mautsysteme. Erhältlich ist die Camper-Mautbox auch für Nichtmitglieder beim ADAC, *www.adac.de*.

National- und Naturparks

Viele Regionen Spaniens mit ihren spektakulären Landschaften stehen als National- oder Naturparks unter besonderem Schutz. Derzeit sind im Land **15 Nationalparks** ***parques nacionales*** ausgewiesen. Zehn davon befinden sich auf dem Festland, vier auf den Kanarischen Inseln und einer auf den Balearen. Die Parks sind Rückzugsgebiet zahlreicher Pflanzen und seltener Tiere, sie befinden sich in spektakulären Landschaften und sind durchzogen von Wanderwegen. Die Zugänglichkeit variiert und für den Aufenthalt in den Parks gelten strenge Regeln, die von Nationalpark-Rangern überwacht werden.

Es gibt **Informationszentren** ***Centro de interpretación*** mit Wanderkarten, Ausstellungen zu Flora und Fauna sowie Hinweisen zu den jeweils gültigen Regeln im Park.

Nicht ganz so streng sind die Vorgaben in den **Naturparks** ***parque natural***. Doch auch hier sollten Sie die Regeln respektieren, wie etwa das Verbot von offenem Feuer oder Leinenpflicht bei Hunden.

Notfälle und medizinische Versorgung

Das medizinische Versorgungsniveau ist in Spanien laut dem Auswärtigen Amt sehr gut. Alle Personen, die in Deutschland gesetzlich versichert sind, haben einen Anspruch auf eine Behandlung bei Ärzten, Zahnärzten und in Krankenhäusern, die vom ausländischen gesetzlichen Krankenversicherungsträger zugelassen sind. Als Nachweis ist die europäische Krankenversicherungskarte (EHIC) vorzulegen. Wer in Deutschland gesetzlich versichert ist, muss die Europäische Krankenversicherungskarte nicht beantragen. Sie ist automatisch auf der Rückseite der Versichertenkarte aufgedruckt.

Der Abschluss einer **Auslandskrankenversicherung** ist dennoch anzuraten, da diese auch einen eventuell notwendigen Rücktransport nach Deutschland abdeckt. Ob und in welchem Umfang Sie während Ihrer Auslandsreise krankenversichert sind, sollten Sie vor Ihrer Abreise ins Ausland mit Ihrer Krankenversicherung klären.

Erste Anlaufstelle bei gesundheitlichen Problemen sind auch die **Apotheken** *farmacias*. Die Abdeckung ist selbst im ländlichen Raum sehr gut und man kennt dort die örtliche Infrastruktur. Dennoch empfiehlt sich die Mitnahme einer eigens zusammengestellten **Reiseapotheke** mit den Medikamenten des persönlichen Bedarfs.

Notrufnummern

Notruf Allgemein: 112
ADAC Auslands-Notruf: +49 89 22 22 22
Die **App** ***Alertcops*** *www.alertcops.ses.mir.es* ermöglicht den direkten

Kontakt zu den Sicherheitskräften, um ungewöhnliche Situationen oder Gewaltvorfälle zu melden. Sie ist auf Spanisch, Englisch, Französisch, Deutsch und Italienisch verfügbar.

Öffentliche Verkehrsmittel

In vielen Metropolen lohnt es sich, bei Stadtbesuchen auf die öffentlichen Nahverkehrsmittel umzusteigen. Die Nutzung ist selbsterklärend und einfach. Entlang der Mittelmeerküste verkehrt zwischen Dénia und Alicante eine Schmalspurbahn, mit der Sie die Badeorte bequem erkunden können. Entsprechende Hinweise zu Metro, Tram, Bus und Co. geben wir Ihnen bei den jeweiligen Tourenbeschreibungen.

Öffnungszeiten

In Spanien ticken die Uhren ein wenig anders und am besten gewöhnen Sie sich schnell an den spanischen Way-of-Life. Die Siesta ist heilig und eine ausgedehnte Mittagsruhe findet auch in den kühleren Monaten statt.

Große Supermärkte haben durchgehend von 9.00 bis 21.00 Uhr geöffnet. Manchmal auch am Sonntagvormittag.

Kleinere Läden, Geschäfte, Museen und Sehenswürdigkeiten sind in der Regel vormittags zwischen 10.00 und 14.00 Uhr geöffnet, nachmittags kehrt ab 16.00 Uhr das Leben zurück. Dafür kann man dann bis in die Abendstunden hinein shoppen und bummeln. Restaurants sind häufig mittags zwischen 13.00 und 16.00 Uhr sowie abends ab 20.30 Uhr geöffnet.

Bei Museen und Sehenswürdigkeiten sind die jeweiligen Öffnungszeiten in den Tourenbeschreibungen genannt. Montags bleiben viele Museen generell geschlossen.

Sprache

Ein Land, viele Sprachen. Die Vielfalt Spaniens spiegelt sich auch in den Sprachen wider. Neben diversen Dialekten gibt es drei offizielle Landessprachen. Die kastilische Sprache *castellano*, gemeinhin als Spanisch bezeichnet, ist die **Amtssprache** im gesamten Land und wird von jedem Spanier beherrscht. Darüber hinaus sind Katalanisch *català,* Galicisch *galego* und Baskisch *euskera* weitere **offizielle Landessprachen**.

Für unser Reisegebiet relevant ist noch Valencianisch *valenciano*. Es gehört zur katalanischen Sprachfamilie und wird sowohl in der Region Valencia als auch auf den Balearen gesprochen.

Viele Ortsnamen in dieser Region unterscheiden sich deshalb in der **Schreibweise** von den spanischen Bezeichnungen. Wir verwenden in diesem Buch allerdings die spanischen Namen und fügen die jeweils valencianische Schreibweise in Kursivschrift bei.

Spanisch ist neben Englisch die bedeutendste Handelssprache und wird weltweit von mehr als 570 Millionen Menschen verstanden. Längst nicht alle Spanier sprechen deshalb Englisch und Deutsch versteht man allenfalls in den Touristengebieten entlang der Küste. Mit digitalen Helferlein, wie der *Google-Translate-App*, lassen sich Sprachhürden gut meistern. Ein paar Brocken der Landessprache zu beherrschen, öffnet aber oft Türen. Deshalb finden Sie anbei einen kleinen Grundwortschatz und Redewendungen für den täglichen Sprachgebrauch.

Deutsch	**Spanisch**
Guten Tag	Buenos dias
Guten Abend	Buenos noches
Hallo	Hola
Auf Wiedersehen	Hasta la vista!
Tschüss	Adiós! Hasta luego!
Entschuldigung	perdón / disculpe
Bitte	por favor
Vielen Dank	Muchas gracias
ja / nein	sí / no
Sprechen Sie Deutsch/Englisch?	¿Hablas alemán/inglés?
Ich spreche nur wenig Spanisch	Hablo solo un poco de español
Mein Name ist	Me llamo / soy
Wie bitte?	¿Cómo (dice)?
Wo ist ...?	¿Donde esta...?
Was kostet ...?	¿Cuánto cuesta... ?
Ich möchte bitte bezahlen	Quiero pagar por favor
Die Rechnung bitte	La Cuenta por favor
Mann	Hombre
Frau	Mujer
geöffnet	abierto
geschlossen	cerrado

Wochentage	
Montag	Lunes
Dienstag	Martes
Mittwoch	Miércoles
Donnerstag	Juves
Freitag	Viernes
Samstag	Sábado
Sonntag	Domingo

Notfall	
Hilfe	ayuda
Polizei	policía
Arzt	médico

Apotheke	farmacia
Krankenwagen	ambulancia
Unfall / Panne	accidente

Stierkampf

Der spanische Stierkampf – Tradition oder Tierquälerei? Dazu gehen die Meinungen weit auseinander. Da Sie auf Ihrer Reise durch Spanien immer wieder dem Stier, der Plaza de Toros und den Stierkampfarenen begegnen werden, möchten wir uns ein wenig näher mit dem Thema befassen.

Erste Stierkämpfe in Spanien sind seit dem 13. Jahrhundert belegbar. Die **Corrida de Toros**, wie die Veranstaltung auf Spanisch genannt wird, begann als reiner Zeitvertreib und Kräftemessen für die Ritter. Damals saßen die Stierkämpfer noch auf Pferden. Erst nach und nach wurden sie zu Fußgängern. Es gab auch noch kein offizielles Regelwerk. Vielmehr wurden die Stierkämpfe auf Freiflächen und Dorfplätzen mit schnell zusammengeschusterten Holzbalustraden abgehalten.

Ab dem beginnenden 18. Jahrhundert wurden erste gemauerte Arenen errichtet und es entstand ein Regelwerk, das bis heute Bestand hat. 1796 schrieb der **Matador *José Delgado*** die Regeln des spanischen Stierkampfes in der **Tauromaquia** auf. Seitdem hat sich am Ablauf kaum etwas geändert.

Zu den Hauptdarstellern gehören zum einen die Stiere. Sie werden eigens für den Kampf gezüchtet und haben, bis zu ihrem Tod in der Arena, ein glückliches Leben auf grünen Weiden und in großen Herden. Vorrangig in Andalusien und der Extremadura. Die Tiere sind Nachfahren des Ur-Rindes, das in vielen Kulturen dieser Welt hoch verehrt wurde. Sie sind gewaltige Kraftpakete und die *Toros bravos*, wie sie genannt werden, bringen bis zu 600 Kilogramm auf die Waage.

Weitere Hauptpersonen sind die **Toreros**. Früher war es vor allem die wirtschaftliche Not, die junge Männer in die Arenen trieb, um unter Lebensgefahr ein wenig Geld zu verdienen. Heute durchlaufen die angehenden Stierkämpfer eine vierjährige Ausbildung und sind – zumindest in Teilen der Bevölkerung – hoch angesehen. Jeder Torero beginnt als *Noville* und schießt mit dem Rang des *Matadors* ab. Hochdotierte Matadores kassieren bis zu 180.000 Euro pro Kampf.

Dann beginnt der Kampf Mensch gegen Tier, der fast immer tödlich für den Stier ausgeht. Jeder Stierkampf läuft in vier Phasen ab. In der ersten betritt der Stier das Rund und wird vom Matador mit dem purpurroten Tuch, dem *capote* angelockt. Die Farbe des Tuches ist dem Stier übrigens egal – die Tiere sehen schlecht. Es ist allein die flatternde Bewegung, die seine Aufmerksamkeit erregt.

Stierkampfarena in Segovia

Dann kommen die **Picadores** ins Spiel. Die Reiter stechen dem Stier vom Pferd aus mehrere Lanzen in den Nacken. Ziel ist es, die Muskulatur so zu verwunden, dass der Stier den Kopf nicht mehr heben kann. So wird der Todesstoß vorbereitet, den der Matador im letzten Teil des Kampfes ausführen soll.

In der dritten Phase treten die **Banderilleros** auf. Diese Toreros stechen dem Stier weitere, mit bunten Bändern geschmückten Spieße in den Rücken, um ihn durch die weiteren Verletzungen zu reizen und angriffslustig zu machen.

In der letzten Phase des Kampfes verlassen alle, bis auf den Matador und den Stier die Arena. Nur mit einem Degen und einem kleineren, roten Tuch, der *muleta* ausgestattet, reizt der Matador den inzwischen schwer verletzten Stier so lange, bis dieser durch die mehrfachen, ins Leere laufenden Attacken erschöpft ist. Die Bewegungen, mit der der Matador die Angriffe des Stieres pariert, folgen dabei einer festgelegten Choreografie, die häufig mit einem Tanz verglichen wird. Deshalb ertönen in der Arena nun auch die Klänge eines Paso Dobles.

Zuletzt versetzt der Matador dem Stier schließlich der Todesstoß, indem er seinen Degen tief in den Nacken des erschöpften Tieres sticht. Der Stier ist jedoch selten sofort tot. Bricht er zusammen, erlöst ihn einer der Banderilleros mit einem letzten, gezielten Stoß von seinen Qualen.

Nur sehr selten verlässt ein Stier die Kampfarena lebendig. Hat er sich als so mutig und aggressiv erwiesen und das Publikum gut unterhalten, kann er begnadigt werden. In diesen seltenen Fällen kehren die Tiere zurück auf ihre grünen Weiden und werden zur Zucht eingesetzt.

Die Debatte über Sinn und Unsinn des Stierkampfes wird seit Jahren teils erbittert geführt. Nach letzten Umfragen befürworten nur noch 20 Prozent der Spanier den Stierkampf, während ihn rund 55 Prozent ablehnen. Die restlichen 25 Prozent stehen dem Spektakel ambivalent gegenüber. Bislang ist nicht davon auszugehen, dass ihm von staatlicher Seite aus ein Ende gesetzt wird, zumal er auch eine große wirtschaftliche Bedeutung hat. Etwa 40.000 Arbeitsplätze hängen in Spanien von den Stieren ab und die Branche macht Millionengewinne. Zudem stellte die konservative Regierung in Spanien den Stierkampf 2013 als immaterielles Kulturgut unter gesetzlichen Schutz. Zwar füllen die Stierkämpfe immer noch die Arenen, doch scheint sich insgesamt eine Trendwende abzuzeichnen. Fallende Besucherzahlen und ausgedünnte Kampftage regeln die Sache möglicherweise von selbst.

Tanken

Das Tankstellennetz ist dicht. Wenn Sie jedoch weiter ins Hinterland fahren, lohnt es sich, vor Bergetappen auf einen gefüllten Tank zu achten. Häufig werden Sie auch noch einem Tankwart begegnen, der Ihnen hilfsbereit zur Seite steht. Viele Tankstellen funktionieren jedoch in Selbstbedienung, sind damit rund um die Uhr zu nutzen und die Abrechnung erfolgt über die Kreditkarte. Die Preise werden staatlich festgelegt und unterscheiden sich bei den verschiedenen Betreibern nur unwesentlich. Teurer ist das Tanken hingegen an Autobahnraststätten.

Touristische Informationen

Für die Reise nach Spanien finden Sie auf vielen und gut aufgemachten Internet-Portalen zahlreiche weitere Informationen. Sie sind häufig mehrsprachig (insbesondere Englisch) und es gibt sie sowohl für die Städte als auch die einzelnen Reiseregionen. Viele National- und Naturparks betreiben eigene Besucherzentren mit Ausstellungen und nützlichen Tipps zur jeweiligen Region.

Sie finden die jeweils aktuellen Internetportale und Tourismusbüros bei unseren Tourenbeschreibungen.

Die wichtigsten deutschsprachigen Portale, die einen touristischen Überblick bieten, sind folgende: *www.spain.info* und *www.reisen-nach-spanien.com*.

Trinkwasser

Das Leitungswasser hat überall Trinkwasserqualität und ist, da es meist mit Chlor versetzt ist, in der Regel hygienisch unbedenklich. Gezapft werden kann frisches Wasser auf den Campingplätzen sowie an den Stellplätzen. Darüber hinaus gibt es öffentliche Brunnen. Dabei sollten Sie auf den Trinkwasserhinweis *Agua potable* achten.

Dennoch sind eine Filteranlage bzw. der Zusatz eines Entkeimungsmittels im Wohnmobil empfehlenswert.

Zudem empfehlen wir Ihnen die Mitnahme eines sogenannten **Wasserdiebes**. Er kommt immer dann zum Einsatz, wenn am Wasserhahn kein Gewinde vorhanden ist, um den eigenen Schlauch anzuschließen. In südeuropäischen Ländern ist dies recht häufig der Fall. Den Wasserdieb können Sie mit etwas Geschick selbst basteln oder in Baumärkten erwerben.

Umweltzonen

In **Spanien** gibt es zurzeit fünf Umweltzonen. Diese liegen in **Madrid**, **Barcelona**, **Sevilla**, **Valencia** und **Valladolid**. Nur die Zone in Barcelona ist permanent gültig. Die anderen sind wetterbedingte Luftschutzzonen und werden nur bei starker Luftverschmutzung aktiviert. Welche Fahrzeuge dann verboten sind, ist nicht generell festgelegt. Je nach Grad der Luftverschmutzung entscheidet die Regierung, welche Fahrzeuge weiterhin einfahren dürfen.

Bis zum Jahr 2023 muss jede spanische Stadt mit über 50.000 Einwohnern eine Umweltzone einführen, so dass diese in den kommenden Jahren deutlich zunehmen werden. Welche Regeln dann gelten, ist noch nicht bekannt. Fest steht jedoch, dass sowohl einheimische als auch ausländische Fahrzeuge davon betroffen sind. In Spanien zugelassene Fahrzeuge bekommen demnach eine Plakette, ausländische Fahrzeuge müssen sich vor der Einfahrt in eine Umweltzone kostenpflichtig registrieren.

Auch im Transitland **Frankreich** gibt es in vielen Städten Umweltzonen, die sowohl dauerhaft als auch temporär ausgewiesen sind. Sie dürfen nur mit der **Crit'Air-Vignette** befahren werden. Dies gilt ebenfalls für ausländische Fahrzeuge und die Plakette kann nur online bestellt werden. Die deutsche Plakette reicht nicht aus.

In aller Regel werden Sie nicht in die Verlegenheit kommen, mit Ihrem Wohnmobil in eine der Umweltzonen einzufahren, da sich diese meist auf die Kernstadtbereiche beschränken. Dennoch lohnt es sich, vorab gut informiert zu sein und eine eventuell benötigte Vignette oder Registrierung vor der Reise zu besorgen, um hohe Strafen zu vermeiden.

Eine gute Hilfe ist dabei die **Green-Zones-App**, die über alle europäischen Umweltzonen informiert. Sie zeigt an, wo genau die Umweltzonen liegen und welche Vorgaben zu erfüllen sind. Die temporären Umweltzonen werden je nach Status eingefärbt und erscheinen bei Vorwarnungen orange, bei aktuellen Fahrverboten rot. Auch neue und künftige Zonen werden angezeigt.

Zusätzlich gibt es eine Suchfunktion, über die sich abfragen lässt, ob der auserkorene Wohnmobil-Stellplatz innerhalb einer Umweltzone liegt. Über die App sind zudem die europäischen Umweltplaketten bestellbar. Erhältlich ist die App sowohl für Android- als auch iOS-Geräte über die jeweiligen App-Stores, *www.green-zones.eu.*

Unfall und Autopanne

Bei Sachschäden ist die Verwendung des **Europäischen Unfallberichts** zu empfehlen, der in mehreren Sprachen als Download sowie in den Geschäftsstellen des *ADAC* erhältlich ist. Bei einer Fahrzeugpanne kann durch den Automobilclub Hilfe organisiert werden.
Partnerorganisation der meisten europäischen Automobilclubs ist in Spanien der **RACE Real Automóvil Club de España**.
Telefon: + 34 900 112 222
Internet: *www.race.es*

Unter dem **ADAC-Auslandsnotruf** +49 89 22 22 22 können Sie weitere Hilfe im Fall eines Unfalls oder einer Autopanne erhalten.

Zeit

In Spanien gilt, wie in Deutschland, Österreich und der Schweiz, die Mitteleuropäische Zeit MEZ. Im Frühjahr und im Herbst werden die Uhren auf die mitteleuropäische Sommer- /Winterzeit umgestellt.

Zoll

Schengen sei Dank ist die Einfuhr von Waren zum persönlichen Gebrauch uneingeschränkt möglich. Die Einfuhr von Waffen ist grundsätzlich verboten und für Reisende aus der Schweiz gelten gesonderte Zollvorschriften.

Bildnachweise

Autorenfoto: ©Dominik Schöbel & Florian Schmidt; S. 10 Adobe Stock ©rachwal; S. 27 https://commons.wikimedia.org/wiki/File:Poblado_ib%C3%A9rico_de_Cabezo_de_Alcal%C3%A1_(36575965164).jpg; S. 28 https://commons.wikimedia.org/wiki/File:Monumento_al_tambor_(Alca%C3%B1iz)03.jpg; S. 35 Adobe Stock ©VEOy.com; S. 36 https://commons.wikimedia.org/wiki/File:Santuari_de_la_Mare_de_D%C3%A9u_de_la_Balma_15.JPG; S. 38 Adobe Stock ©Trona; S. 45 oben Adobe stock ©KarSol; S. 45 unten https://commons.wikimedia.org/wiki/File:Barranc_dels_Molins_(Ares_del_Maestrat)_06.jpg; S. 58 https://commons.wikimedia.org/wiki/File:Castillo_Xivert_(Spanien)_Detailansicht.jpg; S. 69 https://commons.wikimedia.org/wiki/File:Castell,_muralla_oest,_esgl%C3%A9sia_i_portal_(Onda),_I.jpg; S. 94 Adobe Stock ©bsanchez; S. 100 Adobe Stock ©l_martinez; S. 111 Adobe Stock ©dietwalther; S. 112 Adobe Stock ©venemama; S. 121 Adobe Stock ©Fotomicar; S. 139 Adobe Stock ©Flo; S. 162 Adobe Stock ©bodiaphoto; S. 185 Adobe Stock ©norrie39; S. 188 https://commons.wikimedia.org/wiki/File:Toro_Osborne_Cabezas_de_San_Juan.JPG; S. 202/203 Adobe Stock ©ggfoto; S. 231 Adobe Stock ©Bentor; S. 259 Adobe Stock ©laliphoto;

Bei den vorstehenden Fotos wurde der Bildinhalt nicht verändert. Alle anderen Fotos in diesem Buch ©Ulrike Staub

Costa Blanca bei Calpe (Tour 6)

Stichwortverzeichnis

Der WOMO® Online-Service

Nutzen Sie auch das Angebot unseres Online-Shops!
Unter **www.womo.de** finden Sie nicht nur alle Reiseführer, sondern weitere wertvolle Anregungen und Zusatzinformationen – von der Gesamtübersicht aller Touren eines WOMO-Reiseführers bis zu weiterführendem Material.
Dazu gehören:

- die **besten Autokarten**, die garantiert die komplette Reiseroute abdecken
- und die **passenden Rother-Wanderführer** mit den schönsten Wanderregionen Ihres Reiselandes.

Einfach sicher unterwegs.

Sichern Sie Ihr Wohnmobil ab: mit unserer **exklusiven**, universellen und **sofort sichtbaren** Einbruchssperre. Sie wird **ganz einfach** in die beiden Tür-Armlehnen eingehängt, zusammengeschoben und abgeschlossen.

Der WOMO® Knackerschreck

- Passend für Ducato, Peugeot, Renault Master, MB Sprinter bis 2018 und VW (alle Typen)
- Krallen aus **10 mm massivem**, einbrennlackiertem, also nahezu unverwüstlichem Stahl

und nur bei **www.womo.de**

Alle WOMO® Reiseführer auf einen Blick

Albanien, Ulrike und Frank Staub
Allgäu, Heiner Newe
Andalusien, Christina und Christian Winkler
Auvergne, Esther Vergenz
Baden-Württemberg, Heiner Newe
Baltikum, Stefanie Holtkamp und Andrea Bergmann
Bayern Der Nordosten, Heiner Newe
Bayern Der Südosten, Christina und Christian Winkler
Bayern Der Nordwesten, Heiner Newe
Belgien/Luxemburg, Ulrike und Frank Staub
Bretagne, Anette Scharla-Dey und Franz Peter Tschauner Neu 2023
Burgund, Ralf Gréus
Dänemark, Anke Globi
Elsass, Ralf Gréus
England Der Süden, Christina und Christian Winkler
England Der Norden, Christina und Christian Winkler
Finnland, Uwe und Annegret Rohland
Französische Alpen, Heiner Newe Neu 2023
Französische Atlantikküste Der Norden, Esther Vergenz
Französischer Jura, Heiner Newe
Griechenland, Waltraud Roth-Schulz und Reinhard Schulz Neu 2023
Harz, Heiner Newe
Hessen Der Norden, Anette Scharla-Dey und Franz Peter Tschauner
Hessen Mitte und Süden, Anette Scharla-Dey und Franz Peter Tschauner
Hunsrück/Mosel/Eifel, Anette Scharla-Dey und Franz Peter Tschauner
Irland, Uwe und Annegret Rohland
Island, Jutta und Alexander Ramin Neu 2023
Korsika, Waltraud Roth-Schulz und Reinhard Schulz
Kroatien, Silvia Sussmann und Peter Simm
Languedoc-Roussillon, Ralf Gréus
Ligurien, Ralf Gréus Neu 2023
Lothringen, Friedrich Riehl
Lüneburger Heide, Heiner Newe
Marokko, Ulrike und Frank Staub
Mecklenburg-Vorpommern Teil 1, Stefanie Holtkamp und Andrea Bergmann
Mecklenburg-Vorpommern Teil 2, Stefanie Holtkamp und Andrea Bergmann
Mittel-Italien, Friedrich Riehl
Münsterland, Regina Stockmann
Namibia, Ute Nast-Linke und Frank Linke
Neuseeland Der Norden, Andrea Lossen und Dieter Giesen
Neuseeland Der Süden, Andrea Lossen und Dieter Giesen
Niederlande, Friedrich Riehl
Normandie, Anette Scharla-Dey und Franz Peter Tschauner
Norwegen Der Süden, Waltraud Roth-Schulz und Reinhard Schulz
Norwegen Der Norden, Waltraud Roth-Schulz und Reinhard Schulz
Österreich Der Osten, Christina und Christian Winkler
Österreich Der Westen, Christina und Christian Winkler

Ostfriesland, Heiner Newe
Pfalz, Ralf Gréus
Piemont und Aostatal, Ralf Gréus
Peloponnes, Waltraud Roth-Schulz und Reinhard Schulz
Polen Der Norden, Nicola Kluftinger
Portugal Der Norden, Stephanie Seufert
Portugal Der Süden, Stephanie Seufert
Provence Der Westen, Ralf Gréus
Provence Der Osten, Ralf Gréus
Pyrenäen, Stefanie Holtkamp und Andrea Bergmann Neu 2023
Rumänien, Christina und Christian Winkler
Sachsen, Anette Scharla-Dey und Franz Peter Tschauner
Sardinien, Waltraud Roth-Schulz und Reinhard Schulz
Schleswig-Holstein und Hamburg, Heiner Newe
Schottland, Uwe und Annegret Rohland
Schwarzwald, Ralf Gréus
Schweden Der Norden, Uwe und Annegret Rohland Neu 2023
Schweden Der Süden, Waltraud Roth-Schulz und Reinhard Schulz
Schweiz Der Osten, Stefanie Holtkamp und Andrea Bergmann
Schweiz Der Westen, Stefanie Holtkamp und Andrea Bergmann
Sizilien, Christina und Christian Winkler
Slowakei, Ulrike und Frank Staub
Slowenien, Silvia Sussmann und Peter Simm
Spanien Der Norden, Waltraud Roth-Schulz und Reinhard Schulz Neu 2023
Spanien Der Osten, Waltraud Roth-Schulz und Reinhard Schulz
Süditalien Der Osten, Waltraud Roth-Schulz und Reinhard Schulz
Süditalien Der Westen, Waltraud Roth-Schulz und Reinhard Schulz
Südafrika Krügernationalpark, Ute Nast-Linke und Frank Linke
Südwestfrankreich, Stefanie Holtkamp und Andrea Bergmann
Südtirol, Waltraud Roth-Schulz und Reinhard Schulz
Tal der Loire und Paris, Anette Scharla-Dey und Franz Peter Tschauner Neu 2023
Thüringen, Katja Eisenschmidt
Toskana und Elba, Ralf Gréus Neu 2023
Trentino, Silvia Sussmann und Peter Simm
Tschechien, Eva und Steffen Peuker
Umbrien und Marken, Ralf Gréus Neu 2023
Ungarn, Silvia Sussmann und Peter Simm
Venetien und Friaul, Christina und Christian Winkler Neu 2023
Wales, Christina und Christian Winkler
Zentralspanien Der Osten, Ulrike und Frank Staub Neu 2023
Zentralspanien Der Westen, Ulrike und Frank Staub Neu 2023

Außerdem im Programm:

Die gordische Lüge – Reiseroman, Ralf Gréus
Allgemeines Wohnmobil Handbuch, Reinhard Schulz
Allgemeines Wohnmobil Kochbuch, Waltraud Roth-Schulz
Heitere Wohnmobil Geschichten, Silvia Sussmann und Peter Simm

Ihr WOMO® Stellplatz-Dienst

Wir führen Sie zu den **schönsten Orten**, die unsere erfahrenen Autoren **selbst besucht und getestet** haben. Die GPS-Daten ihrer Stell- und Campingplatz-Empfehlungen finden Sie im Online-Shop unter **www.womo.de**

Mehr erfahren. Mehr erleben.

womo.de ist der **Spezialist** für Ihren entspannten **Erlebnisurlaub auf vier Rädern**. Profitieren Sie für Ihre Reisevorbereitung und -planung von unserer **jahrzehntelangen Erfahrung**.
Seit 2022 arbeiten wir daran, Bewährtes noch besser zu machen: Dazu gehört die **moderne Optik** unserer neu gestalteten und **neu aufgelegten** Reiseführer.

Selbstverständlich werden unsere WOMO-Reiseführer permanent auf einen **aktuellen inhaltlichen Stand** gebracht. Jeder einzelne bietet eine Fülle an Ideen, Inspiration und Information **für Ihren Erlebnisurlaub**.

Wenn Sie persönliche Anregungen oder **konkrete Fragen zu Ihrer Reiseplanung haben**, dann schreiben Sie uns gern unter: **verlag@womo.de**

Den kostenlosen Download-Link für die **GPS-Daten** zu diesem WOMO-Reiseführer finden Sie im Shop unter:
www.womo.de
Ihr Passwort lautet:
Zip9wD

WOMO®
Der Wohnmobil-Verlag
An der Liethe 4
36452 Kaltennordheim
Telefon: 036946 20691
www.womo.de